स्पष्टता ही

शक्ति

है

स्पष्टता ही शक्ति है

महात्रया रा

अनुवाद : रचना भोला 'यामिनी'

MANJUL

मंजुल पब्लिशिंग हाउस

MANJUL

मंजुल पब्लिशिंग हाउस

कॉरपोरेट एवं संपादकीय कार्यालय

• द्वितीय तल, उषा प्रीत कॉम्प्लेक्स, 42 मालवीय नगर, भोपाल-462003

विक्रय एवं विपणन कार्यालय

• **सी-16, सेक्टर 3, नोएडा, उत्तर प्रदेश - 201301, इंडिया**

वेबसाइट : www.manjulindia.com

वितरण केन्द्र

अहमदाबाद, बेंगलुरू, भोपाल, कोलकाता, चेन्नई,
हैदराबाद, मुम्बई, नई दिल्ली, पुणे

मूल अंग्रेजी पुस्तक *क्लैरिटी इज़ पावर* का हिन्दी अनुवाद

Clarity is Power: Hindi Edition

यह हिन्दी संस्करण 2016 में पहली बार प्रकाशित
द्वितीय आवृत्ति 2022

ISBN 978-81-8322-775-9

हिन्दी अनुवाद : रचना भोला 'यामिनी'

मुद्रण व जिल्दसाज़ी : पार्कसन्स ग्राफ़िक्स प्रा.लि.

विषय सूची

मनोभाव

प्रायः मैं निर्णय लेता हूँ कि महत्त्वपूर्ण कामों को स्थगित नहीं करूँगा या विलंब नहीं करूँगा पर जल्द ही मैं ख़ुद को वहीं पाता हूँ, जहाँ से आरंभ किया था। मैं अपनी इस आदत से छुटकारा कैसे पा सकता हूँ?

महात्रया रा

स्पष्ट करते हैं...

विलंब या टालना सबसे भयंकर मनोरोग बन गया है, जो मानवता की संपूर्ण संभावना को लील रहा है। जितनी जल्दी मनुष्य को इसके दुष्प्रभावों का पता चल जाए, उतना ही बेहतर है। हो सकता है कि काम को टालने की प्रवृत्ति से आरंभ में हमें कोई परेशानी न हो, परंतु दीर्घकालीन रूप से यह हमारे लिए बहुत हानिकारक हो सकती है। हो सकता है कि आप इस रूपक के माध्यम से इसे अच्छी तरह समझ सकें।

आश्रुत और आद्या गोल्फ़ का एक खेल खेल रहे थे। आश्रुत ने उससे कहा कि अगर उसने पहले होल (छेद) में गेंद नहीं डाली तो उसे आश्रुत को एक रुपया देना होगा; इसके बाद, वह जितने होल में गेंद डालने से चूकेगी, प्रति होल यह राशि दो गुनी होती जाएगी। गोल्फ़ में इस तरह अठारह होल आते हैं। अगर आद्या इस चुनौती को स्वीकार करने जा रही थी तो उसके लिए आवश्यक था कि वह गोल्फ़ की एक बेहतरीन खिलाड़ी होती। जैसा कि सूची को देखने से पता चलता है, यहाँ तक कि नौवें होल पर भी दी जाने वाली धनराशि केवल 256 रुपए ही है। बारहवें होल पर देखने से भी यह बहुत अधिक नहीं लगती, केवल 2,048 रुपए। हम जीवन में भी अनेक बातों को ऐसे ही देखते हैं और उन्हें टालते चले जाते हैं। यदि रूपक के तौर पर देखें, तो हमें एहसास ही नहीं होता कि जब हम जीवन में कुछ करने को एक दिन के लिए भी टालते हैं, तो आरंभ

में यह अंतराल केवल '2 के मुक़ाबले 1' होता है, परंतु बाद में यह '1,31,072 के मुक़ाबले 65,536' हो जाता है। भले ही हमारे विलंब आरंभ में हमें इतना पीड़ित न करें, परंतु दीर्घकाल में इससे होने वाली हानि बहुत विनाशक होती है।

हम सभी स्वास्थ्य और फ़िटनेस के महत्त्व को जानते हैं, परंतु इस दिशा में अपने प्रयत्नों को लगातार टालते जाते हैं। हमें वित्तीय नियोजन तथा निवेश के महत्त्व का भी अनुमान है परंतु इस दिशा में क़दम उठाने में विलंब करते रहते हैं। हम अपनी बोर्ड परीक्षाओं के महत्त्व को जानते हैं, परंतु अपनी तैयारी को तब तक टालते रहते हैं, जब तक वह एक संकट नहीं बन जाती। हमें अपने ज़रूरी काग़ज़ों को देखने की बजाय पेंडिंग फ़ोल्डर में रखते जाना ही सबसे बेहतर विकल्प लगता है।

जीवन का सारा तनाव और दबाव केवल एक ही कारण से है, किसी काम को कब किया जाना चाहिए था और वह कब हुआ, उन दोनों के बीच का समय ही मानसिक दबाव पैदा करता है। अगर आप जीवनकाल को कम करना चाहते हैं तो विलंब उसके लिए सबसे बेहतर उपाय है। विलंब को जीवन में कुछ न पाने वालों के लक्षण के रूप में देखा जाना चाहिए। जीवन हमारी मृत्यु को स्थगित नहीं करता। तो हमें भी जीवन को स्थगित नहीं करना चाहिए।

होल 1	1
होल 2	2
होल 3	4
होल 4	8
होल 5	16
होल 6	32
होल 7	64
होल 8	128
होल 9	256
होल 10	512
होल 11	1,024
होल 12	2,048
होल 13	4,096
होल 14	8,192
होल 15	16,384
होल 16	32,768
होल 17	65,536
होल 18	1,31,072

मैं भले ही कितनी भी कोशिश क्यों न कर लूँ, मेरी आत्मछवि बहुत कमज़ोर है। इसमें सुधार कैसे लाया जा सकता है?

महात्रया रा
स्पष्ट करते हैं...

एक बालक से वयस्क बनने की प्रक्रिया के दौरान हमारे माता-पिता, अध्यापकों, समाज व साथियों द्वारा हमें ऐसी छवियाँ प्रदान की जाती हैं, जो इस बात पर आधारित होती हैं कि वे हमें किस रूप में लेते हैं। हम समाज द्वारा हमारे लिए दिए गए इस मनन के प्रति जितने संवेदनशील होते हैं, उसी से यह तय होता है कि हम अपने विषय में कैसे विचार रखते हैं। एक वयस्क होने के नाते हमारा कर्तव्य बनता है कि हम अपने विषय में, अपनी छवि की प्रतिलिपि स्वयं लिखें, जो हमारी अपनी आत्मकथा होगी। यदि हम एक स्वस्थ आत्मछवि बनाना चाहते हैं, तो कुछ मेहनत करनी होगी।

आरंभ में, उन सभी बातों की सूची तैयार करें, जिन्हें आप अपने चरित्र की विशेषताएँ मानते हैं। आपका मन लगातार आपको आपकी दुर्बलताओं के बारे में याद दिलाएगा पर आपको इन्हें अनदेखा करना होगा। याद रखें, यह अभ्यास पूरी तरह से आपकी चरित्रगत ख़ूबियों को सामने लाने के लिए है। यहाँ आपकी कमियों का नहीं बल्कि ख़ूबियों का लेखाजोखा कर रहे हैं।

अपने मन की इस घुसपैठ की परवाह न करें और अपनी सभी चारित्रिक विशेषताओं की सूची तैयार करें। इनमें बहुत सी अनूठी बातें शामिल हो सकती हैं, जैसे : 'आप जिस समय पर चाहते हैं, ठीक उसी समय आपकी आँख खुल जाती है', 'आप किसी की पीठ पीछे उसकी बुराई नहीं करते।' 'संकल्प शक्ति', 'ईमानदारी', 'समय की पाबंदी', आत्मविश्वास आदि... यह न परखें कि वे छोटी

हैं या बड़ी। उन्हें निश्चित रूप से अपनी सूची में स्थान दें।

इसके बाद दूसरी सूची में ऐसे काम लिखें, जिन्हें इस संसार में आपके सिवा कोई कर ही नहीं सकता। 'मुझे साइकिल और बाइक चलाना आता है।' भले ही यह सुनने में उतना महत्त्वपूर्ण न लगे पर आपको पता होना चाहिए कि दुनिया की सत्तर प्रतिशत आबादी को ऐसा नहीं करना आता। 'मुझे एक से अधिक भाषाओं में लिखना, पढ़ना और बोलना आता है।' कई देशों में तो प्रधानमंत्री और राष्ट्रपति तक ऐसा नहीं कर पाते। वह हर काम जो आप कर सकते हैं, उसे याद करें व सूची में लिखें।

अंत में, अपनी अतीत से जुड़ी उपलब्धियों की एक सूची तैयार करें। यह न कहें कि मेरे पास तो ऐसा लिखने के लिए कुछ है ही नहीं। कई बार तो आप अपने ही दुश्मन बन जाते हैं। मैं इस सूची के लिए उदाहरण देता हूँ। जैसे : 'मैंने आज एक नेत्रहीन को सड़क पार करने में मदद की', मैंने आज संकट के समय रक्तदान किया', 'मैंने एक ही झटके में सारा क़र्ज़ अदा कर दिया', पिछले चार साल में मेरा वेतन 33 गुना हो गया है', 'मैं चैंपियन सेल्समैन था', 'मैंने पूरे दस साल की धूम्रपान की लत को कुछ दिन में ही छोड़ दिया', 'मैं कॉलेज का टॉपर था', आदि। किसी भी चीज़ को ग़ैर-मामूली मान कर न छोड़ें। अपने जीवन के उन सभी उल्लेखनीय मोड़ों के बारे में बताएँ जो आपके लिए बहुत मायने रखते हों।

जब आप इन तीन अभ्यासों के साथ समय और प्रयास का निवेश करेंगे तो यह वास्तव में आपके जीवन का सबसे बहुमूल्य निवेश होगा। मैं वादा करता हूँ कि आप एक नई, सकारात्मक व स्वस्थ आत्मछवि के साथ सामने आएँगे।

अपने चरित्र की खूबियों, क्षमताओं व उपलब्धियों को कई गुना करें। आप अपने ही भीतर एक नए मनुष्य को पा लेंगे।

आप कहते हैं, "मनुष्य को कभी हार नहीं माननी चाहिए और निरंतर प्रयास करते रहना चाहिए।" आपने यह भी लिखा है, "यह प्रतीक्षा न करें कि किसी संतरे के पेड़ से सेब टूट कर गिरेगा। किसी दरवाज़े को खुलवाने के लिए दीवार को न पीटें।" हम कैसे जान सकते हैं कि कब 'पाँव पीछे हटाने का' वक़्त आ गया है और कब हमें प्रयास को जारी रखना चाहिए?

महात्रया रा
स्पष्ट करते हैं...

भले ही आप कितनी भी कोशिश क्यों न करें, चाहे आप आजीवन प्रयास क्यों न करते रहें, अपने आने वाले जन्मों में भी प्रतीक्षा क्यों न करते रहें, तब भी आपको संतरे के पेड़ से सेब नहीं मिल सकते, दीवारें कभी दरवाज़े नहीं बनतीं। मैं आपसे केवल इतना कह रहा हूँ कि अगर आप सेब के पेड़ के नीचे खड़े होकर, अपने लिए सेब पाने की उम्मीद लगाए बैठे हैं और उसे नहीं पा रहे - तो निराश न हों और जब तक सेब न मिलें; अपनी ओर से कोशिश करते रहें। सेब पाए बिना, सेब के पेड़ के पास से न हटें।

जिस तरह आपने मुझसे पूछा, "हम कैसे जान सकते हैं कि अब पाँव पीछे हटाने का वक़्त आ गया है?" उसी तरह एक शिष्य ने अपने गुरु से पूछा, "मैं कैसे जान सकता हूँ कि मैं अनुभवातीत हो गया हूँ?" गुरु ने उत्तर दिया, "तुम जान जाओगे कि तुम अनुभवातीत हो गए हो, जब तुम्हें ऐसे प्रश्न पूछने की आवश्यकता ही नहीं रहेगी!"

वह मेरे प्रश्न का दूसरा भाग है। लोग मुझसे पूछते हैं, "मैं कैसे जान सकता हूँ कि यह मेरे जीवन का उद्देश्य है?" "मैं कैसे जान सकता हूँ कि मैं सही मायनों में किसी के प्यार में हूँ या नहीं?" "मैं कैसे जान सकता हूँ कि मेरे

लिए यह व्यवसाय उचित है या नहीं?"

हृदय से जुड़े सभी मामलों में, हर प्रश्न का उत्तर आपके हृदय से कहीं बाहर नहीं बल्कि भीतर ही होता है। हृदय से जुड़े सभी मामलों में, आप स्वयं ही प्रश्न हैं और आप स्वयं ही उत्तर हैं। हृदय से जुड़े सभी मामलों में जब आप इसे जान जाएँगे, तो आप इसे जान जाएँगे।

सभी मामलों में, सबसे पहले, अपना सब कुछ देकर, 'उसे बदलने का प्रयास करें, जिसे बदला जा सकता है।' अपने सभी बेहतरीन प्रयासों के बावजूद, जब आप स्वयं को या संसार को न बदल सकें तो केवल दो ही उचित चुनाव शेष रहते हैं। या तो प्रसन्नतापूर्वक उसके साथ चलें या प्रसन्नतापूर्वक उससे अलग हो जाएँ। दुर्भाग्यवश, या तो हम दुःख के साथ आगे चलते जाते हैं या हम दुःख के साथ पीछे हटते हैं। हम मूर्ख बने रहने का ही निर्णय लेते हैं और यह जानने का प्रयास नहीं करते कि इससे हमें या दूसरे को कोई प्रसन्नता नहीं मिलेगी? अगर आप प्रसन्नता से किसी चीज़ के साथ चल सकते हैं, 'तो उसे गले लगा लें, जिसे बदला नहीं जा सकता।' अगर आप प्रसन्नता से किसी चीज़ से परे हो सकते हैं, 'तो उसे स्वयं से दूर कर दें, जिसे बदला नहीं जा सकता।'

उसे स्वीकार करें, जिसे बदला नहीं जा सकता - ताकि आप प्रसन्नतापूर्वक आगे चल सकें।

उसे बदलें, जिसे बदला जा सकता है - ताकि आप प्रसन्नता के साथ प्रगति कर सकें। यदि यह संभव न हो तो,

स्वयं को उससे परे ले जाएँ, जिसे बदल नहीं सकते - ताकि आप उससे प्रसन्नता के साथ दूर हो सकें।

इसके सिवा कोई चौथा विकल्प नहीं होता।

अगर आप सेब के पेड़ के नीचे खड़े होकर, अपने लिए सेब पाने की उम्मीद लगाए बैठे हैं और उसे नहीं पा रहे – तो निराश न हों और जब तक सेब न मिलें; अपनी ओर से कोशिश करते रहें।

एक सर्वाधिक महत्त्वपूर्ण व्यक्ति कैसे बना जा सकता है?

महात्रया रा
स्पष्ट करते हैं...

जीवन में केवल दो ही विकल्प होते हैं। उच्चतम लक्ष्यों को पाने के लिए छोटी बातों को उपेक्षित करें या छोटी बातों के लिए बड़े लक्ष्यों को गौण कर दें। अगर आप जीवन में कुछ बनना चाहते हैं, अगर आप भीड़ से परे हटना चाहते हैं, अगर आप कोई ऐसा व्यक्ति बनना चाहते हैं, जिसकी ओर देखा जा सकता है, तो आपके लिए केवल एक ही चुनाव बचता है। आपको अपनी पसंद और नापसंद से परे हटना होगा, छोटी बातों को उपेक्षित करना होगा और बड़े लक्ष्यों पर स्वयं को केंद्रित रखना होगा।

मुझे सोना बहुत अच्छा लगता है। मुझे व्यायाम करना पसंद नहीं है। मुझे तला हुआ भोजन पसंद है। मुझे अंकुरित भोजन और सलाद पसंद नहीं है। अपनी इस सारी पसंद और नापसंद के बावजूद, मैं यह जानता हूँ कि अगर मैं पूरी तरह फ़िट और स्वस्थ रहा तो जीवन में बहुत कुछ पा सकता हूँ। तब, मैं अधिक सोने और तला-भुना खाने की आदत का गौण बनाते हुए, व्यायाम, अंकुरित भोजन और सलाद खाने की आदत को अपने जीवन में शामिल कर लूँगा ताकि मुझे एक स्वस्थ जीवन मिल सके। फिर मैं अपने शरीर को वह सब देता हूँ, जो कि स्वस्थ और चुस्त रहने के लिए आवश्यक है। विकल्प यही है कि आपको एक स्वस्थ और तंदुरुस्त जीवन के लिए उतना ही खाना और सोना चाहिए, जितना कि आपके लिए आवश्यक है।

यह तो निश्चित है, विश्वनाथन आनंद अपनी किशोरावस्था में आम दोस्तों की भीड़ में शामिल नहीं थे। यदि ऐसा होता, तो वे आज विश्व चैंपियन न होते। दावतें, मौज़-मस्ती, डिस्कोथेक, मूवी, बाहर घूमना, बाइक पर मटरगश्ती आदि बढ़ती हुई उम्र के ख़ास शगल होते हैं। यदि उनके पास भी अपनी बढ़ती उम्र के लिए ऐसे ही साधन होते तो वे वैसे लिएंडर पेस या सचिन तेंदुलकर न बन पाते, जिन्हें हम जानते हैं। हम स्वतंत्र भारत का आनंद इसलिए ले सके क्योंकि असंख्य नाम तथा पहचान से परे भारतीयों ने अपनी पसंद, नापसंद, परिवार और यहाँ तक कि अपने जीवन को भी झोंक दिया ताकि अंग्रेज़ों को देश से बाहर निकाला जा सके।

अधिकतर लोग सफलता की सीढ़ियों तक इसलिए चढ़ सके क्योंकि जब हममें से अधिकतर सोना चाहते थे, वे तब भी काम कर रहे थे। यदि मैं जीवन से सब कुछ पाना चाहता हूँ तो मुझे पहले वह सब देना होगा, जो मैंने जीवन पाने के लिए लिया है। विंस्टन चर्चिल ने कहा था, "मेरे पास देने के लिए अपने रक्त, परिश्रम, स्वेद और अश्रुओं के अतिरिक्त कुछ नहीं है।" हमें वह सब देने की आवश्यकता नहीं है। हमें केवल अपनी कुछ पसंद और नापसंद को दरकिनार करना होगा ताकि हम उन इच्छाओं को पा सकें, जिन्हें हम हृदय से चाहते हैं।

यदि मुझे किसी ऐसे स्थान पर जाना है, जहाँ मैं पहले कभी नहीं गया, तो मुझे ऐसा रास्ता ही चुनना होगा, जिस पर मैंने पहले कभी क़दम नहीं रखा। अगर मुझे ऐसा कुछ हासिल करना है जिसे मैं कभी हासिल नहीं कर सका, तो मुझे ऐसे काम करने होंगे जो मैंने कभी नहीं किए। अगर कुछ ऐसा पाना है, जो आज तक कोई नहीं पा सका, तो कुछ ऐसा करना होगा, जो किसी ने कभी नहीं किया है।

बहुत सीधी सी बात है : या तो अपने जीवन के उद्‌देश्य के आगे पसंद और नापसंद को गौण कर दो या अपने जीवन के उद्‌देश्य को पसंद या नापसंद के लिए गौण बना दो।

यही बात स्पष्ट कर देती है कि पिरामिड के निचले तल पर इतनी भीड़ क्यों होती है। कुछ लोगों के लिए, जिन्होंने खुद को भीड़ से अलग रखने का निर्णय लिया होता है, उनके लिए अपनी पसंद-नापसंद और यहाँ तक कि उनका अपना जीवन भी जीवन के उद्‌देश्य की तुलना में महत्त्वहीन हो जाता है।

आप पूर्व जाने की इच्छा रखते हुए, पश्चिम नहीं जा सकते। आपको स्वस्थ और तंदुरुस्त रहने की क़ीमत अदा करनी ही होगी। अनुशासन! जब तक आप अपने प्रति कठोर नहीं होंगे, जीवन आपके प्रति सहज व सरल नहीं हो सकेगा।

अगर नया रास्ता पाना चाहते हैं तो सबसे आगे चलने का साहस संजोना होगा। ख़तरा उठाएँ! जब तक आप अपनी पसंद-नापसंद से ऊपर उठने का साहस नहीं करते, तब तक आप जीवन के उद्‍देश्य को पूरा नहीं कर सकते। एक महान हस्ती बनने की इच्छा रखते हैं तो अपने भीतर छिपी प्रतिभा को सामने लाएँ। जो दूसरे जानते हों, उनसे अधिक जानने की चेष्टा करें। जो दूसरे करते हैं, उनसे अधिक करने की चेष्टा करें। दूसरे आपसे जो भी अपेक्षा करते हों, अपने-आप से उनसे अधिक अपेक्षा करने की कोशिश करें।

**यदि मुझे किसी ऐसे स्थान पर जाना है,
जहाँ मैं पहले कभी नहीं गया, तो मुझे ऐसा रास्ता ही
चुनना होगा, जिस पर मैंने पहले कभी क़दम नहीं रखा।
अगर मुझे ऐसा कुछ हासिल करना है जिसे मैं कभी हासिल
नहीं कर सका, तो मुझे ऐसे काम
करने होंगे जो मैंने कभी नहीं किए। अगर
कुछ ऐसा पाना है, जो आज तक
कोई नहीं पा सका, तो कुछ ऐसा करना होगा,
जो किसी ने कभी नहीं किया।**

यदि मैं जीवन से सब कुछ पाना चाहता
हूँ तो मुझे पहले वह सब देना होगा,
जो मैंने जीवन पाने के लिए लिया है।

महात्रया रा

मुझे नहीं लगता कि मैं सुंदर हूँ। मैं कमरे में बंद होकर रोती हूँ। मैं लोगों से मिलना ही नहीं चाहती। कृपया मुझे बताएँ कि मैं अपने आपको इस स्थिति से कैसे बाहर निकालूँ?

महात्रया रा

स्पष्ट करते हैं...

सर्वेक्षणों से पता चला है कि 56 प्रतिशत पुरुष तथा 43 प्रतिशत महिलाएँ अपनी छवि से असंतुष्ट व अप्रसन्न रहते हैं। उन्हें अपनी छवि को लेकर एक हीनता बोध होता है। सुंदर दिखने की चाह, आपके जीवन के हर पहलू में इस तरह छा जाएगी कि आपको हर जगह इसके सिवा कुछ दिखाई ही नहीं देगा। इसमें कोई विस्मय नहीं, सुंदर दिखने की इस चाह के कारण ही सौंदर्य प्रसाधन उद्योग करोड़ों-अरबों रुपए का व्यापार करता है।

कृपया समझने की चेष्टा करें कि आप वैसी ही दिखाई देंगी, जैसी आप हैं। एक सौंदर्य विशेषज्ञा कुछ समय के लिए आपकी बाहरी सुंदरता को बदल सकती है, परंतु आपकी आंतरिक अवस्था - अच्छी या बुरी, उदार या कृपण, स्नेही या घृणित, वह कहीं न कहीं आपकी देह से प्रतिबिंबित होती रहेगी। आप भले ही बोतल को ऊपर से जितना भी साफ़ क्यों न कर लें, अगर बोतल अंदर से गंदी है, तो बोतल गंदी की गंदी ही रहेगी।

अगर आप भीतर से अच्छी हैं, आपके चेहरे से आपकी अच्छाई झलकेगी। उस बाहरी सौंदर्य की इच्छा रखें, जो आपके आंतरिक सौंदर्य को प्रतिबिंबित कर सके। बाहरी सुंदरता तो समय के साथ धुँधला जाती है परंतु आंतरिक सौंदर्य समय के साथ-साथ और भी खिलता जाता है। बाहरी सौंदर्य 'समय के साथ-साथ बुढ़ाता है' परंतु आंतरिक सौंदर्य 'समय के साथ-साथ बढ़ता है।'

लिपस्टिक लगाने के स्थान पर सबके साथ दयालुतापूर्ण शब्दों का प्रयोग करें और देखें कि आपके होंठ कितने आकर्षक हो जाते हैं। लोगों में केवल अच्छाई को देखते हुए ही, अपनी आँखों की सुंदरता को विकसित करने की चेष्टा करें। अच्छा संगीत सुनकर, अपनी श्रवण क्षमता में सुधार लाएँ। धर्म ग्रंथों का पाठ करके उनकी सीखों को दूसरों के साथ बाँटते हुए, अपनी जीभ की क्षमता को विकसित करें। दूसरों को बिना किसी भेदभाव के प्यार करते हुए, एक स्वस्थ हृदय बनाए रखने का प्रयास करें। सुंदर पुष्पों की गंध लेते हुए, अपनी नाक को स्वच्छ रखें। दिन में कम से कम पाँच लोगों को गले लगाते हुए खुद की बाजुओं व कंधों को बलशाली बनाए रखें। स्वयं तथा दूसरों को क्षमा करते हुए, अपने मन को स्वच्छ और शांत रखें। उन लोगों तक पहुँच बनाकर अपनी टाँगों को मज़बूत बनाएँ, जो आपकी मदद चाहते हों।

एक अच्छा किसान आपको बताएगा कि अगर आप जड़ों की देखरेख कर लेंगे, तो वृक्ष अपनी देख-रेख स्वयं करेगा। अपने भीतर की देखरेख करें और वही आपका बाहरी सौंदर्य बन कर झलकेगा। सच्चा सौंदर्य कभी देखा नहीं जाता; इसे तो अनुभव किया जाता है।

कृपया समझने की चेष्टा करें कि आप वैसी ही दिखाई देंगी, जैसी आप हैं। एक सौंदर्य विशेषज्ञा कुछ समय के लिए आपकी बाहरी सुंदरता को बदल सकती है, परंतु आपकी आंतरिक अवस्था – अच्छी या बुरी, उदार या कृपण, स्नेही या घृणित, वह कहीं न कहीं आपकी देह से प्रतिबिंबित होती रहेगी।

मैंने एम बी ए की अपनी पढ़ाई पूरी कर ली है और काम करने का दो साल का अनुभव भी है। मैंने मंदी के दौरान अपनी नौकरी खो दी थी। तब से मैं नौकरी की तलाश में हूँ, परंतु हर जगह सिफ़ारिश या पैसा ही काम आता है। मैं दिन-ब-दिन मायूस होता जा रहा हूँ।

महात्रया रा

स्पष्ट करते हैं...

अगर आपके मन में यह विचार जड़ें जमा चुका है, "हर स्थान पर केवल पैसा या सिफ़ारिश के बल पर ही नौकरी मिलती है," तो निश्चित रूप से आप बार-बार ऐसे ही संगठनों में पहुँचेंगे, जहाँ यही सब होता है और आपको अन्य संस्थाएँ दिखाई ही नहीं देंगीं जहाँ प्रतिभा का आदर होता है। हमारे भीतर जो भी घटित हो रहा होता है, हम उसे ही बाहर देख पाते हैं।

मनुष्य का मन तो मनुष्य का ही मन होता है। अगर आप उसके मन को बदल सकें तो आप पाएँगे कि आपने उस इंसान को बदल दिया। आप और आपका जीवन, तभी और तभी बदल सकते हैं, जब आप उसे बदल दें, जो आपके मन में चल रहा है। आप अवचेतन रूप से ही, अपने जीवन से उन सभी संभावनाओं को लात मारकर बाहर करते जा रहे हैं। जीवन, आपके निष्क्रिय विचार ढाँचे के साथ भी पूरा तालमेल रखता है। आप मन ही मन जो सोचते हैं, वही पाते हैं। आप सारा दिन जो सोचते रहते हैं, वही बन जाते हैं।

आप किसी बात पर केंद्रित हो सकते हैं। पर ऐसी कोई चीज़ पर नहीं, जिस पर 'केंद्रित नहीं' हो सकते हों। मिसाल के लिए, जब आप अपने मन में ऐसे विचार रखते हैं, "मुझे कार पार्क करने के लिए कोई जगह नहीं मिलेगी।" तो वास्तव में आपको कार खड़ी करने के लिए कोई उपयुक्त जगह नहीं दिखेगी। परंतु हम यह नहीं देख पाते कि ज्यों ही हम भरी हुई जगह देखकर आगे जाते

हैं तो पीछे से कोई कार बैक करके निकालता है और उसी दौरान वहाँ दूसरा व्यक्ति अपनी कार लगा देता है। मेरा विश्वास करें, दूसरे व्यक्ति का विचार निश्चित रूप से यह रहा होगा, "मुझे पता है कि आज मुझे कार लगाने के लिए जगह मिल जाएगी। मेरे लिए कोई न कोई ख़ाली जगह प्रतीक्षा कर रही है।" जीवन उसके लिए कार खड़ी करने को स्थान बना देता है।

एक नौजवान नाविक पहली बार समुद्र में उतरा। उसका जहाज, उत्तरी अटलांटिक में भारी तूफ़ान की चपेट में आ गया। नाविक को आदेश दिया कि वह ऊपर जाकर पाल समेटे। ज्यों ही वह ऊपर गया तो उसने अचानक नीचे देखा और वह अपना संतुलन खोने लगा। तभी नीचे से एक बूढ़े नाविक ने चिल्लाकर कहा, "ऊपर देखो, जल्दी ऊपर देखो।" ज्यों ही नौजवान ने ऊपर की ओर देखा तो उसका संतुलन क़ायम हो गया और वह आराम से काम करके नीचे आ गया। फिर बूढ़े नाविक ने कहा, "मेरे बच्चे! जब आउटलुक अच्छा नहीं हो, तो हमेशा अप-लुक के लिए कोशिश करनी चाहिए।"

केवल यही मानसिक चित्रण न करें कि आप क्या हैं, आपको निरंतर यह भी सोचते रहना होगा कि आप क्या होंगे। मैं आपसे विश्वास और विज्ञान, दोनों ही की बात कर रहा हूँ। दरअसल, आप इसे अपने जीवन में ही आज़मा सकते हैं। अपने-आप से बात करना आरंभ करें। हर दिन का आरंभ इस विश्वास के साथ करें कि आज सब कुछ बदल जाने वाला है। सुबह उठकर यह मानकर चलें कि आज सब बदल जाएगा। दाँत साफ़ कर, बालों में कंघी करते हुए, मानकर चलें कि आज सब कुछ बदल जाने वाला है। साक्षात्कार के लिए जाते समय यही सोचें कि सब कुछ बदल जाने वाला है।

अमल किए बिना केवल विचार रखने से कुछ होने वाला नहीं है। तो अपने विश्वास के साथ कर्म को शामिल करें। अवसरों को ऐसे देखें, मानो आपका पूरा जीवन उन्हीं पर टिका हो। अपनी ओर से कोई कमी न छोड़ें। जब मन का विस्तार होता है, तो जीवन का भी विस्तार होता है। आपका अवसर पहले से ही कहीं आपके लिए प्रतीक्षा कर रहा है। आपको केवल उसे अपने जीवन में सम्मोहित करना है।

मेरी आयु चालीस साल है और मुझे भय लगने लगा है कि अब एक नई शुरुआत करने के लिए बहुत देर हो गई है।

महात्रया रा

स्पष्ट करते हैं...

बहुत सारे पृष्ठों वाली किसी कॉपी के बारे में सोचें। इसका हर पृष्ठ अपने-आप में एक खुला हुआ पृष्ठ है। हम या तो इस पर आड़ी-तिरछी लकीरें खींच सकते हैं या कोई कविता लिख सकते हैं। भले ही हमने इस पर जो भी किया हो, अगला साफ़ पन्ना तो पलटा ही जा सकता है। फिर हम उस नए पन्ने पर, नए सिरे से कोई कविता रच सकते हैं या आड़ी-तिरछी लकीरें खींच सकते हैं। दरअसल, जब तक हमारी इस कॉपी के सभी पन्ने समाप्त नहीं हो जाते, हर नए पन्ने के साथ हमारे पास यह चुनाव होता है कि हम उस पर क्या लिखेंगे। भले ही हमने आधी कॉपी को आड़ी-तिरछी लकीरों से भर दिया हो, परंतु इसका दूसरा आधा हिस्सा तो सँभाला ही जा सकता है। अब आप इस कॉपी की तुलना अपने जीवन से कर सकते हैं और अपने हर पन्ने की तुलना अपने जीवन के हर दिन से कर सकते हैं। जब तक आप अपने प्राणों का त्याग नहीं करते, तब तक इसके हर पन्ने के चयन पर आपका पूरा अधिकार है। भले ही आपकी आयु कितनी भी क्यों न हो, आप जहाँ भी हैं, जितने भी वर्ष के हैं और जो भी कर रहे हैं; वहीं से जीवन का एक नया अध्याय आरंभ कर सकते हैं। आप अपने जीवन को इस तरह रच सकते हैं कि इसका पूरा लाभ उठाया जा सके। अब भी आरंभ करने के लिए देर नहीं हुई। जीवन में जागृत होने के लिए हर दिन, हर क्षण; एक नया अवसर है, इसका पूरा लाभ उठाएँ।

जब तक आप अपने प्राणों का त्याग नहीं करते, तब तक इसके हर पन्ने के चयन पर आपका पूरा अधिकार है।

महात्रया रा

मैं बेहद कौतूहलप्रिय हूँ। मुझे खुद को नए क्षेत्रों तथा प्रयोगों से जोड़ना बेहद पसंद है। अनिवार्य रूप से मैं उसमें असफल होने लगता हूँ और अंत में एक पराजित के रूप में, सब कुछ छोड़कर लौट आता हूँ। अब मैं स्टॉक मार्केट में क़िस्मत आज़माना चाहता हूँ। मुझे क्या करना चाहिए?

महात्रया रा

स्पष्ट करते हैं...

कौतूहलप्रियता से प्रश्न उत्पन्न होते हैं और प्रश्नों से ही उत्तर सामने आते हैं। उत्तरों से ही विकास होता है। सूचना व जानकारी के इस युग में, थोड़ा-बहुत ज्ञान पाना भी किसी संपत्ति से कम नहीं है। परंतु आपको यहीं नहीं ठहरना है। यह विशेषज्ञता का युग है। आपको अपने भविष्य के लिए आवश्यकता के अनुरूप प्रदर्शन के साथ-साथ स्पष्ट विशेषज्ञता की आवश्यकता होगी।

अगर स्टॉक मार्केट का कोई सौदागर उसके उतार-चढ़ावों से घबरा जाता है, तो समझा जा सकता है कि वह अभी इसके अनुभवों का अभ्यस्त नहीं हुआ। जिस चीज में उतार आता है, उसमें चढ़ाव भी आता है। अगर आपको शेयर बाज़ार में पैसा बनाना है तो सबसे पहले अपने अंदर यह ख़ूबी लानी होगी कि आप उस बाज़ार की तेज़ी और मंदी से भावात्मक रूप से व्यथित न हों। यह ख़ूबी आपके भीतर तभी आएगी जब आप व्याकुल न होते हुए, अपने अनुभवों से सीख लेंगे। शेयर बाजार में आपकी सफलता इस बात पर क़ायम नहीं कि आपने कितने सौदे किए हैं, यह इस बात पर निर्भर करती है कि आपने कितना सीखा है। यह व्यापार के अनुभवों का अनुभव लेने से आती है।

आपको अपने भविष्य के लिए
आवश्यकता के अनुरूप प्रदर्शन के
साथ-साथ स्पष्ट विशेषज्ञता की
आवश्यकता होगी।

महात्रया रा

क्या हम वेलेंटाइन डे मना कर, पश्चिमी संस्कृति को तो नहीं अपना रहे?

महात्रया रा

स्पष्ट करते हैं...

हम जो तकनीकें प्रयोग में लाते हैं, उनसे लेकर, हमारे द्वारा पहनी जा रही पैंट और कमीज़ें तक, सब कुछ पश्चिमी ही तो है। हमारे बीच का प्रश्नोत्तर भी मूल रूप से अंग्रेज़ी में ही होता रहता है। हमारा बुनियादी शिक्षा तंत्र पश्चिमी है... तो पश्चिमी अवधारणा से जुड़े ऐसे समारोहों को मनाने में इतना हो-हल्ला क्यों? पौराणिक कथाएँ भी तो बताती हैं कि इस धरती पर, बहुत से देवी-देवता भी विवाह से पूर्व आपस में प्रेम करते थे। तो प्रेम कोई पश्चिमी अवधारणा नहीं... यह तो सार्वभौमिक है।

यद्यपि मैं तो यही चाहता था कि हम लोग कैलेंडरों में दी गई तिथियों के बिना भी एक-दूसरे के प्रति प्रेम व आभार को प्रकट करना याद रखें, अपने माता-पिता को धन्यवाद दे सकें, अपने अध्यापकों के साथ नए सिरे से संपर्क स्थापित कर सकें। मैं यह भी समझता हूँ कि मनुष्य को कुछ स्मरण करवाने के लिए बार-बार कुछ निशानी की आवश्यकता होती है। अपने उत्तरदायित्वों को बिलकुल ही न मनाने से तो कहीं बेहतर होगा कि मैं वेलेंटाइन डे, मदर्स डे, फ़ादर्स डे, थैंक्स गिविंग डे और टीचर्स डे जैसे दिन मना कर, उनके प्रति अपनी शुभकामनाएँ प्रेषित करूँ। हालाँकि, मैं अपने पाठकों से एक बृहत्तर अपील करना चाहूँगा।

हर घर में एक ऐसी औरत होती है, जो हम सबसे पहले सोकर उठती है और हम सबके सोने के बाद सोती है। उसे किसी भी तरह का कोई अवकाश

नहीं दिया जाता। उसके पास आराम या विश्राम के लिए कोई दिन नहीं होता। क्या हम इस वेलेंटाइन डे पर, एक उपहार के साथ उसे चौंका सकते हैं?

एक घर में एक बूढ़ा रहता है, वह अपने लिए पर्याप्त आय कमाने के बाद भी दिन-रात परिश्रम करता है। वह आदमी अपनी ओर से पूरी कोशिश करता है कि हममें से प्रत्येक को ऐसा जीवन स्तर मिले, जो उसके जीवन स्तर से बेहतर हो। क्या हम उसके और अपने बीच लगाए गए पर्दों को हटाकर, इस वेलेंटाइन डे पर, असाधारण रूप से कुछ ऐसा कर सकते हैं, जिससे हम उसके प्रति अपने स्नेह को प्रकट कर सकें?

हर घर में एक ऐसा किशोर है जो इस बात को लेकर भ्रमित है कि आप उसे अपने बराबर मानने लगे हैं या अभी बच्चा ही मानते हैं। दरअसल, आपके हाव-भाव और बातें उसे किसी एक बात के लिए निश्चित ही नहीं कर पाते। आपके दोहरे मापदंड उसे परेशान करते हैं। क्या हम माता-पिता उसे अपने साथ बाहर ले जा सकते हैं, उसके साथ कुछ समय बिता सकते हैं, उसे यक़ीन दिला सकते हैं कि हमें उसकी कितनी परवाह है? क्या हम उसे बता सकते हैं कि हम उसे कितना प्यार करते हैं या वह हमारे लिए सब कुछ है? क्या हम इस तरह अपना वेलेंटाइन डे नहीं मना सकते?

क्या हम अपने स्कूल, कॉलेज और संस्थानों में जाकर अपने अध्यापकों से भेंट नहीं कर सकते, जिन्होंने हमारे जीवन को एक नई दिशा देने में एक अहम भूमिका निभाई, क्या हम उन्हें अपने हाथों से स्नेह व आभार प्रदर्शन के लिए कार्ड लिखकर नहीं दे सकते? क्या इस वेलेंटाइन डे पर हम उन लोगों से भेंट नहीं कर सकते, जिन्होंने हमें सही मायनों में रचा और गढ़ा है?

इन सब बातों के अतिरिक्त, क्या हम अपने साथ ही दुश्मनी निभाना छोड़कर, अपने-आप से प्यार करना सीख सकते हैं? अनेक कारणों से तथा कई प्रकार से, हम प्रायः अपने ही ख़िलाफ़ खड़े हो जाते हैं। क्या हम अपने प्रति और करुणावान नहीं बनेंगे? क्या हम अपने अतीत को भुलाकर, स्वयं को उसी रूप में स्वीकार कर लेंगे, जैसे हम हैं? क्या इस वेलेंटाइन डे से एक नया प्रेम प्रसंग आरंभ नहीं किया जा सकता, जहाँ आप ही प्रेमी और प्रिया हों?

आइए, वेलेंटाइन डे के समारोह को चलने ने दें परंतु क्या हम इसे एक विस्तृत रूप नहीं दे सकेंगे?

प्रेम को हमारे जीवन को विशुद्ध बनाने का अवसर प्रदान करें ताकि यह हमारे आसपास के लोगों को भी प्रभावित कर सके। आइए, हम सबको और सदा प्रेम करना सीखें।

मैं स्पष्ट रूप से बताना चाहूँगा कि मेरा लेखन, मेरे प्रिय पाठकों के प्रति मेरे स्नेह की ही अभिव्यक्ति है। जैसा कि मैं प्रायः कहता हूँ, हो सकता है कि मेरा प्रेम, उस रूप में आप लोगों के सामने न आए, जैसा आप चाहते हैं, परंतु इसमें आपको गढ़ने की क्षमता है और यह हमेशा से ऐसा करता आया है।

एक घर में एक बूढ़ा रहता है, वह अपने लिए पर्याप्त
आय कमाने के बाद भी दिन-रात परिश्रम करता है।
वह आदमी अपनी ओर से पूरी कोशिश करता है
कि हममें से प्रत्येक को ऐसा जीवन स्तर मिले,
जो उसके जीवन स्तर से बेहतर हो।
क्या हम उसके और अपने बीच लगाए गए
पर्दों को हटा कर, इस वेलेंटाइन डे पर,
असाधारण रूप से कुछ ऐसा कर सकते हैं,
जिससे हम उसके प्रति अपने
स्नेह को प्रकट कर सकें ?

हर घर में एक ऐसी औरत होती है,
जो हम सबसे पहले सोकर उठती है
और हम सबके सोने के बाद सोती है।
उसे किसी भी तरह का कोई अवकाश
नहीं दिया जाता। उसके पास आराम या
विश्राम के लिए कोई दिन नहीं होता।
क्या हम इस वेलेंटाइन डे पर, एक
उपहार के साथ उसे चौंका सकते हैं?

महात्रया रा

मैं संपूर्णता की अवधारणा के प्रति बेहद दीवानगी रखता हूँ। यहाँ तक कि काम आरंभ होने से पहले ही मैं इसका भार महसूस करने लगता हूँ। मुझे असफल होने से इतना भय लगने लगा है कि मैं काम को आरंभ ही नहीं करता। कृपया मेरी मदद करें!

महात्रया रा

स्पष्ट करते हैं...

यह अस्तित्व संपूर्ण है। मनुष्य संपूर्ण नहीं है। असंपूर्ण मनुष्य स्वयं को संपूर्ण बनाने की चेष्टा करता है, जो कि इस अस्तित्ववादी संपूर्णता का ही एक अंश है।

पशु भी असंपूर्ण, अधूरे और अपर्याप्त होते हैं परंतु वे इस विषय में सजग नहीं हैं। यही कारण है कि वे अनुभवातीत हो ही नहीं सकते। वे एक ही प्रकृति के साथ जन्मे हैं और उन्हें उसी प्रकृति के साथ प्राणों का त्याग करना होगा। यही कारण है, मनुष्य के साथ भी विकास के लिए तब तक कोई मार्ग नहीं दिखता, जब तक वह स्वयं अपने अधूरेपन को संपूर्णता में न बदलना चाहे। अपने असंपूर्ण अस्तित्व को संपूर्ण अस्तित्व न बनाना चाहे।

आपका हृदय किसी चीज़ के लिए पुकार कर रहा है, वह आपके विकास का द्वार खोल रहा है। मेरा हृदय किसी दूसरी वस्तु के लिए पुकार कर रहा है, वह मेरे लिए विकास के द्वार खोल रहा है। मनुष्य को इसी प्रकार रचा गया है कि वह प्रयास कर सके। हम सभी किसी न किसी चीज़ का पीछा कर रहे हैं, और हम सभी किसी न किसी चीज़ का पीछा करते रहेंगे। हो सकता है कि आपका अभाव मेरे अभाव से अलग हो परंतु किसी न किसी रूप में, हम सभी अभावग्रस्त हैं। दरअसल, जब हमें अपने अभाव या हानि का पता चलता है, वहीं से विकास का बीज पनपता है। जब आप किसी अभाव के संपर्क में आते

हैं तो आपको विकास के लिए प्रेरणा मिलती है। यही विकास का विज्ञान है।

आपकी निर्धनता उसकी निर्धनता से बदतर नहीं है। उसका अभाव, आपके अभाव या हानि से बदतर नहीं है। मनुष्य की रचना संपूर्ण ब्ल्यूप्रिंट के अनुसार नहीं की गई। आप एक अच्छा और तालमेलयुक्त विवाह चाहते हैं; वे अपने लिए एक संतान चाहते हैं; वह बूढ़ी आत्मा अपने लिए सेहत चाहती है; वह नन्हा बालक अपनी छवि में सुधार चाहता है। वह मनुष्य के संसार में एक पद पाना चाहता है और वह प्रभु के साम्राज्य में स्थान पाना चाहती है। आपकी निर्धनता आपकी निर्धनता है। उसकी निर्धनता उसकी निर्धनता है। आपकी निर्धनता में आपकी समृद्धि का अभिप्राय छिपा है और उसकी निर्धनता में उसके विकास का सूत्र छिपा है। आप अकेले ही अपनी भूख मिटा सकते हैं और मैं अकेले ही अपनी प्यास बुझा सकता हूँ। आपको अपने कर्मों के अनुसार जीना होगा और मुझे मेरे कर्मों के अनुसार चलना होगा।

तो संपूर्णता के लिए अपने जुनून को भार न बनने दें। यदि मनुष्य को ही संपूर्ण रूप में गढ़ दिया गया होता तो निश्चित रूप से, विकास के लिए कोई गुंजाईश ही न बचती। आपके भीतर की यही प्रयत्नशीलता, आपकी बड़ी ताक़त बन सकती है। हालाँकि, आपको असफलता के भय से उबरना चाहिए। जो साधारण लोग, साधारण ही बने रहते हैं और वे साधारण लोग, जो असाधारण बन जाते हैं; उनमें केवल इतना ही अंतर होता है कि असाधारण व्यक्ति जीवन की असफलताओं व निराशाओं का सामना डरकर करते हैं। वे हार मानने से इंकार कर देते हैं। उनकी महानतम कीर्ति इसमें नहीं रही कि वे बार-बार गिरे, महानतम कीर्ति कहती थी कि वे जितनी बार गिरे, उतनी बार शान से उठकर खड़े हुए, और आगे चल दिए। उन्होंने गिरे रहने से इंकार कर दिया। उन्होंने मैदान छोड़कर भागने से इंकार कर दिया। उन्होंने जीवन से 'न' पाने से इंकार कर दिया। उन्होंने स्वयं को अपनी असफलताओं पर केंद्रित रखने के स्थान पर, सदा अपने केंद्र से जोड़े रखा।

हमारे परीक्षाओं पर आधारित शिक्षा तंत्र ने हमें असफलताओं से डरना सिखाया है। बिना किसी प्रयत्न के गिरना भले ही अनुचित हो परंतु असफलता अपने-आप में कभी अनुचित नहीं हो सकती। असफलता का भय आपको आपके सुविधा के दायरे से बाहर ही नहीं आने देता। किसी भी नए काम में सफलता का आश्वासन नहीं होता और किसी भी नए कार्य के साथ लाभ की गारंटी नहीं आती। चैंपियन इस बात को समझते हैं कि मध्यम दर्जे की सफलताओं को पाने से बेहतर होगा कि वे उल्लेखनीय असफलताएँ ही पा लें ताकि एक नए सिरे से आरंभ किया जा सके। असफल होने से भयभीत हैं, याद रखें, जो असफल

होते हैं, वही ज़िंदगी में सफल हो सकते हैं। यदि आप कभी असफल नहीं हुए तो इसका अर्थ यही है कि आपने कभी जमकर प्रयत्न किया ही नहीं, यदि आप पूरा प्रयत्न नहीं करेंगे तो पूरी तरह से सफलता कैसे अर्जित होगी? असफलता एक कोष्ठक है, जिसमें सफलता छिपी रहती है और इतिहास निर्माता अपने कड़े परिश्रम के बल पर उसे बाहर निकालते हैं। जीवन में केवल सफलता को ही वर्णित नहीं किया जा सकता; आपको असफलता के पदचिह्न भी पहचानने होंगे। सूर्यास्त हुए बिना कभी सूर्योदय नहीं होता। वर्षा का सामना करें और इंद्रधनुष का अनुभव पा लें।

अपनी असफलताओं से आगे बढ़ें। असफलता कोई परिणाम नहीं बल्कि फ़ीडबैक है। आप इस दौरान जो भी सीख लेंगे, वह आपके आगामी जीवन में सफलता पाने के लिए बहुत काम आएगी। ये सीख एक महत्त्वपूर्ण साधन और माध्यम बन जाएगी। जब भी असफलता का मुँह देखें, झट से उठें, अपना सबक़ लें और दो गुने जोश से आगे चल दें। अपनी कमियों को ही अपने पायदान बना लें। हर असफलता से एक सबक़ अवश्य लें। असफलता एक मानसिक अवस्था से अधिक नहीं है और जब भी कोई विजेता हारता है तो वह एक बेहतर विजेता के रूप में सामने आता है। तो अपने असफलता के भय को, पाने की इच्छा में बदल दें और अपने जीवन के साथ आगे बढ़ जाएँ।

असफलता का भय आपको आपके सुविधाजनक दायरे से बाहर नहीं आने देता।

असफलता कोई परिणाम नहीं बल्कि फ़ीडबैक है। आप इस दौरान जो भी सीख लेंगे, वह आपके आगामी जीवन में सफलता पाने के लिए बहुत काम आएगी। ये सीख एक महत्त्वपूर्ण साधन और माध्यम बन जाएगी।

मेरे लिए साक्षात्कारों में भाग लेना किसी बुरे सपने से कम नहीं था। सौभाग्यवश उस भय से मुक्ति हो गई क्योंकि मुझे मेरी पहली नौकरी मिल गई है। पर अब मुझे अपने बॉस से डर लगता है। जब भी मुझे सी ई ओ के केबिन में बुलवाया जाता है, तो मैं काँपने लगता हूँ। कृपया मेरी मदद करें ताकि मैं अपने इस भय से उबर सकूँ।

महात्रया रा

स्पष्ट करते हैं...

यदि आप जीवन में कुछ सार्थक करना चाहते हैं, तो आपको निश्चित रूप से भय से पार पाना होगा। यदि जीवन जीना है तो इसे निर्भीकता के साथ ही जीना चाहिए। भय मनुष्य को रोकता है। भय एक बड़ी बाधा बनकर सामने आता है। भय मनुष्य को उसके सुविधाजनक दायरे से बाँधता है और उसे अपने उस दायरे से बाहर ही नहीं आने देता।

आप सार्वजनिक रूप से बोल नहीं सकते क्योंकि आपको लोगों के सामने आने में भय लगता है। आप कोई नया काम आरंभ नहीं करना चाहते क्योंकि आपको असफलता से भय लगता है। आप घर से बाहर निकलकर मित्र नहीं बनाना चाहते क्योंकि आपको अस्वीकृति का भय है। आप काम के दौरान उत्तरदायित्व नहीं स्वीकारते क्योंकि आपको प्रदर्शन से भय लगता है। आप किसी नए काम को करना नहीं चाहते क्योंकि आपको लगता है कि लोग आपका उपहास करेंगे। आप अपने मन की बात नहीं कहते क्योंकि आपको भय है कि लोग आपको ग़लत समझ लेंगे।

लोगों का सामना करने का भय आपकी प्रगति में बाधा बन जाएगा क्योंकि लोगों के बिना जीवन संभव ही नहीं हो सकता। असफलता का भय आपको

अपने सुविधापूर्ण दायरे में बिठाए रखेगा और आप आजीवन एक जैसे कार्यों को ही दोहराते रहेंगे। अन्य सभी कारणों की तुलना में, असफलता का भय ही आपको असफल बनाने में अहम भूमिका निभाता है। यदि आप असफलता और अस्वीकृति से भय रखते हैं तो आप कभी पहल नहीं कर सकेंगे। यदि आपको भय है कि आपकी खिल्ली उड़ाई जाएगी तो आप झुंड की मानसिकता के बीच पले हैं। आप केवल वही कर सकेंगे, जो दूसरे व्यक्ति कर रहे हैं। अगर आपको भय है कि आपके मुख से कुछ अनाप-शनाप निकल जाएगा तो आप कभी खुलकर अपनी बात रख ही नहीं सकेंगे। आप कूटनीति के नाम पर अपने विचारों का दमन करने वाले और छल-छंद करने वाले बनकर रह जाएँगे। आप सच बोलने से हिचकिचाएँगे।

भय के सभी रूपों से छुटकारा पाया जाना चाहिए। आपको भय के तंत्र को समझना होगा। आप भय के कारण वस्तुओं को उपेक्षित नहीं करते। आप वस्तुओं को उपेक्षित करते हैं, इसलिए वे भय में बदल जाती हैं। आप अपने सी ई ओ से भेंट को जितना टालेंगे, आपके मन में उसका भय उतना ही बढ़ता जाएगा। अपने भय के बावजूद सी ई ओ से भेंट करें और आपको सारा भय जाता रहेगा।

आप जिसका सामना नहीं करते, वही आपको अपने वश में कर लेता है। जो आपको वश में करता है, वह आपके मन में भय पैदा करता है। भय के साथ प्रत्याशा जन्मती है।

भय से मुक्ति पाने के सरल उपाय :

जब भी अवसर हाथ आए, अपने भय को पहचानें और उनका सामना करने का निर्णय लेकर आगे बढ़ें। जिससे भय लगे, बार-बार उसका सामना करें और भय जाता रहेगा। जिस काम से भय लगे, उसे करें, निश्चित रूप से आपको भय लगेगा पर धीरे-धीरे यह भय तिरोहित हो जाएगा। निर्भीक भाव से भय का सामना करें। भले ही आपके माता-पिता हों या अध्यापक या फिर कोई अजनबी या वरिष्ठ, सम्मान सबका करें परंतु किसी से भी भयभीत न हों।

ऐसा कोई काम कभी न करें, जिसे करने के बाद आपको लगे कि इसे तो दूसरों से छिपाना होगा। जब आपके पास छिपाने के लिए कुछ नहीं होता, तो आप भयभीत भी नहीं रहते। उस समय आपके पास छिपाने के लिए कुछ नहीं है इसलिए आप बेधड़क सामने आते हैं।

ईमानदार बनने का साहस रखें। परिणाम भले ही जो भी हों, पूरी ईमानदारी बनाए रखें। अधिकतर भय तभी उत्पन्न होता है, जब आप किसी हालात का सामना करने के लिए तैयार नहीं होते। आप एक हालात का सामना

करने के लिए इसलिए तैयार नहीं होते क्योंकि आपके पास ईमानदारी का साहस नहीं होता। ईमानदारी का वरदान यह है कि यह आपके भीतर किसी भी हालात का सामना करने की हिम्मत जगाता है। झूठ बोलने का सबसे बड़ा शाप यह होता है कि यह आपके भीतर अधिकतर हालात से बचने का भय उत्पन्न करता है।

'सॉरी' कहने का साहस रखें। जब भी आपको लगे कि आपसे कोई भूल हुई, आपने किसी का दिल दुखाया, तो आगे जाकर उनका सामना करें, उनसे क्षमा माँगें। दुर्बल व्यक्ति क्षमा नहीं माँग सकता। यह साहस केवल सबल व्यक्तियों में ही होता है।

इन सीधे-सादे उपायों को अपनाएँ और भय का सामना करें। मैं अपनी बात दोहराना चाहता हूँ कि निर्भीक भाव से जीना ही असली जीना है।

जब भी अवसर हाथ आए, अपने भय को पहचानें
और उनका सामना करने का निर्णय लेकर, आगे बढ़ें।
जिससे भय लगे, बार-बार उसका सामना करें
और भय जाता रहेगा। जिस काम से भय लगे,
उसे करें, निश्चित रूप से आपको भय लगेगा पर
धीरे-धीरे यह भय तिरोहित हो जाएगा।

ऐसा कोई काम कभी न करें,
जिसे करने के बाद आपको लगे कि
इसे तो दूसरों से छिपाना होगा।
जब आपके पास छिपाने के लिए कुछ
नहीं होता, तो आप भयभीत
भी नहीं रहते। उस समय आपके पास
छिपाने के लिए कुछ नहीं है
इसलिए आप बेधड़क सामने आते हैं।

महात्रया रा

मैं एक सॉफ़्ट स्किल ट्रेनर और पुस्तक प्रेमी हूँ। जब भी मुझे पढ़ने योग्य कोई पुस्तक दिखती है और वह मेरी जेब पर भारी नहीं होती तो मैं उसे तुरंत ख़रीद लेता हूँ। मैं ख़ुद को ऐसा करने से रोक ही नहीं पाता। मुझे पुस्तकें पढ़ने की लत लग गई है। कई बार मुझे अपराधबोध अनुभव होता है कि मैंने किताबों पर इतना पैसा क्यों व्यय किया। अब मुझे क्या करना चाहिए?

महात्रया रा

स्पष्ट करते हैं...

सबसे पहले तो यह बताना चाहूँगा कि पैसे की कोई स्मृति नहीं होती किंतु अनुभवों के पास यादें होती हैं। जब आप भूल जाएँगे कि आपने कितना व्यय किया था, उसके बाद भी, एक लंबे अरसे तक आपके मन में उन अनुभवों व यादों का प्रभाव बना रहेगा, और किताबों के मामले में, वे आपका मार्गदर्शन करती रहेंगी। धन एक भौतिक पदार्थ है। अनुभव शाश्वत हैं। आपको भौतिक पदार्थ देकर अपने लिए शाश्वत अनुभव पाने हैं।

दूसरे, दिल के मामले में मोल-तोल कहीं काम नहीं आता। जब भी आप कहते हैं, 'पुस्तक पढ़ने लायक़ है' तो 'किफ़ायती' और 'ख़र्च' करने जैसे शब्द दिमाग़ से ही निकल जाते हैं।

तीसरे, किसी व्यक्ति की विचार प्रक्रिया पर इतना-सा प्रभाव, आपके जीवन को सदा के लिए बदल सकता है। एक अंतर्दृष्टि, एक बोध, एक उपाय, एक विचार, एक रूपांतरण, एक सजगता, चिंतन की दिशा में एक परिवर्तन... बस यही चाहिए और फिर आपका जीवन पहले जैसा कभी नहीं रहेगा। किताबें निश्चित रूप से ऐसा कर सकती हैं। किताबों पर ख़र्च किया गया धन कभी व्यर्थ नहीं जाता। ये तो अनमोल ख़ज़ाना हैं। जहाँ तक पुस्तकों का सवाल है, वहाँ

आप 'व्यय' के स्थान पर 'निवेश' शब्द का प्रयोग करें। किसी भी पुस्तक पर लगाए गए रुपयों को 'व्यय' नहीं 'निवेश' कहा जाना चाहिए।

चौथे, जब भी हम किसी पुस्तक का अनुभव पाते हैं, तो हम उसके पीछे छिपी महान आत्मा के विचारों का भी अनुभव करते हैं। भले ही हम गाँधी जी को कभी नहीं देख सके परंतु उनकी आत्मकथा पढ़कर, उनके विचारों से तो अवगत हो ही सकते हैं। भले ही हम तिरुवल्लुवर के काल में नहीं जन्मे परंतु *तिरुकुरल* पढ़कर, उनके विचारों का अनुभव तो पा ही सकते हैं। जब भी आप पुस्तकों के बीच होते हैं तो आप उन महान आत्माओं की प्रज्ञा के साथ होते हैं। तो न केवल धन अपितु समय के हिसाब से भी पुस्तकें एक अच्छा निवेश हैं और ये कभी व्यय की श्रेणी में नहीं आतीं।

सबसे महत्त्वपूर्ण बात, पुस्तकें केवल सूचना देने का साधन भर नहीं बल्कि रूपांतरण का साधन होनी चाहिए। शिष्य ने पूछा, "अनेक बार *भगवद्गीता* का पाठ करने के बाद भी मैं अपने भीतर कोई बदलाव क्यों नहीं पाता?" गुरु ने उत्तर दिया, "इस बात से कोई अंतर नहीं पड़ता कि तुमने *भगवद्गीता* को कितनी बार पढ़ा, अंतर तो इस बात से पड़ता है कि *भगवद्गीता* ने तुम्हें कम से कम एक बार पढ़ा या नहीं?" केवल पढ़ने और एक उद्देश्य के साथ पढ़ने में अंतर होता है। केवल मनोरंजन के लिए पढ़ने से समय बिताया जा सकता है और उसके लिए सरसरी तौर पर पढ़ना ही पर्याप्त होता है परंतु जब आप अपने-आप को ऊँचा उठाने वाले शब्द पढ़ते हैं तो उसके लिए एक समय और स्थान होना चाहिए। अपने पास एक पेन या मार्कर से उन शब्दों को रेखांकित करें जो आपको बहुत अच्छे लगते हों। निश्चित रूप से, पहली बार पढ़ने के बाद, उन सभी पृष्ठों को दोबारा अवश्य पढ़ें। जो भी रेखांकित किया गया हो, उस पर विशेष ध्यान दें। जब भी कोई अच्छी किताब पढ़ेंगे तो आप पाएँगे कि आपके जीवन के किसी न किसी पक्ष में कोई सकारात्मक बदलाव निश्चित रूप से आया है। किसी अच्छी किताब को हाथों में थामना कुछ ऐसा ही है मानो जीवन में कोई अच्छा दोस्त मिल गया हो।

यह दुनिया नंबर गेम के लिए इतनी दीवानी क्यों हो रही है? टॉप लाइन, बॉटम लाइन और मैं तो एक लाख लोगों के जीवनों को स्पर्श करना चाहता हूँ। दिन-ब-दिन गुणवत्ता के स्थान पर मात्रा का वर्चस्व क्यों होता जा रहा है?

महात्रया रा

स्पष्ट करते हैं...

अमूर्त से मनुष्य के अहं को संतुष्टि नहीं मिलती। उसे कोई ऐसी वस्तु चाहिए जिसे मापा जा सके। उसे आँकड़ों से बहुत प्रेम होता है। समय, धन, सामग्री, मशीनरी व स्थान आदि सभी संसाधन हैं। अगर 'अ' एक संसाधन है और द (अ) 'अ' से मिली वापसी है, और 'द' को अधिकतम करना ही प्रबंधन है। जिसे मापा नहीं जा सकता, उसे जाना नहीं जा सकता। जिसे जाना नहीं जा सकता, उसे वश में नहीं किया जा सकता। जिसे वश में नहीं किया जा सकता, उसका प्रबंधन नहीं हो सकता। इस तरह, जब तक संसाधन प्रबंधित नहीं होता, उसका प्रभावी प्रयोग संभव नहीं होता।

इस प्रकार अंक और अंकों का खेल अर्थव्यवस्था तथा इसके प्रबंधन में बड़ी भूमिका निभाता है। हम अंकों के बिना अपना काम चला ही नहीं सकते।

पर आपने सही कहा... हम इसे बहुत आगे ले गए... आज, हम लोगों को प्रेरित करते हैं कि वे अंक पाने के लिए मानवीय विशेषताओं का सौदा करें। मनोभाव इस बात की परवाह नहीं करते कि आप उन्हें कहाँ गढ़ रहे हैं और जब वे गढ़े जाते हैं, तो वे आपके व्यवहार का अंग हो जाते हैं। अंकों के माध्यम से भौतिक प्रगति को मापने की यह प्रवृत्ति, जीवन के सभी पक्षों में मनुष्य का व्यवहार बन गई है।

यहाँ तक कि प्रेम से जुड़े मामलों में भी, हम कहते हैं, "तुम मुझसे कितना प्रेम करते हो?" किसी वेबसाइट में मिले वोटों की संख्या तय करेगी कि गाँधी जी ने संसार पर कैसा प्रभाव डाला? तथाकथित गुरु व संसार त्यागी कट-आउट, पोस्टर तथा मीडिया कवरेज के साथ अपने अभियान चलाते हैं क्योंकि अनुयायी जितने अधिक होंगे, 'गुरु की रेटिंग' उतनी ही अधिक होगी। क्रिकेट के खेल में नया विकास यह हुआ कि खिलाड़ी को उसके प्रदर्शन से नहीं जाना जाता, वह कितने रुपयों में ख़रीदा गया, उससे उसकी योग्यता का आकलन होता है। एक प्राकृतिक आपदा तभी जनरुचि का विषय मानी जा सकती है जब उसमें अधिक से अधिक लोगों की मौत हुई हो। अगर आप केवल दो लोगों को मारेंगे तो आपसे स्थानीय पुलिस थाना ही निपट लेगा। अगर आप 5000 लोगों से भरे किसी भवन को उड़ा देते हैं, तो आपका नाम पूरी दुनिया में चर्चित हो जाएगा। जितना अधिक, उतना बढ़िया - उचित कारणों से तथा अनुचित कारणों से भी!

अपने केंद्र को बदले बिना, केवल घेरे को विकसित करने से, हम और बड़ा दायरा और घेरा पा सकते हैं। *मनुष्य का मर्म तो केंद्र ही है।* संसार में किसी भी वस्तु के लिए अपनी आत्मा, अपने उसूलों, अपने सहज स्वभाव, अपने चरित्र व अपने आध्यात्मिक झुकाव का सौदा न करें। आपका यह पहलू, किसी भी प्रकार के अंकों से परे है। *आपका प्रदर्शन ही आपका घेरा है।* इससे ही मापा जाना चाहिए और इस पर ही सुधार के लिए काम किया जाना चाहिए। अंक, प्रदर्शन को मापने, परखने, नियंत्रित करने तथा प्रदर्शन के प्रबंधन में महत्त्वपूर्ण भूमिका निभाते हैं। हमारे पास निरंतर और अंतहीन सुधार के अवसर होने चाहिए। यह प्रयास निरंतर जारी रहना चाहिए। बेहतर होगा कि आप अच्छे से बेहतर की ओर प्रस्थान करें। परिणाम ही परिधि हैं। आप अपने केंद्र में स्थित रहते हुए, अपने प्रदर्शन के दायरे को विस्तृत करते हुए चलेंगे तो आपके जीवन का दायरा विस्तृत होगा और आप एक संपूर्ण जीवन पा सकेंगे।

घास केवल उगने के लिए बड़ी होती है, वर्षा की बूँदें केवल इसलिए गिरती हैं ताकि धरती पर गिर सकें और फूल केवल खिलने के लिए ही खिलते हैं। उनमें से किसी के भी पास कोई उद्देश्य नहीं होता। उनमें से किसी के भी पास कोई लक्ष्य नहीं होता। ऐसा क्यों है कि केवल मुझे ही जीवन में लक्ष्य पाने की आवश्यकता अनुभव हो रही है?

महात्रया रा
स्पष्ट करते हैं...

घास का कतरा, वर्षा की बूँद या फूल, अपनी उस प्रकृति से अलग नहीं हो सकते, जिनके साथ वे जन्मे हैं। मधुमक्खी का छत्ता इंजीनियरिंग का चमत्कार है। जब मनुष्य गुफाओं में रहता था, तब से और इस नई सहस्राब्दि में बनाए जा रहे मधुमक्खी के छत्तों में कोई बहुत बड़ा अंतर नहीं आया है। हालाँकि इस सहस्राब्दि का मनुष्य, अपने गुफाओं में रहने वाले पूर्वजों के साथ बहुत सी समानता नहीं रखता, ऐसा क्यों?

अस्तित्व की सारी रचनाओं में से केवल मनुष्य को ही अपनी प्रकृति से ऊपर उठने की योग्यता प्राप्त है। परंतु यह चुनाव उसे स्वयं करना होता है। हर मनुष्य के भीतर बसी यह इच्छा, उसे उसके भविष्य के दर्शन की ओर उन्मुख करती है, जिसे हम लक्ष्य, उद्देश्य, दर्शन या जीवन का मिशन भी कह देते हैं।

जब धरती माँ की कोख़ में एक बीज रोप दिया जाता है, तो बीज के बाहर और भीतर, सारे बल मिलकर, उसके अंकुरित होने की प्रक्रिया में योगदान देने आ जाते हैं। एक बोए गए बीज का अंकुरित होना आवश्यक है और उसके इस तरह अंकुरित होने की योग्यता ही तो उसे कंकड़ों से अलग करती है। अगर बीज

अंकुरित होने ही वाला हो और आप उसी समय उसे धरती से निकाल दें तो वह वहीं दम तोड़ देगा। ठीक इसी प्रकार, जब मनुष्य को अपनी क्षमता का पता चल जाता है परंतु उसे अपनी क्षमता को प्रकट करने का क्षेत्र नहीं मिलता, तो वह जीवित होते हुए भी मृत के समान घूमता रहता है। जब तक आपके पास आने वाले कल के लिए कोई भविष्य नहीं होगा, आपको अपने आज के लिए न तो कोई ताक़त मिलेगी और न ही बल दिखाई देगा। आपके दिन अवर्णनीय रिक्तता के साथ समाप्त होते चले जाएँगे। मनुष्य अपने ही से अनुभवातीत होने के लिए जन्मा है। उद्भव की प्रक्रिया के दौरान, आपके निम्नतम से लेकर उच्चतम स्तर तक, विकास का अर्थ भी उभरकर सामने आता है।

यदि आरंभ से बात करें, तो मनुष्य बहुत ही आत्म-केंद्रित होता है। वह ऐंद्रिक संतुष्टि के लिए ही अपनी सारी माँगों को संचालित करता है। इस अवस्था में मनुष्य अपनी देह से परे कुछ नहीं देखते। उनके लिए अपने परिवार, देश या समाज के संकट और कष्ट भी कोई मायने नहीं रखते। वे अपने अस्तित्व के लिए संसार का उपभोग करते हैं।

अधिकतर व्यक्ति इस स्वार्थी भाव से उठ जाते हैं परंतु इसके साथ ही वे किसी अन्य स्वार्थ को गले से लगा लेते हैं। अब वे अपने लोगों, अपने निकट व आत्मीय जन से प्रेम तो करते हैं परंतु उनसे इतर, किसी की परवाह नहीं करते। उनका परिवार ही उनके जीवन का दायरा बन जाता है। दुर्भाग्यवश, शेष संसार केवल इस एक परिवार की आवश्यकताएँ पूरी नहीं कर सकता। इस तरह ये लोग अपने परिवार की ज़रूरतों के लिए शेष संसार से निरंतर संघर्ष की स्थिति में रहते हैं।

कई लोग स्वार्थ के इस घेरे से भी निकल आते हैं, लेकिन अब वे बृहत्तर समुदाय को अपना परिवार मानने लगते हैं, उनकी जाति, उनका संगठन, उनका समाज और उनका देश। वे जिस भी वर्ग से प्रतिनिधित्व करते हैं, उनके लक्ष्य उससे ही संबंध रखते हैं। वे अपने द्वारा प्रतिनिधित्व किए जा रहे जाति, वर्ग या समुदाय व काज का सवाल आने पर निःस्वार्थ भाव से किसी भी तरह के बलिदान के लिए तैयार हो जाते हैं; परंतु, अपने चुने गए क्षेत्र से परे, पूरी तरह से स्वार्थी व असहिष्णु होते हैं। वे अपने वंश के लिए देवदूत और दूसरों के लिए राक्षसों का काम करते हैं। वे अपने समाज को सारे संसार से अलग करने की चेष्टा करते हुए, सदा संसार के सामंजस्य को विकृत करने का प्रयास करते हैं।

बहुत कम लोग इस प्रांतीय स्वार्थपरता से ऊपर उठ पाते हैं और स्वयं को पूरी मानवता के एक अंश के रूप में पहचान पाते हैं। जो लोग ऐसा करते हैं, वे सभी भेदभावों से परे होते हैं। उनके जीवन का प्रत्येक क्षण, उनकी ऊर्जा

का एक-एक कतरा और उनका एक-एक प्रयास मानवता को ऊँचा उठाने के लिए ही होता है। उनका लक्ष्य यही होता है कि वे मानव जाति को ऊँचा उठाने के लक्ष्य में अपना योगदान दे सकें। हालाँकि इनके पास भी सीमित कारक ही होता है। वे स्वयं को मानवता से परे नहीं देखते। वे मनुष्य तथा मनुष्य के लिए जीवन का प्रतिनिधित्व करते हैं।

हर पीढ़ी में केवल कुछ ही ऐसे होते हैं, जो इन सबसे भी ऊँचे उठ जाते हैं। वे देवत्व का प्रतिनिधित्व करते हैं और जीवन के लिए जीते हैं - वह सब कुछ, जो कि जीवन है। वे जीवन की मशाल होते हैं; मानवता के पथ प्रदर्शक। यदि हम उनके जीवनकाल के दौरान जन्म भी पा लें तो यह हमारे लिए किसी सौभाग्य से कम नहीं होता। ऐसे आदमी के लिए तो यहाँ तक कि स्वार्थपरता भी समर्पण कर देती है। उसके प्रेम में सभी समाहित होते हैं और वह उन सबसे जुड़ाव रखता है, जिसमें जीवन है - पौधों से लेकर पेड़ों तक, मधुमक्खियों से लेकर पक्षियों तक, कीटों से ले कर जानवरों तक, सभी मनुष्यों के लिए जिनमें अच्छे, बुरे तथा बदसूरत लोग भी शामिल हैं। वह प्रेम है। वह परमानंद है। वह सत्य है। वह चेतना है। वह एक सक्रिय ऊर्जा है। प्रकाश उसके पास से निकलते हुए प्रकाशित हो उठता है। उसकी उपस्थिति रूपांतरण कर देने वाली होती है। उसकी उपस्थिति मात्र से ही मानो सब कुछ रूपांतरित हो उठता है। वह मनुष्य से कहीं परे है।

स्वार्थपरता से निःस्वार्थ भाव की यात्रा ही विकसित होने और उससे भी परे जाने की यात्रा है। पशु से मनुष्य के रूप में रूपांतरण, एक मनुष्य से दैवीय उच्चतम आत्मा के रूप में रूपांतरण होना ही मनुष्य के जीवन का उद्देश्य है। हर मनुष्य अंतिम अवस्था पाने की संभावना के साथ जन्म पाता है।

संबंध

आह! इससे मन आहत होता है। आप जिन लोगों से सबसे अधिक प्रेम करते हैं, वे ही आपके दिल को चोट पहुँचाते हैं। इस चोट का क्या करें - प्रकट करें या भीतर ही दबा दें?

महात्रया रा

स्पष्ट करते हैं...

कष्ट या पीड़ा एक सार्वभौमिक भाषा है। शारीरिक स्तर पर यह दंत चिकित्सक से कहती है कि वह अपना काम आराम से करे और भावात्मक स्तर पर किसी प्रेमी से उसकी पहल में बदलाव लाने का आग्रह करती है। जब पीड़ा को अभिव्यक्त किया जाता है तो सामने वाला व्यक्ति जान जाता है कि उसने अपनी सीमा पार की है। जब आप किसी को बताते हैं कि उसने आपको आहत किया है, तो वह अचानक चौंकता है। जब आप दूसरों को अपने आहत होने की सूचना देते हैं और बताते हैं कि आप ऐसा क्यों महसूस कर रहे हैं, तो इस तरह दूसरों को यह समझने में मदद मिलती है कि आपके लिए क्या महत्त्वपूर्ण है।

आहत होने का संदेश आपका व्यक्तिगत संदेश है। अगर आपके दिल को किसी बात से ठेस लगती है, तो यह आपके लिए महत्त्व रखती है। अपनी पीड़ा को नकारना कोई बहादुरी नहीं है, आप अपने साथ निर्ममता से पेश आ रहे हैं। कष्ट का उद्‌देश्य केवल इतना है कि आपके प्रति हो रहे नुक़सान को सीमित किया जा सके। आहत होने की भूमिका आपको सिखाती है कि आप भावात्मक या शारीरिक रूप से क्षत-विक्षत हो रहे हैं। यह अतिक्रमण की सीमाओं को परिभाषित करती है। कष्ट के कारण ही आप दूसरों के साथ अपनी सीमाएँ सुनिश्चित कर पाते हैं। आपकी चोट आपके लिए एक फ़ीडबैक है और जब

आप इसे दूसरों को बताते हैं तो यह उनके लिए भी फ़ीडबैक बन जाती है। यह आपको व दूसरों को दिखाती है कि आप किस सीमा तक सहन कर सकते हैं। ये सीमाएँ उन लोगों के साथ विशेष महत्त्व रखती हैं, जिनकी आप ख़ास तौर पर परवाह करते हैं। आप जिन लोगों से सच्चा स्नेह रखते हैं, उनके साथ ही आप अपनी सुरक्षात्मक आड़ को नीचे कर देते हैं और इस तरह ऐसे संवेदनशील हो उठते हैं कि वे कभी भी आपको आहत कर सकते हैं। दरअसल, आप जिन लोगों से बहुत प्यार करते हैं, उनमें ही आपको सबसे ज़्यादा आहत करने की ताक़त होती है। जब आप संबंधों में दूसरी ओर खड़े व्यक्ति से अपनी पीड़ा का संप्रेषण करते हैं तो आप दोनों एक-दूसरे के प्रति अधिक संवेदनशील हो जाते हैं।

यदि आप दूसरों से आहत होते समय, अपनी भावनाओं को प्रकट नहीं करते, तो वे कभी नहीं जान सकेंगे कि उन्होंने आपके साथ और आपके प्रति जो भी किया, वह आपको पसंद नहीं आया। वे यही मानते रहेंगे कि वे जो भी कर रहे थे, वह आपको स्वीकार्य था और इस तरह उनके व्यवहार तथा पहल में कोई अंतर नहीं आएगा। इस दौरान आपके मन में पीड़ा का पहाड़ बड़ा होता जाएगा और एक जटिल अवस्था बन जाएगी। अगर आपने सीमा रेखा न खींची तो आप पाएँगे कि आपके परिचित निरंतर आपको आहत करते रहेंगे, ऐसा नहीं कि वे बुरे लोग हैं, दरअसल वे जान ही नहीं सकेंगे कि वे आपके दिल को ठेस दे रहे थे।

आप अपने मन की पीड़ा को प्रकट करने से बचते हैं क्योंकि आप यह मानने को तैयार ही नहीं होते कि आप भी आहत हो सकते हैं। आपको लगता है कि अगर संसार को यह पता चला कि आपके दिल को भी कष्ट होता है तो वे आपको उन लोगों में से एक मानने लगेंगे जिन्हें कभी भी आहत किया जा सकता है। आप बार-बार लोगों तक यह बात पहुँचने से रोकना चाहते हैं क्योंकि आप ऐसा कोई क़दम नहीं उठाना चाहते जो आपको हमेशा के लिए अकेला कर दे, यही आपके लिए सबसे बड़ा भय है। आप उक्त व्यक्ति के बिना जीने की अपेक्षा उसके साथ रहते हुए, कष्ट सहने को प्राथमिकता देते हैं। याद रखें, जब आप आहत हों तो अपने संबंध में उस भावना को व्यक्त करने से, वह व्यक्ति आपके जीवन से कभी दूर नहीं होगा परंतु यदि आप लंबे समय तक, हर बात को यूँ ही, छिपाते रहे तो एक दिन आप पाएँगे कि अतीत की धूल आँधी बन कर सामने आ गई। आपके लिए उसे सँभालना भारी होगा।

जब भी कोई आहत करे तो उसी समय अपनी पीड़ा को प्रकट करना बहुत महत्त्व रखता है, यह संबंध को सुरक्षित व ईमानदार बनाए रखता है। यदि आप किसी संबंध के भीतर किसी भी तरह से आहत होने से इंकार नहीं

करते तो एक दिन आपको उस संबंध को नकारना होगा। जब कुछ लोग निरंतर आपकी भौतिक सीमाओं का अतिक्रमण करने के साथ-साथ आपका दुलार भी करते हों तो ऐसी अवस्था में ऐसे लोगों को अपने से दूर रखना, अपने-आप में एक बड़ी चुनौती हो जाती है। जिस व्यक्ति को बार-बार आपकी सीमाओं का हनन करने का अभ्यास हो गया हो, उसके साथ दृढ़तापूर्ण रवैया दर्शाना थोड़ा कठिन हो जाता है। अब तो वे यह दावा भी करने लगते हैं कि ऐसा करना उनका अधिकार बनता है।

जब कोई व्यक्ति लंबे समय तक किसी अभ्यास में लिप्त रहता है तो उससे स्वामित्व व अधिकार परिभाषित होते हैं। यदि आप लोगों को यह अधिकार देते हैं कि वे आपकी ज़मीन से आते-जाते रहें और वहाँ ऐसा कोई बोर्ड नहीं लगाते, जिस पर लिखा हो 'आम रास्ता नहीं', तो कुछ ही वर्षों में वह छोटी पगडंडी मुख्य मार्ग का रूप ले लेगी और आप उस स्थान से अपना स्वामित्व खो देंगे।

अगर आप जानना चाहते हैं कि आपके कुछ अनमोल संबंधों में अचानक दरार क्यों आन पड़ी, तो आपको अपनी पहल में बदलाव लाना होगा और जब भी कोई आहत करे, तो अपनी पीड़ा उसी समय प्रकट करनी होगी। जब आपने यह सोचा कि दूसरे व्यक्ति भी आपकी भावनाओं को समझेंगे और उन्हें आहत नहीं करेंगे तो आप अपनी ही धारणा से छले गए। सच्चाई तो यही है कि लोग हमेशा अपनी भावनाओं पर पहले ध्यान देते हैं। ऐसा नहीं कि लोग बुरे हैं। बस वे स्वाभाविक रूप से स्वार्थी होते हैं और वही चाहते हैं, जो वास्तव में चाहते हैं। यदि आप आपत्ति नहीं करते तो वे अपने स्वार्थ व हित को देखते हुए पेश आते रहेंगे। यदि आप दूसरों को अपने शोषण का अधिकार देंगे तो वे निश्चित रूप से आपका शोषण करेंगे। वे जो चाहते हैं, बस उसे पाना चाहते हैं। अगर आप उन्हें अपना नाजायज़ फ़ायदा उठाने की अनुमति देंगे तो वे निश्चित रूप से आपका लाभ उठाएँगे। अगर आप उन्हें अपने दिल को ठेस पहुँचाने की अनुमति देंगे तो वे आपको निश्चित रूप से आहत करेंगे। लोग आपसे जीवन में वैसे ही पेश आते हैं, जैसे आप उनसे पेश आने की अपेक्षा रखते हैं।

जब तक आप अपने अधिकारों को परिभाषित नहीं करना चाहते, तब तक उनके लिए कोई आश्वासन नहीं दिया जा सकता। यदि आप आपत्ति करना नहीं सीखते, तो आप इसी क़ैद में आबद्ध हो कर रह जाएँगे। यदि आप मानसिक या शारीरिक रूप से आहत होते समय, अपने लिए आवाज़ उठाने का साहस कर लें तो आपके जीवन की अधिकतर समस्याओं का वहीं अंत हो सकता है। यह ठेस भी एक शक्तिशाली संबंध निर्माता हो सकती है, बशर्ते आपको इसे नकारना नहीं है।

अगली बार, जब भी कोई आपको मानसिक रूप से आहत करे, तो उसे सीधे कह दें और दूसरों के बीच गपशप का साधन न बनाएँ। इसे बिलकुल न छिपाएँ। इसे न तो नकारें और न ही ऐसा दिखावा करें कि यह कोई महत्त्व नहीं रखती। दूसरों को दंडित न करें और अपने-आपको कठोर दिखाने के लिए प्रतिशोध न लें। आप मानसिक रूप से आहत हुए - यह बात उस व्यक्ति तक पहुँचा दें और उस पर ही छोड़ दें। जब आप उस व्यक्ति को अपनी मानसिक स्थिति के बारे में बताएँगे तो उसकी प्रतिक्रिया क्या होगी, यह आपकी चिंता का विषय नहीं है। अपने मन की बात कहना, आपका काम था। उनसे मिलने वाली अस्वीकृति की संभावना के भय से चुप न रहें। उस व्यक्ति से मिली पीड़ा तथा अतीत की पीड़ा को अलग-अलग रखें। पिछली हानियों पर बिसूरते हुए, उस व्यक्ति तथा अपने बीच नकारात्मकता का इतिहास न खोलें। एक ही बात का रोना बार-बार न रोएँ। याद रखें कि आप जिसके प्रति भावनाएँ प्रकट कर रहे हैं, वह वही है जिससे आप अगाध स्नेह रखते हैं और आप चाहते हैं कि उसे सुधरने का एक अवसर दिया जाए। बात को आवश्यकता से अधिक बढ़ाने, नाटकीय बनाने या दिखावा करने से बचें। बस, बात कहें और भुला दें।

अपनी पीड़ा को प्रकट करने के बाद उस व्यक्ति को क्षमा कर दें, जिसने आपको मानसिक रूप से आहत किया हो। क्षमा करने से आप अपनी पीड़ा से उबर सकते हैं। क्षमा किए बिना आपका विकास नहीं हो सकता। आप उसे बदल या सुधार नहीं सकते, जो आपके साथ पहले से हो चुका है। क्षमा करने का अर्थ यह नहीं कि जिसने आपको आहत किया है, आपको उससे मित्रता करनी होगी। इसका अर्थ है कि अब आप दिल पर लगी ठेस को अपने लिए पीड़ा का कारण नहीं बनने देना चाहते। यदि आप दूसरों को दिखाने के लिए बार-बार इस ठेस को सामने लाते रहेंगे, तो जान लें कि आप केवल अपना जीवन व्यर्थ कर रहे हैं। यदि आप अपेक्षा कर रहे हैं कि दूसरे व्यक्ति आपको आहत करने के लिए क्षमा माँगेंगे, तो इस तरह आप अपनी पीड़ा की अवधि ही बढ़ा रहे हैं। आप किसी के अच्छा या भला होने की प्रतीक्षा में अपने आरोग्य और कल्याण को और नहीं टाल सकते। अगर आप अपने जीवन के खलनायकों को पहचानने के लिए अतीत को खँगालते हैं तो निश्चिंत रहें, आप उन्हें अवश्य पा लेंगे परंतु आपको मन की शांति नहीं मिलेगी। अब आपको क्षमा प्रदान करते हुए आगे बढ़ना होगा... आगे बढ़ें... आपको किसी को कुछ साबित करके नहीं दिखाना।

मेरे साथ काम करने वाली लड़कियों में से, एक लड़की की आयु मुझसे चौदह वर्ष कम है। उसने हाल ही में अपने पिता को खोया है और मैं उसे अपनी पुत्री की तरह मानता हूँ। वह भी मुझे 'डैडी' कह कर बुलाती है। मुझे यह जान कर गहरा धक्का लगा कि मेरी पत्नी इस संबंध के ख़िलाफ़ है। कृपया मेरा मार्गदर्शन करें।

महात्रया रा
स्पष्ट करते हैं...

सौर मंडल का मानसिक चित्रण करें। मानसिक चित्रण करें कि सूर्य बीच में स्थित है और सभी ग्रह उसके आसपास चक्कर लगा रहे हैं। हम इसी मॉडल के साथ, अपने जीवन, हमारी भूमिकाओं तथा हमारी भूमिकाओं के साथ हमारे संबंध को देखने का प्रयत्न करते हैं। आप सूर्य का प्रतिनिधित्व करते हैं और आपके द्वारा निभाई जाने वाली भूमिकाएँ ग्रहों का प्रतिनिधित्व करती हैं। आप किसी संबंध में जितने समय व भावात्मक बंधन का निवेश करते हैं, उसी के आधार पर संबंध का स्तर परिभाषित होता है। किसी संबंध को दिए जाने वाले समय तथा भाव का निवेश जितना अधिक होगा, वे आपके उतने ही आत्मीय होंगे... वे संबंधों के इस मॉडल में सूर्य के निकट रहने वाले ग्रहों को प्रतिनिधित्व करते हैं। वे आपके मंगल, पृथ्वी, शुक्र और बुध ग्रह बन जाते हैं। किसी संबंध पर समय और भावनाओं का कम निवेश आपको उनसे दूर कर देता है... वे इस संबंध के मॉडल में सूर्य से दूर ग्रहों का प्रतिनिधित्व करने लगते हैं। वे आपके बृहस्पति, शनि और वरुण ग्रह बन जाते हैं।

जब किन्हीं संबंधों के बीच भावों का अतिरेक होने के साथ-साथ बहुत सारे समय का निवेश तथा मेल-जोल भी होने लगे... तो उस संबंध के प्रति स्वामित्व का भाव उत्पन्न होने लगता है; ये आपकी मरक्यूरियन भूमिकाएँ कहलाती हैं –

आपके जीवन की ताक़त और कमज़ोरी। मरक्यूरियन भूमिकाएँ आपके जीवन की स्थिरता व अस्थिरता पर गहरा प्रभाव डालती हैं। ये आपके जीवन में बहुत सारे समय का निवेश पाती हैं। आपकी मरक्यूरियन भूमिकाओं के संदर्भ के बिना, आपके जीवन को परिभाषित करना कठिन होगा। वे आपसे इतर नहीं रहतीं। वे आपका स्वाभाविक विस्तार बन जाती हैं। वे लगभग आपके समान ही हो जाती हैं।

जब आपके जीवन में कोई नया संबंध, जैसे : मान लेते हैं कि बृहस्पति की तरह आरंभ होता है, परंतु समय के साथ-साथ शुक्र या बुध ग्रह की ओर यानी सूर्य के और निकट आने लगता है, तो यह प्रगति आपकी वर्तमान वीनस व मरक्यूरियन भूमिकाओं को भावात्मक रूप से अस्थिर कर देगी। आपको बहुत से भावात्मक मसलों से जूझना होगा। किसी नए मर्करी के आने की आवश्यकता नहीं; केवल किसी नए मर्करी के आने की संभावना ही उन लोगों को व्यथित व विचलित कर सकती है, जो आपके बहुत निकट होते हैं। सबके पास एक दिन में चौबीस घंटे ही होते हैं, यदि आप किसी नई मर्करी या वीनस भूमिका को संतुष्ट करना चाहते हैं तो यह स्वाभाविक ही है कि आपको अपने मौजूदा मर्करी और वीनस में से ही समय और ध्यानाकर्षण का आंशिक निवेश करना होगा। यह देख कर आपकी वर्तमान मर्करी और वीनस भूमिकाएँ बहुत असुरक्षित अनुभव करती हैं... इसमें कुछ अनुचित नहीं है। यही कारण है कि जब आप कोई नई मित्रता विकसित करते हैं और इस नए संबंध के प्रति आवेगपूर्ण भाव रखने लगते हैं, तो यह आपके वर्तमान संबंधों को भावात्मक रूप से जीर्ण-शीर्ण कर देता है।

आप एक नव विकसित संबंध के उत्साह में आकर, उसे अपनी मर्करी भूमिका दे बैठते हैं। आप रातों-रात अपने जीवन में एक मर्करी रच देते हैं। अब इस नए मर्करी के लिए समय की तलाश में, आपको अपनी मौजूदा मरक्यूरियन भूमिकाओं को दिए जाने वाले समय व ध्यानाकर्षण को घटाना होगा। जिससे आपकी मौजूदा मरक्यूरियन भूमिकाओं को भीषण मानसिक संताप सहन करना होगा। आप अपने आत्मीय तथा प्रियजन की रातों की नींद छीन लेंगे, आप भावात्मक रूप से रिक्त हो जाएँगे और अंततः आपको असहाय भाव से रातों-रात मर्करी का त्याग करना होगा, इस तरह आप उसे लंबे समय तक आहत करने वाली भावनाएँ देने के सिवा कुछ नहीं कर सकेंगे।

जो संबंध वरुण या शनि की तरह आरंभ होते हैं, वे समय के साथ-साथ मंगल, पृथ्वी और शुक्र में बदलते हैं और इस तरह वे चिरस्थायी व स्थिर संबंध बनते हैं। किसी संबंध को आत्मीय बनने में जितना अधिक समय लगता है, वह संबंध उतना ही स्थायी व स्थिर होता जाता है। संबंधों को रातों-रात उगने वाले

पौधों की तरह नहीं होना चाहिए, जो बहुत ही तीव्र गति से उगते हैं और उसी तीव्रता के साथ दम भी तोड़ देते हैं। संबंध उन वृक्षों की तरह होने चाहिए, जो एक सदी से भी अधिक समय तक जीवित रहें। उन्हें अपने आरंभिक वर्षों में, उगने में समय लगता है, परंतु वे इतने स्थिर होते हैं कि आजीवन सामने आने वाले तूफ़ानों को हँस कर सहन कर जाते हैं। कम से कम इन संबंधों के साथ, वह सब दस माह में करने की चेष्टा न करें, जिसे करने में दस वर्ष का समय लगता हो और जो सब दस माह में संपन्न होता है, उसे केवल दस दिन में पूरा करने की भी चेष्टा न करें।

जब कोई संबंध धीरे-धीरे सहज भाव से, बुध का रूप लेता है, भले ही उसे ऐसा करने में समय ही क्यों न लगे, यह आपकी मरक्यूरियन भूमिकाओं को विचलित किए बिना अपना रूप व आकार व्यवस्थित करेगा। केवल ऐसे संबंध ही समय की हर मार को झेलते हुए जीवित रह सकते हैं। इस प्रकार मैं अंत में कहना चाहूँगा कि मर्करी स्तर कभी किसी को दिया नहीं जा सकता। इसे कमाना पड़ता है।

ईश्वर करे कि आप अपना जीवन इस प्रकार जी सकें कि आपका अपना व आपके प्रियजन का हृदय सदैव संरक्षित अनुभव करे! आप अपना जीवन इस प्रकार व्यतीत कर सकें कि सूर्य - अर्थात आप, स्वयं को कभी विचलनकारी परिस्थितियों में न पाएँ। सौरमंडल में किसी के लिए भी स्थान का अभाव नहीं है। आप अपना जीवन इस प्रकार व्यतीत कर सकें कि जिस तरह हमारे सौरमंडल में परस्पर सामंजस्य, क्रम व सुस्पष्टता बनी रहती है, उसी प्रकार आपके संबंधों में भी इन्हें अनुभव किया जा सके।

आप अपना जीवन इस प्रकार जी सकें
कि आपका अपना व आपके प्रियजन का
हृदय सदैव संरक्षित अनुभव करे!
महात्रया रा

जब भी मैं घर से बाहर अकेले जाती हूँ तो मुझे पुरुषों के साथ अटपटी परिस्थितियों का सामना करना पड़ता है। भले ही ये घटनाएँ छोटी हों, परंतु इनके कारण मेरा मन भयभीत रहने लगा है। मेरा मन सदा संदेह से घिरा रहता है। मैं इस संदेह के घेरे से बाहर आना चाहती हूँ। मैं एक ताक़तवर महिला बनना चाहती हूँ।

महात्रया रा
स्पष्ट करते हैं...

भय यानी फ़ीयर शब्द को विस्तृत रूप में देखें तो यह होगा : फ़ाल्स एवीडेंस एक्सेप्टेड रियल यानी झूठे साक्ष्य को सत्य मानना। यद्यपि यह एक झूठा साक्ष्य है परंतु आपने इसे सच मान लिया है, इसलिए यह आपको सच जान पड़ता है। आपने अपने मन में रस्सी को ही साँप मान लिया है और आपके लिए यह साँप ही है। आपको जीवन में कुछ अच्छे लोग नहीं मिले, केवल इसी अनुभव के आधार पर आप यह निष्कर्ष नहीं निकाल सकते कि इस संसार में बाक़ी सभी लोग भी बुरे ही हैं। सभी लोग बुरे ही होते हैं, आपने इस झूठे साक्ष्य को सच मान लिया है - यह आपका भय है। जिस संसार में चारों ओर बुरे लोग भरे हैं, वहीं आपके सामने कुछ ऐसे लोग भी आएँगे, जो आपको संरक्षण प्रदान करेंगे। जीवन को केवल इसलिए एक ही ख़ाके में फ़िट न करें कि आप कुछ दुखद घटनाओं का सामना कर चुके हैं।

अगर आपको किसी शेर को मारना है, तो इसका सामना करना ही होगा। अगर इस प्रक्रिया में आपका थोड़ा सा रक्त भी बह जाए, परंतु यह आपको शेर को मारने का अवसर भी दे देगा। यहाँ शेर, आपके सारे भय का प्रतिनिधित्व करता है। आपको किश्तों में मरने की आवश्यकता नहीं है। भय आपके साथ यही तो

करता है - यह आपको धीरे-धीरे मारता रहता है। यदि आप इसे अनदेखा करते हैं, तो यह विकराल रूप धारण करता जाता है। इसका सामना करें, यह ओझल हो जाएगा। आपको भय के बावजूद आगे बढ़ना होगा। आप जिस चीज़ से भयभीत रहते हों, उसका निरंतर सामना करें और एक दिन वह भय ओझल हो जाएगा। साहस के माध्यम से ही यह पहल संभव है। अपने भय के बावजूद क़दम आगे बढ़ाएँ। पूरी निर्भीकता के साथ भय का सामना करें।

आप जिस भय का सामना नहीं करते, वह आपको अपने वश में कर लेता है और जो आपको वश में कर लेता है, वह आपके भीतर भय उत्पन्न करता है। आपको लगता है कि आप विपरीत लिंगी से दूर रहती हैं क्योंकि आपके मन में उनके प्रति भय का भाव है, जबकि वास्तव में, आप उनका सामना नहीं कर रही हैं, आपके मन में उनके लिए भय उत्पन्न हो गया है। आप अपने पिता को इसलिए उपेक्षित नहीं करतीं क्योंकि आप उनसे भयभीत रहती हैं; उन्हें उपेक्षित करने के कारण ही आप उनसे भयभीत रहने लगी हैं। आप एक दिन मरने वाली हैं, क्या यही सोच कर अभी से जीना छोड़ा जा सकता है? आप किसी चीज़ से डरती हैं, यही सोच कर उसका सामना करने से न कतराएँ।

आप अपने मन में जो भी डर पालती हैं, उनमें से लगभग 95 प्रतिशत तो कभी सच ही नहीं होते। तो आपको भय के प्रति सचेत होते हुए, उससे ऊपर उठना होगा। भय का उद्‌देश्य यही है कि वह आपको उस परिस्थिति के प्रति सचेत कर दे, जिसके प्रति आप अनभिज्ञ थे। यह आपको संकट की सूचना देता है ताकि आपके भीतर उससे बच कर भागने या उसका सामना करने की मानसिक प्रतिक्रिया आरंभ हो जाए। भय वास्तव में आपका संरक्षक है। भय कोई दुर्बलता नहीं बल्कि एक संदेश है। भय को एक मार्गदर्शक के रूप में प्रयुक्त करें ताकि वह आपको चुनौती को जानने-समझने में मदद कर सके और आप उसे परिस्थिति से बच कर भागने का बहाना न बना सकें। किसी भय से बच कर भागने की बजाय उसका सामना करना कहीं अधिक महत्त्व रखता है। आप भय के आगे हार मान कर, अपना आत्मविश्वास खो देते हैं। भयभीत होने में कोई बुराई नहीं पर आपको इस बच कर भागना नहीं चाहिए। इसका सामना करें। साहस भय की अनुपस्थिति नहीं, यह तो भय के बावजूद आगे बढ़ने की योग्यता है।

किसी मनुष्य के भय से भयभीत हो कर मरने की अपेक्षा, ईश्वर की इच्छा से प्राणों का त्याग करें। कुछ वंचक हमें जो विश्वास दिलाना चाहते हैं, यह संसार उससे तो कहीं अधिक बेहतर और अच्छा है। इस संसार में सामने आएँ और इसके भय का मुक़ाबला करें।

कुछ समय पूर्व ही मेरे पिता का देहांत हुआ है। उन्हें हृदयाघात हुआ और उन्होंने दो मिनट में ही प्राण त्याग दिए। मैं उन्हें बहुत याद करती हूँ। मैं दिन-रात रोती रहती हूँ। कृपया मुझे इन हालात से बाहर आने में सहायता प्रदान करें। ईश्वर अच्छे लोगों की ऐसी कड़ी परीक्षा क्यों लेते हैं?

महात्रया रा

स्पष्ट करते हैं...

सबसे पहले तो यह बताना चाहूँगा कि जब अच्छे लोगों के साथ कुछ बुरा घटता है, तो वे और भी बेहतर हो जाते हैं। जीवन की परीक्षाओं से तो कोई भी नहीं बच सकता। जीवन आपकी परीक्षा इसलिए नहीं लेता कि आप संकीर्ण हो जाएँ, वह आपका विस्तार करना चाहता है। आप जो भी अनुभव कर रही हैं, वह एक अलग बात है, परंतु अपने पिता के लिए अच्छा महसूस करें। उन्होंने एक शांतिपूर्ण मृत्यु को स्वीकार किया है। मृत्यु... एक दिन तो हम सबको मरना ही है, परंतु एक शांतिपूर्ण मृत्यु पाना, किसी वरदान से कम नहीं है। मृत्यु... एक न एक दिन, देर-सवेर, हम सभी को मरना है, परंतु यह अंत दुखदायी होगा अथवा शांतिपूर्ण? आपके पिता को भी अभी या कुछ समय बाद, इस संसार का त्याग करना ही था... परंतु क्या यह उनके लिए अच्छा नहीं रहा कि उन्होंने बहुत ही शांति के साथ अपने प्राणों का त्याग किया उन्हें कष्ट सहते हुए, धीरे-धीरे मृत्यु का वरण नहीं करना पड़ा। आपके पिता भाग्यशाली थे जिन्होंने ऐसा अंत पाया।

मैं आपके आँसुओं से सहानुभूति रखता हूँ। मैं जानता हूँ कि अपने प्रियजन से वियोग की पीड़ा क्या होती है। पर प्रिय, एक बात बताओ, क्या हममें से कोई भी मृत्यु से अपनी रक्षा कर सकता है? हम सभी अपने साथ सुनिश्चित

वापसी का टिकट लाए हैं, केवल अंतर इतना है कि हमें इस टिकट की तिथि का अनुमान नहीं होता। जीवन में कष्ट पाने कुछ वाजिब कारण हैं, जिन्हें केवल समय ही भर सकता है।

समय के साथ-साथ प्रियजन से वियोग की पीड़ा घट जाती है... केवल स्मृतियाँ शेष रहती हैं, ये भावनाएँ भी उतनी गहन नहीं रहेंगी। भावनाएँ अल्पकालीन होती हैं। समय भावनाओं की गहनता भी घटा देता है परंतु स्मृतियाँ बनी रहती हैं। आपको अपने प्रिय पिता से वियोग के इन क्षणों की पीड़ा का सामना करना ही होगा... इससे बचने का कोई उपाय नहीं है। परंतु समय आपके घाव भर देगा।

इस दौरान, मैं आपको यह बताना चाहता हूँ कि जीवन वास्तव में बहुत स्नेही है। यह आपको देता है, यह आपको अनुमति देता है कि आप इसका आनंद लें और इसके बाद ही यह आपसे वापस लेता है। जीवन ने आपको पिता दिए, आपने उनके साथ बहुत वर्ष आनंद के साथ बिताए और अब उसने उन्हें आपसे वापस ले लिया। भले ही उसने पिता को आपसे छीन लिया, परंतु वह आपसे पिता की स्मृतियों को नहीं छीन सकता। अभी तक आप उनकी भौतिक उपस्थिति के साथ आनंदित थीं। अब उनकी मानसिक उपस्थिति के साथ आनंदित रहें। उनकी यादें ताज़ा करें। अपने पिता के साथ अंतहीन समय तक इस मानसिक भेंट को जारी रखें। यहाँ तक कि ईश्वर भी आपको अपने मानसिक जगत में अपने पिता के साथ भेंट करने व उनके साथ बातचीत करने से रोक नहीं सकता। कहते हैं कि भविष्य एक आभासी वास्तविकता है। तो भविष्य की बात क्यों करें? आप वर्तमान में भी इसका अभ्यास कर सकते हैं। हर दिन के अंत में, अपने पिता के साथ एकांत में कुछ क्षण व्यतीत करें। उनके साथ अपना संपर्क बनाए रखें। अपनी आँखें खोलें तो आप एक अलग दुनिया में हैं और अपनी आँखें बंद करते ही आप एक अलग दुनिया में पहुँच सकते हैं। उस दुनिया में, आपकी स्मृतियों का ही राज है। जब तक आप जीवित रहेंगी, आपके पिता भी आपके मानसिक जगत में जीवित रहेंगे।

जब लिओ बुसकैगलिआ अपने पिता के अंतिम संस्कार से वापस आए, तो उन्होंने अपने घर के दरवाजे पर फूलों का गुच्छा, चॉकलेट और एक गुमनाम नोट पड़ा पाया। "यह केवल तुम्हें याद दिलाने के लिए है, तुम्हारे पिता की मृत्यु के बाद भी इस संसार में देखने के लिए सुंदर वस्तुएँ और खाने के लिए मीठी वस्तुएँ शेष होंगी। तुम्हारा जीवन अब भी है... जियो, जी भर के... सस्नेह!"

मैं भी तुमसे वही कहता हूँ - "तुम्हारा जीवन अब भी है... जियो, जी भर के... सस्नेह!"

पिछले कुछ वर्षों से मेरे पिता घर में या बाहर, कोई काम नहीं कर रहे। ऐसा लगता है मानो उनकी जीवन में कोई रुचि ही नहीं रह गई है। कई बार यह देख कर खीझ होने लगती है, लगता है कि वे जान कर ऐसा कर रहे हैं परंतु यह सोच कर आँखों में अश्रु भी आ जाते हैं कि वे इन सब बातों से बिलकुल विपरीत हुआ करते थे। मैं उनके चेहरे की खोई मुस्कान वापस कैसे ला सकती हूँ?

महात्रया रा

स्पष्ट करते हैं...

लोग जीवन में रुचि लेना क्यों छोड़ देते हैं? या तो उन्हें लगने लगता है कि संसार में किसी को उनकी आवश्यकता नहीं रही या उनके पास जीवन में कोई आशा शेष नहीं रहती।

आपके प्रश्न से ही अपने पिता के प्रति आपका प्रेम झलक रहा है। अब आपकी चुनौती यही है कि आप उसी प्रेम को अपना सहारा बना लें और प्रेम व घृणा के बीच गोते न लगाएँ। अपने पिता पर निरंतर काम करें। इस समय आपके पिता को आपके मातृत्व भाव की आवश्यकता है। प्रेम से क्या संभव नहीं हो सकता! अगर प्रेम से कुछ संभव नहीं हो सकता, तो किसी भी वस्तु से नहीं हो सकता।

अब, आपको अपने इस संबंध में स्पर्श को भी शामिल करना होगा। उन्हें यह एहसास दिलाना होगा कि आप उनका सम्मान करती हैं और आपको उनकी आवश्यकता है। प्रेम की भाषा स्पर्श है। भले ही आप अपनी अन्य इंद्रियों के माध्यम से प्रेम को प्रकट क्यों न करें परंतु प्रेम केवल स्पर्श की बोली जानता है। उन्हें स्पर्श करने के पर्याप्त कारण उत्पन्न करें। अक्सर उनके साथ बैठें, उनका

हाथ अपने हाथों में लें, उनके कंधों को स्पर्श करें, जिस तरह बचपन में उनकी मालिश करते थे, वैसे ही उनके हाथ-पैर की मालिश करें। केवल आप ही नहीं, पूरा परिवार अपनी ओर से इस पहल में अपना योगदान दे। पहले-पहल आपको उनके प्रतिरोध का सामना करना होगा, इसके बाद आप उनमें बदलाव पाएँगीं।

बात करने से आप बात को बाँटते हैं परंतु जब आप किसी की बात सुनते हैं तो इसका अर्थ होता है कि आपको उनकी परवाह है। उनकी बात समझने के लिए सुनें और अपनी बात कहें, ताकि आपको समझा जा सके। अपने संबंधों में बातचीत के दौर को जीवित करें। हो सकता है कि वे प्रारंभ में आपसे खुल कर बात न करें। वे आपको संकेतों में ही जवाब देंगे और कई बार आपको उनकी खीझ का भी सामना करना पड़ सकता है। संप्रेषण के बल पर तो बड़े-बड़े साम्राज्य हिलाए जा सकते हैं। आपके पिता भी द्रवित होंगे। प्रारंभ में वे आपकी पहल को नकार सकते हैं, पर आप अपनी टेक न छोड़ें। इस प्रकार आप किसी भी प्रतिरोध का सामना कर सकते हैं। वह आपके साथ खुल कर सहज भाव से बात करेंगे, धैर्य बनाए रखें।

मंत्र यही है कि इस कार्य में समय लग सकता है। आपको लंबे समय तक सहज भाव से संप्रेषण बनाए रखना होगा। आप कुछ सप्ताह बाद मुझे पत्र लिखें और यह बता कर आनंदित करें कि आपके पिता ने अब मुस्कराना सीख लिया है। अपने प्यार व स्नेह पर पूरा विश्वास रखें।

प्रेम की भाषा स्पर्श है। भले ही आप अपनी
अन्य इंद्रियों के माध्यम से प्रेम को प्रकट क्यों न करें
परंतु प्रेम केवल स्पर्श की बोली जानता है।
उन्हें स्पर्श करने के पर्याप्त कारण उत्पन्न करें।

मैं बीस वर्ष से अधिक उम्र की महिला हूँ और अकेली रहती हूँ। जाने क्यों अब मैं पुरुषों का ध्यानाकर्षण चाहने लगी हूँ। मुझे इस स्थिति से कैसे निपटना चाहिए?

महात्रया रा

स्पष्ट करते हैं...

मनुष्य केवल हड्डियों व मांस-मज्जा के मेल से नहीं बना। मनुष्य केवल रासायनिक प्रतिक्रियाओं की श्रृंखला भर नहीं है। मनुष्य केवल हारमोन्स, जैविक भागों तथा निश्चित एंजाइम्ज़ की गठरी नहीं है। सभी बातों के परे, मनुष्य ऊर्जा की एक गठरी है। ऊर्जा स्वयं को ताप, प्रकाश व वैद्युत ऊर्जा आदि के रूप में प्रकट करती है। यद्यपि ऊर्जा को न तो रचा सकता है और न ही नष्ट किया जा सकता है, इसे केवल ऊर्जा के एक रूप से दूसरे रूप में रूपांतरित किया जा सकता है। यही साधारण भौतिकी है। ठीक इसी प्रकार, प्रत्येक मनुष्य से यह ऊर्जा पुरुष तथा स्त्रैण ऊर्जा के रूप में प्रकट होती है। स्त्री तथा पुरुष, दोनों ही पुरुष तथा स्त्रैण ऊर्जा के मेल से बने हैं। कुछ चुने हुए व्यक्ति, अपने आध्यात्मिक व यौगिक प्रयासों के बल पर, स्वयं को उस अवस्था में ले आते हैं, जिसे अर्द्धनारीश्वर कहा जाता है; उनके भीतर पुरुष तथा स्त्रैण ऊर्जा का संपूर्ण संतुलन पाया जाता है। वे अपने-आप में ही संपूर्ण व पर्याप्त होते हैं। वे किसी भी रूप में, किसी भी बाहरी वस्तु के लिए निर्भर नहीं होते। वे ऐक्य की संपूर्ण अवस्था के बीच पाए जाते हैं परंतु ऐसे व्यक्तियों की संख्या नाममात्र की ही है। ये लोग मानवजाति के अस्तित्व के लिए विशेष उपहारों की तरह हैं।

क्या आपने ध्यान दिया, यहाँ तक कि जब हज़ारों अधूरे लोग भी एकजुट हो जाते हैं, तो वे हज़ारों भी स्वयं को अपूर्ण ही अनुभव करते हैं। इसके

विपरीत, एक संपूर्ण आत्मा की उपस्थिति में, संपूर्ण हज़ार अपूर्ण व्यक्ति स्वयं को संपूर्ण पाते हैं। क्या केवल सूर्य ही जीवन के सभी रूपों के लिए, ऊर्जा के स्रोत के रूप में पर्याप्त नहीं है?

तो आध्यात्मिकता के नाम पर इतने सेक्स स्कैंडल क्यों होते हैं? आध्यात्मिक पदों पर विराजमान अनेक सिद्ध पुरुष अब भी अपनी ऊर्जाओं के असंतुलन से क्यों संघर्ष कर रहे हैं? केवल किसी पद या स्थान तक पहुँचना ही पर्याप्त नहीं है। अभी उनके भीतर लक्ष्य तक जाने का प्रयास नहीं है। तो इस प्रकार वे एक योगी के वेश में संसार व अनुयायियों की नग्न आँखों को तो छल सकते हैं, परंतु उनके ऊर्जा असंतुलन के आवेग इतने प्रबल होते चले जाते हैं कि वे शारीरिक माँगों को नकार नहीं पाते, और वहीं से उनके पतन का आरंभ होता है।

यद्यपि, अधिकतर व्यक्ति ऐसे ही मिलेंगे जिनके भीतर पुरुष तथा स्त्रैण ऊर्जा असंतुलन ही पाया जाता है। यह असंतुलन ही स्त्री तथा पुरुष के बीच आवेग उत्पन्न करते हैं जिससे हम विपरीत लिंगी की आकांक्षा रखते हैं, ताकि एक-दूसरे की उपस्थिति में उनके असंतुलन परस्पर एक संतुलन पा सकें। तो संरचना के अनुसार ही, विपरीत लिंगी के प्रति खिंचाव या आकर्षण अनुभव करना उतना ही स्वाभाविक है जितना कि भूख या प्यास का लगना स्वाभाविक हो सकता है। यह एक प्राकृतिक आवेग है। वस्तुतः, एक पुरुष के शरीर में पुरुष ऊर्जा का असंतुलन ही पुरुष को समलैंगिकता की ओर धकेलता है और ठीक उसी प्रकार एक स्त्री की देह में स्त्रैण ऊर्जा का असंतुलन उसके भीतर दूसरी स्त्री के लिए इच्छा उत्पन्न करता है। बाक़ी सभी मामलों में, उसी ऊर्जा संतुलन की चाह में आप विपरीत लिंगियों की ओर आकर्षित होंगे।

परंतु यहाँ मनुष्य के रूप में जन्म पाने का सबसे बड़ा सौभाग्य सामने आता है। पशुओं के पास, शारीरिक संपर्क से परे, आपस में संबंध स्थापित करने के बहुत अधिक तरीक़े नहीं होते। परंतु एक पुरुष दूसरी स्त्री को एक अच्छी दोस्त; एक पालक माता; एक प्यारी बहन; पालन की इच्छा के साथ एक बेटी; टीमवर्क का आनंद लेने के लिए एक सहकर्मी; जीवन पर चर्चा करने के लिए एक बौद्धिक साथी; तथा एक ऐसी संभावना के रूप में देख सकता है, जिससे वह मार्गदर्शन पाना चाहता हो। एक स्त्री भी स्वयं को विपरीत लिंगी की उपस्थिति में अनेक गरिमामयी रूपों में पा सकती है। मेरे अनुसार तो यह मनुष्य के रूप में जन्म पाने का सबसे बड़ा सौभाग्य माना जाना चाहिए।

यदि हम एक-दूसरे के साथ केवल शारीरिक संपर्क चाहते हैं तो यह पाशविक वृत्ति है। कोई स्त्री या पुरुष जितने अधिक आत्मीय होंगे, एक-दूसरे के जितना निकट होते जाएँगे, यह संबंध उनके शारीरिक संपर्क पर ही जा कर

समाप्त होगा, यह सुनने में ही पशुवत् जान पड़ता है। ऐसा लगता है मानो हम मानवीय संबंधों की गरिमा को खंडित कर रहे हों। यह विचार मानवीय संबंधों की बुनियाद को ही हिला कर रख देता है। निस्संदेह, हम आदिकाल से यही तो करते आ रहे हैं। जब हम एक ऐसे पक्षी हो सकते हैं, जो दूसरे पक्षी के साथ पंख से पंख मिला कर उड़ान भर सकते हैं, तो विपरीत लिंगी के साथ संबंधों की गरिमा को अश्लील क्यों बनाया जाए? मैं आपको कुछ अद्भुत संबंध दिखा सकता हूँ, जिन्हें आप कई नामों से जानते हैं, इनमें से दोस्ती सबसे अधिक लोकप्रिय है। ये संबंध स्त्री-पुरुष संबंधों के बीच सबसे अधिक गरिमामयी हैं।

यदि हम ऊर्जा का संतुलन पाना चाहते हैं, तो हमें एक-दूसरे को अपने क्षेत्र में क़दम रखने की अनुमति देनी होगी। इसमें देह के लिए वासना नहीं होनी चाहिए। यदि कोई संबंध, चाहे वह विवाह ही क्यों न हो, यदि दूसरा व्यक्ति आपसे केवल दैहिक संबंध के लिए संबंध बनाता है, तो इसे एक पाशविक संबंध से अधिक नहीं माना जा सकता। सबके साथ रहें। सबके साथ संबंध स्थापित करें। विपरीत लिंगी के साथ संबंध, आपके लिए अपवादित रूप से लाभदायक होगा। आप एक दूसरे की प्रतिछाया में बहुत कुछ सीख सकेंगे। एक-दूसरे की उपस्थिति में स्वयं को भरा-पूरा महसूस करेंगे। अपने-आप को उन क्षणों का उपहार दें परंतु जिस क्षण में शरीर की वासना सिर उठाए, उसी क्षण सजग हो जाएँ कि आप दोनों में से किसी एक के भीतर का पशु जाग रहा है। यही रेखा जीवन में हर चीज को परिभाषित करती है। जब तक हम उस सीमा को नहीं लाँघते, तब तक सब कुछ बहुत बिलकुल ठीक होता है। उस सीमा रेखा को लाँघते ही सब कुछ अनुचित हो उठता है।

एक मूल्य तंत्र तथा सशक्त संकल्प शक्ति उत्पन्न करें। ये सदैव आपको संरक्षण प्रदान करेंगे। 'अपना' संबंध प्रत्येक से रखें परंतु आपकी 'देह' का संबंध किसी एक से ही होना चाहिए। सबसे स्नेह रखें परंतु अपना शारीरिक लगाव किसी एक के साथ रखें।

एक बार एक संत थे। वे जब भी ध्यान करते तो कुछ खाने के बाद ही, अपने शिष्यों व जिज्ञासुओं के प्रश्नों व जिज्ञासाओं का समाधान किया करते। उन्हीं दिनों, जब वे ध्यान से बाहर आए तो अपने शिष्यों से कहा कि वे उनके लिए बीयर की एक बोतल ले कर आएँ। उनके शिष्य तो स्तब्ध रह गए, उन्होंने तो सोचा तक नहीं था कि एक संत अपने लिए शराब की माँग रखेंगे। ख़ैर, गुरु का आदेश तो टाला नहीं जा सकता, उन्होंने अपने गुरु को बीयर ला दी। संत ने बीयर की बोतल अपने आगे रखी और स्वामी विवेकानंद की तरह हाथ जोड़ कर बोले, "देखो, मैं अभी तक उस अवस्था में नहीं आया, जहाँ आ कर

मैं यह दावा कर सकूँ कि मैं सभी प्रलोभनों से परे हो गया हूँ। हालाँकि मैं एक बात जानता हूँ। मेरे हाथों के सहयोग के बिना, यह बीयर मेरे गले से नहीं उतर सकती। यद्यपि मैं अभी तक अपनी तृष्णा को वश में नहीं कर सका परंतु मैं अपने हाथों को तो वश में कर ही सकता हूँ और मेरे हाथ बीयर की बोतल को कभी हाथ नहीं लगाएँगे।"

उन स्थानों व समूहों से दूर रहें, जो आपको अनुचित दिशा में जाने के लिए लुभाते हैं। अपने आसपास उचित मित्रों का दायरा विकसित करें। किसी भी ऐसे व्यक्ति की संगति से दूर रहें, जो आपको जीवन में अनुचित मार्गदर्शन देने की चेष्टा कर रहा हो। बेहतर होगा कि आप भीड़ के साथ ग़लत दिशा में जाने की बजाय, उचित दिशा में अकेले ही प्रस्थान करें। एक या दो अच्छे दोस्त ही आपके लिए पर्याप्त होंगे। यदि अपने जीवन को उचित दिशा में ले जाना चाहते हैं, तो अपने लिए उचित मित्रों का चुनाव करें।

जाने क्यों, आजकल दोस्तों के साथ बहुत समस्या होने लगी है। ऐसा लगता है जैसे उन्होंने मुझे कभी समझा ही न हो। वे मुझसे जो अपेक्षा रखते हैं, मेरे लिए तो वे ऐसा कभी नहीं करते। ऐसा लगने लगा है मानो वे मेरा नाजायज़ लाभ उठाना चाहते हों। कृपया मुझे कोई समाधान सुझाएँ।

महात्रया रा

स्पष्ट करते हैं...

संबंधों में एक महत्त्वपूर्ण बोध, इस बात की गहरी समझ है, 'लोग आपसे जीवन में उसी तरह पेश आएँगे, जैसा आप जीवन में उनसे व्यवहार चाहते हैं।' तो संबंधों के आरंभ में हम दूसरों द्वारा किए जा रहे प्रत्येक व्यवहार को सहन कर लेते हैं। यदि उनका व्यवहार हमें मानसिक रूप से आहत भी करता है तो हम उन्हें नहीं बताते। वे मान लेते हैं कि उनका हर तरह का बर्ताव हमें मान्य होगा। हम उन्हें अनुमति दे देते हैं कि वे जब जी चाहे, हमें पायदान की तरह प्रयोग में ला सकते हैं और जब बात हद से बाहर हो जाती है, तो हम चिल्ला उठते हैं - 'तुम सही तरह से पेश नहीं आते!' आपको ऐसे लोगों से प्रतिशोध तो नहीं लेना परंतु जब वे अपनी रेखा लाँघ जाएँ तो आपको उन्हें अवश्य ही बताना होगा। इससे आपका, उनका व कुल मिला कर आपके संबंध का भला ही होगा। 'ओह! ये बहुत बुरा लगता है!' जो व्यक्ति आपको आहत करे, उसे बताएँ कि उसने आपके दिल को आहत किया है।

मुक्त संप्रेषण में विश्वास रखें। अपने संबंधों के मसलों को दूसरों के बीच चर्चा का विषय न बनाएँ। अगर एक दोस्त आपके लिए बहुत मायने रखता है, तो दूसरों के बीच उसकी चर्चा न करें। यह आपकी ओर से अनुचित होगा। उस

व्यक्ति के साथ प्रत्यक्ष रूप से बात करें। जो व्यक्ति किसी मसले का कारण है, उसे मसले में प्रत्यक्ष रूप से शामिल किए बिना आपकी बात नहीं बन सकती। मुक्त मन से किए गए, सहज संप्रेषण पर विश्वास रखें। या तो आपको अपनी बात की सफ़ाई मिल जाएगी या सारी बात खुल कर सामने आ जाएगी।

इन सब बातों के अतिरिक्त, संबंधों की मूल समस्या यह है कि यह कोई भी नहीं जानेगा कि आप उस संबंध से क्या अपेक्षा रखते हैं, आपको उन्हें इस बारे में बताना ही होगा। आप उन्हें अपनी अपेक्षाएँ बताने की बजाय यह मान लेते हैं कि वे पहले से ही सब जानते हैं और इस तरह आपके संबंधों में मायूसी और निराशा पनप आती है।

मिसाल के लिए, जब आपका दोस्त हमेशा आपके साथ होता है, तो आपको लगता है कि वह आपके जीवन में हस्तक्षेप कर रहा है। अगर वह आपको अकेला छोड़ देता है, तो आपको लगता है कि अब वह आपकी परवाह नहीं करता तो आप उससे चाहते क्या हैं? अपनी अपेक्षाओं को स्पष्ट करें। अगर आलू की सब्जी बनती है तो आप चिल्लाते हैं कि घर में रोज़ आलू क्यों पकते हैं? फिर घर में आलू नहीं पकते। अब आप चिल्लाते हैं, तुम लोग आलू नहीं पकाते। घर के लोग भला कैसे जान सकते हैं कि आप अपने लिए सप्ताह में एक दिन आलू चाहते हैं, न इससे कम और न ही इससे अधिक! अपनी अपेक्षाओं को खुल कर सामने रखें। अगर आपके जन्मदिन पर, दोस्त ने आधी रात को फ़ोन नहीं किया तो आपको बुरा लगा। अगर वह आपको ऐसा करती है तो आपको लगता है कि वह आपकी नींद ख़राब कर रही है। तो आप स्पष्ट शब्दों में बताते क्यों नहीं - आप चाहते क्या हैं? हक़ीक़त यही है कि कई बार हमें स्वयं ही पता नहीं होता कि हम चाहते क्या हैं, परंतु हम दूसरों से अपेक्षा रखते हैं कि वे हमारे एक भी शब्द कहे बिना ही, हमारे मन की बात जान लेंगे। कितनी मज़े की बात है! बहुत-बहुत मज़े की बात है! तो अपनी अपेक्षाएँ स्पष्ट करें!

**जो व्यक्ति किसी मसले का कारण है,
उसे मसले में प्रत्यक्ष रूप से शामिल किए बिना
आपकी बात नहीं बन सकती।**

लोग धन के लोभ में अपने मित्रों या परिवार के सदस्यों को क्यों ठगते हैं? क्या उन्हें एहसास नहीं होता कि वे भूल कर रहे हैं?

महात्रया रा

स्पष्ट करते हैं...

किसी से छल करना अनुचित है। इससे कोई अंतर नहीं पड़ता कि आप किसके लिए ऐसा कर रहे हैं। इससे कोई अंतर नहीं पड़ता कि कोई भी अपने परिवार के सदस्यों को छल रहा है या किसी बाहरी व्यक्ति के साथ छल कर रहा है?

दुर्योधन ने एक बार कहा था, "मैं जानता हूँ कि क्या उचित है परंतु मैं इससे संतुष्ट नहीं हो सकता। मैं जानता हूँ कि क्या अनुचित है परंतु मैं स्वयं को इससे दूर नहीं रख सकता।" अधिकतर मनुष्यों में कहीं न कहीं थोड़ा बहुत दुर्योधन बसता है। पाप व पापियों का आना जारी रहेगा। ऐसा कोई समय नहीं रहा, जब वे नहीं थे और न ही कभी ऐसा होगा। वे ग्रह पर आने का क्रम जारी रखेंगे। यहाँ तक कि कृष्ण के काल में भी दुर्योधन था; गाँधी के समय में गोडसे रहता था और एक समुदाय ने उन ईसा को सूली पर लटका दिया, जो प्रेम की साक्षात प्रतिमूर्ति के अतिरिक्त कुछ नहीं थे। जब से आदिमानव गुहाओं में वास करता आया है, तब से ले कर अब तक, जब कोई संत सुबह सो कर उठता है, तो पाता है कि इस संसार में थोड़ी बुराई और बढ़ गई। यह सारा जीवन दो विपरीत के संयोग से ही तो बना है। पृष्ठभूमि के अभाव में हम पूर्वभूमि को नहीं सराह सकते। बुरा ही तो वह पृष्ठभूमि है, जिसके आधार पर हम यह सीखते हैं कि अच्छा क्या है। हालाँकि, किसी ने हमें ठगा है, यह केवल कहानी का आधा हिस्सा है। 'हमारे भीतर कुछ छलने योग्य था', यह कहानी का दूसरा आधा हिस्सा

है। 'किसी ने पैसों का घोटाला किया', यह कहानी का आधा हिस्सा है। 'तंत्र में कुछ कमियाँ थीं जिनके कारण वह घोटाला संभव हुआ।' यह कहानी का दूसरा आधा हिस्सा है। जबकि कहानी का पहला आधा हिस्सा दूसरों को शामिल करता है, जो केवल हमारी चिंता के दायरे में होते हैं, कहानी के दूसरे हिस्से में हम शामिल होते हैं, और हम अपने ही प्रभाव के केंद्र में हैं। तो पहले हमें, अपनी ओर की कहानी में सुधार लाना होगा। पहले हमें दूसरों द्वारा किए जा रहे शोषण का केंद्र बने रहने से पूर्व, अपनी ही अतिसंवेदनशीलता से पार पाना होगा।

इस दुनिया में इतने चोर क्यों हैं, यह कहने से पहले हमें अपने घर को चोरों से सुरक्षित करना होगा। 'अब इस संसार में और दुर्योधन नहीं चाहिए', यह वाक्य सुनने में बहुत ही कल्पित लगता है। ऐसा कहने की बजाय हमें अर्जुन बनते हुए, अपनी व न्याय की सुरक्षा करनी होगी। हज़रत मुहम्मद के शब्दों में, 'पहले अपने ऊँट को बाँधो, फिर अल्लाह में विश्वास रखो।'

किसी ने हमें ठगा है, यह केवल कहानी का आधा हिस्सा है। 'हमारे भीतर कुछ छलने योग्य था', यह कहानी का दूसरा आधा हिस्सा है। तो पहले हमें, अपनी ओर की कहानी में सुधार लाना होगा। पहले हमें दूसरों द्वारा किए जा रहे शोषण का केंद्र बने रहने से पहले अपनी ही अतिसंवेदनशीलता से पार पाना होगा।

मैं अपने दोस्त पर स्वामित्व भाव रखने लगा हूँ या नहीं, इसे कैसे जाना जा सकता है?

महात्रया रा

स्पष्ट करते हैं...

जब आप अपने मित्र के साथ अपने संबंधों पर चर्चा करने की बजाय दूसरों के साथ उसके संबंधों पर बहुत अधिक चर्चा करने लगें तो जान लें कि आप उस पर स्वामित्व भाव रखने लगे हैं। आपके अधिकतर प्रश्नों की दिशा उसी ओर होने लगती है : आज तुम किससे मिले थे? वही क्यों? तुम उसे देख कर क्यों मुस्कराईं? तुमने उसे कितनी बार फ़ोन किया? तुम चालीस मिनट तक क्या बात करते रहे? तुमने उसे उपहार क्यों दिया? क्या तुम उससे भी नाराज़ हो? क्या मैं वह एस एम एस पढ़ सकता हूँ? उसने आज तुम्हें क्या कहा? आपके मित्र के दूसरों के साथ संबंधों पर अधिक चर्चा होने लगती है और अपने व अपने मित्र के बारे में कम से कम बात करने लगते हैं।

धीरे-धीरे आपका यही स्वामित्व और भी गूढ़ होता जाता है और आप उसकी प्रत्येक गतिविधि को अपने वश में कर लेना चाहते हैं। अब यह एक चर्चा मात्र नहीं रहती और आपके भीतर, मित्र के उन संबंधों को वश में करने का आवेग पैदा होने लगता है। याद रखें, जो माली अपने पौधों को आवश्यकता से अधिक संरक्षण देता है, उसके पौधे कभी नहीं फलते-फूलते। आवश्यकता से अधिक संरक्षण भाव एक दिन आपके संबंधों को नष्ट कर देगा। यदि किसी छत को मज़बूती से टिकाए रखना है, तो दो स्तंभों को थोड़ी दूरी बनाए रखनी होगी। यदि दोनों स्तंभ बहुत निकट आ गए तो छत को भरभरा कर नीचे गिरते देर नहीं लगेगी। संबंध स्वतंत्रता के बीच फलते-फूलते हैं किंतु बंधनों के बीच संकीर्ण हो जाते हैं।

एक व्यक्ति ने बैल को रस्सी से थाम रखा था और उसे लगता था कि उसने बैल को गुलाम बना रखा है। सच है, बैल उससे दूर नहीं भाग सकता था; परंतु क्या उसे ज़रा सा भी एहसास था कि वह भी उस बैल से दूर नहीं भाग सकता था। आपका गुलाम ही आपको गुलाम बना लेता है। आप जिस पर स्वामित्व भाव रखते हैं, उसके लिए ही वस्तु हो जाते हैं। आप जिस पर स्वामित्व रखते हैं और आपकी अपनी स्वाधीनता तथा निरंतरता, इतनी अधिक बाधित हो जाते हैं कि संबंध निष्प्राण हो उठते हैं। स्वामित्व का भाव संबंधों को छोटा बना देता है।

परंतु स्वामित्व की भावना क्यों?

जब कोई व्यक्ति अपने संपूर्ण निजी संसार को इतना अधिक संकीर्ण कर देता है कि उसके पास भावात्मक रूप से थाम रहने के लिए केवल एक ही संबंध शेष रहता है, तो वह उस संबंध विशेष पर स्वामित्व का भाव रखने लगता है और इस प्रकार वह अपने उस संबंध को किसी के भी साथ बाँटना ही नहीं चाहता। जिस प्रकार जब लकड़ी के एक टुकड़े को हम अगर अपनी आँखों के बहुत पास ले आएँ तो सूर्य भी हमारी दृष्टि से ओझल हो सकता है, लोग स्वामित्व भाव वाले संबंध के इतना निकट हो जाते हैं कि उन्हें शेष संसार में कुछ भी दिखाई तक नहीं देता।

स्वामित्व भाव मनोदैहिक रूप से दम घोंटने वाला हो सकता है। आपके जीवन में उसके अतिरिक्त जो भी संबंध प्रवेश करता है, उसे अवांछित राहगीर के रूप में लिया जाता है। हर काम पर नज़र रखी जाती है; उद्देश्य तय किए जाते हैं; हर भाव-भंगिमा पर ध्यान दिया जाता है; हर बात के लिए सफ़ाई माँगी जाती है; प्रत्येक क्षण का विश्लेषण होता है। गहन स्नेह एक गहरी तड़प में बदल जाता है और आंतरिक पीड़ा का कारण बनता है। प्रेम के अश्रु तड़प के आँसुओं में बदल जाते हैं। जब आप स्वामित्व भाव से घिरे हों तो संबंध के आपके साथ होने के बावजूद, आपको ऐसा लगने लगता है मानो आप भावात्मक रूप से अनाथ हो गए हों, क्यों? दूसरा व्यक्ति आपके लिए एक दुनिया बन गया है परंतु दूसरों व्यक्ति के लिए, आप इस संसार के एक व्यक्ति से अधिक नहीं!

स्वामित्व भाव तथा संपूर्ण विश्वास कभी एक साथ नहीं पनप सकते। बिना किसी शर्त के सामने आने वाला विश्वास ही इस स्वामित्व भाव का एकमात्र प्रतिकार है। अपने प्रेम पर भरोसा रखें और यह विश्वास रखें कि जो आपका है, वह आपसे दूर कभी जा ही नहीं सकता। जो आपका नहीं है, वह कभी आपके पास नहीं रहेगा।

प्रेम, स्नेह व देख-रेख का मूल्य कभी नहीं घटता। कृपया लोगों को ऐसे वाक्यों के प्रयोग के साथ उपभोग की जाने वाली वस्तुओं में न बदलें, 'अगर दूसरे लोग भी तुम्हारे साथ हैं, तब तुम मेरे साथ नहीं हो सकते/सकतीं।' हम सभी सूर्य की ऊष्मा का आनंद ले सकते हैं और सूर्य की उसमें कोई हानि नहीं होगी।

मैं आपको निजी प्रामाणिकता के साथ बता सकता हूँ, यदि कोई व्यक्ति आपका है, तो वह आपके साथ न होने पर भी आपका ही रहेगा।

जो माली अपने पौधों को आवश्यकता से अधिक संरक्षण देता है, उसके पौधे कभी नहीं फलते-फूलते। आवश्यकता से अधिक संरक्षण भाव एक दिन आपके संबंधों को नष्ट कर देगा।

स्वामित्व भाव तथा संपूर्ण विश्वास
कभी एक साथ नहीं पनप सकते।

महात्रया रा

आपने कहा कि दूसरों से अपेक्षा रखने से निराशा ही हाथ आती है। कुछ संबंध ऐसे भी होते हैं जिनमें अपेक्षा रखने की स्वाभाविक प्रवृत्ति पाई जाती है। हम अपने जीवनसाथी या बच्चों से अपेक्षा रखने से कैसे बच सकते हैं?

महात्रया रा

स्पष्ट करते हैं...

अव्यवस्थित अपेक्षाओं में ही मनुष्य की कठिन परिस्थितियाँ छिपी हैं, चाहे वे नियोजक-कर्मचारी के संबंध हों, ग्राहक-विक्रेता के संबंध हों, माता-पिता व बच्चों के संबंध हों या स्त्री-पुरुष के संबंध हों। मैं बहुत अव्यावहारिक होते हुए, आपसे ऐसा करने को नहीं कह सकता कि आप अपनी अपेक्षाओं का ही त्याग कर दें, परंतु व्यावहारिक पहल अपनाते हुए, इतना अवश्य कहना चाहता हूँ कि आपको अपनी अपेक्षाओं का बेहतर प्रबंधन करना होगा।

आपको यह एहसास होना चाहिए कि एक आम का पेड़, आम का पेड़ ही होता है। इसे आम का पेड़ ही होना था; यह आम का पेड़ ही रहेगा और आप इससे केवल आम का फल ही पा सकते हैं - आप इससे कोई भी अपेक्षा क्यों न रख लें, यह आपको आम के फल के सिवा कुछ दे ही नहीं सकता। लोग जो हैं, सो ही रहेंगे। एक संगठन जो है, सो ही रहेगा। जीवन जैसा है, वैसा ही रहेगा। आप अपेक्षा करते हैं कि लोग जो हैं, वे उससे दूसरे रूप में सामने आएँ और इस तरह आप कुंठा का अनुभव करते हैं। आप अपेक्षा करते हैं कि एक संस्था जो है, उससे अलग रूप में सामने आए और इस तरह कुंठा का अनुभव करते हैं। आप एक आम के पेड़ से संतरे पाने की अपेक्षा कर रहे हैं और कुंठित हो

रहे हैं कि आपको संतरे क्यों नहीं मिल रहे। परंतु क्या इसमें आम के पेड़ का दोष है? मैं इसे ही अव्यवस्थित अपेक्षाओं का नाम देता हूँ। अगर आपको लगता है कि कोई संस्था आपका कार्य करने का उचित वातावरण नहीं दे रही, तो आप अपनी कोई संस्था क्यों नहीं खोल लेते, जिसे आप अपनी शर्तों पर चला सकें, अपना मनपसंद वातावरण उत्पन्न कर सकें। अपनी अपेक्षाओं के अनुसार एक पेड़ लगाएँ - अपने लिए स्वयं वृक्षारोपण करें।

यदि आप अपने जीवन में शांतिपूर्ण प्रगति की अपेक्षा रखते हैं, तो निम्नलिखित दिशानिर्देशों का पालन करें :

पहला, अपनी अपेक्षाओं को परिभाषित करें। अधिकतर समय तो हमें स्वयं ही पता नहीं होता कि हम क्या अपेक्षा रख रहे हैं। हम मेन्यू कार्ड देख कर अपने लिए कोई भोज्य पदार्थ ऑर्डर करते हैं और साथ वाली मेज़ पर किसी व्यक्ति को कुछ और खाते देख, हमें अफ़सोस होता है कि काश! हमने अपने लिए भी वही व्यंजन मँगवा लिया होता। पहले तो अपने-आपको भ्रमित करना बंद करें - इस तरह तो आप अपने आसपास के संसार को भी भ्रम में डाल देंगे।

दूसरे, अपनी अपेक्षाओं को विस्तृत रूप से स्पष्ट करें। प्रायः दूसरे व्यक्ति यह जानते तक नहीं कि आप उनसे क्या अपेक्षा रख रहे हैं, तो आप उनके लिए, उसे पूरा भी कैसे कर सकते हैं। जीवन तो पहले से ही बहुत जटिल है। इसे और अधिक जटिल न बनने दें। कृपया अपनी अपेक्षाओं को विस्तृत रूप से स्पष्ट करें ताकि दूसरों का जीवन भी सरल हो सके।

तीसरे, यदि आपकी अपेक्षा पूरी नहीं होती तो यह जाँच करें कि कहीं आप आम के पेड़ से संतरे पाने की अपेक्षा तो नहीं कर रहे। अगर आपको पता चले कि आप आम के पेड़ से आम की ही अपेक्षा रख रहे हैं, तो लंबे समय तक संप्रेषण बनाए रखें; पूरे धैर्य के साथ अपनी अपेक्षाओं को स्पष्ट करते रहें। यह तो निश्चित है, धैर्य व संयम का फल अवश्य मिलेगा। यदि ऐसा नहीं है, मिसाल के लिए, जिन प्रमुख संबंधों में आप पेड़ को नहीं बदल सकते, आम के पेड़ को आम का पेड़ मानना ही सीखें और पेड़ के अनुसार ही अपनी अपेक्षाओं को बदल दें। इस तरह आपके मन को शांति मिलेगी। अपने लाभ के लिए, आम का स्वाद लेना सीखें। जहाँ तक संस्थाओं की बात है, जहाँ परिवर्तन संभव है, अपनी अपेक्षाओं के अनुसार ही पेड़ चुनें। संसार को बदलने की अपेक्षा, जो आपके वश में हो, उसे बदलने की चेष्टा करें - वह केवल आपका स्व ही है। इस तरह आप शांतिपूर्ण प्रगति कर सकेंगे।

महत्त्वपूर्ण बात यह है, अपेक्षा प्रबंधन की सबसे बड़ी सीख यह है - संसार से की जाने वाली सभी अपेक्षाओं का रुख़ बदल दें। जब आप संसार से अपेक्षा

रखते हैं, तो आपकी शांति व प्रगति संसार के रहमो-क़रम पर आ टिकती है। उन्हें अपनी ओर मोड़ें और इस तरह आपका जीवन आपके वश में होगा।

इन सब बातों के अतिरिक्त, यह हमेशा स्मरण रखें कि न तो आपकी सारी अपेक्षाएँ पूरी होंगी और न ही आपकी सारी अपेक्षाएँ अधूरी रहेंगी। प्रायः वह आपकी योजनाओं में विघ्न देता है ताकि अपनी योजनाओं को फलीभूत कर सके। आप संतरों के पीछे जाते हैं और मैं आम पाना चाहता हूँ, याद यह रखना होगा कि यह मेरी इच्छा नहीं, यह उसकी इच्छा है, जो पूरी होगी।

**लोग जो हैं, सो ही रहेंगे। एक संगठन जो है,
सो ही रहेगा। जीवन जैसा है, वैसा ही रहेगा।
आप अपेक्षा करते हैं कि लोग जो हैं,
वे उससे दूसरे रूप में सामने आएँ और इस तरह
आप कुंठा का अनुभव करते हैं। आप अपेक्षा
करते हैं कि एक संस्था जो है,
उससे अलग रूप में सामने आए और
इस तरह कुंठा का अनुभव करते हैं।**

एक आम के पेड़ से संतरे पाने की अपेक्षा न रखें और फिर कुंठित न हों कि आपको संतरे क्यों नहीं मिल रहे।

महात्रया रा

मैं अपने भाई की हरसंभव सहायता करती हूँ और वह मेरे साथ लड़ाई करने अलावा और कुछ नहीं करता। मेरी मदद करें।

महात्रया रा

स्पष्ट करते हैं...

पहले तो आपको यह समझना होगा कि प्रत्येक संबंध, अन्य संबंधों के लिए प्रशिक्षण स्थल का कार्य करता है। कृपया यह भी समझने की चेष्टा करें कि लोग आपसे जीवन में उसी तरह पेश आते हैं, जिस तरह आप उनसे पेश आने की अपेक्षा रखते हैं।

जब आप जीवन में विकसित होंगे, तो आपको और भी ऐसे बहुत से लोग मिलेंगे, जिनकी प्रवृत्ति आपके भाई की तरह ही होगी। अपने भाई को एक अवसर के रूप में लें, इस संबंध से सीखें कि आप उसके जैसे लोगों से कैसे पेश आएँगे।

दरअसल, जब भी कोई व्यक्ति भाई-बहन के आपसी द्वेष की शिकायत करता है, तो मैं उन्हें सुझाव देता हूँ : "दूर रहो। उन्हें अपने-आप इन परेशानियों से निपटना सीखने दो। घरेलू मैदान में ही यह कलह निपट जाए तो इससे बेहतर कोई स्थान हो ही नहीं सकता।" आप घर में तो छोटे बच्चे की रक्षा कर सकते हैं, परंतु आप स्कूल में क्या करेंगे? छोटे बच्चे को सताने और परेशान करने वाले बच्चों की दुनिया के बीच छोड़ दिया जाएगा, तो उसे खुद ही उनसे निपटना सीखना होगा। आप तो हमेशा उसके साथ नहीं रह सकते। दरअसल, आपको हमेशा उनके साथ रहना भी नहीं चाहिए। आप बच्चे को उसके तरीक़े से विकसित नहीं होने दे रहे। बड़े बच्चे को भी स्वयं ही सीखना होगा कि उसे हमेशा अपना मनचाहा नहीं मिल सकता। उसके नेतृत्व कौशल को भी छोटे बच्चे से चुनौती मिलेगी। जब आप अध्यापक के सामने बच्चे का प्रतिनिधित्व करते

हैं तो बच्चा, उन लोगों से संप्रेषण करने का अवसर खो देगा। भविष्य में भी, उसे जीवन में ऐसे अवसरों का सामना करना होगा और ये उसके लिए प्रशिक्षण पाने के अवसर हैं।

लोग कहते हैं कि मेरा बॉस बहुत खड़ूस स्वभाव का है। अगर आपका उससे विवाह नहीं हुआ तो आपको उसके साथ आजीवन रहने की आवश्यकता नहीं है। उसके साथ काम करते हुए, उससे निपटना सीखें, अपने प्रबंधक का प्रबंधन करें, बॉस को अपने भावों के साथ खिलवाड़ न करने दें, जब भी कोई आपसे आदर-मान से पेश न आए तो अपने-आपको प्रकट करना सीखें। वह इस संसार में इस तरह का अकेला व्यक्ति नहीं है। आपको जीवन में ऐसे ही जाने कितने व्यक्तियों से पार पाना होगा और यह आपके लिए सीखने का एक अवसर है।

दूसरे व्यक्ति कहते हैं, 'नई पीढ़ी के काम करने के तौर-तरीक़े स्वीकार्य नहीं हैं।' परंतु आपको नई पीढ़ी का नेतृत्व करना होगा। वे ही तो भविष्य हैं, आने वाला कल हैं। यह पता करें कि किन कारणों से यह पीढ़ी, पिछली पीढ़ी से अलग है। उनकी आवश्यकताओं में कैसे परिवर्तन आया है? उन्हें किस बात ने प्रेरित किया है? वे क्या चाहते हैं? हो सकता है कि आपको हमेशा अपने लिए मनपसंद दल न मिले परंतु फिर भी आपको दल की सफलता के लिए उत्तरदायी माना जाता है। यहाँ आपको अपने नेतृत्व कौशल को निखारने का अवसर मिल रहा है। ऐसे दल का भरपूर लाभ लें। उन्हें अपने साथ से विकसित होने का अवसर दें और आप स्वयं उनके माध्यम से विकसित होने का अवसर पाएँ। एक पुरानी कहावत के अनुसार : 'अच्छे निर्णय जीवन के अनुभवों से ही प्राप्त होते हैं।' नई कहावत हो सकती है : 'अच्छे नेतृत्व से ही अच्छे दल पैदा होते हैं और बुरे दल से ही बुरा नेतृत्व पैदा होता है।'

बहन, आपका भाई आपको एक निखरे हुए मनुष्य के रूप में सामने आने में सहायक हो रहा है। एक दिन, जब आप जीवन में मुड़ कर देखेंगी तो आप उसे धन्यवाद देंगी कि आपने उसके साथ अपने संबंध से कितनी परिपक्वता पाई, उस चरित्र यानी आपके भाई ने आपको निखरे हुए रूप में आने के लिए अपना सहयोग प्रदान किया।

वृद्धाश्रमों के विषय में आप क्या दृष्टिकोण रखते हैं?

महात्रया रा
स्पष्ट करते हैं...

जिन लोगों की देख-रेख करने वाला कोई न हो, यह समाज का उत्तरदायित्व बनता है कि उन लोगों की देख-रेख करे। 'वृद्धाश्रम' या 'परित्यक्त बच्चों के लिए आश्रय स्थल' सामाजिक उत्तरदायित्व हैं। जिन माता-पिता के पास देख-रेख के लिए बच्चे नहीं हैं और जिन बच्चों के पास देख-रेख के लिए माता-पिता नहीं हैं, उनकी देख-रेख का भार समाज के कंधों पर होना चाहिए। काश! परित्यक्त माता-पिता या बच्चे न होते, परंतु सच को अनदेखा करने से उससे इंकार नहीं किया जा सकता। सच तो यही है कि इस तरह परित्यक्त माता-पिता व बच्चे हैं और हमें इस समस्या से निपटना होगा।

मैं प्रायः कहता हूँ : "अगर आप नहीं जानते कि अपने बच्चे की देख-रेख कैसे करनी है या आप उसे विकास के लिए एक उचित घरेलू वातावरण देने में अक्षम हैं, तो बेहतर होगा कि आप उसे एक आवासीय स्कूल में डाल दें। यदि आप सही ढंग से अभिभावक का दायित्व नहीं निभा सकते तो अपने बच्चे को वैसे लोगों के पास छोड़ दें जो कि बच्चे को पालना जानते हों। अतः कुछ ख़ास परिस्थितियों में किसी बच्चे का अभिभावकों से दूर किसी आवासीय स्कूल में विकसित होना बच्चे के लिए बेहतर रहता है।"

ठीक इसी प्रकार, "जब बच्चे अपने माता-पिता को भावात्मक देख-रेख नहीं दे पाते, जब माता-पिता के लिए आपसी सम्मान तथा परवाह का वातावरण नहीं बन पाता, तो बेहतर होगा कि वृद्धों को ऐसे स्थान पर भेज दिया जाए,

जहाँ वे परस्पर सम्मान, भावात्मक देख-रेख तथा सबसे अधिक महत्त्वपूर्ण, अन्य वृद्धों की संगति में रह सकें। अपने ही घर में नौकरों की तरह जीवन बिताने से बेहतर होगा कि उन्हें ऐसे घर में रहने दिया जाए, जहाँ उनकी सेवा हो सके।"

दरअसल, हमें ऐसे वृद्ध आवासों का सपना देखना चाहिए और उसे साकार करना चाहिए, जहाँ का सारा वातावरण वृद्धों के रहने के लिए उपयुक्त हो। मैं वृद्धाश्रमों की बात नहीं कर रहा। मैं 'ओल्ड ऐज रेजीडेंसी' की बात कर रहा हूँ। प्रकृति, टहलपट्टी, हाथों को सहारा देने वाली रेलिंग, खुरदुरा फ़र्श; ताकि फिसलन का भय न हो। मनोरंजक कार्यक्रम, आध्यात्मिक प्रवचन, पठन-पाठन कक्ष, आसानी से मिलने वाली चिकित्सीय सुविधाएँ, उनके कौशल व ज्ञान का उद्‌देश्यपूर्ण सहयोग तथा एक अनुक्रम... जहाँ साठ वर्षीय व्यक्ति पैंसठ वर्ष के व्यक्ति की देख-रेख करे, वह सत्तर वर्षीय व्यक्ति की देख-रेख करे और इस प्रकार... उन्हें उनके जीवन की मर्यादा तथा उपयोगिता प्रदान की जा सके। ओल्ड एज रेजीडेंसीज़... एक स्वर्ग, जहाँ आप जीते-जी ही निवास कर सकते हैं। यहाँ परित्यक्त का तो प्रश्न ही नहीं उठता। यहाँ हम वृद्धों को ऐसा उपयुक्त वातावरण दे रहे हैं, जिसके वे वास्तव में अधिकारी हैं। दरअसल, उनके बच्चे उनके लिए ऐसे स्थान ख़रीद कर, उन्हें उपहार में दे सकते हैं। माता-पिता अपने बच्चों को आमंत्रित कर सकते हैं कि वे उनके साथ वहाँ कुछ समय बिताने के लिए आएँ। 'बेटा! इस सप्ताह के अंत में तनाव से छुटकारा पाने के लिए हमारे यहाँ क्यों नहीं आते?', 'बिटिया! आओ न देखो कि जीवन कितना ज़िंदादिल हो सकता है।' एक ऐसी पहल, जो सबके लिए उपयुक्त है : माता-पिता, बच्चे, समाजिक उद्‌देश्य तथा वाणिज्यिक उद्‌देश्य।

'वृद्धाश्रम' सामाजिक उत्तरदायित्व हैं।

मैं एक लड़की से प्यार करता हूँ परंतु मैं उस पर हमेशा संदेह करता रहता हूँ, मैं जानता हूँ कि ऐसा करना उचित नहीं है। मुझे अपने-आपको सुधारने के लिए क्या करना चाहिए?

महात्रया रा

स्पष्ट करते हैं...

आपके मन में उठ रहा संदेह, निश्चित रूप से आपके व उसके जीवन तथा संबंध को निश्चित रूप से नष्ट कर देगा। जब आप एक बार संदेह करने की प्रवृत्ति बना लेंगे, तो इससे न केवल आपके व उसके संबंध प्रभावित होंगे बल्कि धीरे-धीरे ईश्वर के साथ आपका संबंध भी प्रभावित हो उठेगा।

विश्वास और शांति आपस में गुँथे हैं। मैं नहीं जानता कि इस तरह के संदेह से आपके हाथ कुछ आएगा या नहीं, परंतु यह तो निश्चित है कि आप अपनी शांति खोने के साथ-साथ, अपने आसपास के लोगों को भी अशांत कर देंगे। मैं हमेशा इसी बात पर बल देता हूँ, 'जब आप मेरी परख़ करते हैं तो उस समय मुझसे अधिक, आपका अपना व्यक्तित्व सामने आ रहा होता है, क्योंकि आपकी परख़ आपकी पृष्ठभूमि से उपजी है, मेरी नहीं!' विश्वास की कमी और बार-बार संदेह करने का कारण यही है कि आप अपने प्रति पूर्ण सुरक्षा का भाव नहीं रखते। इसका दूसरे व्यक्ति से कोई संबंध नहीं है। आपकी हीन भावना को निश्चित रूप से संबोधन मिलना चाहिए। आप महसूस कर रहे हैं कि वह आपके हिसाब से तो बहुत बेहतर है या आपको लग रहा है कि उसके लिए तो और भी कई बेहतर पुरुष रुचि रखते होंगे। इससे कोई अंतर नहीं पड़ता कि वह कितना बदलती है या और कहाँ बदलती है, परेशानी आपको ही होगी। बदलाव तो आपको लाना होगा। आपको विश्वास करना सीखना होगा। आपको

उस पर विश्वास करना होगा। आपको उसके कामों की बजाय उसकी मंशा पर ध्यान देना सीखना होगा।

आपको स्वयं को बार-बार याद दिलाना होगा, "जहाँ उसका और मेरा जीवन एक होते हैं, उसके अलावा, उसका और मेरा जीवन एक अलग और स्वतंत्र अस्तित्व भी रखते हैं।" जब वह उसके 'स्थान' में और आप अपने 'स्थान' में पर्याप्त समय का निवेश करेंगे, तभी आप 'हमारे' स्थान में बेहतर वक़्त बिता सकेंगे, जो आप दोनों के लिए है। आप किसी व्यक्ति को पिंजरे में बंदी बना कर उसके साथ अपने गहन संबंधों की अपेक्षा नहीं कर सकते। गहन संबंध स्वतंत्रता के साथ आते हैं। स्वतंत्रता भरोसे के साथ आती है। भरोसा शांति को सुनिश्चित करता है। प्रेम एक शांतिपूर्ण हृदय से बेहतर रूप में विकसित होता है। उसके या उसके साथ अपने संबंध से अधिक, आपको अपने लिए विश्वास करना सीखना होगा और बार-बार संदेह करने की प्रवृत्ति का त्याग करना होगा।

जहाँ माता वास्तविकता से संबंध रखती है, वहीं पिता विश्वास का प्रश्न है। जीवन में भरोसे, विश्वास व आस्था के बिना कुछ भी आगे नहीं बढ़ता। हमेशा सामने वाले की भावना या मंशा पर ध्यान दें और उसके कामों के बीच अपने अर्थ डालने की मूर्खता न करें। अपने-आप को संदेह के चंगुल से छुड़ाएँ, इस तरह आप उसे अपने स्वामित्व भाव से छुटकारा दिलवा सकते हैं।

मैं हमेशा अपनी पुत्री से कहता हूँ कि भले ही सभी तने, शाखाओं, पत्तियों, पुष्पों व फलों का आनंद व अनुभव ले सकते हैं, परंतु जड़ें केवल धरती से संबंध रखती हैं। हालाँकि सभी हर भूमिका में, तुम्हारा आनंद व अनुभव लेंगे, परंतु तुम हमेशा अपने डैडी की बिटिया रहोगी - तुम मेरी हो।

जब तक विश्वास न हो, जी भर कर संदेह कर लें। जब भरोसा हो जाए, तो संदेह करना त्याग दें।

विश्वास और आस्था आपस में गुँथे हैं।

मैंने तो सोचा था कि मैंने अपने सबसे पक्की दोस्त को क्षमा कर दिया है, जिसने मेरे साथ अनुचित व्यवहार किया था परंतु मुझे बाद में एहसास हुआ कि दिल को ठेस लगने का भाव बार-बार उभर रहा है। कृपया मुझे बताएँ कि उसे सही मायनों में कैसे क्षमा किया जाए ताकि मुझे भी इस मानसिक संताप से मुक्ति मिल सके।

महात्रया रा

स्पष्ट करते हैं...

सबसे पहले तो आपको यह याद रखना होगा कि क्षमा कोई ऐसा कार्य नहीं, जिसे आप अपने मित्र के कल्याण के लिए कर रहे हैं, यह आपके अपने लाभ के लिए है। आप भूल नहीं सकते। गहन स्मृतियाँ कभी आपसे दूर नहीं होतीं। परंतु आप क्षमा कर सकते हैं। उस घटना से जुड़ी भावना तथा व्यक्ति को बदल दें। ऐसा करने से, हो सकता है कि आपको उस घटना की याद को फिर से दोहराना पड़े परंतु आप फिर कभी उस घटना के कारण भावात्मक रूप से आहत नहीं होंगे। घाव के निशान भले ही रहें, परंतु चोटिल होने की पीड़ा जाती रहेगी।

जब तक मैं घटना से जुड़ी भावनाओं तथा उस घटना से जुड़े व्यक्ति को नहीं बदलता, उससे मेरे दिल को ठेस लगती रहेगी। मैं बार-बार स्वयं को उन्हीं भावों के बीच पाऊँगा। जैसा कि आप बता चुके हैं, यदि वह आपकी पक्की दोस्त है, तो आपको एहसास होना चाहिए कि आप दोनों के बीच जो भी हुआ, वह आपके लिए उससे कहीं अधिक महत्त्व रखती है। अपने बीच दस दुःखी और विचलित करने वाले क्षणों को याद करने की बजाय उन सैकड़ों अवसरों को याद करें, जो आपने एक साथ विशेष क्षणों के बीच बिताए होंगे। काँटों के कारण गुलाबों को उपेक्षित न करें।

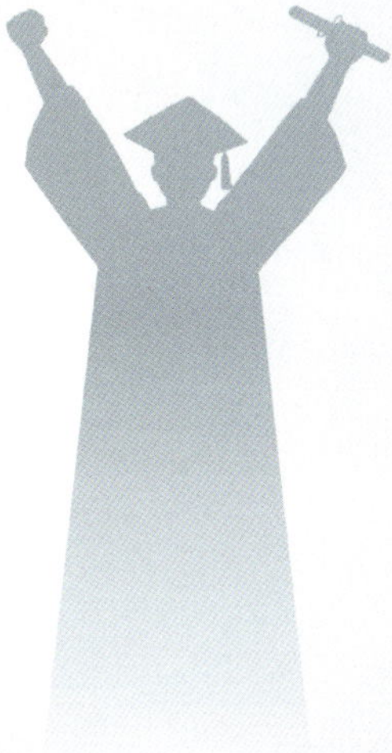

छात्र जीवन

मैं बारहवीं कक्षा में पढ़ता हूँ। मुझे ऐसा लगता है कि मेरी माँ मेरी छोटी बहन को मुझसे अधिक स्नेह देती हैं। इसका प्रभाव मेरी पढ़ाई पर भी हो रहा है। कृपया मेरी मदद करें।

महात्रया रा

स्पष्ट करते हैं...

तुम्हारी समस्या का सबसे बेहतर समाधान यही है कि अपनी बहन को इतना प्यार करो, जितना तुम्हारी माँ भी नहीं करतीं। मान लेते हैं तुम्हें रजनीकांत अच्छा लगता है और तुम्हारी माँ को भी रजनीकांत बेहद पसंद है - क्या इससे तुम्हें कोई परेशानी होगी? दरअसल, रजनीकांत को पसंद करना, तुम्हें पसंद करने के बराबर होगा। उस खिलौने का तुम भी आनंद लो, जिसका आनंद तुम्हारी माँ भी ले रही है, फिर तुम्हें भी उस खिलौने का उतना ही आनंद आने लगेगा, जितना माँ को आता है।

तुम जिन बातों से गुज़र रहे हो, वे वयस्कों में भी आमतौर पर होती हैं। अधिक या कम ध्यानाकर्षण को ही अधिक और कम प्यार मान लिया जाता है। ध्यान को प्रेम के बराबर मान लिया जाता है। तथ्य तो यही है कि तुम्हारी बहन को तुम्हारी माँ से अधिक ध्यानाकर्षण मिल रहा है परंतु इसका अर्थ यह नहीं निकाला जा सकता कि उसे प्यार भी अधिक मिल रहा है। तुम जब बड़े हो जाओगे, तभी इसे समझ सकोगे।

अपनी बहन को अपने प्रतिद्वंद्वी के रूप में देखना बंद करो। उसे अपनी माँ से नहीं, अपने से जोड़ कर देखो। उसके प्रति अपने प्रेम को खुल कर प्रकट करो। नतीजतन, तुम्हारी माँ जिस प्रकार छोटी बहन से व्यवहार कर रही है, वह तुम्हारे लिए पूरी तरह से महत्त्वहीन और नगण्य हो जाएगा।

प्रेम के अभाव से उबरने का केवल
एक ही उपाय हो सकता है,
किसी दूसरे को प्रेम करें।
महात्रया रा

मेरी इच्छा है कि मैं सभी विषयों में अच्छे अंक लाते हुए, स्कूल में टॉपर कहलाऊँ। परंतु मुझे लगता है कि मैं ऐसा नहीं कर सकता। मैं इस भावना से उबर कर, उत्कृष्ट प्रदर्शन कैसे कर सकता हूँ?

महात्रया रा
स्पष्ट करते हैं...

'पर्सुइट ऑफ़ हैप्पीनेस' नामक मूवी में, पिता अपने पुत्र से कहता है : "कभी किसी दूसरे को यह कहने का अधिकार मत दो कि तुम कुछ नहीं कर सकते। यहाँ तक कि मुझे भी मत कहने दो। तुम्हारे पास एक सपना है और तुम्हें इसे पूरा करना होगा। लोग अपने-आप कोई काम नहीं कर सकते, वे आपको बताना चाहते हैं कि आप भी नहीं कर सकते। तुम कुछ पाना चाहते हो, जाओ, आगे बढ़ो और उसे पा लो। विराम।"

एक चींटी ने इंसान से कहा, "लोग अक्सर मेरा रास्ता रोक देते हैं पर मैं अपने लिए राह बना ही लेती हूँ। भले ही कोई भी बाधा हो, कोई भी कठिनाई क्यों न हो, मैं इसी विश्वास के साथ चलती रहती हूँ, 'मैं कर सकती हूँ।' मैं मरते दम तक, कोशिश करती रहूँगी, लड़ती रहूँगी, प्रयास करती रहूँगी और इसी विश्वास के साथ आगे बढ़ती रहूँगी, 'मैं कर सकती हूँ।' आख़िरी श्वास तक मेरे मन में यही भाव रहेगा, 'मैं कर सकती हूँ।' अगर एक चींटी हो कर मैं इतना कर सकती हूँ तो मुझे बताओ, तुम्हारे लिए कितना संभव हो सकता है... बशर्ते तुम भी यह बात मान लो कि मैं कर सकती/सकता हूँ।"

एक आदमी का दिल उससे कहता है, "मैं उस दिन से तुम्हारे लिए धड़क रहा हूँ, जब तुम माँ की कोख में आए थे और तब तक धड़कता रहूँगा, जब तक तुम क़ब्र में नहीं जाते। मैं दिन-रात पूरी गहनता और अथक परिश्रम के साथ अपना काम कर रहा हूँ। मैं जानता हूँ कि मैं अंत तक, 'मैं कर सकता

हूँ', ...यदि ऐसा नहीं है, तो वह मेरा अंत होगा। यदि मैं तुम्हारे शरीर का एक अंग होते हुए इतना कुछ कर सकता हूँ, तो इस शरीर का मालिक होने के नाते, क्या यह संभव नहीं कि तुम भी अपने हर काम को उसी लगन और परिश्रम के साथ पूरा करो... बशर्ते तुम्हें भी इस बात पर विश्वास करना होगा कि मैं कर सकती/सकता हूँ।"

एक आदमी का हाथ उससे कहता है, "मैं अपने-आपको गंदा करता हूँ ताकि शरीर के दूसरे हिस्सों को साफ़ रखा जा सके। अगर कोई शरीर के किसी भी हिस्से को चोट पहुँचाने का काम करता है, तो मैं सबसे पहले बीच में आ जाता हूँ। मैं चोट को अपने सिर ले कर, उस अंग की रक्षा करता हूँ। मैं जानता हूँ कि मैं कर सकता हूँ और मैं शरीर के हर अंग की सुरक्षा की ज़िम्मेदारी लेता रहूँगा। अगर मैं तुम्हारे शरीर का एक अंग होते हुए, अगर इतना कर सकता हूँ तो मेरे दोस्त, तुम तो इस शरीर के स्वामी हो, तुम कितना कुछ कर सकते हो। अगर तुम भी यह विश्वास कर लो कि मैं कर सकता हूँ... तो क्या तुम्हारे लिए अपने सभी प्रिय व आत्मीय जन की ज़िम्मेदारी लेना सरल नहीं हो जाएगा...?"

एक आदमी की टाँग उससे कहती है, "तुम जहाँ भी जाना चाहते हो, मैं तुम्हें वहीं ले जाती हूँ। मैं तुम्हें तुम्हारी मंज़िल तक जाने में मदद करती हूँ। मैं हमेशा विश्वास करती हूँ कि मैं कर सकती हूँ। अगर मैं तुम्हारे शरीर का एक अंग होने के बावजूद इतना कर सकती हूँ तो क्या तुम्हारे लिए संभव नहीं कि तुम अपने लिए तय किए गए प्रत्येक लक्ष्य तक पहुँचो, अपनी हर महत्त्वाक़ांक्षा को पूरा करो, अपने लिए देखे गए हर सपने को पूरा करो...बशर्ते तुम यह विश्वास कर सको कि मैं कर सकता हूँ..."

भौंरा एक ऐसा कीट है, जिसके पंख उसके शरीर के अनुपात में बहुत छोटे होते हैं। एयरोडायनैमिक्स (वायुगतिकीय) के वैज्ञानिकों ने निष्कर्ष निकाला है कि इसी कारण से भौंरा उड़ नहीं सकता। सौभाग्यवश भौंरा विज्ञान या वैज्ञानिकों की बातें नहीं समझता। वह उड़ता रहता है। तुम भी एक भौंरा बन सकते हो।

इससे कोई अंतर नहीं पड़ता कि कि दूसरे तुम पर विश्वास करते हैं या नहीं, तुम्हें विश्वास करना होगा, 'मैं कर सकता हूँ', और अगर तुम ऐसा करते हो, तो तुम जो जी में आए, बन सकते हो। इससे कोई अंतर नहीं पड़ता कि बाक़ी सभी तुम पर विश्वास करते हैं, जब तक तुम अपने पर विश्वास नहीं करते, तब तक सब व्यर्थ है। कैसी विडंबना है, अगर आपको अपने पर विश्वास नहीं तो दूसरों का किया हुआ विश्वास भी आपके किसी काम नहीं आने वाला। 'मैं कर सकता हूँ', यही जीवन की भाषा है। तुम कुछ पाना चाहते हो, जाओ इसे पा लो, विराम!

क्या यह सत्य है कि 'शब्दों' की शक्ति किसी व्यक्तित्व को गढ़ने में अहम भूमिका अदा करती है?

महात्रया रा

स्पष्ट करते हैं...

मेरा अपना जीवन ही इस तथ्य की पुष्टि करता है, "आपके शब्द ही आपका संसार रचते हैं।" जॉन 1:1 में लिखा है, "ईश्वर में तथा शब्द में ईश्वर समाया था।" यदि ईश्वर 'सृजन' का प्रतिनिधित्व करता है, तो मेरा जीवन इस बात की अनुभवजन्य पुष्टि है, 'शब्द ईश्वर था।'

यद्यपि मैं पढ़ाई में एक औसत छात्र था और व्याकरण और वर्तनी में भी बहुत निपुण नहीं था, परंतु मेरे मन में शब्दों के लिए सदा एक विशेष आकर्षण रहा। शब्द हमेशा मेरा ध्यानाकर्षण करते रहे, और आज भी करते हैं। यहाँ तक कि आज भी, मैं 'वर्ड वेब' नामक मोबाइल एप्प का ही सबसे अधिक प्रयोग करता हूँ। और आज भी, जब भी मुझे कुछ नए शब्द बोलने का अवसर मिलता है, तो मैं स्वयं को ऊर्जान्वित अनुभव करता हूँ।

स्नातक की पढ़ाई के दौरान, 1982 से 1985 में साईं माधवन मेरा सहपाठी रहा। वह एक लेक्सोफ़ाइल था यानी शब्दों का प्रेमी। साईं की अधिकतर चर्चाओं में अंग्रेज़ी, व्याकरण, शब्द आदि मुद्दे ही होते और वह उन्हें भविष्य में बड़ा बनाने के बारे में बात करता।

मेरा एक और सहपाठी नारायणन, वह भी शॉर्टहैंड अभ्यासों में लिप्त था, उसे भी नए शब्दों से बहुत प्रेम था। वे दोनों 'टेट-अ-टेट' (गुप्त वार्ता) और 'रान्डेवू' (मिलन स्थल) जैसे शब्दों पर बात करते, और जब मैं एक बार किसी शब्द का अर्थ जान लेता तो उसे प्रयोग में लाने की चेष्टा करता, "एक दिन

मुझे निश्चित रूप से किसी को गुप्त वार्ता के लिए बुलाना चाहिए।" वे अक्सर एक वाक्य का प्रयोग करते – 'असर्ट विद अपलॉम (आत्म विश्वास के साथ)' और मैं मन ही मन सोचने लगता कि मैं उन शब्दों का प्रयोग कहाँ कर सकता हूँ? तो अपने करियर के आरंभिक दिनों में, मैं नौकरी के लिए जो भी आवेदन पत्र देता, उनमें लिखता – 'मौक़ा मिलने पर मैं आत्म विश्वास के साथ आपकी अपेक्षा से भी अधिक खरा साबित हो सकूँगा।' इस तरह उन दिनों मेरी अधिकतर औपचारिक बातचीत के आरंभ में शब्द आता – 'आई एम सांग्विना...' क्योंकि मैंने साईं और नारायणन से जान लिया था कि इन शब्दों का अर्थ होता है, 'मैं हूँ प्रसन्नता व विश्वासपूर्वक आशावादी!'

मुझे अच्छी तरह याद है कि 1984 में, मेरे एक सहकर्मी ने मेरे पहले बॉस के बारे में बात करने के लिए 'मैग्नेनिमस' अर्थात 'महामना' शब्द का प्रयोग किया। यह शब्द कानों को बहुत भला लगा। जब मैं घर आया तो सीधा जल्दी से शब्दकोश खोला और अर्थ देख लिया। जब मुझे यह अर्थ समझ आ गया तो मेरे मन में गहन इच्छा ने जन्म लिया कि मैं इतना बड़ा हो सकूँ कि स्वयं को इस शब्द के योग्य बना सकूँ।

1992 से 1994 के दौरान, जब मैं भारत में व्यक्तित्व विकास के जनक कहलाने वाले अपोरेश आचार्य के साथ सक्रिय रूप से जुड़ा हुआ था, तो मुझे उनका एक-एक शब्द बार-बार प्रभावित करता रहा, 'टॉप ऑफ़ द वर्ल्ड (बहुत ख़ुश)।' मैंने भी 'टॉप ऑफ़ द वर्ल्ड' कहना आरंभ कर दिया और अंततः महसूस भी करने लगा कि मैं भी 'टॉप ऑफ़ द वर्ल्ड' हो गया था। मैं अपने जीवन के लिए इस जादुई वाक्य, 'टॉप ऑफ़ द वर्ल्ड' तथा इसके स्रोत – अपोरेश का ऋणी हूँ। मैं इन दोनों के प्रति अपना आभार प्रकट करता हूँ।

मैं ग्रंथों या गुरुओं के आकर्षण में आ कर आध्यात्मिकता की ओर आकर्षित नहीं हुआ, परंतु प्रचुरता, उत्साह, वरदान, आस्था, समर्पण, मनोरंजन, निष्ठा, प्रवाह, उपस्थिति, दैवीय, आस्तिकता, अनंत, ब्रह्माण्ड, अनुकंपा, अनुभवातीत, आलोक, आविर्भाव, प्रेम, परमानंद, शुद्धता तथा आभार जैसे अनेक शब्दों की गहन गंभीरता, सुंदरता व अर्थ ने मुझे मोह लिया। कई बार केवल इन शब्दों को मन ही मन दोहराने भर से ही मेरे भीतर मानो कुछ विशुद्ध होने लगता है। इन शब्दों में जैसे एक अछूता, अनजाना और अनदेखा सा खिंचाव छिपा था। धीरे-धीरे इन शब्दों की गहनता व अर्थ मेरे भीतर घर करते चले गए, मेरी आत्मा में बसते चले गए और परिणामतः मैंने स्वयं को इस आध्यात्मिक सुगंध के बीच जीते हुए पाया। जब आप किसी महान आत्मा के मुख से निकले शब्दों को अंगीकार करते हैं, तो आप उच्चतर चेतना के जीवन को भी अंगीकार कर लेते

हैं। जब आप निम्नस्तरीय शब्दों को छोड़ कर ऊपर उठते हैं, तो आप पशुवत् चेतना के जीवन से ऊपर उठ जाते हैं।

मेरा अपना जीवन इस सत्य का सबसे बड़ा साक्षी रहा है : क्योंकि आपके शब्द आपका संसार रचते हैं, एक प्रकार से 'शब्द ही ब्रह्म है।'

यद्यपि मैं पढ़ाई में एक औसत छात्र था और व्याकरण और वर्तनी में भी बहुत निपुण नहीं था, परंतु मेरे मन में शब्दों के लिए सदा एक विशेष आकर्षण रहा। शब्द हमेशा मेरा ध्यानाकर्षण करते रहे, और आज भी करते हैं। यहाँ तक कि आज भी, मैं 'वर्ड वेब' नामक मोबाइल एप्प का ही सबसे अधिक प्रयोग करता हूँ। यहाँ तक कि आज भी, जब भी मुझे कुछ नए शब्द बोलने का अवसर मिलता है, तो मैं स्वयं को ऊर्जान्वित अनुभव करता हूँ।

आपके शब्द आपका संसार रचते हैं।

महात्रया रा

मैं अंग्रेज़ी में बहुत निपुणता नहीं रखता। मेरी अधिकतर शिक्षा तेलुगु भाषा में ही हुई। मेरे मित्र मेरे अंग्रेज़ी ज्ञान की खिल्ली उड़ाते हैं। मुझे ऐसी कौन-सी पुस्तकें पढ़नी चाहिए जिससे मेरी अंग्रेज़ी बेहतर हो सके।

महात्रया रा

स्पष्ट करते हैं...

बोली जाने वाली भाषा को पुस्तकों के माध्यम से विकसित नहीं किया जा सकता। यदि आप उस परिवेश में रहते हैं, जहाँ उस भाषा को बोला जाता है, तभी आप उस भाषा को बोलने में निपुण हो सकते हैं। क्या आपने ध्यान दिया कि जो लोग संस्कृत पढ़ने और लिखने में बहुत अच्छे होते हैं, यह आवश्यक नहीं कि वे उतनी अच्छी संस्कृत बोल भी सकते हैं। यह आवश्यक नहीं कि विस्तार से अंग्रेज़ी पढ़ाने वाले प्रोफ़ेसर उसी निपुणता के साथ अंग्रेज़ी में बात भी कर सकें। यह भी आवश्यक नहीं कि सभी कुशल वक्ता, भाषा के पढ़ने या लिखने में भी उतने ही सिद्धहस्त होते हों।

बोली जाने वाली भाषा का वातावरण से गहरा संबंध होता है। आप यह निरीक्षण कर सकते हैं कि किसी बोली जाने वाली भाषा के लहज़े पर वातावरण का कितना प्रभाव दिखाई देता है। यदि कोई भारतीय लंबे समय तक अमेरिकी परिवेश में रहे तो उसकी भाषा में भी वही टोन आ जाती है। इसके लिए आप गृहिणी का उदाहरण ले सकते हैं। जब भी करियर के कारण अलग-अलग स्थानों पर तबादला होता है तो पुरुष चाह कर भी स्थानीय भाषा को उतनी आसानी से नहीं सीख पाता क्योंकि वह कार्यालय में उसी भाषा में आसानी से संप्रेषण कर रहा है, जिसमें वह स्वयं को सहज पाता है। जबकि गृहिणी को घरेलू नौकरों, सहायकों, सामान बेचने वालों या बाज़ार आदि में स्थानीय भाषा से निपटना होता है... और वे सभी स्थानीय भाषा में ही बात करते हैं। उसके पास स्थानीय

माहौल में ढलने के सिवा कोई विकल्प ही नहीं होता। नतीजतन, वह दो ही वर्षों में स्थानीय भाषा में निपुणता पा लेती है। इसी दौरान, पुरुष केवल कुछ अपशब्द और स्थानीय भाषा में निर्देशात्मक वाक्य ही सीख पाता है।

अगर बच्चों को भी अपनी मातृभाषा के माहौल में न रखा जाए तो वे भी अपनी भाषा नहीं सीख पाते। वहीं दूसरी ओर, बच्चों को आप अलग-अलग माहौल दें, घर में अलग, स्कूल में अलग, कोचिंग क्लास में अलग... और आप पाएँगे कि वे उन सभी स्थानों पर पाई जाने वाली भाषा में बेहतर संप्रेषण कर पा रहे हैं। निष्कर्ष यही है कि किसी भी बोली जाने वाली भाषा के लिए माहौल ही सबसे ज़्यादा मायने रखता है।

इसमें कोई अपमान वाली बात नहीं कि आप किसी भी विदेशी भाषा के अच्छे जानकार नहीं, कुछ लोग तो ऐसे भी होते हैं जो अपनी मातृभाषा भी अच्छी तरह नहीं जानते। किसी भी भाषा का पर्याप्त ज्ञान न होना, कोई अभाव नहीं है। इसमें शर्मिंदा होने वाली कोई बात नहीं है। अधिकतर लोग अपना पूरा जीवन, दूसरों के दोष निकालने में ही बिता देते हैं। पलायन करना एक सरल विकल्प है, परंतु आप यह नहीं चाहते। दरअसल, आपको तो अपने पर गर्व होना चाहिए कि आप स्वयं को किसी ऐसे क्षेत्र में सक्षम बनाना चाहते हैं, जिसमें आप स्वयं को दुर्बल पा रहे हैं। आप इस कमी को पूरा करने के लिए कुछ भी करने को तैयार हैं।

अपने-आपको ऐसे लोगों के बीच रखें, जो अंग्रेज़ी में बात करते हों। अपनी भूलों की परवाह न करें। यह परवाह न करें कि वे आपका मज़ाक उड़ाएँगे। अगर कोई ताने या व्यंग्यबाण भी सुनने को मिलें तो उनकी भी परवाह न करें। आपका मिशन है, 'अंग्रेज़ी बोलने में निपुणता', आपका मिशन यह नहीं कि आपने दूसरों को प्रभावित करना है। केवल अंग्रेज़ी बोलते रहें। केवल उस भाषा में बोलने पर ही, आप भाषा के प्रति अपने कौशल में निखार ला सकेंगे।

मैं मेडिकल का छात्र हूँ। मेरे भीतर कोई जोश नहीं है। मेरी किसी भी वस्तु में कोई रुचि नहीं है। मेरे मन में कोई संकल्प शक्ति नहीं है। मैं बहुत ही ग़ैर-ज़िम्मेदार हूँ। मैं स्वयं को किसी भी काम के लिए तैयार नहीं कर पाता। मेरे माता-पिता मुझसे अप्रसन्न रहते हैं। मैं भी अपने-आप से प्रसन्न नहीं हूँ। मैंने अपनी ओर से लाख कोशिश कर ली, पर मेरे लिए कुछ भी कारगर नहीं है।

महात्रया रा

स्पष्ट करते हैं...

निश्चित रूप से, तुम्हारे ऊपर तो अध्ययन किया जाना चाहिए। तुम तो एक केस स्टडी हो। अरे, मैं तो मज़ाक कर रहा था। यदि अगर तुम्हारे जीवन में कोई भी जुनून न बचा होता, तो तुमने मुझसे यह प्रश्न ही न किया होता। तुमने मुझसे यह प्रश्न पूछा है तो इसका केवल सीधा सा अर्थ है कि तुम्हारे भीतर एक चिंगारी मौजूद है। अब, वहीं से आरंभ करो, जहाँ से तुम आरंभ कर सकते हो। अगर तुम पर्वतों को हिलाने की इच्छा रखते हो, तो पहले अपने आगे रखे कंकड़ तो हटाओ। अगर लंबे समय तक एक छोटा बदलाव भी होता रहे, तो एक भारी बदलाव बन सकता है। जहाँ से भी आरंभ कर सकते हो, वहीं से आरंभ करो।

जीवन के नियमों में से, एक नियम यह भी है कि, “आप जीवन में वह नहीं पाते, जो आप चाहते हैं; आप वही पाते हैं, जिसे पाने के आप वास्तव में अधिकारी हैं।” वास्तव में अधिकारी कैसे बना जा सकता है? जब आपकी इच्छा,

निरंतरता, निर्देशन, आत्म-प्रेरणा और प्रयासों से लैस होगी, तो आप स्वयं ही अधिकारी हो जाएँगे।

कोई भी कार्य करने की प्रयासशीलता, प्रयास करने से ही आती है। यह जीवन 1 प्रतिशत प्रेरणा और 99 प्रतिशत स्वेद के मेल से बना है। मेरे मित्र ने एक बार कहा था, "यदि मैं दूसरों की तरह होशियार नहीं हूँ, तो मैं इसमें कुछ नहीं कर सकता। यह तो ईश्वर की भूल है। अगर मैं भावात्मक रूप से स्थिर नहीं हूँ तो मैं इसे स्वीकार कर लूँगा। यह माता-पिता के पालन-पोषण की भूल है। हालाँकि, अगर मैं दूसरों से अधिक प्रयास नहीं कर पाता, तो मैं स्वयं को कभी क्षमा नहीं कर सकूँगा क्योंकि यह मेरी भूल होगी।"

मैं जानता हूँ कि आप कह रहे हैं, "यही तो समस्या है। मेरे भीतर प्रयास करने के लिए पर्याप्त प्रेरणा ही नहीं है।"

आत्म-प्रेरणा ही आपको जीवन में निरंतर आगे बढ़ने के लिए प्रेरित करती है और यह कहीं बाहर से मोल नहीं ली जा सकती। यह आपके अपने ही भीतर से उत्पन्न होती है। अगर यह आपके भीतर नहीं है, चलिए हमने मान लिया कि यह सच है तो इसे कहीं बाहर से अर्जित करने की चेष्टा करें। देखो, मुझे जॉगिंग करना पसंद नहीं इसलिए मैं ट्रेडमिल की मदद लेता हूँ, जो जॉगिंग की कमी पूरी करती है। अब उस ट्रेडमिल पर चलना मेरी ज़िम्मेदारी है। उसके बाद का काम वह मशीन संभाल लेती है। जब भी मेरा कोई काम करने का मन नहीं करता, तो मैं सार्वजनिक रूप से वचनबद्ध हो जाता हूँ और फिर मुझ पर सब ओर से दबाव आता है। तब ऐसा लगता है कि कहीं मैं दूसरों की नज़रों से गिर न जाऊँ। मैं तो अपनी और दूसरों की नज़रों में हमेशा ऊँचा उठना चाहता हूँ। इसलिए मैं किसी तरह उस काम को पूरा कर देता हूँ। ईमानदारी से कहूँ, मैं कोई आत्म-प्रेरित लेखक नहीं हूँ। हालाँकि हर माह के अंतिम कार्यकारी दिन में की गई सार्वजनिक वचनबद्धता ही इस समय मेरे द्वारा तुम्हारे प्रश्न का उत्तर बन रही है। मेरे पास अपने काम को टालने का विकल्प ही नहीं बचता। जब तक तुम अपने-आप काम करने की भावना नहीं पा लेते, तब तक अपने-आपको काम से जोड़े रखने के लिए सार्वजनिक वचनबद्धता का सहारा लो।

पीटर ड्रकर के शब्दों में, "जिस काम को करना ही नहीं चाहिए, उसे अच्छी तरह से करने से अधिक अनुपयोगी कुछ नहीं हो सकता।" अगर आत्म प्रेरणा से आपके पास कार्य करने की कोई दिशा नहीं है तो आपके प्रयास, समय व ऊर्जा का निवेश व्यर्थ हो जाएगा। सीढ़ी के आख़िरी छोर तक जाने से क्या लाभ, अगर आपको वहाँ जा कर पता चले कि वह तो ग़लत दीवार पर खड़ी की गई थी। समय और प्रयास का प्रबंधन अलग-अलग नहीं किया जा सकता। आप अपने

जीवन से जो भी चाहते हों और जीवन में जहाँ भी जाना चाहते हों, इन्हें उसी के संदर्भ में होना चाहिए। दिशारहित गतिविधि केवल परिवर्तन है। दिशासहित गतिविधि ही प्रगति है। जाने क्यों मुझे संदेह हो रहा है कि आपको मेडिकल की पढ़ाई के लिए विवश किया गया होगा। आपका दिल कुछ और चाह रहा होगा और आपकी परिस्थितियों ने आपको मेडिकल की पढ़ाई में धकेल दिया। अब इसी मेडिकल की सीट को अपनी दिशा मान कर चलें। आपको एहसास होना चाहिए कि संसार में कोई तो व्यक्ति है, जिसके स्थान पर आपको यह अवसर मिला है, अब इसे ही अपनी दिशा बना लें। आपको पता होना चाहिए कि यही दिशा आपको एक दिन इस योग्य बना देगी कि आप किसी की जान बचा सकें।

निरंतरता ही महानता की कसौटी है। आपने एक बार क्या काम किया या आप क्या करते हैं, इसके आधार पर आपको याद नहीं किया जाएगा, आपने हमेशा क्या किया या आप हमेशा से क्या करते आए हैं, इसी के आधार पर आपको याद रखा जाएगा। इससे कोई अंतर नहीं पड़ता कि कोई काम छोटा है या बड़ा, परंतु अपने-आपको रोज़मर्रा के कामों के अनुशासन में बाँध कर चलें और इसी तरह यह निरंतरता, आपके भीतर एक चिंगारी पैदा करने में सक्षम होगी।

अंत में, मदर टेरेसा ने एक बार कहा था, "गर्भपात का अर्थ है, कोख में ही हत्या कर देना। एक बच्चा ईश्वर का उपहार होता है। अगर तुम उसे नहीं चाहते, तो उसे मुझे सौंप दो।" मैं तुम्हारे लिए इस वाक्य को नए सिरे से गढ़ना चाहता हूँ, "अगर तुम नहीं जानते कि तुम्हें अपनी उचित प्रकार से देख-रेख कैसे करनी है तो स्वयं को किसी अच्छे मार्गदर्शक के हाथों में छोड़ दो, अपना जीवन उसे सौंप दो। वह जान लेगा कि उसे आपके साथ क्या करना है। अच्छे हाथों में पड़ कर, सँवरने से बेहतर तो कुछ हो ही नहीं सकता। तुम्हारा जीवन भी निखर जाएगा। एक अच्छे गुरु के हाथों पड़ कर तो मानो सब कुछ सँवर जाता है।"

आप जीवन में वह नहीं पाते, जो आप चाहते हैं; आप वही पाते हैं, जिसे पाने के आप वास्तव में अधिकारी हैं।

जब आपकी इच्छा, निरंतरता,
निर्देशन, आत्म-प्रेरणा और प्रयासों से लैस
होगी, तो आप स्वयं ही अधिकारी हो जाएँगे।

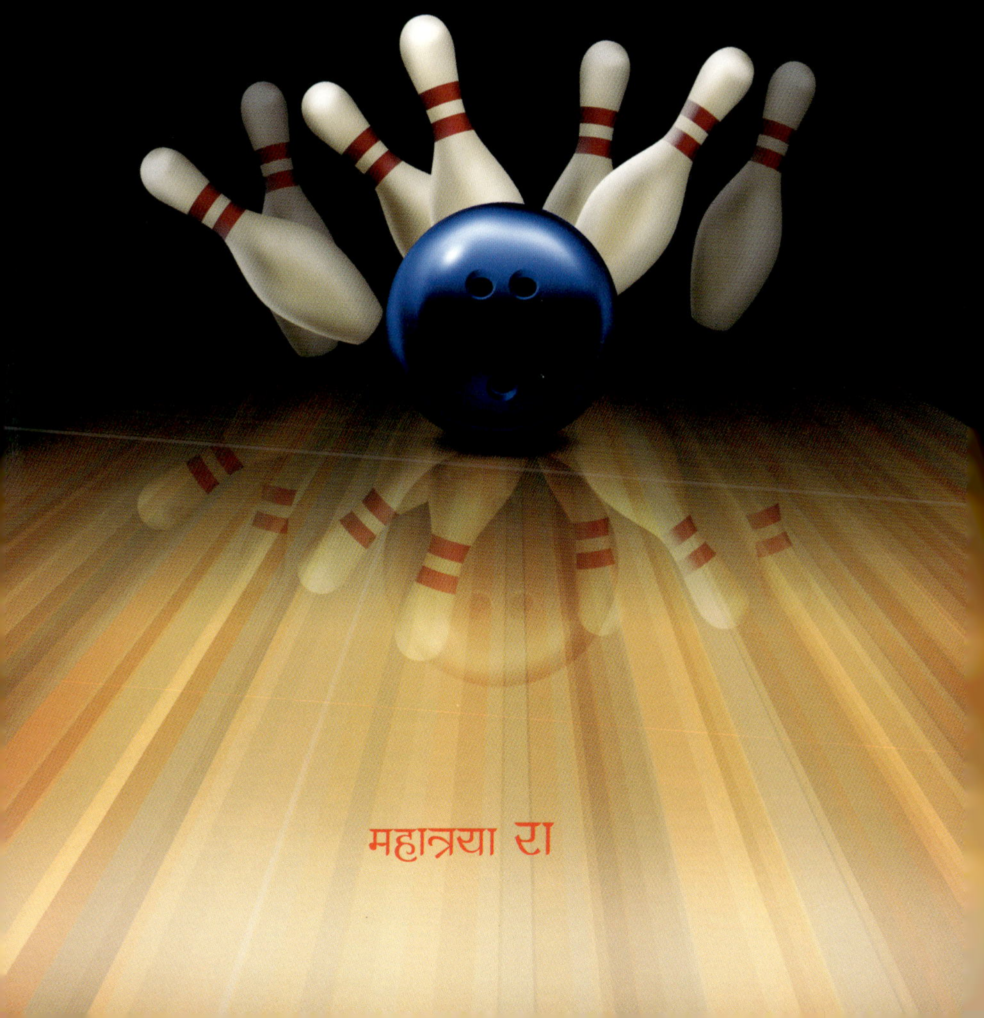

महात्रया रा

मेरे माता-पिता चाहते हैं कि मैं इंजीनियरिंग करूँ परंतु मैं ऐसा नहीं करना चाहता। मैं चाहता था कि फ़िल्म निर्माण या किसी ऐसे ही रचनात्मक कार्य से जुड़ूँ। मेरे लिए क्या रास्ता हो सकता है?

महात्रया रा
स्पष्ट करते हैं...

प्रत्येक क्षेत्र में, जो भी व्यक्ति उच्चस्तर पर पहुँच चुके हैं, वे क्षैतिज प्रदर्शन और लंबवत विशेषज्ञता रखते हैं। अगर कोई गायक अपने गायन के अलावा अच्छा संप्रेषण कौशल भी रखता है तो वह उस गायक से अधिक सफल होगा, जिसे केवल गाना अच्छा आता हो। एक क्रिकेटर जो अच्छे खेल के साथ, दूसरों से बेहतर संबंध बनाने की कला भी जानता हो, वह साथी क्रिकेटरों से अपेक्षाकृत आगे होगा। जो छात्र चार भाषाओं का ज्ञान रखता हो, वह निश्चित रूप से उनसे बेहतर लाभ पाएगा, जिन्हें केवल तीन भाषाओं का ही ज्ञान होगा।

तुम्हें इतनी जल्दी निराश नहीं होना चाहिए। यदि ईश्वर की ओर से किसी कार्य में विलंब हो रहा है, तो यह न सोचें कि वह कभी होगा ही नहीं। वह अंत केवल एक मोड़ भी हो सकता है। इंजीनियरिंग के इन तीन वर्षों को क्षैतिज प्रदर्शन के रूप में लो और बाद में तुम फ़िल्म निर्माण के लिए अपनी लंबवत विशेषज्ञता भी हासिल कर सकते हो। अब तो फ़िल्म निर्माण भी तकनीक आधारित होता जा रहा है। हो सकता है कि इंजीनियरिंग की यह पढ़ाई भी उसी क्षेत्र में काम आ जाए।

इन सब बातों के अतिरिक्त, आपको जो नापसंद है, उसके प्रति आपके प्रत्युत्तर की गुणवत्ता से आपके चरित्र की गहनता का पता चलता है। आपको जीवन में सदा वही नहीं मिलता, जिसकी आप इच्छा रखते आए हों। कई बार आपको वह पसंद करना भी सीखना होता है, जो आप कर रहे हों। हो सकता

है कि फ़िल्म निर्माण के समय भी आपको ऐसे ही कुछ अनुभवों से दो-चार होना पड़े - आपको ऐसे लोगों से भेंट करनी पड़ सकती है, जो निश्चित रूप से आपको पसंद नहीं हैं।

एक बार यदि कोई व्यक्ति किसी ऐसे क्षेत्र में विशेषज्ञता पा ले, जो उसकी पसंद का नहीं था, तो सचमुच, वह चरित्र का ऐसा बल पा लेता है, जिसका कोई मुक़ाबला नहीं कर सकता। इसे एक अवसर के रूप में देखें। "अपने-आप को और इस संसार को दिखा दें, भले ही मुझे किसी भी काम की ओर क्यों न धकेल दिया जाए, मैं हमेशा एक विजेता बन कर ही सामने आऊँगा।" इसी विश्वास के बल पर, आगे चल कर फ़िल्म निर्माण सीखने का सपना भी साकार कर सकते हैं।

सबसे महत्त्वपूर्ण बात यह है कि इस शैक्षिक पढ़ाई से छुटकारा पाने का केवल एक ही उपाय है, अच्छी तरह इसे पास करें और इससे परे हो जाएँ। वरना, आप बार-बार फ़ेल होते रहेंगे, पुराने भुगतान चुकाते रहेंगे और इस तरह हमेशा के लिए इससे बँध कर रह जाएँगे।

**अगर कोई गायक अपने गायन के अलावा
अच्छा संप्रेषण कौशल भी रखता है तो वह उस गायक से
अधिक सफल होगा, जिसे केवल गाना अच्छा
आता हो। एक क्रिकेटर जो अच्छे खेल के साथ,
दूसरों से बेहतर संबंध बनाने की कला भी
जानता हो, वह साथी क्रिकेटरों से अपेक्षाकृत
आगे होगा। जो छात्र चार भाषाओं का ज्ञान रखता हो,
वह निश्चित रूप से उनसे बेहतर लाभ पाएगा,
जिन्हें केवल तीन भाषाओं का ही ज्ञान होगा।**

मेरी माँ कहती हैं, "अगर अच्छे अंक न ला सके तो एक भिखारी भी तुम्हारा आदर नहीं करेगा।" मेरे पिता कहते हैं, "व्यक्तित्व के बिना तुम्हारे अंक भी कोई मायने नहीं रखते। तुम्हें एन सी सी में शामिल होना चाहिए।" समझ नहीं आता कि दोनों के साथ न्याय कैसे करूँ, मुझे क्या करना चाहिए?

महात्रया रा

स्पष्ट करते हैं...

केवल एक अच्छा इंसान होना परंतु सक्षम न होना पर्याप्त नहीं है। अगर आप सक्षम हैं परंतु एक अच्छे इंसान नहीं हैं, तो यह भी स्वीकार्य नहीं है। हमारी आवश्यकता है कि एक अच्छा इंसान सक्षम भी हो। हमें एक नेक इंसान होने के साथ-साथ योग्य भी होना है। 'अथवा' की बजाय 'और' पर अपना ध्यान केंद्रित करें। जब आप 'और यह' पा सकते हैं तो 'यह अथवा वह' का चुनाव क्यों किया जाए?

सबसे पहले तो आपको यह समझना होगा कि मनुष्य के पास बहुआयामी या बहुल बुद्धिमत्ता होती है। आपके द्वारा संगीत को समझने, सराहने और प्रदर्शन करने की योग्यता, एक अलग प्रकार की बुद्धिमत्ता है, जिसे हम आपकी संगीत से जुड़ी बुद्धिमत्ता कहेंगे। इसका आपकी तसवीरों के माध्यम चिंतन करने की योग्यता से कोई लेन-देन नहीं है। अगर आप तसवीरों के माध्यम से चिंतन की योग्यता रखते हैं, अगर आप रचनात्मक हैं, तो यह आकाशीय बुद्धिमत्ता कहलाएगी। अगर आप रोज़मर्रा के कामों से परे जा कर, अपनी शारीरिक योग्यता का प्रयोग कर पाते हैं तो यह आपकी शरीर संबंधी बुद्धिमत्ता कहलाएगी, जो कुछ खेलों के लिए आवश्यक हो सकती है। दूसरों से संबंध स्थापित करने की योग्यता अंतः

परस्पर बुद्धिमत्ता कहलाती है। तो इस प्रकार आपके पास बहुआयामी बुद्धिमत्ता हो सकती है।

जो लोग अपने जीवन में ऊँचाईयों तक जाते हैं, उनके पास यही बहुल बुद्धिमत्ता पाई जाती है, वे इसे ही विकसित करते हैं। एक अच्छा गायक, यदि अच्छा संप्रेषणकर्ता भी है तो वह केवल गाना गाने वाले गायक से बेहतर होगा। शंकर महादेवन को ही लें, वे एक अच्छे गायक होने के साथ-साथ एक अच्छे संप्रेषणकर्ता भी हैं। जो क्रिकेटर दूसरों के साथ बेहतर तालमेल बनाना जानता हो, उसे साधारण क्रिकेटर की तुलना में बेहतर माना जाएगा। यही महेंद्र सिंह धोनी की खूबी है, वे एक अच्छे क्रिकेटर होने के साथ-साथ संबंधों को बखूबी निभाते हैं।

जो छात्र चार भाषाओं का ज्ञान रखता हो, वह निश्चित रूप से उनसे बेहतर लाभ पाएगा, जिन्हें केवल तीन भाषाओं का ही ज्ञान होगा। जो छात्र तीन भाषाओं का ज्ञान रखता हो, वह निश्चित रूप से उनसे बेहतर लाभ पाएगा, जिन्हें केवल दो भाषाओं का ही ज्ञान होगा। यही कारण है कि अमेरिका में जा कर भारतीय छात्र बेहतर प्रदर्शन कर पाते हैं। उनके पास एक से अधिक भाषा का ज्ञान होता है।

यदि तुम सुयोग्य बनना चाहते हो, तुम सक्षम बनना चाहते हो, तुम बाक़ी लोगों से आगे निकलना चाहते हो, तो तुम्हारे पास इसके सिवा कोई विकल्प नहीं बचता कि तुम अपने भीतर बहुल बुद्धिमत्ता को विकसित करो। यहीं से पाठ्येतर गतिविधियों की भूमिका सामने आती है, इनसे आपकी बहुल बुद्धिमत्ता विकसित होती है। केवल किताबी कीड़ा बनने में कोई भलाई नहीं है। संपूर्ण रूप से विकास होना अनिवार्य है।

जो लोग बहुल बुद्धिमत्ता विकसित कर लेते हैं, वे भीड़ में भी दूर से ही पहचाने जाते हैं। तो इस वर्ष, जब भी अपने स्कूल जाओ न केवल अपनी शैक्षिक योग्यता पर ध्यान दो, बल्कि अपनी बहुल बुद्धिमत्ता को विकसित करने पर भी केंद्रित रहो। कम से कम, किसी एक पाठ्येतर गतिविधि में हिस्सा लो, फिर चाहे वह स्कूल में हो या स्कूल से बाहर हो। इस तरह आपकी बहुल बुद्धिमत्ता का विकास होगा। आपको 'यह या वह' वाली बात याद रखनी है। अपनी शिक्षा पर तो ध्यान देना ही है क्योंकि यह भी आपकी बहुल बुद्धिमत्ता के विकास में महत्त्वपूर्ण भूमिका अदा करती है।

मेरा दोस्त लड़कियों का मज़ाक उड़ाता है। क्या मुझे उसे बदल देना चाहिए?

महात्रया रा

स्पष्ट करते हैं...

अपने मित्र को न बदलें। अपने उस मित्र में बदलाव लाने का प्रयास करें। जब आप एक बार अपने मित्र को अपनी भावनाओं से अवगत करवा देंगे तो आप उसमें एक बदलाव देख सकेंगे। मज़ाक तथा कटाक्ष के बीच एक बहुत बारीक रेखा होती है और कई लोग उस रेखा को पार कर जाते हैं।

मज़ाक से मन में उल्लास पैदा होता है और कटाक्ष से संबंध समाप्त हो जाते हैं। मज़ाक के साथ आप उन संबंधों में आसानी से अपने भाव प्रकट कर सकते हैं, जिनमें आप स्वयं को सुरक्षित मानते हैं। कई बार इसी निरंतरता के कारण लोग अपना आपा खो कर, उसी बारीक सीमा रेखा को भूल जाते हैं। एक सादा व प्रत्यक्ष संप्रेषण, आपके व उसके संबंधों पर गहरा असर डाल सकता है।

न केवल इसी मामले में, जब भी आप आहत अनुभव करें तो इस प्रकार से पेश आएँ :

अपनी बात को इस तरह प्रकट करें ताकि सामने वाला समझ सके कि आपका मन आहत हुआ है। आपके दिल को ठेस लगी है। उस व्यक्ति से प्रत्यक्ष रूप से कहें जिसके कारण ऐसा हुआ हो, इस बात को व्यर्थ की गप बना कर प्रचलित न करें। इसे न तो छिपाएँ, न अस्वीकार करें और न ही ऐसा दिखावा करें कि इससे कोई अंतर नहीं पड़ता। दूसरों को दंडित न करें और न ही प्रतिशोध लेने के लिए सामने आएँ, उस समय आपके मन में यह भाव नहीं आना चाहिए कि आप भी अपनी कठोरता दिखा सकते हैं। आप आहत हुए,

यह बात कहें और बाक़ी सब सामने वाले पर छोड़ दें। जब आप उसे अपने मन की बात कहेंगे तो वह कैसी प्रतिक्रिया देगा, इसके बारे में विचार करने का काम आपका नहीं है।

केवल अपने मन की चोट को प्रकट करने का काम आपका है। अस्वीकृति के भय से अपने मन की बात न छिपाएँ। उस व्यक्ति से मिली ठेस को अतीत में मिली ठेस से अलग रख कर चलें। अपने और उस व्यक्ति के बीच के नकारात्मक इतिहास को खोलते हुए, पिछली हानियों की चर्चा न करें। लगातार एक ही बात की छींटाकशी न करते रहें।

यह याद रखें कि आप जिससे अपने मन के भाव प्रकट कर रहे हैं, आप उससे प्रेम करते हैं और आप चाहते हैं कि उनके भीतर सुधार आए। बात को आवश्यकता से अधिक लंबा न करें। अपनी प्रतिक्रिया को भी अति तक जाने से बचाएँ। अपनी शिकायत पूरी करें और आगे बढ़ें।

मज़ाक तथा कटाक्ष के बीच एक बहुत बारीक रेखा होती है और कई लोग उस रेखा को पार कर जाते हैं। मज़ाक से मन में उल्लास पैदा होता है और कटाक्ष से संबंध समाप्त हो जाते हैं। मज़ाक के साथ आप उन संबंधों में आसानी से अपने भाव प्रकट कर सकते हैं, जिनमें आप स्वयं को सुरक्षित मानते हैं कई बार इसी निरंतरता के कारण लोग अपना आपा खो कर, उसी बारीक सीमा रेखा को भूल जाते हैं।

मैं चार्टर्ड एकाउंटेंसी का कोर्स कर रहा हूँ। मैं अपनी पढ़ाई के लिए नियमित समय नहीं निकाल पा रहा। कृपया मुझे इसे व्यवस्थित करने में सहायता करें।

महात्रया रा
स्पष्ट करते हैं...

अगर जीवन का कोई ऐसा क्षेत्र है, जिसमें किसी भी तरह से कोई पक्षपात नहीं होता, तो वह 'समय' को ले कर ही है। एक राजा से ले कर भिखारी तक, महान सफलता से ले कर महान असफलता तक, सबके पास दिन में केवल चौबीस घंटे का समय ही होता है। सफलता के लिए समय को सबसे महत्त्वपूर्ण कच्ची सामग्री माना जा सकता है। अगर मैं आपसे कहूँ कि आप चौबीस रुपए लें और उन्हें तोड़-मरोड़ कर कूड़ेदान में डाल दें, तो आप कभी ऐसा नहीं करेंगे। हालाँकि जाने कितने चौबीस घंटे आपके हाथों नष्ट हो चुके हैं। यदि कोई समय के मोल को जान लेता है, तो जान लें कि उसने जीवन के मोल को भी जान लिया है और समझ लिया है। भले ही आप समय का कोई उपयोग न करें, समय तो चुक ही जाता है। यही कारण है कि समय को सभी संसाधनों में सबसे सर्वश्रेष्ठ माना जाता है। अपने समय का सबसे बेहतर सदुपयोग करें और इस तरह आप अपने जीवन का सबसे बेहतरीन पा सकेंगे।

सीमित समय के क्रिकेट में, अगर मुझे पचास ओवर में 434 रन बनाने हैं, तो मैं अलग तरह से खेल खेलूँगा। अगर मुझे केवल दो सौ रन बनाने हैं तो मैं अलग तरह से खेलूँगा। तो मैं अपने पचास ओवर का कैसे इस्तेमाल करूँगा, वह इस बात पर निर्भर करता है कि मैं अपने उन पचास ओवर से क्या चाहता हूँ। ठीक इसी तरह, आप अपने समय के साथ क्या करते हैं, यह इस बात पर निर्भर करता है कि आप अंततः अपने जीवन से क्या चाहते हैं, जीवन में क्या पाना चाहते हैं। अब तो आपको स्पष्ट हो गया होगा कि अगर आप चार्टर्ड एकाटेंट बनना चाहते हैं तो उसके अनुसार अपनी प्राथमिकताओं को उचित रूप से तय करना कितना महत्त्व रखता है।

अगर आप शतरंज के खेल को पर्याप्त समय नहीं देते तो कभी भी उसमें विश्व चैंपियन बनने की आकांक्षा को पूरा नहीं कर सकते। आप कहते हैं, 'आई पी एल आने वाला है, फिर मेरा भाई यू एस से आ रहा है।' तो जान लें कि आप शतरंज के खेल में विश्व चैंपियन बनने की इच्छा नहीं रख सकते। इस समय अगर एक चार्टर्ड एकाउंटेंट बनना ही आपकी प्राथमिकता है तो आपको इसे बाक़ी सभी कामों पर वरीयता देनी होगी। अब अपने लिए भविष्य की योजना तैयार करने का समय हो गया है। यह सारा जीवन केंद्र पर ही तो टिका है। जब मैं यह जानता हूँ कि मुझे अपना केंद्र कहाँ रखना है तो मैं यह भी जान लूँगा कि मुझे अपने समय का निवेश कहाँ करना है। एक शाश्वत नियम कहता है, "आप जिस भी वस्तु में समय का निवेश करते हैं, वही जीवन में फलती-फूलती है।"

ऐसा नहीं है कि आपके पास समय का अभाव है। समय तो है पर वह ग़लत ख़ाकों में जा रहा है और दिनचर्या को व्यवस्थित करने की आवश्यकता है। मिसाल के लिए, तीन घंटे टीवी के और एक घंटा पढ़ाई के नाम आ रहा है। इसे नए सिरे से सुधारना होगा। मैं आपसे यह नहीं कह रहा कि आप टी वी देखना ही बंद कर दें परंतु आपको टी वी के लिए एक घंटा और पढ़ाई के लिए तीन घंटे का समय देना होगा। आपके पास एम एस सुब्बालक्ष्मी जैसी आवाज़ है, परंतु विचारणीय प्रश्न तो यही है कि क्या आप उनके स्तर तक पहुँच सकेंगे? ऐसा हो भी सकता है, ऐसा नहीं भी हो सकता। उन्होंने संगीत की अहमियत को जाना और अपना सारा समय संगीत को दिया। क्या आप देंगे? यही प्रश्न है। यदि ऐसा हुआ तो क्या संभव नहीं है?

आपके पास विश्वनाथ आनंद जैसा हुनर है पर क्या आप विश्व चैंपियन बन सकेंगे, यह विचारणीय प्रश्न है। ऐसा हो भी सकता है, ऐसा नहीं भी हो सकता। उन्होंने शतरंज की अहमियत को जाना और अपना सारा समय इसे दिया। क्या आप देंगे? यही प्रश्न है। यदि ऐसा हुआ तो क्या संभव नहीं है?

महान व्यक्ति इसलिए महान होते हैं क्योंकि वे अपने हर उस काम को पूरा समय देते हैं, जिसे वे महत्त्वपूर्ण मानते हैं और वे उसके आपातकाल तक आने की प्रतीक्षा नहीं करते। जब उचित गतिविधियों के लिए उचित मात्रा में समय का निवेश किया जाता है, तो आपका जीवन भी उचित रास्ते पर आ जाता है।

संपूर्ण भविष्य आपके लिए प्रतीक्षारत है। मैं आपसे सबसे ऊँचे पद पर भेंट करूँगा।

मैंने बारहवीं करने के बाद सिविल इंजीनियरिंग में दाख़िला ले लिया क्योंकि मेरा दिल यही चाहता था। अब मैं जिस से भी मिलती हूँ, वह यही कहता है कि यह करियर लड़कियों के लिए नहीं है। क्या आपको लगता है कि मैंने सबकी बात अनसुनी करके और केवल अपने मन की बात मान कर कोई भूल की है?

महात्रया रा

स्पष्ट करते हैं...

मैं तो निरंतर संसार को सशक्त बनाने के लिए यही पुकार लगाता आया हूँ, 'आओ... नए रास्तों पर चलें।' तो आपके अनुसार मेरा उत्तर क्या होगा? जो लोग पुराने रास्तों को छोड़ते हैं, वे ही तो नए रास्तों की तलाश करते हैं। यह करियर लड़कियों के लिए नहीं है, ऐसा सोचने की बजाय क्या यह सोचना अद्‌भुत नहीं होगा कि तुम दूसरों के लिए एक नया रास्ता दिखाने वाली पथप्रदर्शक बन सकती हो। अगर तुम पारंपरिक अतीत को नहीं तोड़ सकतीं, तो तुम भविष्य में भी कुछ नया नहीं कर सकोगी।

पहले से तयशुदा और देखे-परखे रास्ते पर चलना एक अलग बात है परंतु एक बिलकुल ही अलग दिशा में जाने के लिए अप्रतिम साहस की आवश्यकता होती है। निश्चिंत रहो, दृढ़ संकल्प वाली आत्मा के लिए जीवन स्वयं मार्ग बना देता है। यह भी समझ लो कि एक दिन यही संसार, तुम्हारे बनाए नए मार्ग पर, तुम्हारे पीछे होगा। मनुष्य के हृदय ने, मनुष्य के मस्तिष्क की तुलना में कहीं अधिक मोर्चों पर विजय हासिल की है। यहाँ तक कि महानतम बुद्धिजीवियों ने भी महान संभावनाओं तक अपनी राह तभी बनाई, जब उन्होंने अपने दिल की सुनी और मानी। अपने मन की बात को अनसुना करके, केवल मानसिक शोषण

के साथ जीने का अर्थ होगा कि तुमने अपनी आत्मा को वेश्यावृत्ति की ओर धकेल दिया है, फिर भले ही उससे कितना भी भौतिक लाभ क्यों न हो रहा हो।

तुम्हारा दिल चाहता था कि तुम सिविल इंजीनियरिंग करो और तुमने वही किया... बस हो गया! तुम्हारे लिए यही उचित भी है। मैं दूसरों के मतों का उपहास नहीं कर रहा। मैं तो केवल इतना कह रहा हूँ कि उनके मत, उनके अपने नज़रिए से सही हो सकते हैं परंतु वे वहाँ से उपयुक्त नहीं हो सकते, जहाँ से तुम्हारा हृदय देख रहा है। सुनो, अगर मैं वाहन में चालक के स्थान पर बैठा हूँ तो मैं अपनी बुद्धि के अनुसार ही गाड़ी चलाऊँगा, उसके लिए मैं अपने पीछे बैठे सहयात्रियों के मतों और परामर्शों की मदद नहीं ले सकता। उन्हें जो दिखाई दे रहा है, वह सही हो सकता है पर वह उनकी सीट से दिख रहा है इसलिए मेरे लिए उसके कोई मायने नहीं हैं। मेरे लिए तो केवल यही बात मायने रखती है कि मेरी सीट से क्या दृश्य दिखाई दे रहा है।

वास्तव में कुछ उल्लेखनीय करने की इच्छा है तो सिविल इंजीनियरिंग के विकल्प को एक सुनहरा अवसर माना जा सकता है। क्या तुम जानती हो कि हर देश और हर शहर की पहचान वास्तव में एक वास्तुकार का सृजन है? हर शहर की पहचान बनने वाले भवन, ताजमहल या लाइटहाउस, चीन की दीवार या आइफ़ेल टॉवर जैसे स्मारक... तो कम से कम तुम इस करियर के साथ उन महान संभावनाओं की ओर बढ़ सकती हो... अब यह तुम पर निर्भर करता है कि तुम अपने-आप से क्या अपेक्षा करती हो? क्या तुम भीड़ में खड़े लोगों में से ही एक दिखना चाहती हो या भीड़ से हट कर दिखने की इच्छा रखती हो?

तुम्हारे पास वास्तव में कुछ शानदार कर दिखाने का अवसर है। ऐसा करते हुए ही, तुम भी एक हस्ती बन सकती हो। इस तरह आने वाली पीढ़ियाँ कभी नहीं कह सकेंगी, "एक लड़की को सिविल इंजीनियरिंग नहीं करनी चाहिए।"

दृढ़ संकल्प वाली आत्मा के लिए जीवन स्वयं मार्ग बना देता है। यह भी सुनिश्चित कर लो कि एक दिन यही संसार, तुम्हारे बनाए नए मार्ग पर, तुम्हारे पीछे होगा।

मैं बारहवीं कक्षा में पढ़ रहा हूँ। मैं ऐसे कुछ दोस्तों को जानता हूँ जो सही रास्ते पर नहीं चल रहे अगर उनके साथ नहीं जाता, तो उन्हें खो दूँगा। अगर उनका साथ दिया तो मुझे अपने-आप को खोना होगा। मुझे सहायता की आवश्यकता है।

महात्रया रा

स्पष्ट करते हैं...

किशोरावस्था एक ऐसी आयु है, जिसमें आप अपने लिए एक पहचान चाहते हैं। अगर आपको अपनी पहचान बनाने के लिए कुछ भी करना पड़े तो आप सहर्ष करने को तैयार हो जाते हैं। बस, आपको यही चाहिए कि आपको एक पहचान मिले। लोग आपको जानें। वे आपको लक्ष्य करें। यहाँ उचित या अनुचित का प्रश्न नहीं होता। क्या उससे ध्यानाकर्षण मिलेगा या नहीं, बस यही सवाल सामने होता है। किशोरावस्था में यही पहचान सबसे अधिक मायने रखती है।

केवल कुछ गायें एक दिशा में जा रही हैं, तो बाक़ी सब भी उसके पीछे चल देंगी। केवल एक सूअर निश्चित दिशा में भाग रहा है, तो बाक़ी सूअर भी उसके पीछे भागने लगेंगे। क्योंकि उसने ऐसा किया, इसलिए आप भी ऐसा करेंगे। यह झुंड की मानसिकता है। आप अपने-आप नहीं सोचते; अपने लिए नहीं सोचते; केवल भीड़ का अंधानुकरण करते हैं। यहाँ केवल साथियों से मिली स्वीकृति ही सबसे अधिक मायने रखती है। बस, आपके दोस्त आपको स्वीकार करें। आपको उस दल का एक हिस्सा होना चाहिए। कहीं वे आपकी खिल्ली न उड़ाएँ। आपको अकेलापन महसूस नहीं होना चाहिए। आपको ऐसा नहीं लगना चाहिए कि आपको अकेला छोड़ दिया गया है। तो आप केवल वही करने लगते हैं, जो दूसरे लोग करते आ रहे हैं।

अगर आपके कुछ दोस्त सिगरेट पीते हैं तो आप भी कश लगाने के लिए ललचा जाते हैं। अगर वे ट्रिपल एक्स साइट छानते हैं, तो आपको लगता है कि आपको भी यही करना चाहिए। अगर वे कक्षाओं में भाग नहीं लेते तो आप भी ऐसा ही करना चाहते हैं। अगर वे अध्यापक को नए-नए नामों से चिढ़ाते हैं तो आप भी मुहिम का हिस्सा बन जाते हैं। यहाँ उचित या अनुचित का प्रश्न नहीं होता। सवाल यह होता है, क्या मैं एक हीरो जैसा दिखूँगा? सावधान रहें! यही कारण है कि सौ में से नब्बे लोग अपनी किशोरावस्था में जीवन के प्रति केंद्र को खो देते हैं और एक मध्यम या औसत दर्जे का व्यक्ति बन कर जीने लगते हैं।

जीवन में किशोरावस्था के दौरान ये प्रलोभन काँटों से कम नहीं होते। इस दौर में, आपका जीवन कपड़े के एक टुकड़े के समान होता है। आपको यह ध्यान रखना चाहिए कि कहीं यह काँटों में न उलझ जाए। आगे चल कर सिगरेट की लत छुड़ाने की कोशिश करने से लाख गुना आसान होगा कि आप इसे पीने की आदत ही न डालें। दैहिक आकर्षण के कारण किसी से संबंध बना कर, टूटे संबंध की पीड़ा तथा भावात्मक ठेस सहने से बेहतर होगा कि ऐसे लालच से अपना बचाव कर लिया जाए। बार-बार गिर कर, उठने के संघर्ष से बेहतर होगा कि अपने-आपको गिरने ही न दिया जाए। अगर एक बार आपका कपड़ा काँटों में उलझ गया तो आपकी लाख कोशिशों के बावजूद, उसे काँटों से निकालते-निकालते भी, थोड़ा-बहुत नुक़सान तो हो ही जाएगा।

अपने आसपास उचित प्रकृति के मित्रों का घेरा विकसित करें। इस अवस्था में मित्र ही आपको बनाने या बिगाड़ने की क्षमता रखते हैं। किसी भी ऐसे व्यक्ति की सोहबत से दूर रहें, जो आपके जीवन में ग़लत दिशा में ले जाना चाहता हो या आपको दिग्भ्रमित करना चाहता हो। भीड़ के साथ ग़लत रास्ते पर चलने से कहीं बेहतर होगा कि आप अकेले ही, अपने रास्ते पर चलें। आपके लिए एक या दो अच्छे दोस्त ही पर्याप्त होंगे।

यदि आप अपने जीवन को उचित रूप से चलायमान रखना चाहते हैं तो अपने किशोरावस्था के वर्षों पर ध्यान दें, यदि अपनी किशोरावस्था को उचित बनाना चाहते हैं तो अपने मित्रों पर ध्यान दें। मैं जानता हूँ कि आप मुझसे तत्काल पूछेंगे कि मैं कैसे पता लगा सकता हूँ कि मेरे लिए कौन से दोस्त उचित होंगे या नहीं होंगे? अगर आपको किसी भी कारण से, कोई भी बात अपने माता-पिता से छिपानी पड़ती है, तो उसे अपने माता-पिता से छिपाने का विचार मात्र भी अनुचित है। बस, इसी कसौटी के आधार पर अपने लिए सही दोस्त चुनें और इससे भी महत्त्वपूर्ण बात यह है कि अच्छे दोस्त बनें।

भूल तो भूल होती है, इससे कोई अंतर नहीं पड़ता कि वह किसने की है, भले ही तुम्हारे माता-पिता ही क्यों न हों। हमें यह भी सिखाया जाता है कि भले ही जो भी हो जाए, हमें हमेशा अपने माता-पिता के प्रति कृतज्ञ रहना चाहिए। कृपया इस बात को स्पष्ट करें।

महात्रया रा
स्पष्ट करते हैं...

यदि जीवन में आप निरंतरता तथा निष्पक्षता का अभ्यास करना चाहते हैं तो आपका केंद्र होना चाहिए, "क्या सही और ग़लत है?" हमें यह नहीं पूछना चाहिए, "कौन सही है और कौन ग़लत है?" हमें व्यक्तित्व की बजाय मसले पर ध्यान देना चाहिए। यह इसी संदर्भ में कहा जा रहा है - सही सही होता है और ग़लत को ग़लत कहा जाता है - भले ही उसमें कोई भी शामिल क्यों न हो।

हालाँकि, आपको यह भी समझना होगा कि चूँकि आपकी नाक बह रही है, इसलिए आप नाक को नहीं हटा सकते। आप सिरदर्द के कारण सिर को नहीं काट सकते। भले ही माता-पिता हों या कोई और, सही या ग़लत व्यक्ति के लिए नहीं कृत्य के लिए होता है। महात्मा गाँधी ने यह बात खूबसूरती से बयाँ की है, "पाप से घृणा करो। पापी से प्रेम करो।"

सही और ग़लत के मामले में, अपने माता-पिता के प्रति भी निष्पक्ष रवैया ही अपनाना चाहिए। भले ही, आपके माता-पिता कुछ करें या न करें, आपको हमेशा उनके प्रति अपना आभार प्रकट करना चाहिए। जो भी हो, आपने 'जो भी किया या नहीं किया', उसके कारण उनके मन में आपके लिए प्रेम के भाव में तो कोई कमी नहीं आई न?

भले ही, आपके माता-पिता कुछ
करें या न करें, आपको हमेशा
उनके प्रति अपना आभार प्रकट करना चाहिए।

महात्रया रा

मैं एक औसत छात्र हूँ तथा सदा औसत अंक ही प्राप्त करता आया हूँ। मैं अपने शैक्षिक प्रदर्शन में सुधार लाना चाहता हूँ। क्या आप मुझे उपयोगी टिप्स दे सकते हैं?

महात्रया रा
स्पष्ट करते हैं...

आपको यह निश्चित रूप से समझना चाहिए कि शिक्षा से भारी अंतर पड़ता है और आपको निश्चित रूप से शिक्षा पर केंद्रित होना चाहिए। इससे कोई अंतर नहीं पड़ता कि आप प्रसन्न हैं या नहीं, आपको शिक्षा पर केंद्रित होना चाहिए।

मेरे दादा, पिता या चाचा शिक्षा के बिना ही बड़े आदमी बने। सचिन तेंदुलकर ने भी बहुत पढ़ाई नहीं की, धीरुभाई अंबानी भी बहुत शिक्षित नहीं थे - इन सब बातों को कचरे के डिब्बे में डाल दो। जो भी हो, अधिकतर दादाओं व पिताओं ने स्कूल व कॉलेज तो खोले ताकि आने वाली पीढ़ियाँ शिक्षा प्राप्त कर सकें। अगर उन्होंने शिक्षा के मोल को नहीं जाना होता, तो उन्होंने स्कूल और कॉलेजों के भवन न बनवाए होते। हो सकता है, सचिन थोड़े और शिक्षित होते तो वे अधिक सफल कप्तान होते। यहाँ तक कि धीरुभाई अंबानी ने भी अपने दोनों पुत्रों मुकेश व अनिल को दुनिया के बेहतरीन विश्वविद्यालयों में शिक्षा दिलवाई।

कुछ ऐसे उपाय भी हैं, जिनकी मदद से आप अपनी पढ़ाई को और मज़ेदार, रोचक, आनंददायक और सबसे अधिक महत्त्वपूर्ण बात यह है कि सार्थक बना सकते हैं।

हर व्यक्ति के पास सीखने का अनूठा तरीक़ा होता है परंतु सीखने के तरीक़े तीन प्रकार हो सकते हैं : देख कर, सुन कर या भावनाओं से महसूस करते हुए। हर व्यक्ति के जीवन में सीखने की एक शैली प्रमुख वर्चस्व रखती

है। अगर कोई छात्र जान ले कि वह किस तरीक़े से बेहतर सीख सकता है, तो वह अपनी सीखने की प्रक्रिया में प्रभावी रूप से निखार ला सकता है।

जो छात्र विज़ुअल छात्र होते हैं, वे देखने से सीखते हैं। आप जानते हैं कि आप विज़ुअल तब होते हैं, जब इस तरह से बोलते हैं, "जैसे ही मैंने फ़ार्मूला देखा, क्या तुम्हें इसका प्वाइंट दिखा? देखो! मैं बताना चाहता हूँ..." तो इस तरह आपके हर वाक्य या भाव में देखने या दृष्टि से जुड़ा भाव होगा। आप किताबों, नोट्स, बोर्ड आदि को देख कर बेहतर तरीक़े से सीखेंगे, शांत भाव से पढ़ेंगे और ग्रुप स्टडी में नहीं पढ़ना चाहेंगे।

ऑडिटरी स्टूडेंट्स सुन कर बेहतर तरीक़े से सीख पाते हैं। अगर आप भी इसी श्रेणी में आते हैं तो आप अक्सर कहेंगे, "जिस दिन मैंने फ़ार्मूले के बारे में सुना। क्या तुम मेरा प्वाइंट सुन रहे हो? अरे सुनो..." आपको बोल कर पढ़ना सही लगेगा और बेहतर तरीक़े से सीख सकेंगे, अपने अध्यापकों की बात सुनेंगे और ग्रुप स्टडी करना पसंद करेंगे।

तीसरे प्रकार के छात्र महसूस करते हुए बेहतर तरीक़े से सीखते हैं। वे इस तरह बोलते हैं, "मुझे लगता है कि फ़ार्मूला आसान है। क्या तुम मेरे साथ हो? अगर तुम मेरी बात नहीं समझ सकते, तो बताने से क्या लाभ?" अगर आपकी यही शैली है, तो निश्चित रूप से आपको पढ़ने के लिए ज़्यादा मेहनत करनी होगी, आपको लिख कर अभ्यास करना होगा। आपको पढ़ने के लिए किसी शांत वातावरण की आवश्यकता होगी और आप ग्रुप स्टडी करना पसंद नहीं करेंगे।

याद रखें, सीखने की किसी भी शैली को दूसरी से बेहतर नहीं माना जा सकता। प्रत्येक के अपने लाभ और हानियाँ हैं, जो कि इस बात पर निर्भर करता है कि आप क्या सीखने की कोशिश कर रहे हैं। अपनी सीखने की शैली को जानें और आपके लिए कुछ भी सीखना कहीं आसान और रोचक हो जाएगा। निस्संदेह, आपको पता होना चाहिए जो छात्र शिक्षा के क्षेत्र में शीर्षस्थ होते हैं, वे सीखने की तीनों शैलियों का अभ्यास करते हैं, वे पढ़ते हैं, वे कहते हैं, वे लिख कर अभ्यास भी करते हैं। यही कारण है कि वे सबसे आगे होते हैं क्योंकि वे अपनी ओर से सीखने के लिए किसी भी तरह की कसर नहीं छोड़ते।

अधिकतर मनुष्यों की औसत ध्यान अवधि 45 से 50 मिनट की होती है। मनुष्य के मन को आकर्षित होने के लिए विकर्षण की आवश्यकता होती है। तो आपको अधिक से अधिक पचास मिनट तक पढ़ना चाहिए और फिर अपने-आपको दस मिनट का समय दें। कृपया ध्यान दें कि आप इसका विपरीत ही न करने लगें, पढ़ाई दस मिनट की और विश्राम पचास मिनट का!

जब भी पढ़ें, तो एक किताब में सभी महत्त्वपूर्ण बिंदु लिखते जाएँ और इस तरह आपको परीक्षाओं के दौरान बहुत मदद मिलेगी। अगर उस समय आप केवल इन्हीं बिंदुओं को ही दोहरा सके तो ये भी आपके लिए पर्याप्त हो जाएँगे।

हर व्यक्ति के लिए व्यस्ततम समय या घंटे अलग-अलग होते हैं। कुछ लोग रात को बैठ कर पढ़ना पसंद करते हैं, कुछ लोग सुबह जल्दी उठ कर पढ़ते हैं तो कईयों को दिन में पढ़ना पसंद होता है। आपको जानना होगा कि दिन के किस भाग में आपको पढ़ाई करना अच्छा लगता है, आप बेहतर तरीक़े से पढ़ पाते हैं। यह पता लगाने के बाद अपने उन्हीं घंटों को विशेष रूप से पढ़ाई के लिए प्रयोग करें। व्यस्ततम समय या पीक ऑवर्स, सभी लोगों के लिए अलग-अलग हो सकते हैं। अपने पढ़ाई के घंटों के दौरान वीरेंद्र सहवाग की बैटिंग देखने की कोई तुक नहीं बनती। वीरेंद्र सहवाग को भी अपने लिए अनुकूल समय में ही बैटिंग करनी चाहिए। आपको अपने पीक ऑवर्स के दौरान पढ़ना चाहिए। आप अपने आलस से भरे घंटों के दौरान टी वी देख सकते हैं।

आप पूजा कक्ष में प्रार्थना करते हैं, स्नानघर में स्नान करते हैं और प्रयोगशाला में प्रयोग करते हैं, ठीक उसी प्रकार, पढ़ाई के लिए भी एक समर्पित स्थान होना चाहिए। मान लें कि यह आपके घर का कोई कोना हो सकता है, कोई बाल्कनी या छत हो सकती है - परंतु पढ़ाई के लिए कोई न कोई समर्पित कोना अवश्य होना चाहिए।

जब भी पढ़ने बैठें, तो अपने लिए कोई न कोई अनुष्ठान या रस्म अवश्य चुनें। जैसे : कोई प्रार्थना, कोई मंत्र जाप या लिखना आरंभ करने से पहले कोई शब्द लिखना... ऐसा कुछ भी अवश्य विकसित करें। यह आपकी बुद्धिमत्ता को संकेत देगा कि अब आप पढ़ने बैठ रहे हैं और उसे एकाग्र हो जाना चाहिए। इससे आपको निश्चित रूप से सहायता मिलेगी।

मैं जानता हूँ कि एक छात्र के जीवन में शिक्षा कितना कठिन कार्य होती है। परंतु यह सार्थक भी तो है। यह आपके जीवन को बदलने की क्षमता रखती है। अगर अभी आपको कुछ रातों की नींद हराम करनी पड़ती है, तो आप अपने शेष जीवन में चैन की नींद ले सकेंगे। अगर अभी भरपूर नींद लेने में मग्न रहे तो हो सकता है कि बाक़ी ज़िंदगी की रातों की नींद ही उड़ जाए। अगर आप अपने साथ कठोरता से पेश आएँगे, तो जीवन आपके प्रति सरल रवैया अपनाता दिखेगा। अगर आप अपने साथ सरलता से पेश आते हैं, तो जीवन आपके साथ कठोरता से पेश आएगा।

कुछ ऐसा करें कि माता-पिता आप पर गर्व अनुभव कर सकें। कुछ ऐसा करें कि आपके अध्यापक आप पर गर्व अनुभव कर सकें और आप स्वयं पर गर्व अनुभव कर सकें।

आपको निश्चित रूप से शिक्षा पर केंद्रित होना चाहिए। इससे कोई अंतर नहीं पड़ता कि आप प्रसन्न हैं या नहीं, आपको शिक्षा पर केंद्रित होना चाहिए।

आदतें अच्छी और बुरी होती हैं। मेरी भी कुछ बुरी आदतें हैं। मुझे पता होने के बावजूद, मैं चाह कर भी स्वयं को इन आदतों से दूर नहीं कर पा रहा। क्या इनसे बचने का कोई उपाय है?

महात्रया रा
स्पष्ट करते हैं...

आदतें अच्छी हों या बुरी, व्यक्ति के प्रवाह तथा प्रसन्नता में बाधा देती हैं इसलिए वे अनुचित हैं। आदतें मानसिक फ़ोनोग्राफ़ रिकॉर्ड हैं। किसी भी चीज़ का दोहराव, एक मानसिक ब्ल्यूप्रिंट तैयार करता है। जब भी कोई मन में खुदे उन चिह्नों पर ध्यान की सुई टिकाता है, तो यह उसी ब्ल्यूप्रिंट को दोहराने लगता है। दोहराव के साथ-साथ ये चिह्न गहरे होते चले जाते हैं और कुछ समय बाद, रिकॉर्ड स्वचालित रूप से ही बार-बार लगातार बजने लगता है। मानसिक ढाँचा या आदत नामक यह ढाँचा इतना कड़ा हो जाता है कि इसे बदलना कठिन हो जाता है। इस प्रकार हम अपनी आदतों के गुलाम बनते हुए, अपनी आज़ादी खो देते हैं, हमारा आत्मसंयम व नियंत्रण भी हमारे बस में नहीं रहता। हमारी आदतें हमारे अस्तित्व को किसी रोबोट के समान बना देती हैं।

इवान पावलोव, अपने कुत्तों को खाना खिलाते समय एक विशेष प्रकार की घंटी बजाया करते थे। कुछ समय बाद ऐसा होने लगा कि जब वे घंटी बजाते, तो कुत्ते अपने सामने खाना न होने पर भी ऐसा महसूस करते कि उन्हें खाना दिया जा रहा है और उनकी लार टपकने लगती। ज़रा कल्पना करें कि मनुष्य भी पावलोव के कुत्तों की तरह पीड़ित है? परंतु आदतें ऐसी ही होती हैं - घंटी बजाओ और मेरी लार टपकने लगेगी।

यदि आप जो चाहते हैं, उसके न मिलने पर आप व्यथित हो जाते हैं, तो इसने आपको अपने वश में कर लिया है। जिसने आपको वश में कर लिया है,

जान लें कि उसने आपकी शांति को भी अपने बस में कर लिया है। आपके ऊपर बाहरी मास्टरों व नियंत्रकों का प्रभाव जितना अधिक होगा, आपकी आंतरिक शांति उतनी ही घटती जाएगी।

समाचार-पत्र देर से आता है, तो आपकी शांति भंग होती है। कॉफ़ी आपके स्वाद के अनुसार नहीं होती, तो आपकी शांति भंग होती है। यदि आप चाहने पर भी मंदिर नहीं जा पाते, तो आपकी शांति भंग होती है। यहाँ तक कि पूजा व उपासना के लिए जाना भी मानो एक सशर्त यांत्रिक प्रक्रिया हो गई है, एक आदत! अगर मंदिर जाने या न जाने से आपकी शांति भंग होती है, तब तो उस महान आत्मा के साथ आपका संबंध भी आदतन ही है। वह जो आपको शांति नहीं दे सकता और जो आपकी शांति छीन लेता है, उसे हम आध्यात्मिकता तो कह ही नहीं सकते।

आप जो शांति अनुभव कर रहे हैं, उसमें ही समुचित जीवन का प्रमाण छिपा है। आदतें आपकी शांति को भंग करती हैं और इस तरह सभी आदतें बुरी होती हैं। आप अपनी संकल्प शक्ति से ही इन आदतों से छुटकारा पा सकते हैं और यह संकल्प शक्ति, 'नहीं करूँगा' के साथ ही विकसित होती है। अगली बार आपको अपनी कोई मनपसंद वस्तु न मिले और ऐसा होने पर दुःख का अनुभव हो, तो जान लें कि उसने आपको वश में कर लिया है। आपको 'नहीं करूँगा' शक्ति का अभ्यास करना है। पूरे एक सप्ताह तक उस वस्तु से दूर रहें, जिसे न मिलने पर आपको मानसिक क्लेश हुआ था। अगर एक सप्ताह बाद भी उसे पाने की तड़प बनी रहे तो फिर से एक सप्ताह तक अपने अभ्यास को जारी रखें... जब तक यह आप पर अपना प्रभाव समाप्त न कर दे या आपकी इसकी दासता से मुक्त न हो जाएँ, अपना प्रयास जारी रखें। एक सप्ताह का अभ्यास रखें और हमेशा के लिए उस पर विजय पा लें।

हमारे जीवन में जो भी चीज़ आती है या तो उसे हमारी ताक़त बन कर साथ रहना चाहिए या उसे हमें छोड़ देना चाहिए ताकि हम मुक्त हो सकें। ऐसा नहीं होना चाहिए कि वह हमारे ही साथ रहे और हमारी कमज़ोरी बन जाए।

मैं तेरह वर्ष का हूँ। मेरा परिवार गुड़गाँव से हैदराबाद आया है। मुझे अपने नए स्कूल में जा कर अकेलेपन का एहसास होता है। मुझे क्या करना चाहिए?

महात्रया रा

स्पष्ट करते हैं...

सबसे पहले तो आपको यह समझना होगा कि आप जिन भावनाओं से हो कर गुज़र रहे हैं, वे पूरी तरह से स्वाभाविक हैं। आपकी आयु में, किसी भी अन्य अकेले कारक की तुलना में, आपके मित्र ही आपको संपूर्ण बनाते हैं। आप अपने पुराने दोस्त पीछे छोड़ आए और अभी नए दोस्त नहीं बना सके, इसलिए अधूरापन सा महसूस हो रहा है।

दोस्तों के होने से न होने तक, पुराने स्कूल से नए स्कूल तक, एक नए पड़ोस, नए शहर के बीच... वाक़ई बहुत से बदलाव हैं। तो आपको जो लग रहा है, उसे आसानी से समझा जा सकता है। यह बिलकुल जायज और वैध है परंतु यह सब जल्दी ही बदल जाएगा।

अगर आप किसी दोस्त के लिए प्रतीक्षा करेंगे तो प्रतीक्षा ही करते रह जाएँगे। बाहर निकल कर अपने लिए मित्र तलाशें और आप पाएँगे कि हर सहकर्मी में एक संभावित मित्र छिपा है। यह पहल लें। आगे बढ़ कर, हाय कहें। अस्वीकृति से भयभीत न हों। अगर पाँच लोग अस्वीकृत कर भी दें तो क्या? दो तो आपको स्वीकार कर लेंगे और आप इन दो की ही तलाश में तो थे।

कुछ पाठ्येतर गतिविधियों में हिस्सा लें। अक्सर कुछ गहरी दोस्तियाँ कक्षाओं के बाहर ही पनपती हैं। एन सी सी, एन एस एस, खेल का मैदान, हाउस की गतिविधियाँ, क्लब, ट्यूशन, कोचिंग क्लास आदि दोस्त बनाने के लिए बढ़िया साधन हैं। अपने स्कूली अनुभव को केवल कक्षा तक सीमित न रखें।

स्कूल में अपने अनुभवों की परिभाषा को कक्षाओं से परे परिभाषित करें।

सबसे अधिक महत्त्वपूर्ण यह होगा कि आप अपने आसपास उचित प्रकृति के मित्रों का घेरा विकसित करें। इस अवस्था में मित्र ही आपको बनाने या बिगाड़ने की क्षमता रखते हैं। किसी भी ऐसे व्यक्ति की सोहबत से दूर रहें, जो आपके जीवन को ग़लत दिशा में ले जाना चाहता हो या आपको दिग्भ्रमित करना चाहता हो। भीड़ के साथ ग़लत रास्ते पर चलने से कहीं बेहतर होगा कि आप अकेले ही, अपने रास्ते पर चलें। आपके लिए एक या दो अच्छे दोस्त ही पर्याप्त होंगे। किशोरावस्था की ये दोस्ती आपके जीवन को एक उचित ढर्रे पर ले जाने के लिए भी बहुत मायने रखती है।

मैं जानता हूँ कि आप मुझसे तत्काल पूछेंगे, 'मैं कैसे पता लगा सकता हूँ कि मेरे लिए कौन से दोस्त उचित होंगे या नहीं होंगे?' अगर आपको किसी भी कारण से, कोई भी बात अपने माता-पिता से छिपानी पड़ती है, तो उसे अपने माता-पिता से छिपाने का विचार मात्र भी अनुचित है। बस, इसी कसौटी के आधार पर अपने लिए सही दोस्त चुनें और इससे भी महत्त्वपूर्ण बात यह है कि अच्छे दोस्त बनें। जिन दोस्तों को देख कर लगे कि उन्हें घर नहीं लाया जा सकता तो जान लें कि वे आपके योग्य नहीं हैं। अगर आप अपने प्रति ईमानदार रहे, तो निश्चित रूप से आपको अपने लिए उचित संगति आसानी से मिल सकेगी।

इससे भी महत्त्वपूर्ण बात यह कि, यह बदलाव आपको शानदार सामाजिक कौशल विकसित करने में सहायक होगा और इस तरह आपके जीवन में एक अद्भुत परिवर्तन आ सकेगा। प्रदर्शन ही सब कुछ है। वास्तव में, जीवन को एक जैसे लोगों के साथ ही नहीं जिया जा सकता। हम सदा एक नए दल के सदस्य होंगे और हमें हमेशा एक नए दल का नेतृत्व करना होगा। इस प्रदर्शन से ही आपके नेतृत्व कौशलों में ज़बरदस्त निखार आएगा।

मेरे बच्चे, इस चरण का आनंद लो। यह तुम्हारे भविष्य का निवेश है। तुम्हें अधिकतम से भी अधिक की शुभकामनाएँ देता हूँ!

एक नई भाषा सीखने की मन में इच्छा रही है। कृपया बताएँ कि कोई नई भाषा सीखने के लिए हमें उसे पढ़ना और लिखना, सीखना चाहिए या केवल पढ़ना सीखना चाहिए?

महात्रया रा

स्पष्ट करते हैं...

यह सब इस बात पर निर्भर करता है कि आप उस नई भाषा के साथ करना क्या चाहते हैं। अगर यह पढ़ने और लिखने के लिए है, तो आपको पढ़ने और लिखने का अभ्यास करना चाहिए। हालाँकि, अगर आप उस भाषा में संप्रेषण करना चाहते हैं, तो आपको उस भाषा से जुड़े माहौल को महत्त्वपूर्ण कारक के रूप में लेना होगा। क्या हमने नहीं देखा कि कुछ लोग किसी भाषा में शैक्षिक योग्यता रखने के बावजूद, उस भाषा को बोलने का माहौल न मिलने के कारण, उसमें कभी अच्छी तरह संप्रेषण नहीं कर पाते? इसके विपरीत, यदि किसी अहिंदीभाषी दक्षिण भारतीय को दिल्ली में नियुक्त कर दिया जाए तो वह शीघ्र ही हिंदी बोलने में निपुणता हासिल कर लेता है। हमने घरेलू जीवन में बसे, ऐसे अनेक स्नातक भी देखे हैं, जो अंग्रेज़ी नहीं बोल सकते, उनके पास अंग्रेज़ी बोलने के लिए माहौल नहीं होता और फिर कुछ ही वर्षों के संघर्ष के बाद वे इस भाषा को बोलना सीख लेते हैं। तो यदि किसी भाषा को बोलना सीखना हो तो आपको उसके लिए माहौल तैयार करना होगा, एक ऐसा माहौल बनाना होगा, जहाँ उस भाषा को बोलना अनिवार्य हो। यही कारण है कि अगर कोई नई भाषा बोलनी सीखनी हो तो अकेले बोलने की बजाय, समूह में सीखना आसान होता है।

आध्यात्मिकता

कुछ लोग कहते हैं कि हम एक आध्यात्मिक युग में प्रवेश करने जा रहे हैं, और सब कुछ बदल जाएगा। इस संसार को देखते हुए तो ऐसा नहीं लगता कि यह संभव होगा? क्या इस धरती पर ऐसे भारी बदलाव होने संभव हैं?

महात्रया रा

स्पष्ट करते हैं...

वर्तमान में हम सभी एक आदर्श परिवर्तन के साक्षी रहे हैं, क्या ऐसा नहीं है? 2004 में, एक सोशल नेटवर्क साइट के रूप में फ़ेसबुक का शुभारंभ हुआ। केवल छह ही वर्षों में फ़ेसबुक के पास 500 मिलियन से अधिक एक्टिव यूज़र्स आ गए हैं, जो कि संसार के हर चौदहवें व्यक्ति के लिए एक व्यक्ति के अनुपात में है। अगर फ़ेसबुक कोई देश होता, तो जनसंख्या के लिहाज़ से, यह चीन व भारत के बाद, संसार का तीसरा बहुत जनसंख्या वाला देश कहलाता।

विदेशी शासन में तीन सदियाँ बिताने के बाद, एक ही दशक में केवल एक महात्मा गाँधी की मदद से जैसे सब कुछ बदल गया। सदियों तक वे गुलाम बने हुए थे, और कुछ ही दशकों में नेल्सन मंडेला ने सब कुछ बदल दिया। वाई पीढ़ी के लोग, एक्स पीढ़ी की तुलना में, योग, ध्यान व ईश्वर को अधिक संख्या में अपना रहे हैं, यही इस दिशा में एक नई प्रवृत्ति का साक्षी है।

जब एक निश्चित रूप से बड़ी संख्या सजगता प्राप्त कर लेती है, तो यह नई सजगता, एक से दूसरे मन तक संप्रेषित होती है। विचारों के स्तर पर मनोरंजन घटता है। जब केवल सीमित लोग ही किसी चीज़ के विषय में जानते हैं, तो हो सकता है कि यह उन लोगों की ही एक सजग उपस्थिति बन कर रह जाए। परंतु एक बिंदु है, जिसके आगे, यदि एक भी व्यक्ति इस नई सजगता में शामिल होता है, तो एक ब्रह्माण्डीय क्षेत्र सशक्त होता है, ताकि इस सजगता

या चेतना का लाभ सबको दिया जा सके। उस समय मानवता चेतना के क्षेत्र में एक प्रभावशाली और सामूहिक परिवर्तन से गुज़रेगी। ऐसा तब होगा, जब बहुत से लोग एक परिवर्तन के लिए प्रस्तुत होंगे, जब आध्यात्मिक रूप से उन्नत कुछ व्यक्तियों की एक निश्चित संख्या सामने आएगी।

मात्रात्मक परिवर्तन से गुणात्मक रूपांतरण होना संभव है। भले ही वे विचार हों या उत्पाद, संदेश हों या व्यवहार... यह एक वायरस की तरह प्रसारित होता है... मानो कोई आध्यात्मिक महामारी फैल गई हो।

क्रिटिकल मास का बिंदु वह जादुई क्षण है, जब यह सब किसी दावानल की तरह फैलने लगता है सब कुछ मानो एक ही झटके में बदल जाता है।

जब एक निश्चित रूप से बड़ी संख्या सजगता प्राप्त कर लेती है, तो यह नई सजगता, एक से दूसरे मन तक संप्रेषित होती है। विचारों के स्तर पर मनोरंजन घटता है। जब केवल सीमित लोग ही किसी चीज के विषय में जानते हैं, तो हो सकता है कि यह उन लोगों की ही एक सजग उपस्थिति बन कर रह जाए।

यदि वह वास्तव में हमसे प्रेम करता है, तो हमारे जीवन में इतनी कठिन परीक्षा की घड़ियाँ क्यों?

महात्रया रा

स्पष्ट करते हैं...

क्या संसार के किसी एक हिस्से में आए भारी भूकंप के कारण दूसरे हिस्से में सुनामी नहीं आ जाती? विनाश के स्रोत से उतनी हानि नहीं होती, जितने दूसरे स्थान पर लोग मारे जाते हैं।

यह सारा संसार एक आर्थिक वैश्विक ग्राम में बदल गया है, हालाँकि इस आर्थिक कंप का केंद्र, 'अवसरों की धरती' पर था, परंतु बाक़ी पूरा विश्व भी उनके आर्थिक तंत्रों की असफलता के झटके महसूस कर रहा था।

ईश्वर की लीला सदैव ऐसी नहीं होती कि उससे मनुष्य को हँसी ही आए। कई बार वह उसे रुला भी सकती है। परंतु फिर यह पूछने की भी कोई तुक नहीं है कि टेनिस के स्कोर पहले 15, 30 और फिर 40 क्यों हो जाते हैं? बेशक यह पूछने में कोई तुक नहीं है क्योंकि इसके नियम ही ऐसे हैं और यह खेल ऐसे ही खेला जाता है। अब इस 'लव ऑल' के पीछे क्या तर्क दे सकते हैं? 'लव 40' क्यों? इसे पूछने की कोई तुक नहीं - खेल के नियम ही ऐसे हैं और इसे ऐसे ही खेलना होगा। इस खेल के दीवानों को इन नियमों में कोई मूर्खता नहीं दिखती, पर अगर आपने इन पर सवालिया निशान लगाया तो वे निश्चित रूप से आपको मूर्ख बोल सकते हैं।

अगर मनुष्य के बनाए खेलों के साथ ऐसा होता है, तो फिर उसके खेलों की तो बात ही निराली है। वह अपनी लीला खेलते हुए प्रायः कठोर हास्यबोध के साथ भी सामने आता है, अपनी लीला के माध्यम से मनुष्य की परख करता

है, उसे बार-बार चुनौती देता प्रतीत होता है। इस खेल पर सवाल उठाना व्यर्थ है। इसकी बजाय, खेल के नियम सीखें, खेल का कौशल जान कर उस्ताद बनें, इसे अच्छी तरह खेलें और खेल जीत कर दिखाएँ।

उसके खेल में केवल एक नियम ऐसा है, जो मनुष्य के बचाव के लिए आगे आता है - अंत हमेशा सुंदर होता है और वह मनुष्य के अधिकार में ही होता है। आरंभ से ही जानें कि अंत सुंदर ही होने वाला है। कोई भी माता-पिता अपनी संतान को ऐसी कहानी पढ़ने को नहीं देना चाहेंगे, जिसका अंत सुखद न हो। इसी ज्ञान से शक्ति बटोरें और पूरे साहस के साथ खेलें। पूरी शक्ति के साथ खेलें।

फिर यह पूछने की भी कोई तुक नहीं है कि टेनिस के स्कोर पहले 15, 30 और फिर 40 क्यों हो जाते हैं? बेशक यह पूछने में कोई तुक नहीं है क्योंकि इसके नियम ही ऐसे हैं और यह खेल ऐसे ही खेला जाता है। अब इस 'लव ऑल' के पीछे क्या तर्क दे सकते हैं?

'लव 40' क्यों? इसे पूछने की कोई तुक नहीं - खेल के नियम ही ऐसे हैं और इसे ऐसे ही खेलना होगा।

जब मैं सकारात्मक व नकारात्मक अनुभवों के बीच झूल रहा होऊँ तो मैं समत्व कैसे पा सकता हूँ?

महात्रया रा
स्पष्ट करते हैं...

हम जीवन में जितनी भी घटनाओं का सामना करते हैं, वे हमें अनंत शिक्षण संभावनाएँ उपलब्ध करवाती हैं और यह हम पर निर्भर करता है कि हम इसके भीतर से इसकी अंतर्जात प्रज्ञा को कैसे खोज सकते हैं। यदि हम इन घटनाओं से सीखें तो ये अनुभव बनते हैं और हमारी परिपक्वता का विस्तार होता है; अन्यथा यह घटना निरर्थक हो कर गुज़र जाती है।

अनुभव वह नहीं होता, जो आपके साथ घटता है; आपके साथ जो होता है, उसके साथ आप क्या करते हैं, अनुभव वहाँ से उत्पन्न होता है। यहाँ तक कि मामूली घटनाओं को भी जब कुछ सीखने के अवसरों में बदला जाता है, तो इससे अनुभव पैदा हो सकते हैं और ये आपके जीवन के लिए बहुत महत्त्वपूर्ण हो सकते हैं। आपके साथ जो होता है, वह जीवन है और बाक़ी सब तो वही है कि आप उसके लिए अपनी प्रतिक्रिया कैसे देते हैं।

हमारी परिपक्वता का स्तर, हमारे जीवन में आने वाली नई घटनाओं से एक क़दम पीछे होता है। यदि हम उनसे सीख लेते हैं, तो हम उनके माध्यम से परिपक्व होते हैं, और जीवन की अगली परियोजना की ओर बढ़ जाते हैं। अगर हम केवल उनके साथ गुज़रते हुए तनाव, दबाव, भय और व्याकुलता को ही अपनाए रखें तो हम उनसे कोई सबक़ नहीं ले पाते और तब तक वैसी ही घटनाएँ घटती रहती हैं, जब तक हम उससे मिलने वाले सबक़ों को नहीं सीख पाते। हमारे जीवन में आने वाली किसी भी घटना का उद्‌देश्य केवल एक ही

होता है कि वह जीवन में उच्चतम स्तर पाने के लिए परिपक्वता प्रदान कर सके।

जीवन सदा पहले परीक्षा लेता है और उससे सबक़ बाद में मिलता है। जब लोग, चिंता, तनाव, भय तथा व्याकुलता की अवस्था में दिन, महीने, साल और कुछ मामलों में पूरा-पूरा जीवन बिता देते हैं और बार-बार उन्हीं घटनाओं व कारणों का सामना करते हैं; तो यह बात पूरी तरह से सामने आती है कि जीवन औसत से कम दर्जे के छात्र को कोई सबक़ सिखाने की भरसक चेष्टा कर रहा है और उसने बार-बार अपने सामने आने वाली उन घटनाओं से कोई सबक़ लेने की बजाय कुछ भी सीखने से इंकार कर दिया है। विकास को पकड़ा नहीं जाता, इसे सिखाया नहीं जा सकता। जीवन की पाठशाला इन्हीं अनुभवों को अपना गुरु मानते हुए, हमें परिपक्व होने में मदद करती है, पर अगर हम इस विकास को अपनाने से इंकार कर देते हैं, तो हम अपने जीवन को असहाय अवस्था में डाल देते हैं।

एक व्यक्ति ईश्वर से मिला और पूछा, "जन्म लेने से क्या तात्पर्य है?" प्रभु ने कहा, "अनुभव लो और तुम जान जाओगे।" उसने फिर से पूछा, "एक बालक के रूप में विकास से क्या तात्पर्य होता है?" प्रभु ने कहा, "अनुभव लो और तुम जान जाओगे।" फिर उसने पूछा, "एक किशोर के रूप में विकास से क्या तात्पर्य होता है?" प्रभु ने कहा, "अनुभव लो और तुम जान जाओगे।" फिर उसने पूछा, "काम करने और धन कमाने से क्या तात्पर्य है?" प्रभु ने कहा, "अनुभव लो और तुम जान जाओगे।" फिर उसने पूछा, "विवाह करने व संतान उत्पन्न करने से क्या तात्पर्य है?" प्रभु ने कहा, "अनुभव लो और तुम जान जाओगे।" फिर उसने पूछा, "वृद्ध होने और मरने से क्या तात्पर्य है?" प्रभु ने कहा, "अनुभव लो और तुम जान जाओगे।"

उस व्यक्ति ने थोड़ा खीझ कर कहा, "अगर मुझे हर चीज़ को अपने अनुभव से ही सीखना है तो हे प्रभु! आप किसलिए हैं?"

प्रभु ने बड़ी ही करुणा के साथ उत्तर दिया, "मेरे बच्चे! अनुभव मेरा ही तो दूसरा नाम है।"

मैं प्रतिदिन अपने ईश्वर से प्रार्थना करता हूँ। यही 'जीवन में प्रार्थना' है। मैंने सुना है कि आप कहते हैं, 'जीवन एक प्रार्थना है।' मैं 'जीवन में प्रार्थना' से, 'जीवन एक प्रार्थना' तक कैसे जा सकता हूँ?

महात्रया रा
स्पष्ट करते हैं...

किसी विशेष कार्य के लिए अपने संसाधनों को एक निश्चित दिशा में प्रेरित करना ही कार्य कहलाता है। अँगुलियों को एक निश्चित मुद्रा में लाते हुए क़लम पकड़ना और हाथ को एक निश्चित दिशा में हिलाते हुए क़लम का प्रयोग करना लिखना कहलाता है। अपने मस्तिष्क को किसी एक दिशा में निर्देशित करना चिंतन कहलाता है। जीभ को एक निश्चित तरीक़े से चलाना बोलना कहलाता है। देह, मन तथा भावों का एक निश्चित संयोजन ही क्रिया कहलाता है। एक निश्चित उद्देश्य की पूर्ति के लिए क्रिया का संयोजन ही कार्य कहलाता है।

तो किसी कार्यकारी उद्देश्य के लिए, संसाधनों का एक निश्चित क्रम में प्रभावी प्रबंधन ही कार्य कहलाता है।

जहाँ जीवन के सभी संसाधन हमारे लिए ईश्वर के वरदान की तरह हैं, इन सभी संसाधनों से हम जो कार्य करते हैं, वह हमारी रचना है। सच है, हम अपनी प्रार्थना के शब्दों के साथ जो फल और फूल अर्पित करते हैं, वे सब उसके ही तो हैं। यहाँ तक कि मैं स्वयं भी तो उसका ही हूँ। परंतु इन सभी संसाधनों से हम जो कार्य करते हैं, वह हमारी रचना है।

हमारी प्रार्थना होनी चाहिए, "हे प्रभु! निस्संदेह मैं जो भी कार्य करता हूँ, वह मेरा सृजन है, और निस्संदेह आपके ही संसाधनों से है... परंतु यह मेरा

सृजन है। अब से, मैं शब्दों से आपकी प्रार्थना नहीं करूँगा, न ही कोई अनुष्ठान करूँगा। मैं आपको पत्र या पुष्प अर्पित नहीं करूँगा। हालाँकि, अब से मेरे द्वारा किया गया हर कार्य, मेरी ओर से आपके लिए अर्पित होगा। प्रभु, मैं सदा आपको सब कुछ बेहतर ही अर्पित करता आया हूँ इसलिए मेरे द्वारा किया गया कार्य भी बेहतरीन ही होगा। कहते हैं कि हमारे जीवन में जो भी है, वह आपके द्वारा दिया गया उपहार ही है। मेरे प्रभु, यह सच है, परंतु मैं आपसे यह भी कहता हूँ - मैं अपने जीवन में जो भी करूँगा, वह मेरी ओर से आपके लिए उपहार होगा, मेरा चढ़ावा, मेरी ओर से आपके प्रति आभार प्रदर्शन!"

शिष्य ने गुरु से पूछा, "अब चूँकि आप प्रबुद्ध हो गए हैं, अब आप जीवन में क्या करते हैं?"

गुरु ने उत्तर दिया, "मैं कुएँ से पानी खींचता हूँ और लकड़ी काटता हूँ।" शिष्य ने पुनः पूछा, "जब आप प्रबुद्ध नहीं थे, तब आप क्या करते थे?" गुरु ने उत्तर दिया, "तब भी मैं कुएँ से पानी खींचता था और लकड़ी काटता था।" शिष्य चकरा गया और बोला, "ऐसा लगता है कि प्रबोध पाने के बाद और पहले, आपके जीवन में कोई बदलाव नहीं आया।" गुरु ने मुस्करा कर कहा, "भले ही मेरे कामों में कोई अंतर नहीं आया परंतु मैं जिस गुणवत्ता के साथ अपने काम कर रहा हूँ, उनमें पूरी तरह से बदलाव आ गया है।"

कुछ लोग जीवन में ध्यान करते हैं। कुछ लोगों के लिए जीवन ही ध्यान होता है। कुछ लोग जीवन में प्रार्थना करते हैं। हमें ऐसा जीवन जीना चाहिए कि हमारा जीवन ही उसके लिए एक प्रार्थना बन जाए।

अब से मेरे द्वारा किया गया हर कार्य, मेरी ओर से आपके लिए अर्पित होगा।

ईश्वर के साथ गहरा संबंध स्थापित करना कैसा लगता है? हमारे जीवन का क्या होता है? हमारा क्या होता है?

महात्रया रा

स्पष्ट करते हैं...

एक दिन नेता जी और उनके अनुयायियों का दल मेरे कार्यालय में आ गया। वे चुनाव के लिए चंदा चाहते थे। मैंने उन्हें विनम्र भाव से समझाया कि हम प्रत्यक्ष भाव से संसार की सेवा के लिए कार्य करते हैं, और हमारा पैसा केवल उन्हीं कामों में लगता है, हम उसे राजनीतिक कार्यों के लिए नहीं दे सकते। कुछ अनुयायियों ने बहुत ही अवमानना के साथ अपनी प्रतिक्रिया दी।

मैंने नेता जी की आँखों में आँखें डालीं, जो अपने दल का नेतृत्व कर रहा था, और उससे पूछा, "अगर मैं आपको बता दूँ कि राज्य के मुख्यमंत्री मेरे परिचित हैं, क्या तब भी आप मुझसे ऐसे ही पेश आएँगे?"

वह हल्का सा चौंका और सुर थोड़ा काँप गया, उसने कहा, "क्या आप मुख्यमंत्री जी को जानते हैं?" मैंने उन्हें उत्तर दिया, "अगर राज्य के मुख्यमंत्री को जानने से मुझे इतना शक्तिशाली माना जा रहा है तो मुझे तब कितना शक्तिशाली अनुभव करना चाहिए, जब मुझे पता हो कि मैं ईश्वर को भी निजी रूप से जानता हूँ।"

आप किसी ऐसे व्यक्ति को अपने वश में नहीं कर सकते, जो भय को नहीं जानता। उन्होंने मेरी आँखों में छिपी निर्भीकता को देखा और वहाँ से चुपचाप खिसक गए। जब आप ईश्वर से गहराई तक संपर्क रखते हैं, तो ऐसा ही महसूस होता है। आपको लगता है कि जब ईश्वर मेरे साथ है तो मेरे विरुद्ध कौन हो सकता है? आपको लगने लगता है कि ईश्वर आपकी ढाल है।

मेरी माँ को सैरीब्रल हैमरेज के बाद दिल का दौरा पड़ा। 60 वर्ष की आयु में बड़ी सर्जरी के बाद, सी सी यू व आई सी यू में तीन सप्ताह बिताने के बाद उनकी दशा दयनीय थी। उन्हीं दिनों मेरे आध्यात्मिक प्रवचन होने थे और विश्व के अलग-अलग हिस्सों से सौ से अधिक लोग आ चुके थे।

इस रिट्रीट के दौरान, सबको बाहरी दुनिया से कट कर रहना होता है, और किसी भी दशा में बाहरी दुनिया के साथ या इसकी ओर से किसी भी प्रकार के संप्रेषण की अनुमति नहीं होती।

कृष्ण अर्जुन से कहते हैं, "अपने कर्तव्यों तथा उत्तरदायित्वों की पूर्ति करते समय, किसी भी प्रकार के निजी भावों को बीच में मत लाओ।"

मेरी दुविधा भी यही थी। माँ का बेटा बन कर उनके पास ही रहूँ या उन सैकड़ों लोगों का गुरु बन कर, रिट्रीट में जाऊँ? मेरे लिए तो दोनों ही निजी भाव थे और दोनों ही मेरे दायित्व थे। मुझे मन ही मन पूरा विश्वास था कि यदि मैं रिट्रीट में जा कर अनेक व्यक्तियों को आध्यात्मिक साधनाओं के माध्यम से ईश्वर के निकट जाने का मार्ग सिखाऊँगा, तो वे माँ के पास मेरा प्रतिनिधित्व करेंगे और उनकी देखरेख करेंगे। मैं उसी समय अपने शिष्यों के पास चला गया।

विश्वास हमेशा चमत्कार उत्पन्न करता है। जिस दिन, मेरी वापसी हुई, उसी दिन माँ अस्पताल से चंगी हो कर घर लौटीं। मैंने व्यक्तिगत रूप से जाना है कि मैं ईश्वर के कार्य में जितना अधिक हाथ डालता जाता हूँ, ईश्वर भी मेरे कामों में सहाय बन कर आगे आते-जाते हैं। जब भी आप ईश्वर से गहरा संपर्क स्थापित कर लेंगे तो आपको भी यही अनुभव होगा। आपको ऐसा लगेगा कि ईश्वर आपके दल में, आपकी ओर से खेल रहे हैं।

अग्नि की निकटता आपको उष्णता प्रदान करती है। ताज़ी हवा में जाने से आप तरोताज़ा हो उठते हैं। बहते पानी में रहने से आप स्वच्छ अनुभव करते हैं। लंबे समय तक गुलाब के बाग में रहने से आप सुगंध से भर उठते हैं। आप जिसके भी संपर्क में रहते हैं, आपके भीतर उसके ही गुण आ जाते हैं।

ठीक इसी प्रकार, जब आप ईश्वर के गहन संपर्क में होते हैं, तो आप स्वयं को पवित्र पाते हैं। आप अपने विचार, भावनाओं तथा चेतना में स्वयं को शुद्ध पाते हैं। पानी की बूँदें सागर में गिरती हैं और सागर बन जाती हैं। आप डूबते हैं और डूब कर उतरते हैं। आप जब ओझल होते हैं तो प्रभु प्रकट होते हैं।

कुल मिला कर, प्रभु के साथ गहन आत्मीय व निकट संपर्क स्थापित

करने पर, एक के बाद एक अनुभव..., आप और भी गहन और उच्च अनुभव करते-करते... जीवन के आयामों से पार हो जाते हैं।

अग्नि की निकटता आपको उष्णता प्रदान करती है। ताज़ी हवा में जाने से आप तरोताज़ा हो उठते हैं। बहते पानी में रहने से आप स्वच्छ अनुभव करते हैं। लंबे समय तक गुलाब के बाग में रहने से आप सुगंध से भर उठते हैं। आप जिसके भी संपर्क में रहते हैं, आपके भीतर उसके ही गुण आ जाते हैं।

मैंने व्यक्तिगत रूप से जाना है कि मैं ईश्वर के कार्य में जितना अधिक हाथ डालता जाता हूँ, ईश्वर भी मेरे कामों में सहाय बन कर आगे आते जाते हैं।

महात्रया रा

एक मनुष्य का जीवन कैसे संपूर्ण हो सकता है?

महात्रया रा

स्पष्ट करते हैं...

जिस प्रकार बाहरी दुनिया के साथ आपका संप्रेषण मायने रखता है, उसी प्रकार आपका अपने साथ किया गया संप्रेषण भी उतना ही महत्त्वपूर्ण होता है। अपने साथ किए गए संप्रेषण की गुणवत्ता के फलस्वरूप ही हम, हमारा चेतन मन, अवचेतन मन को किसी बात पर विश्वास करने के लिए प्रशिक्षित करता है। यह प्रार्थना भी तो आपके चेतन मन का आपके अवचेतन मन के साथ संवाद ही तो है, जिस तरह आप प्रभु के साथ संवाद करते हैं। यदि आपको आत्म-परामर्श देना आता है तो आप इस तंत्र से बहुत लाभ पा सकते हैं। बस, आपको अन्य सभी विचारों को परे करते हुए केवल एक विचार को अपने मस्तिष्क में स्थान देना और और उसे निरंतर दोहराना होगा; इसे शांत व सहज अवस्था में, सकारात्मक रूप से बल देना होगा, मानसिक चित्रण करना होगा कि यह आपके जीवन में घटित हो रहा है। इसकी प्रगति के दौरान इसे भावात्मक रूप से प्रेरित करें और अपने साथ वर्तमान काल में संवाद स्थापित करें।

एक ऐसा आत्म-संप्रेषण है जो आपके संपूर्ण जीवन में बदलाव ला सकता है, वह है : 'दिन-प्रतिदिन हर प्रकार से मैं अधिकतम से अधिक, स्वस्थ, धनी, स्नेही, आनंदमय तथा प्रबुद्ध बनता जा रहा हूँ।'

दिन प्रति दिन : विकास दिन प्रतिदिन होने वाला मामला है, इसे आप कहीं से 'एक ही झटके' में नहीं पा सकते। हर आज को पिछले दिन से सुंदर होना चाहिए और हर आने वाले कल को, वर्तमान से बेहतर बनाया जाना चाहिए।

हर प्रकार से : विकास बहु-आयामी होना चाहिए। यदि आप किसी एक भूमिका में असफल हैं तो उसकी भरपाई, दूसरी भूमिका की कामयाबी से नहीं की जा सकती। केवल एक ही भूमिका में कामयाबी पर्याप्त नहीं है। आपका ध्यान संपूर्ण रूप से सफलता प्राप्त करने पर होना चाहिए।

मैं बन रहा हूँ : आपको संज्ञा की बज़ारू क्रिया के साथ जीना है। 'मैं तुमसे प्रेम करता हूँ', यह कहने के स्थान पर कहें, 'मैं तुमसे प्रेम कर रहा हूँ।' 'मुझे विकास पंसद है' के स्थान पर कहें, 'मैं विकास कर रहा हूँ।' 'मैंने सीखा है' के स्थान पर कहें, 'मैं सदैव सीख रहा हूँ।' 'मैं पहुँच गया', के स्थान पर कहें, 'मैं पहुँच रहा हूँ।' यह जीवन प्रवाहित हो रहा है और इसके साथ ही हम प्रवाहित हो रहे हैं... जीना तो वर्तमान काल में ही होना चाहिए। इसलिए, 'मैं... हो रहा हूँ।'

अधिकतम से अधिक : संतुष्टि का अर्थ यह नहीं कि आप किसी कमतर चीज़ के लिए समझौता कर लेंगे। संतोष का अर्थ है कि मेरे पास जो भी है, मैं बिना किसी शिकायत या उलाहने के, उसी का पूरा आनंद लेता हूँ। यह अस्तित्व अभाव नहीं प्रचुरता के लिए रचा गया है। जब आप प्रचुरता के प्रति सजग हो जाते हैं तो हर रूप में प्रचुरता को अपने लिए आकर्षित करते हैं। जीवन को लाइफ़ नहीं 'मोर' कहें यानी अधिकतम से भी अधिक! आप अधिकतम से भी अधिक पाने के अधिकारी हैं।

स्वस्थ, संपन्न, स्नेही, आनंदमय व आध्यात्मिक : हमें जो कुछ भी प्राप्त करना है, उसे हम देह नामक साधन के बल पर ही प्राप्त कर सकते हैं - तो स्वस्थ रहें; यदि किसी अच्छे मनुष्य के हाथों में आर्थिक प्रचुरता होगी तो वह एक बेहतर जगत का निर्माण करेगा - संपन्न बनें; प्यार पाना और देना ही हमारी भावात्मक माँग है - स्नेही बनें; दिव्यता एक प्रसन्न आत्मा के द्वार पर प्रतीक्षा करती है, और जो प्रसन्न नहीं, वह ईश्वर नहीं हो सकता - इसलिए आनंदमय बने रहें; और केवल मनुष्य ही अपने भीतर छिपी दिव्यता से साक्षात्कार कर सकता है इसलिए आध्यात्मिक बनें। जब मनुष्य जीवन की इन पाँच माँगों को पूरा कर लेता है, उसे तभी संपूर्ण कहा जा सकता है।

मुझे मेरे दादा जी ने कहा था मुझे माता, पिता, गुरु और देवम् को प्रणाम करते हुए अपने दिन का आरंभ व अंत करना चाहिए। यह क्या है?

महात्रया रा

स्पष्ट करते हैं...

भले ही मनुष्य के बनाए तंत्र हों या प्रकृति के नियम, आपको उनके निश्चित स्तरों को उचित सम्मान देना ही होता है। यही नियम है। यही कानून है। आप इन पदों की उपेक्षा अपने ही जोखिम पर करेंगे और आप अपने ही लाभ के लिए इनका सम्मान करेंगे।

प्रकृति का संविधान ऐसा है कि जब भी आप इसके साथ एक सीध में चलते हैं, तो लाभ पाते हैं परंतु इसके ख़िलाफ़ जाने पर एक क़ीमत अदा करनी होती है। यह प्रकृति का नियम है कि माता, पिता, गुरु और देव को जीवन में ये सम्मानित पद दिए गए हैं। भले ही आपका उनके साथ संबंध कैसा भी क्यों न हो, आपका उनके प्रति संबंध उचित ही होना चाहिए। इससे कोई अंतर नहीं पड़ता कि आप उनके लिए क्या महत्त्व रखते हैं लेकिन वे आपके लिए क्या महत्त्व रखते हैं, यह बात कहीं अधिक मायने रखती है। इस प्रकार, वे भले ही आपके बारे में जो भी सोचें, आपको उनके बारे में अपने विचारों को शुद्ध रखना चाहिए।

कुछ दुर्लभ मामलों में, भले ही आपको अपनी माँ आदर्श माँ न लगे या आपको लगे कि आपके पिता आपके लिए कष्ट का कारण रहे हैं, हो सकता है कि आपका पालन-पोषण एक आदर्श विवाह के बीच न हुआ हो, हो सकता है कि आपको किसी सिंगल पेरेंट ने पाला हो... परंतु फिर भी अपने द्वारा सहे गए कष्टों के लिए उन्हें क्षमा कर दें और उनके प्रति अपने मन में दुर्भावना न आने दें। क्षमाशीलता का अर्थ केवल यही नहीं होता कि आपको दूसरों को क्षमा

करना है, आपको स्वयं को भी उन विचारों से मुक्ति दिलवानी होगी, जो आपको व्यथित करते हों। यह सत्य है कि ज्यों ही आप इन लोगों के विषय में अपनी भावनाओं को शुद्ध करेंगे तो माता, पिता, गुरु देव के प्रति परिवर्तित भावनाएँ ही आपके जीवन में एक बड़े परिवर्तन का कारण बन जाएँगी। यह एक नियम है। यह एक सत्य है।

परंतु माता, पिता, देव व गुरु के लिए यह आदरणीय पद क्यों? ये चारों आपके जीवन के सर्जक हैं। उस निराकार उपस्थिति देवम् के बिना तो कोई भी अस्तित्व नहीं रखता। आप उस निराकार उपस्थिति के प्रति अपने अस्तित्व के लिए ऋणी हैं। आप अपने रूप के लिए अपने माता-पिता के लिए आभारी हैं। आपका यह रूप उनसे ही तो है। आप अपने पिता के वीर्य तथा माता के रक्त से बने हैं। आपके आकार तथा आकारहीन उपस्थिति के बीच गुरु सेतु हैं। आप अपने मानसिक, बौद्धिक, भावात्मक तथा आध्यात्मिक विकास के लिए अपने गुरु के ऋणी हैं। उनके लिए क्या संभव नहीं हो जाता जो अपने गुरु के प्रति स्पंदन तथा ऊर्जा रखते हैं।

ईश्वर कौन है? वह जो अद्वितीय है, वही ईश्वर है।

आप अपने जीवन में अन्य स्त्रियों को माता के समान मान सकते हैं परंतु आपकी जन्मदात्री माता केवल एक ही है, उसने अपने गर्भ में आपका पोषण किया है। उसका स्थान कोई नहीं ले सकता। माता अद्वितीय है। आपके जीवन में अनेक धर्मपिता हो सकते हैं परंतु पिता केवल एक है, वीर्य का स्रोत, जहाँ से यह सब आरंभ हुआ। उसका स्थान कोई नहीं ले सकता। पिता अद्वितीय है।

अध्यापक असंख्य हो सकते हैं परंतु गुरु केवल एक है। गुरु आध्यात्मिक रूप से चलने वाले जीवन का प्रकाश स्तंभ हैं। गुरु हमें मुक्त करते हैं। यह गहन स्नेह, आदर, समर्पण तथा आस्था का संबंध है। उनके माध्यम से ही व्यक्ति सबसे पहले दिव्यता का स्पर्श पाता है। एक गुरु वह व्यक्ति है जिसमें अवर्णनीय चुंबकत्व का गुण पाया जाता है। उसकी ओर से एक निरंतर खिंचाव महसूस होता है। यह एक अदमनीय निमंत्रण होता है। गुरु के भीतर वास्तव में कोई चुंबकीय तत्व होता है। गुरु एक ऐसी उपस्थिति है जो आपके अस्तित्व के सारे गुण-धर्म को बदलने की क्षमता रखते हैं। गुरु को जितना निकट पाएँगे, स्वयं को अपने और ईश्वर के उतना ही निकट पाएँगे। आप स्वयं को जितना गुरु की ओर आकर्षित पाएँगे, उतने ही स्वतंत्र होते जाएँगे। गुरु के प्रति जितना समर्पित होंगे, स्वयं को उतना ही स्वतंत्र पाएँगे। आप गुरु के साथ कोई संबंध नहीं रखते, उनके साथ एक संपर्क साधते हैं। यह भौतिक लोक से कहीं परे है। यह पूरी तरह से आध्यात्मिक है। *उपनिषदों* ने सद्‌गुरु के पाँच लक्षणों का वर्णन किया है।

वे कहते हैं कि सद्गुरु की उपस्थिति में ज्ञान का विस्तार होने लगता है, दुःख ओझल हो जाता है, अकारण आनंद उमड़ पड़ता है, प्रचुरता का उदय होता है और सारी प्रतिभाएँ स्वयं ही प्रकट हो जाती हैं। यदि आपने अपने जीवन में ऐसी कोई उपस्थिति पा ली है, तो इससे बेहतर वरदान तो कोई हो ही नहीं सकता।

गुरु अद्वितीय होते हैं। भले ही आप इस बात में विश्वास करें कि आप 'उस एक प्रभु में सबको देखते हैं' या यह विश्वास करें - 'उस एक प्रभु को ही सबमें देखते हैं', सभी विश्वास व संप्रदायों ने कहा है कि ईश्वर एक है। 'सबमें एक' या 'एक में सब', ईश्वर सदा अद्वितीय है।

यद्यपि इन चारों में से तीन मूर्तिमान हैं किंतु फिर भी वे दैवीय स्तर रखते हैं, यह पदवी उन्हें इसलिए नहीं दी गई कि वे क्या हैं, दरअसल इसलिए दी गई है कि वे किसका प्रतिनिधित्व करते हैं। वह अद्वितीय आसन दैवीयता का प्रतिनिधित्व करता है। दरअसल, अगर आप तीनों रूपों में दिव्यता का अनुभव नहीं कर सकते - माता, पिता तथा गुरु, तो आप उस निराकार रूप के लिए में भी दिव्यता को अनुभव नहीं कर सकेंगे।

माता, पिता, गुरु तथा देव वंदना के साथ अपने दिन का आरंभ व अंत करें। उन चारों सर्जकों के प्रति अपना आभार प्रकट करें और यह भी एक सत्य है कि आप अपने जीवन में एक नवीन परिवर्तन का अनुभव कर सकेंगे।

यह सत्य है कि ज्यों ही आप इन लोगों के विषय में अपनी भावनाओं को शुद्ध करेंगे तो माता, पिता, गुरुदेव के प्रति परिवर्तित भावनाएँ ही आपके जीवन में एक बड़े परिवर्तन का कारण बन जाएँगी। यह एक नियम है। यह एक सत्य है।

महात्रया रा

क्या मुझे अपने 'जीवन का नेतृत्व करना' चाहिए या अपने 'जीवन का नेतृत्व होने देना' चाहिए?

महात्रया रा
स्पष्ट करते हैं...

यह जीवन एक शतरंज की तरह है। आप इसे ईश्वर या अस्तित्व नामक खिलाड़ी के साथ खेलते हैं। इस खेल को देखने का एक तरीक़ा तो यह हो सकता है कि आपके द्वारा एक बाज़ी चलने के बाद ईश्वर दूसरी बाज़ी चलता है। परंतु आप इसे दूसरे तरीक़े से भी देख सकते हैं। ईश्वर की हर बाज़ी के बाद, आप उसे पलट भी सकते हैं। ईश्वर की बाज़ी ने मिल्टन को नेत्रहीन कर दिया; परंतु मिल्टन ने एक नायाब शाहकार, *पैराडाइज़ लॉस्ट* लिख कर बाज़ी पलट दी। ईश्वर ने अपनी बाज़ी चली और बीथोवन बहरे हो गए, पर उन्होंने ईश्वर की बाज़ी पलटते हुए, दुनिया की कुछ बेहतरीन सिंफ़नी तैयार कीं।

हेलन केलर, अल्बर्ट आइंस्टाइन तथा हर खेल व्यक्तित्व, जिसे इनफ़िनीथॉटस के स्तंभ 'खेल के माध्यम से चरित्र' में दिखाया जाता है, वे उन व्यक्तियों के जीते-जागते प्रमाण हैं, जिन्होंने ईश्वर की चली हुई बाज़ी पलट दी। प्रत्येक चुनाव के लिए एक परिणाम होता है। यह सत्य है! परंतु यह भी याद रखें, हर परिणाम के लिए एक विपरीत चुनाव भी होता है। चुनाव करने वाले बनें और जीवन में आगे बढ़ जाएँ।

जीवन प्रत्येक क्षण में असंख्य चुनाव उत्पन्न कर रहा है। मैं जो भी चुनाव करता हूँ, उसके साथ ही परिणाम को भी न्यौतता हूँ। वैसे मैं अपने चुनावों को वश रख सकता हूँ परंतु मेरे पास परिणामों से जुड़ी अपेक्षाओं के सिवा कुछ नहीं होता।

जहाँ मेरे पास एक के बाद एक चुनाव होते हैं, परंतु मैं परिणाम के बारे में कोई चुनाव नहीं रखता। जहाँ चुनाव मेरी बुद्धिमत्ता की उपज हैं, वहीं परिणाम अस्तित्ववादी बुद्धिमत्ता के फ़ीडबैक हैं - ज्ञात, अज्ञात तथा ज्ञेय अनंत बलों का संचय! मेरी सूक्ष्मदर्शी बुद्धिमत्ता निजी आँकड़ों के आधार पर काम करती है, जबकि ब्रह्माण्डीय बुद्धिमत्ता सार्वभौमिक आँकड़ों पर काम करती है।

यह जीवन चुनाव-परिणाम-चुनाव के चक्र में काम करता है। मैं चुनाव पर काम करता हूँ (मैं अपने जीवन का प्रतिनिधित्व करता हूँ)। निस्संदेह चुनाव का परिणाम मेरे नियंत्रण में नहीं है (मेरा नेतृत्व किया जाता है।) परंतु फिर से, मैं इन चुनावों के लिए अपनी प्रतिक्रिया कैसे देता हूँ, यह भी मुझ पर ही निर्भर करता है, यह भी मेरा चुनाव है, जो मेरे नियंत्रण में है। मेरे चुनाव मेरे अपने प्रयत्न (एक्स धुरी) हैं। परिणाम मेरी नियति हैं (वाई धुरी)। मेरा भविष्य न तो पूरी तरह से परिणामों के वश में है और न ही मेरे चुनावों से स्वतंत्र है, परंतु यह एक्स और वाई के ग्राफ़ में, परिणामी विकर्ण है। यह जीवन अपने प्रयत्न बनाम नियति नहीं बल्कि अपने प्रयत्न जोड़ नियति है।

तो मैं चुनावों को चुनने के लिए अपनी बुद्धिमत्ता का प्रयोग करता हूँ। परिणामों को पूरी निष्ठा से स्वीकार करते हुए, उसी बुद्धिमत्ता को अस्तित्ववादी बुद्धिमत्ता के हाथों सौंप देता हूँ। फिर अपनी उसी बुद्धिमत्ता का प्रयोग करते हुए, यह निर्णय लेता हूँ कि मुझे चुनावों के लिए क्या प्रतिक्रिया देनी होगी। अगर मैं एक पीली दीवार पर नीला रंग कर दूँगा तो मुझे न तो नीला रंग मिलेगा और न ही पीला, मेरे सामने हरा रंग आ जाएगा। हालाँकि मैं अपने ही प्रयासों से बहुत देर तक नीला रंग करता रहूँ तो निश्चित रूप से दीवार का नीला रंग सामने आ जाएगा।

इस प्रकार, मैं जीवन से जो चाहता हूँ, वह अगर मुझे नहीं मिलता, जो कि कभी-कभी नहीं मिलता; अगर मेरे सारे प्रयासों के बावजूद वे परिणाम नहीं आते, जिन्हें मैं चाहता हूँ, जो कि कभी-कभी नहीं आते; यदि मेरे चुनावों के परिणाम मेरे अनुरूप नहीं आते, जो कि कभी-कभी वास्तव में नहीं आएँगे... तो मैं हिम्मत नहीं हारूँगा।

यदि मैं अपने परिणामों के साथ किसी मंशा को नहीं जोड़ता तो वह जीवन मुझे उन संभावनाओं के पास ले जाता है, जिनके बारे में मैंने कभी विचार तक नहीं किया था। इस तरह अस्तित्व मुझे बताना चाहता है कि उसके पास मेरे लिए कुछ अलग योजनाएँ हैं... वह योजना, उस योजना से कहीं बड़ी है, जो मैंने अपने लिए बनाई थी।

मैं चुनाव-परिणाम-चुनाव का ढाँचा रखते हुए, जीवन में प्रगति करता चला जाऊँगा। यह जीवन, 'मैं' जोड़ 'वह' परियोजना है, यह 'मैं' बनाम 'वह' नहीं है।

**जहाँ मेरे पास एक के बाद एक चुनाव होते हैं,
परंतु मैं परिणाम के बारे में कोई चुनाव नहीं
रखता। जहाँ चुनाव मेरी बुद्धिमत्ता की उपज हैं,
वहीं परिणाम अस्तित्ववादी
बुद्धिमत्ता के फ़ीडबैक हैं - ज्ञात,
अज्ञात तथा ज्ञेय अनंत बलों का संचय!**

मैं अपने परिणामों के साथ किसी मंशा को नहीं जोड़ता तो वह जीवन मुझे उन संभावनाओं के पास ले जाता है, जिनके बारे में मैंने कभी विचार तक नहीं किया था।

महात्रया रा

कुछ भी संपूर्ण अनुभव क्यों नहीं होता? जीवन का उद्देश्य क्या है?

महात्रया रा
स्पष्ट करते हैं...

जीवन को तभी बेहतर तरीक़े से जिया जा सकता है जब आप इसमें हर वस्तु के रहस्य को खोलने या जानने का प्रयास नहीं करते। आपने यह या वह के लिए जन्म नहीं लिया! आप यहाँ स्वर्ग में स्थान आरक्षित करने के लिए नहीं आए या आपको कोई पुरस्कार नहीं दिया जाना! आप यहाँ केवल उपयोगी होने के आनंद को पाने के लिए आए हैं, परंतु उपयोगी बने रहने के अनुपम आनंद के लिए - जो भी हो, अगर आप ऐसा चुनाव नहीं करते तो आपके पास यूज़लैस - यूज़्ड लैस बनने का ही विकल्प बचता है।

भले ही आप जीवन में वह सब क्यों न कर लें, जो आप करना चाहते हैं परंतु हर बार यह अपर्याप्त ही लगता रहेगा। तो क्या आपको लगता है कि विकल्प यही है कि आप जीवन में कुछ करें ही नहीं? फिर भी आपको अपने जीवन में शांति नहीं मिलेगी क्योंकि जीवन का इस बात से कोई संबंध नहीं है कि आपने इतना सा काम किया या बहुत सारा किया। आपको पाने और देने की विरोधाभासी माँगों के बीच झूलना होता है और अंत में इतनी परिपक्वता हासिल करनी होती है कि आप मध्यम मार्ग पा सकें। उस मध्यम मार्ग को पाने में ही आपकी मुक्ति छिपी है।

जब मनुष्य के मन में कुछ 'पाने' की इच्छा प्रकट होती है, तो वह स्वामित्व पाने की इच्छा रखता है। उसकी स्वार्थपरता सतह पर आ जाती है। जब उसके मन में 'देने' की इच्छा जगती है तो वह कुछ बाँटना चाहता है। तब उसका

निःस्वार्थ भाव ऊपर आ जाता है। जो भी हो, आप केवल वही दे सकते हैं, जो आपके पास हो। तो कुछ पाने की माँग के बाद हमेशा कुछ देने की माँग सामने आती है। हर स्वार्थी व्यक्ति किसी न किसी अवसर पर, किसी न किसी व्यक्ति के लिए निःस्वार्थ भाव से सेवा देने वाला रहा होगा।

भले ही हम कितना भी क्यों न प्राप्त कर लें, एक न एक बिंदु ऐसा अवश्य आता है, जब हम इतने सफल हो जाएँगे कि एक बार फिर से हम स्वयं को असफल मानने लगेंगे। आप ज़िंदगी की पूरी रेस भागने के बाद यह जान पाते हैं कि हर अंतिम रेखा ही तो आरंभ की रेखा भी है। आप निरंतर भागते-भागते, अंत में वहीं आ जाते हैं, जहाँ से दौड़ना आरंभ किया था। ज्यों-ज्यों जीवन की सफलता का ग्राफ़ बढ़ने लगता है, तब आपको एहसास होता है कि वर्ष दर वर्ष, क्लोज़िंग बैलेंस फिर से ओपनिंग बैलेंस में बदल जाता है और आप सब कुछ नए सिरे से आरंभ करेंगे। एक्सिस (अक्ष रेखा) को नए सिरे से तय किया जाता है और आप स्वयं को जीवन के ग्राफ़ में '0, 0' पर पाएँगे, भले ही आपने कितनी प्रगति क्यों न कर ली हो या कितना कुछ क्यों न पा लिया हो। यह सब देख कर अंततः आप एक प्रश्न के साथ स्वयं को खड़ा पाते हैं, 'क्या यह इतना करने के लायक़ था? तो हमारे जीवन का उद्देश्य क्या है?'

यह आवश्यक नहीं कि आपके जीवन में कोई उद्देश्य ही हो, बस आपको यह देखना होगा कि आप जीवन में जिससे भी मिलें या जिस भी वस्तु से आपका सामना हो, आप उनके लिए उपयोगी हो सकें। भले ही आप उपयोगी हों या अनुपयोगी रहे हों, हम सबके लिए धरती में छह फ़ीट नीचे जगह पहले से तय है। इतालवी कहावत के अनुसार, "खेल के अंत में, राजा और प्यादे, एक ही बॉक्स में रखे जाते हैं।" हम अपने साथ क्या करते हैं, वह तो हमारे साथ ही समाप्त हो जाएगा; हम दूसरों के लिए और अपने पीछे छोड़ कर जा रहे संसार के लिए क्या करते हैं, वही अनंत काल तक स्मरण रखा जाएगा। हमें कहीं पहुँचना नहीं है। दरअसल, कोई अंत या सीमा रेखा है ही नहीं। कोई आरंभ नहीं है। केवल एक प्रवाह... उपयोगी बारहमासी प्रवाह। इसे एक उपयोगी प्रवाह बना दो।

हर अंतिम रेखा ही तो आरंभ की रेखा भी है।

सजगता व चेतना। क्या ये दोनों एक ही हैं या इनमें से एक निम्न स्तर की है और दूसरी उच्च स्तर की है? कृपया विस्तार से बताएँ।

महात्रया रा
स्पष्ट करते हैं...

यह भी कितना बड़ा वरदान है कि मनुष्य न केवल किसी विषय का अध्ययन कर सकता है बल्कि अपने ही अध्ययन का विषय भी बन सकता है! यह कितना बड़ा उपहार है कि मनुष्य स्वयं अध्ययन कर सकता है! इसलिए यह प्रश्न... सजगता एक अनुशासन है। चेतना एक घटना है। वर्तमान में घट रही घटना के प्रति सजगता का भाव ही चेतना है। सजगता के माध्यम से ही आप चेतना के द्वार तक जाते हैं। सजगता के अभ्यास के साथ ही आपकी चेतना का विकास होता है।

प्रायः हम यह तो जानते हैं कि किसी घटना के आरंभ में 'क्या करना चाहिए' या उसके होने के बाद 'क्या किया जाना चाहिए।' वह हमारी सजगता है परंतु हम उस घटना के दौरान अपने होश व सजगता को वश में नहीं रख पाते, तब हम चेतना से परे होते हैं। अगर आप घटना से पूर्व तथा उसके बाद का ज्ञान रखते हैं, तो आप केवल ज्ञानी हैं। जब आप घटना के दौरान भी सजग होंगे तो आप जान लें कि आपको सचेतन रहना आ गया। आपको सचेत तभी माना जाएगा, जब वे वर्तमान अपूर्ण में एक सेतु बनेंगे।

पहले तो आपको प्रतिदिन अपने आत्मनिरीक्षण के साथ, सजगता को पोषित व विकसित करना होगा। प्रतिदिन रात को सोने से पूर्व, अपने अगले दिन के अनुभवों को मानसिक रूप से दोहराएँ। उनमें से प्रत्येक को याद करें। जब आपको लगे कि आप सही थे तो अपनी पीठ थपथपाएँ। अपनी भूलों का

विश्लेषण करें और स्वयं से पूछें कि आप इसके अतिरिक्त क्या कर सकते थे। आत्मविश्लेषण करने से आपको अपने कर्मों को जानने तथा अपने विचारों व भावनाओं से अंतर्दृष्टि प्राप्त करने का अवसर प्राप्त होगा। आत्मपरीक्षण से आपका आंतरिक स्वर जागृत होगा और आपको भी जागृत कर देगा। आप और अधिक उचित कार्य करने के लिए स्वयं को प्रेरित पाएँगे और आत्मविश्लेषण के माध्यम से आप यह भी पाएँगे कि आप अपनी भूलों को दोहरा नहीं रहे।

किसी चोर की विषय वस्तु को बदल दें तो आप एक वाल्मीकि को पा लेंगे। यदि किसी पापी के अस्तित्व को बदल दिया जाए तो उसे एक संत में रूपांतरित कर सकते हैं। तब एक आत्मा महात्मा में बदल जाती है। जब आप आत्मविश्लेषण के माध्यम से अपने ही अध्ययन का विषय बन जाते हैं तो अपनी ही परख, अपने ही निरीक्षण तथा जागरूकता के बल पर अपने अस्तित्व के विषय को बदल सकते हैं। आत्मपरीक्षण आपके ज्ञान और अनुभव के बीच एक सेतु बनाने का कार्य करती है।

आत्मविश्लेषण के इस अनुशासन के नियति अभ्यास से तथा अपनी आत्म-सजगता के विकास के साथ, आप अंततः उस अवस्था तक आ जाएँगे, जब आपके दिन की अधिकतर घटनाओं को, रात के समय जाँचने की आवश्यकता नहीं रहेगी, जब वे आपके साथ घट रही होंगी, आप तभी उनके प्रति सजग होंगे। आप चेतन भाव में रहना आरंभ कर देंगे... प्रायः ऐसे अवसर भी आएँगे जब आप पर अतीत या भविष्य हावी हो जाएगा.. इस तरह आप वर्तमान में चल रही क्रिया से विमुख हो जाएँगे... इस पर अपना अभ्यास जारी रखें... सचेतन भाव से, जागरूक व सचेत बने रहने के लिए अभ्यास करते रहें।

मैं सदा विरोधाभासी माँगों से घिरा रहता हूँ। ऐसा क्यों है?

महात्रया रा
स्पष्ट करते हैं...

तीन विरोधाभासी माँगों के जोड़े मनुष्य के जीवन को चालित करते हैं। मनुष्य विरोधाभासी माँगों के बीच घिरा रहता है क्योंकि जब एक माँग पूरी होती है तो दूसरी का अभाव होने लगता है। इस प्रकार, जब आप उसे पूरा करने की कोशिश करते हैं तो तीसरी माँग अतृप्त हो कर सिर उठा लेती है। इसी विरोधाभास को जानें और आप जीवन को समझ लेंगे। ये सभी विरोधाभासी माँगें हैं :

1. निश्चितता तथा अनिश्चतता
2. वैयक्तिकता तथा जुड़ाव का भाव
3. पाना और देना।

पहला विरोधाभास : निश्चितता से क्रमबद्धता आती है। अनिश्चतता से विकास होता है। जीवन को संपूर्ण बनाने के लिए क्रमबद्धता और विकास दोनों ही आवश्यक हैं। आप जीवन में निश्चितता चाहते हैं। तो आप अपने आसपास की हर वस्तु को अपने वश में करने का प्रयास करते हैं। अब, जब आपका जीवन बहुत हद तक निश्चित होता है, जब आपके पास सभी ऐसी बातें होती हैं, जिनका पूर्वानुमान लगाया जा सकता है, तब आप नीरस अनुभव करने लगते हैं। उस समय आपको लगने लगता है कि काश! आपके पास निश्चितता होती, और इसके साथ ही आप जीवन से थोड़ी विविधता की माँग भी करने लगते हैं,

जो केवल अनिश्चतता से ही आती है। आपको अपने जीवन में जीवंतता का पूर्ण अनुभव पाने के लिए सुखद आश्चर्यों व चुनौतियों की आवश्यकता होती है। आप फिर से अपने लिए निश्चितता चाहते हैं। एक ही सिक्के के दो पक्ष परंतु आप दोनों ही सिक्कों के बीच झूलते हैं, इस तरह आप जीवन के लय और ताल के बीच रोलरकोस्टर जैसी सवारी करने लगते हैं...

दूसरा विरोधाभास : एक मनुष्य होने के नाते, आप अपने ही प्रकार के अनूठे, पूरी तरह से निराले और वैयक्तिक हैं। परंतु इसके साथ ही, एक आध्यात्मिक जीव होने के नाते, जीवन की वह ऊर्जा जो आपको जीवित रखती है, वही भावना है, जो सबके भीतर जीवित रहती है। तो इस प्रकार आप आध्यात्मिक रूप से सबके साथ संबंध रखते हैं। जीवन को पूर्ण करने के लिए वैयक्तिकता तथा एक निकटतम जुड़ाव की आवश्यकता है। एक अनूठा व्यक्ति होने के नाते आपको एक पहचान चाहिए। आपको अपने लिए एक महत्त्व चाहिए। निस्संदेह, जब आपकी दुंदभि बहुत तेज़ बजेगी तो बाक़ी लोग आपसे दूर होने लगेंगे। यही कारण है कि आपके पास कोई संबंध नहीं रह जाता; लोग अपने-आपको आपसे दूर ले जाना आरंभ कर देते हैं। अब आप स्वयं को अकेला व परित्यक्त पाते हैं। तब आप अपने लिए कोई जुड़ाव की इच्छा रखने लगते हैं। इस आवश्यकता को पूरा करने के लिए आपको किसी भाईचारे या क्लब की आवश्यकता महसूस होती है। जब आप सबके साथ एक जुड़ाव पा लेते हैं, तब आपको फिर से लगने लगता है कि आपने तो भीड़ में अपनी पहचान ही खो दी है। फिर एक से दूसरी माँग पर सी-सॉ की तरह ऊँचे-नीचे होने का क्रम जारी रहता है...

तीसरा विरोधाभास : यह जीवन एक प्रवाह है और इस प्रवाह को कुछ पाने या बाँटने से ही पाया जा सकता है। जीवन को संपूर्ण बनाने के लिए कुछ पाना या देना बहुत मायने रखता है। यही तीसरा विरोधाभास है। कुछ पाने और देने की आवश्यकता! कुछ व्यय करने और कुछ योगदान देने की आवश्यकता। इस तरह देते हुए आध्यात्मिक बनने और कुछ पाते हुए भौतिकवादी बनने के बीच उतार-चढ़ाव के दौरान... चाहे आप कुछ भी क्यों न करें, आप स्वयं को दो विरोधाभासी माँगों के बीच झूलते हुए ही पाएँगे, यदि आप अपने जीवन में ऐसी गतिविधि पा सकें, जो सभी छह माँगों को पूरा करते हुए, जीवन में वह संतुलन दे सके, तो आप जीवन में एक नई उमंग पा लेंगे... वह एक ऐसा रूप होगा, जो आपने जीवन में कभी नहीं पाया होगा। यही संपूर्ण जीवन का रहस्य है।

मेरा यह मानना है कि ईश्वर तो सर्वव्यापी है, फिर मंदिरों में जाने की आवश्यकता क्यों है?

महात्रया रा

स्पष्ट करते हैं...

आध्यात्मिकता में एक भाव आता है, 'मनुष्य द्वारा अछूते स्थान।' यहाँ उन स्थानों का संदर्भ दिया जाता है, जो मनुष्य के विचारों व भावनाओं से अछूते होते हैं। यही वे अस्तित्ववादी स्पंदन हैं, जिनके साथ वह क्षेत्र अस्तित्व में आया, वह स्थान अब भी वही स्पंदन रखता है। यही कारण है कि लोग पर्वतों, गुफाओं व घने जंगलों की खोज में निकलते हैं और एक व्यक्ति सागर लाँघ कर किसी दुर्गम चट्टान तक जाता है ताकि वहाँ जा कर तप कर सके। ये सभी स्थान मनुष्य द्वारा अछूते होते हैं।

तो, पारंपरिक रूप से, जब भी प्रबुद्ध व्यक्ति ऐसा कोई स्थान पा लेते हैं, जहाँ के स्पंदन मनुष्य के स्पर्श से अछूते हों तो वे उस स्थान पर कोई मंदिर, उपासना गृह आदि बनवा देते हैं ताकि लोग वहाँ आ कर उस स्थान के स्पंदनों को अनुभव कर सकें। जब आप लंबे समय तक उन स्पंदनों को अपने अनुभव में लेते हैं, तो आप भी उन स्पंदनों को पाने के अधिकारी हो जाते हैं। यही कारण है कि ऐसा तर्क देना मूर्खता है, 'यदि ईश्वर सर्वशक्तिमान, सर्वव्यापी और सर्वज्ञ है तो हमें मंदिरों में जाने की क्या आवश्यकता है।' ईश्वर भले ही सर्वव्यापी हो परंतु मनुष्य द्वारा अछूते स्पंदनों के विषय में ऐसा नहीं कहा जा सकता। वे केवल कुछ ही स्थानों पर सघन हैं।

हालाँकि, वर्तमान परिदृश्य में, जहाँ कोई भी स्थान मनुष्य द्वारा अछूता नहीं है, तो हम अपने लिए विकल्प की तलाश करते हैं। हम उन स्थानों की तलाश

करते हैं जो उन्नत आत्माओं के स्पंदनों से युक्त हों।

कुछ स्थान लोगों को स्पंदनों से भर देते हैं जबकि कुछ लोग रिक्त स्थानों को अपने स्पंदनों से भर देते हैं। नए स्थानों पर आध्यात्मिकता से संपन्न उन्नत व्यक्तियों को शुभारंभ के लिए इसलिए ही बुलाया जाता है क्योंकि वे व्यक्ति रिक्त स्थानों को अपने स्पंदनों से युक्त करने की क्षमता रखते हैं, फिर भले ही वे मंदिर हों, कार्यालय हों या फिर घर!

दरअसल, आध्यात्मिक रूप से उन्नत व्यक्ति, अन्य सभी विशेषताओं से परे, ऐसा व्यक्ति होता है जो उच्चतम बारंबारता के स्पंदनों के साथ तालमेल बनाए रखता है।

इसी वजह से कहा जाता है कि आध्यात्मिक भाव से संपन्न व्यक्ति जहाँ बैठता है, वही स्थान अपने-आप में मंदिर बन जाता है। यह एक वैदिक कहावत है।

पारंपरिक रूप से, जब भी प्रबुद्ध व्यक्ति ऐसा कोई स्थान पा लेते हैं, जहाँ के स्पंदन मनुष्य के स्पर्श से अछूते हों तो वे उस स्थान पर कोई मंदिर, उपासना गृह आदि बनवा देते हैं ताकि लोग वहाँ आ कर उस स्थान के स्पंदनों को अनुभव कर सकें। जब आप लंबे समय तक उन स्पंदनों को अपने अनुभव में लेते हैं, तो आप भी उन स्पंदनों को पाने के अधिकारी हो जाते हैं।

मुझे ध्यान क्यों करना चाहिए?

महात्रया रा
स्पष्ट करते हैं...

पहले-पहल विज्ञान का यही मानना था कि सारी भौतिक सामग्री पदार्थ है। फिर वैज्ञानिकों को एहसास हुआ कि पदार्थ वास्तव में, अणुओं की एक व्यवस्था है, जिसमें न्यूक्ली का एक ढाँचा होता है, जो प्रोटोन, न्यूट्रॉन व इलेक्ट्रॉन के मेल से बना होता है, जिनका कोई ढाँचा नहीं होता। बाद में यह पाया गया कि प्रोटोन और न्यूट्रॉन भी छोटे कणों के मेल से बनते हैं, जिन्हें क्वार्क कहते हैं। आज विज्ञान का यह दावा है कि सभी छोटे कण, बलों के वाहक, धागों जैसी वस्तुओं के उद्दीपन हैं। एक धागे के बारे में सबसे साधारण बात यह है कि सभी छोटे कण, एक ही वस्तु के उद्दीपन हैं - स्पंदित धागे या तार!

आज विज्ञान जो दावा करता है, आध्यात्मिकता ने हमें बहुत पहले ही उसे समझा दिया था। उसने कहा कि पदार्थ जितना अधिक होगा, स्पंदनों की बारंबारता उतनी घटती जाएगी। पदार्थ जितना सूक्ष्म होगा, स्पंदनों की बारंबारता उतनी ही बढ़ेगी। यद्यपि एक जैसे स्पंदित तार भी, अलग-अलग बारंबारताओं पर अनुनादित होते हैं। यह इस बात पर निर्भर करता है कि पदार्थ कितना सूक्ष्म या सकल है। हमारे भौतिक शरीर तथा सूक्ष्म मन में, केवल स्पंदनों की बारंबारता का ही अंतर है। जब आप जान जाते हैं कि उच्चतम बारंबारताओं के साथ कैसे एकलीन होना है, तो आप दूसरों के विचार प्रवाह के साथ भी एकात्म हो सकते हैं। आप एक-दूसरे के मन में चल रहे विचारों को भी जान सकते हैं।

ध्यान ही क्यों? मौन का अर्थ है, उच्चतम बारंबारताओं के साथ आपका

स्पंदन। क्या आपने लक्ष्य नहीं किया, जब पंखे के ब्लेड तीव्र गति से चलते हैं, तो वे लगभग दिखने बंद हो जाते हैं। तो जब धागे अपनी उच्चतम बारंबारता पर स्पंदित होते हैं, तो ऐसा लगता है कि वे हैं ही नहीं और यही मौन है। हालाँकि, इन उच्चतम बारंबारताओं से ही बाक़ी सारे निम्नतम स्पंदनों का जन्म होता है। हम यह आध्यात्मिक भाव जान पाते हैं कि सब कुछ उस शून्य से ही उपजता है। सब कुछ उस मौन से ही उपजता है।

यद्यपि, ये स्पंदन केवल अ-क्रिया की स्थिति में ही अंतरित हो पाते हैं। आपके द्वारा ध्यान किए जाने का यही महत्त्व है। यदि आप किसी पूजा स्थल या किसी उन्नत आत्मा की उपस्थिति में प्रार्थना करते हैं तो यह और भी बेहतर हो जाता है। इन्हीं उच्चतम स्पंदनों की उपस्थिति में सब कुछ संभव हो जाता है। आपके लिए उस स्रोत से स्पंदनों को एकत्र करना सरल हो जाता है। यही कारण है कि आध्यात्मिक रूप से उन्नत किसी व्यक्ति के पास जाने पर, आपको शांत भाव से बैठने को कहा जाता है, वहाँ आप कुछ करके नहीं, कुछ न करके ही उनके स्पंदनों से स्वयं को जोड़ सकते हैं इस तरह जब आप स्वयं को उन उच्चतर स्पंदनों से जोड़ पाते हैं तो आपके लिए सब कुछ सहज और स्वाभविक हो जाता है। सब कुछ संभव है।

अगर आपको कुछ नहीं भी मिले, तो भी ध्यान करना जारी रखें।

ध्यान कोई ऐसी तकनीक नहीं, जिसे सीखना पड़े। आप इसके साथ ही बड़े होते हैं। इसे आपके साथ जोड़ा नहीं जाता। यह आपके भीतर से ही फूटता है। ध्यान को आपके लिए किया नहीं जाता। यह तो आपको अपने और निकट लाता है।

एक युवा विधवा माँ ने पुत्र को कड़े परिश्रम से पाल-पोस कर बड़ा किया। वह अपने परिवार में एक पत्नी और चार वर्षीय पुत्री के साथ जी रहा था। उसकी आयु अभी केवल पैंतीस वर्ष थी। सफल, कोई बुरी आदत नहीं, आस्तिक व शांतिप्रिय ...वह एक रात सोते-सोते ही मर गया। यहाँ प्रभु की इच्छा क्या थी? क्या ईश्वर इतना निर्दयी है?

महात्रया रा

स्पष्ट करते हैं...

कुछ बुद्धिमत्ताएँ प्रश्न करेंगी - आपकी तरह। कुछ बुद्धिमत्ताएँ प्रश्नों के उत्तर देंगी - मेरी तरह! परंतु जीवन और मृत्यु किसी भी प्रश्न और उत्तर की सीमा से परे हैं। जीवन तो केवल अपने ही आदेश पर आगे चलता है, भले ही हमारे सीमित मस्तिष्कों को जो भी दिखाई देता हो, यह उससे कहीं परे है।

शतरंज की बिसात पर पड़े मोहरे खुद कभी पुकार नहीं लगाते कि आपको उन्हें आगे ले जाना है, पीछे ले जाना है या बॉक्स में रख देना है। केवल खेल को खेलने वाला खिलाड़ी ही यह सारे निर्णय लेता है। राजा और प्यादा, मैं और आप... हम सब तो इस अनंत खेल के मोहरे मात्र हैं... हम उसकी इच्छा से इस खेल में आए हैं। उसकी इच्छा से हम यह खेल खेलेंगे। उसकी इच्छा से ही इस खेल को छोड़ कर चल देंगे। उसकी इच्छा से ही, किसी दूसरे आरंभ बिंदु से, खेल में पुनः प्रवेश करेंगे। यह खेल तो निरंतर जारी रहता है, जो मेरे और आपको सारे 'प्रश्नों' व 'उत्तरों' से कहीं परे और कहीं ऊपर है...

मृत्यु की व्याख्या किसी भी रूप में नहीं की जा सकती। मनुष्य की बुद्धिमत्ता हर चीज़ के आसपास तर्कों का जाल बुन सकती है... परंतु उसका

कोई भी तर्क, व्याख्या, स्पष्टीकरण या सिद्धांत, उस व्यथित हृदय को सांत्वना नहीं दे सकता, जिसने अपने किसी प्रिय को खो दिया हो। यदि मृत्यु में कोई सत्य छिपा भी हो, तो भी वह सत्य उस हृदय को तब तक समझ नहीं आ सकता, जब तक वह अपने ही भावों में डूबा रहेगा।

केवल समय मात्र ही, दुखी हृदय के लिए मलहम का काम करता है। समय के साथ आपके भावों में बदलाव आएगा और वे 'किसी प्रिय के वियोग से' उबर कर, 'उसके साथ बीते सुखद समय की स्मृतियों' में बदल जाएँगे। पहले, आपने उनके साथ बहुत आनंददायक पल बिताए हैं। वर्तमान में आप उन्हीं पलों को याद करके रो रहे हैं क्योंकि आप वर्तमान को और अपनी हानि को स्वीकार नहीं कर पा रहे। भविष्य में, आप फिर से उन क्षणों को याद करके मुस्करा सकेंगे।

भावात्मक रूप से, आप हर बीते दिन के साथ... हर बीतते क्षण के साथ, अपने-आप को निरंतर ताज़ा परिचय देते हैं क्योंकि आपके भाव केवल अभी प्रासंगिक हैं।

जीवन केवल आत्मा की तुष्टि के लिए नाम व आकार ग्रहण करता है। 5, 25 या 95 साल की आयु में आत्मा अपना कार्य समाप्त होने पर देह से विदा लेती है। यह आत्मा एक उद्‌देश्य के लिए आई थी, उसने अपना लक्ष्य पूरा कर लिया और आगे चल दी। यात्रा समाप्त होने के बाद भी, वाहन में बैठे रहने का क्या प्रयोजन बनता है? उस आत्मा के लिए प्रसन्न हों कि उसने अपनी पूर्णता पा ली।

हम अपने संबंधों को केवल भौतिक स्तर पर रखते हैं इसलिए हम भौतिक हानि का सामना करते हैं। अपने संबंधों को भौतिक तल से आध्यात्मिक तल पर ले जाएँ। वे भौतिक रूप से, अपनी देह के साथ आपके साथ पैंतीस साल तक रहे। आध्यात्मिक रूप से, अब वे देह और नाम के बिना सदा आपके साथ रहेंगे। अब जो 'कभी-कभी' था, वह 'हमेशा' में बदल गया है। कृपया, उस आत्मा के लिए खेद प्रकट करने के स्थान पर प्रसन्न हों कि उसने अपनी पूर्णता, अपने उद्‌देश्य व लक्ष्य को पा लिया।

क्या धन के भौतिक मापदंड के अतिरिक्त अपने विकास को मापने का कोई और पैमाना हो सकता है?

महात्रया रा

स्पष्ट करते हैं...

प्रायः संसार अपने द्वारा किए जा रहे विकास को अर्जित किए गए धन के माध्यम से मापता है। धन एक अद्भुत उपोत्पाद है। जब आपका काम, आपको ही प्रकट करने का एक साधन हो जाता है, तो धन एक सहज उप उत्पाद के रूप में सामने आता है। यह किसी और रूप में आ ही नहीं सकता, जहाँ केवल धन ही केंद्र बिंदु हो और कार्य उसके लिए केवल एक साधन हो, वहाँ ऐसा होना संभव नहीं है।

धन के लिए काम करने वाले लोग सफलता पा सकते हैं परंतु वे कभी नहीं जान सकेंगे कि प्रसन्नता पूर्ण सफलता पाना किसे कहते हैं। जब आप सृजन की प्रक्रिया तथा अपनी कृति के वश में होते हैं, तो जीवन आपको उस सृजन के बदले में धन देता है। समृद्धि एक भ्रांति है। करोड़ों रुपए अपने पास होने पर भी आप किसी व्यक्ति से निर्धन हो सकते हैं; और केवल कुछ हज़ार होने पर भी आप किसी से अधिक धनी हो सकते हैं। यह तो सापेक्ष है। जो व्यक्ति उससे प्रसन्न नहीं होता, जो उसके पास है तो आने वाले समय में भी जो उसके पास होगा, वह उससे कभी प्रसन्न नहीं हो सकेगा। तो सृजन के लिए जीवित रहें। भले ही वे टाटा, बिड़ला, मूर्ति, अंबानी, गेट्स, गाँधी, टेरेसा, मंडेला या द विंसी व पिकासो आदि कोई भी रहे हों; वे सब सृजन के लिए जिए और जीवन ने उन्हें दिल खोल कर सृजन का मेहनताना भी दिया।

यदि हम पैसे से विकास को नहीं माप सकते तो पैसे की क्या माप हो

सकती है? जी, आपको आजीवन अपने आपको इन तीन प्रश्नों के लिए जवाबदेह बनाना होगा :

सबसे पहले, भले ही आपने जीवन में कितना भी कुछ क्यों न पा लिया हो, अपने-आप से यह प्रश्न पूछते रहें, "क्या मैं अपनी प्रतिभा के साथ पूरा न्याय कर रहा हूँ?" मनुष्य को रचना करने के लिए ही रचा गया था। मनुष्य को इसलिए बनाया गया कि वह जीवन का निर्माण कर सके। जन्म की प्रक्रिया से ही, और उसके बाद माता-पिता, संबंधी, अध्यापकों व समाज आदि के माध्यम से... मनुष्य के निर्माण के लिए बहुत सा निवेश किया जाता है। जिसके परिणामस्वरूप, प्रत्येक मनुष्य का यह नैतिक उत्तरदायित्व बनता है कि वह अपनी प्रतिभा के अनुरूप जीवन व्यतीत करे। सफलता वह नहीं जिसे आप दूसरों की तुलना में अर्जित करते हैं, परंतु वह होती है, जिसे आप अपनी क्षमता से तुलना करते हुए अर्जित करते हैं और आप किस योग्य हैं, वह इस बात से परिभाषित होता है कि आपके भीतर कितनी असीम संभावना सुप्तावस्था में है।

अब प्रश्न यह उठता है, "मैं कैसे जान सकता हूँ कि क्या मैं अपनी प्रतिभा के साथ पूरा न्याय कर रहा हूँ?", "वर्ष दर वर्ष, मैं कितने जीवनों के लिए उपयोगी हो रहा हूँ?" यहाँ तक कि एक गाय, एक बैल और एक तोता भी मनुष्य के परिवार का पालन करते हैं। यदि मैं साधारण रूप से केवल अपने लिए, मेरा और केवल मेरा करते हुए, जीवन व्यतीत करता हूँ तो यह मेरे लिए शर्म की बात होगी। भले ही आप अपने जीवन के केंद्र हों, परंतु इस संसार को आपकी उपयोगिता के लिए आपका दायरा बनना होगा। जीने का अर्थ यही है कि आप दूसरों के लिए उपयोगी हों। पाने का अर्थ है कि आप दूसरों को दें। वृद्धि करने का अर्थ है कि आप दूसरों को ऊँचा उठाएँ। हममें से कोई भी अनुपयोगी नहीं है। केवल अंतर इतना है कि हम यूज़्ड लैस हैं यानी हमारी क्षमता व प्रतिभा का भरपूर उपयोग नहीं हो पाता। अपने जीवन की उपयोगिता के माध्यम से इसकी सफलता का आकलन करें।

अंतत:, हम एक ऐसे समय में जी रहे हैं, जहाँ यह माना जाने लगा है कि परिणाम पाने आवश्यक हैं, भले ही किसी की हत्या क्यों न करनी पड़े। नहीं, ऐसा करना बिलकुल उचित नहीं है। भले ही नैतिक और नीति संबंधी जवाबदेही के अभाव में सफलता संभव हो जाए, परंतु यह सफलता प्रसन्नतापूर्वक प्राप्त नहीं की जा सकती। मार्क 10:25 में लिखा है, "एक ऊँट के लिए सुई के छेद से प्रवेश करना सरल है परंतु एक धनी कभी स्वर्ग के राज्य में प्रवेश नहीं कर सकता।" यहाँ धनी शब्द का अर्थ केवल एक धनिक व्यक्ति के संदर्भ में नहीं है, यहाँ धनिक उसे कहा गया है, जो उचित-अनुचित सभी प्रकार के साधन अपना

कर, अपने लिए समृद्धि की राह चुनता है। अर्जुन ने अपने लिए कृष्ण को चुना जबकि दुर्योधन ने कृष्ण और उनकी सेना को चुना। बाक़ी सब तो इतिहास मात्र है। हम सब जानते हैं कि विजय श्री ने किसका वरण किया। हमें स्वर्ग के राज्य के लिए प्रभु का सौदा नहीं करना चाहिए। यदि निम्नतम आदर्श ऐसे परिणाम प्रस्तुत कर सकते हैं, तो मेरा विश्वास करें, तो उच्चतम आदर्श आपको जीवन में इससे भी कहीं अधिक देने की क्षमता रखते हैं। तो स्वयं से इस तीसरे प्रश्न का उत्तर जाने बिना, रात को कभी न सोएँ, "क्या दिन प्रति दिन, मैं स्वयं को अपने ईश्वर के निकट और निकट अनुभव कर पा रहा हूँ?"

जब आप स्वयं को इन तीन प्रश्नों के उत्तर देने के योग्य बना लेंगे तो आपको सब कुछ प्राकृतिक उप-उत्पाद के रूप में मिलेगा - और धन तो उनमें से केवल एक मद का नाम है।

करोड़ों रुपए अपने पास होने पर भी आप किसी व्यक्ति से निर्धन हो सकते हैं और केवल कुछ हज़ार होने पर भी आप किसी से धनी हो सकते हैं। यह तो सापेक्ष है। जो व्यक्ति उससे प्रसन्न नहीं होता, जो उसके पास है तो आने वाले समय में भी जो उसके पास होगा, वह उससे कभी प्रसन्न नहीं हो सकेगा। तो सृजन के लिए जीवित रहें।

आत्म-अनुशासन

मेरे नकारात्मक तथा सकारात्मक भावों में निरंतर संघर्ष छिड़ा रहता है। ऐसा लगता है मानो सकारात्मकता बार-बार नकारात्मकता के आगे घुटने टेक रही हो। मैं सकारात्मकता को विजयी कैसे बना सकता हूँ?

महात्र्या रा

स्पष्ट करते हैं...

यदि आप चाहते हैं कि सकारात्मकता नकारात्मकता पर विजय पाए तो आपको, सकारात्मक और नकारात्मक भावों के अंतर को जानना होगा।

जब कोई व्यक्ति, किसी काम को इस तरह करता है, जिस तरह मैं उसे नहीं करवाना चाहता, और मैं उसे स्वीकार नहीं कर पाता, तो मुझे क्रोध आता है। हालाँकि, यदि कोई व्यक्ति, किसी काम को इस तरह करता है, जिस तरह मैं उसे नहीं करवाना चाहता परंतु मैं उसे स्वीकार कर लेता हूँ; तो मेरी सहिष्णुता बनी रहती है।

जब किसी के पास ऐसा कुछ होता है, जो मेरे पास नहीं होता, और मैं उसे स्वीकार नहीं कर पाता तो मैं ईर्ष्या अनुभव करता हूँ। हालाँकि, जब किसी के पास ऐसा कुछ होता है, जो मेरे पास नहीं होता, और मैं उसे स्वीकार कर लेता हूँ; तो मैं इससे प्रेरित होता हूँ।

जब किसी ने कुछ ऐसा किया हो जिससे मुझे भावात्मक रूप से ठेस लगी हो, और मैं उसे स्वीकार नहीं कर पाता, तो इससे मेरे भीतर घृणा उत्पन्न होती है। हालाँकि, जब किसी ने कुछ ऐसा किया हो जिससे मुझे भावात्मक रूप से ठेस लगी हो, और मैं उसे स्वीकार कर लेता हूँ; तो इससे मुझे उसे क्षमा करने में मदद मिलती है।

इस प्रकार 'कोई व्यक्ति या वस्तु' मुझे सकारात्मकता या नकारात्मकता का अनुभव प्रदान नहीं कर रहे, यह उस व्यक्ति या वस्तु के प्रति मेरी 'स्वीकृति' या

'अस्वीकृति' का भाव है, जो मुझे सकारात्मकता या नकारात्मकता का अनुभव दे रहा है। यह संसार नहीं, किंतु संसार के प्रति मेरी प्रतिक्रिया की गुणवत्ता (स्वीकृति या अस्वीकृति) ही मेरे भावों की गुणवत्ता को सुनिश्चित करती है।

अगली बार, जब भी आप स्वयं को नकारात्मक भाव के कारण व्यथित पाएँ, तो यह पूछने की बजाय कि कौन और क्या आपको परेशान कर रहा है, यह देखें कि आप किसके प्रति अपना प्रतिरोध प्रकट कर रहे हैं? आप किसे अस्वीकृत कर रहे हैं, जिसके कारण आपके मन में अराजकता और व्याकुलता का भाव उत्पन्न हो रहा है? उस प्रतिरोध (अस्वीकृति) के स्थान पर स्वीकृति को स्थान दें और आपका नकारात्मक भाव उसी समय सकारात्मक भाव में बदल जाएगा।

जब आप 'किसी वस्तु या व्यक्ति' को दोष देने की बजाय, 'स्वीकृति' के साथ जीवन के लिए प्रतिक्रिया देने का उत्तरदायित्व वहन करते हैं, तो वहीं से भावात्मक प्रबंधन आरंभ होता है।

यदि लंबे समय तक इस सजगता व आत्म-निरीक्षण का अभ्यास किया जाए, तो यह निश्चित रूप से नकारात्मकता पर सकारात्मकता की विजय के रूप में सामने आएगा। आपके जीवन में एक ऐसा समय भी आ सकता है, जब नकारात्मकता का कोई अंश मात्र भी शेष नहीं रहेगा। उसके अस्तित्व का ही समूल नाश हो जाएगा।

जब आप 'किसी वस्तु या व्यक्ति' को दोष देने की बजाय, 'स्वीकृति' के साथ जीवन के लिए प्रतिक्रिया देने का उत्तरदायित्व वहन करते हैं, तो वहीं से भावात्मक प्रबंधन आरंभ होता है।

मैं लोगों के प्रति अपनी ईर्ष्या तथा नकारात्मक भावों से मुक्ति पाने में असफल रहा हूँ। मैं विचारों की शुद्धता कैसे प्राप्त कर सकता हूँ?

महात्रया रा

स्पष्ट करते हैं...

चिकित्सा के क्षेत्र में, साइको-न्यूरो-इम्यूनोलॉजी एक उभरता हुआ नाम है। जब से कैंसर की चिकित्सा में रोगियों को मानसिक रूप से अपने रोग से लड़ने की प्रेरणा व प्रोत्साहन देने के लिए 'विज़निंग' का प्रयोग होने लगा है, तब से चिकित्सा समुदाय ने भी स्वास्थ्य के क्षेत्र में सकारात्मक विचारों तथा भावनाओं के योगदान को स्वीकारना आरंभ कर दिया है। जब हम सकारात्मकता में सराबोर होते हैं, तो हमारा रोग प्रतिरोधक तंत्र, जो कि सिंपेथेटिक नर्वस सिस्टम (एस एन एस) से जुड़ा होता है, ऐसे सहायक हारमोन तथा रसायन उत्पन्न करता है, जो स्वास्थ्य को बढ़ावा देते हैं। इसके विपरीत भी उतना ही सत्य होता है कि नकारात्मक विचार तथा भाव, हमें मायूसी और निराशा की ओर धकेल देते हैं। यदि हम लंबे समय तक नकारात्मक विचारों से घिरे रहें तो तंत्र में ऐसे हारमोन व रसायन बनने लगते हैं, जो हमारे कार्य करने की शक्ति व स्वास्थ्य पर नकारात्मक प्रभाव डालते हैं। तो आप अपनी ही नकारात्मकता से पीड़ित होते हैं अथवा अपनी ही सकारात्मकता का आनंद पाते हैं।

आपके नकारात्मक भाव, जीवन में आपको कुछ नहीं देते परंतु वे आपके जीवन का बहुत बड़ा भाग ले लेते हैं। यही निरंतर सजगता ही अंततः आपके नकारात्मक भावों से उबरने की दवा बन सकती है। नकारात्मक भावों की निस्सारता व व्यर्थता को समझें और उनसे पीछा छुड़ा लें। जब किसी के पास ऐसा कुछ होता है जो आपके पास नहीं है या वह कुछ ऐसे परिणाम पाने में

सफल रहता है जो आप नहीं पा सकते और आप उसे स्वीकार करने में स्वयं को अक्षम पाते हैं - तो नतीजतन आपके भीतर ईर्ष्या सुलगने लगती है। जब किसी के पास ऐसा कुछ होता है जो आपके पास नहीं है या वह कुछ ऐसे परिणाम पाने में सफल रहता है जो आप नहीं पा सकते और आप उसे स्वीकार कर लेते हैं - तो नतीजतन आपके भीतर प्रेरणा का भाव उत्पन्न होता है।

अपने मन में ईर्ष्या का भाव लाते हुए, आप अपने अवचेतन मन से कह रहे हैं, "मेरे पास इस वस्तु का अभाव है।" अपने मन में ईर्ष्या का भाव लाते हुए, अपने अवचेतन मन से कह रहे हैं, "मैं इससे हीन हूँ।" वहीं दूसरी ओर, जब आप प्रेरित होते हैं तो, अपने अवचेतन मन से कहते हैं, "जो मेरा है, वह मेरा ही रहेगा, और मुझे इस बारे में असुरक्षित अनुभव करने की आवश्यकता नहीं है। जो मेरा नहीं था, वह कभी मेरा नहीं होगा और मुझे इसके लिए अपने मन में संताप करने की आवश्यकता नहीं है। इससे भी अधिक महत्त्वपूर्ण यह है कि यदि कोई व्यक्ति कुछ प्राप्त कर सकता है तो वह इस बात का पुष्ट प्रमाण है कि दूसरा व्यक्ति भी उसे प्राप्त कर सकता है, आप भी उसे प्राप्त कर सकते हैं।"

ईर्ष्या का भाव, अभाव को दर्शाता है और आपका अवचेतन आपके इसी भाव को अपनाते हुए, आपके जीवन में उस अभाव को रच देगा, आपको और भी हीन बना देगा। अपने मन में जलन का भाव लाने की बजाय स्वयं को प्रेरित अनुभव करें और अपने अवचेतन को जीवन से अधिक और अधिक पाने के लिए प्रेरित करते रहें।

अपने नकारात्मक भावों से लड़ना कोई हल नहीं है। आप जिसका प्रतिरोध करेंगे, वह दोगुने वेग से आगे आएगा। इसके प्रति सजग रहें; अपने जीवन में इस नकारात्मक प्रभाव के बारे में भी सजग रहें; सजग रहें कि यह आपके जीवन से कुछ ले रहा है। जिस प्रकार प्रकाश अंधकार का नाश करता है, केवल सजगता के माध्यम से ही हम नकारात्मकता से मुक्ति पा सकते हैं।

अपने नकारात्मक भावों से लड़ना कोई हल नहीं है।

किसी विषय पर स्पष्टता पाने की प्रक्रिया में, भ्रम अपनी भूमिका निभाते हुए, स्पष्टता की सारी शक्ति को नष्ट कर देता है। दूसरे शब्दों में, किसी विषय पर बहुत अधिक विचार अनुभूति को ही अव्यवस्थित और निरर्थक बना देते हैं।

महात्रया रा
स्पष्ट करते हैं...

प्रश्नों के बाद सदैव उत्तर सामने आते हैं। समस्याओं के बाद हमेशा समाधान सामने आते हैं। अस्त-व्यस्तता के बाद सदा स्पष्टता का साम्राज्य होता है। परंतु... आप उसी परिपक्वता के साथ अपने प्रश्न का उत्तर नहीं पा सकते, जिस परिपक्वता के साथ आपने उस प्रश्न को पाया था। आप उसी परिपक्वता के साथ किसी समस्या का समाधान नहीं पा सकते, जिस परिपक्वता के साथ आपने उस भ्रम को समझा और जाना था।

आपको अपने ही मनन और अनुभवों के माध्यम से, उच्चतर परिपक्वता की ओर जाना होगा, जहाँ से आप अपने लिए अपेक्षित स्पष्टता, समाधान तथा उत्तर पा सकेंगे; या आपको किसी ऐसे व्यक्ति की सहायता लेनी होगी, जो आपसे उच्चतर परिपक्वता रखता हो; वह आपको आपके उत्तर, समाधान तथा स्पष्टता प्रदान करते हुए, उच्चतर परिपक्वता तक जाने के लिए मार्गदर्शन देगा।

आप जैसे व्यक्ति, जो किसी भी बाहरी बुद्धिमत्ता के स्रोत पर निर्भर होने से पूर्व, अपनी बुद्धिमत्ता पर विश्वास रखते हैं, वे अस्त-व्यस्त तथा भ्रमपूर्ण अंतरण से अपना बचाव नहीं कर सकते। जिस क्षण में आप अपनी बुद्धिमत्ता के आगे किसी विषय को परोसते हैं, तो यह तत्काल सभी संभावित दिशाओं में भ्रमण आरंभ कर देती है। यह प्रश्न रचती है; यह अपने ही प्रश्नों के उत्तर देती है; और फिर अपने ही उत्तरों को सुन कर नए प्रश्न उठाने लगती है। यह हर

संभावित स्रोत से उस विषय में जानकारी एकत्र करती है; मानवीय, साहित्यिक और तकनीकी आदि। यह अपने द्वारा एकत्र किए गए सभी टुकड़ों व अंशों को जोड़ने का प्रयास करती है। यह सभी बिंदुओं को जोड़ने का प्रयत्न करती है। यही तो चिंतन और मनन है। परंतु इन सबके बीच, जिसे आप अव्यवस्था तथा भ्रम का नाम देते हैं, आप जिस परिपक्वता के साथ विषय को देखते हैं, उसमें वृद्धि होती है। भले ही आपको प्रश्न का उत्तर न मिले, जिस बुद्धिमत्ता से आपने उन सभी बिंदुओं को जाँचा, वह पहले से उच्चतर हो गई है। तो प्रायः किसी एक विषय पर चिंतन और मनन करने से, आपको अपने पिछले भ्रमों के विषय में स्पष्टता प्राप्त होती है। आपको उन सभी प्रश्नों के उत्तर मिल जाते हैं, जो कि आपके अतीत के उन प्रश्नों में से थे, जिनके उत्तर आप तलाश रहे थे। यही कारण है कि मनुष्य की चेतना को विकासशील चेतना कहा जाता है।

इन मनन के लिए शैक्षिक प्रवृत्ति न रखें, जहाँ आपको प्रत्येक समीकरण के लिए सदैव उचित अर्थ की ही तलाश होती है। इस भ्रम का आनंद लें। यह देख कर विस्मित हों कि आप किस प्रकार चिंतन के योग्य हैं। इस चिंतन और मनन को बौद्धिक खेल के रूप में लें। यह खेल ऐसा है कि भले ही आपको इसमें सदैव कोई मनोवांछित ख़ज़ाना न मिले परंतु आप कुछ ऐसा पा लेंगे, जिसे सहेज कर रखने को दिल चाहेगा।

आप उसी परिपक्वता के साथ किसी समस्या का समाधान नहीं पा सकते, जिस परिपक्वता के साथ आपने उस भ्रम को समझा और जाना था।

नैतिकता किसे कहते हैं? आप किसी काम को नैतिक या अनैतिक की श्रेणी में कैसे विभाजित करते हैं?

महात्रया रा
स्पष्ट करते हैं...

हमारे अनुभव ही हमें पोसते हैं। हम सब अपनी प्रवृत्ति में ही बँधे हैं यानी पीड़ा से अपना बचाव करना और आनंद को गले से लगाना। एक मनुष्य इस मामले में किसी भी दृष्टि से पशु से अलग नहीं होता। दरअसल, स्वाभाविक स्तर पर, मनुष्य एक पशु ही है। हालाँकि, मनुष्य एक चिंतावान पशु है और एक ऐसा जानवर बहुत ख़तरनाक हो सकता है, जिसके पास सोच-विचार करने की क्षमता भी हो। तो आपसे और मुझसे पहले, इस धरती नामक ग्रह पर जो भी बुद्धिमान प्राणी आए और गए हैं, उन्होंने यह सुनिश्चित किया कि मनुष्य का चिंतन विनाश की अपेक्षा रचनात्मक दिशा में निर्देशित हो, उन्होंने उचित व अनुचित का संविधान बनाया और मनुष्य से यह अपेक्षा की कि वह उसका पालन करेगा, जिसे हम नैतिकता के नाम से जानते हैं।

गुहा मानव, अपनी शारीरिक शक्ति के बल पर आपको वश में करके, आपकी संपत्ति पर कब्ज़ा कर सकता था, जिस प्रकार पशु करते हैं परंतु एक सभ्य व उन्नत जगत में इसे नैतिक रूप से अनुचित माना जाता है। पाषाण युग का व्यक्ति आपको अपने वश में कर लेता और आपकी स्त्री, उसकी स्त्री हो जाती; सभ्य जगत में इसे अनैतिक माना जाता है।

हालाँकि, तथ्य तो यही है कि भले ही मनुष्य को नैतिकता की सीमाओं में बाँधा गया हो परंतु वह अब भी अपनी सहज प्रवृत्ति से ऊपर नहीं उठा सका। वह अब भी दूसरों की संपत्ति व समृद्धि के आनंद से आकर्षित होता है और

दूसरे के स्त्री को देख, उसे पाने के प्रलोभन में जकड़ा है। प्रत्येक मनुष्य का एक अंश आज भी पशु ही है। उसके भीतर बसे मनुष्य तथा पशु के भीतर निरंतर संघर्ष छिड़ा रहता है - उसकी सहज वृत्तियों तथा अंतःकरण के बीच छिड़ा संघर्ष! यह एक साधारण सी प्रक्रिया है। मनुष्य का अंतःकरण उसे बताता है कि व्यायाम करना उसकी सेहत के लिए अच्छा है और वह उसे उठने के लिए प्रेरित करता है। जबकि उसके भीतर बसी पाशविक वृत्ति उसे कहती है कि व्यायाम करने से शरीर को कष्ट होगा इसलिए इससे बचने में ही भलाई है। तो हर सुबह इन दोनों के बीच संघर्ष छिड़ता है। विडंबना यह है कि ये प्रवृत्ति उसके अपने अनुभवों से निखार पाती है, जबकि उसका अंतःकरण दूसरों से उधार लिया जाता है या उसे पैतृक दाय के रूप में मिलता है। किसी-किसी दिन, उसका अनुभवजन्य ज्ञान अधिक प्रभावी होता है; प्रायः उसके भीतर बसी पाशविक वृत्ति की ही जीत होती है। उसकी प्रवृत्ति (आनंद तथा पीड़ा) तथा अंतःकरण (उचित या अनुचित) के बीच की दरार ही पाप कहलाती है।

इसे पाप इसलिए कहते हैं क्योंकि जिस मनुष्य के मन में दरार हो, उसे कभी मानसिक शांति नहीं मिलती और ऐसे व्यक्ति के साथ कोई शांति से नहीं रह सकता, जो स्वयं शांत न हो। भले ही टैक्स की चोरी में आनंद आता हो, परंतु क्या यह नैतिक रूप से उचित है? तभी तो टैक्स की चोरी करने के बाद आपके मन की शांति भंग हो जाती है।

जब आपका जीवन आनंदयुक्त उचित तथा पीड़ादायी अनुचित से संचालित होता है, जब आपकी प्रवृत्ति को अंतःकरण के साथ सामंजस्य में रहना सिखाया जाता है और आपका अंतःकरण प्रवृत्ति के मार्गदर्शन के लिए उन्नत होता है, जब आपका जीवन उस विभाजन से परे एक हो जाता है, तब आप पूरी तरह से, संपूर्ण नैतिकता के साथ अपना जीवन जी रहे हैं।

हम सब अपनी प्रवृत्ति में ही बँधे हैं यानी पीड़ा से अपना बचाव करना और आनंद को गले से लगाना।

हमारे जीवन का परम उद्देश्य क्या है?

महात्रया रा
स्पष्ट करते हैं...

आपके जीवन का उद्देश्य यही होना चाहिए कि *आप जो बन सकते हैं, वह निश्चित रूप से बनें।* आप वह व्यक्ति कैसे बनें, जैसा आप बन सकते हैं? अपने आपको इन तीन प्रश्नों के उत्तर देने के लिए जवाबदेह बनाएँ :

1. क्या मैं अपनी प्रतिभा के साथ पूरा न्याय कर रहा हूँ?
2. वर्ष दर वर्ष, मैं कितनी ज़िंदगियों के लिए उपयोगी हो रहा हूँ?
3. क्या दिन प्रति दिन, मैं स्वयं को ईश्वर के और निकट अनुभव कर पा रहा हूँ?

सबसे पहले, भले ही आपने जीवन में कितना भी कुछ क्यों न पा लिया हो, अपने-आप से यह प्रश्न पूछते रहें, "क्या मैं अपनी प्रतिभा के साथ पूरा न्याय कर रहा हूँ?" मनुष्य को रचना करने के लिए ही रचा गया था। मनुष्य को इसलिए बनाया गया कि वह जीवन का निर्माण कर सके। जन्म की प्रक्रिया से ही, और उसके बाद माता-पिता, संबंधी, अध्यापकों व समाज आदि के माध्यम से... मनुष्य के निर्माण के लिए बहुत सा निवेश किया जाता है। जिसके परिणामस्वरूप, प्रत्येक मनुष्य का यह नैतिक उत्तरदायित्व बनता है कि वह अपनी प्रतिभा के अनुरूप जीवन व्यतीत करे। सफलता वह नहीं जिसे आप दूसरों की तुलना में अर्जित करते हैं, परंतु वह होती है, जिसे आप अपनी क्षमता से तुलना करते हुए अर्जित करते हैं और आप किस योग्य हैं, वह इस बात से परिभाषित

होता है कि आपके भीतर कितनी असीम संभावना सुप्तावस्था में है।

अब प्रश्न यह उठता है, "मैं कैसे जान सकता हूँ कि क्या मैं अपनी प्रतिभा के साथ पूरा न्याय कर रहा हूँ?", "वर्ष दर वर्ष, मैं कितनी ज़िंदगियों के लिए उपयोगी हो रहा हूँ?" यहाँ तक कि एक गाय, एक बैल और एक तोता भी मनुष्य के परिवार का पालन करते हैं। यदि मैं साधारण रूप से केवल *अपने लिए, मेरा और केवल मेरा* करते हुए, जीवन व्यतीत करता हूँ तो यह मेरे लिए शर्म की बात होगी। भले ही आप अपने जीवन के केंद्र हों, परंतु इस संसार को आपकी उपयोगिता के लिए आपका दायरा बनना होगा। जीने का अर्थ यही है कि आप दूसरों के लिए उपयोगी हों। पाने का अर्थ है कि आप दूसरों को दें। वृद्धि करने का अर्थ है कि आप दूसरों को ऊँचा उठाएँ। हममें से कोई भी अनुपयोगी (यूज़लैस) नहीं है। केवल अंतर इतना है कि हम यूज़्ड लैस हैं यानी हमारी क्षमता व प्रतिभा का भरपूर उपयोग नहीं हो पाता। अपने जीवन की उपयोगिता के माध्यम से इसकी सफलता का आकलन करें।

अंततः हम एक ऐसे समय में जी रहे हैं, जहाँ यह माना जाने लगा है कि परिणाम पाने आवश्यक हैं, भले ही किसी की हत्या क्यों न करनी पड़े! नहीं, ऐसा करना बिलकुल उचित नहीं है। भले ही नैतिक और नीति संबंधी जवाबदेही के अभाव में सफलता संभव हो जाए, परंतु यह सफलता प्रसन्नतापूर्वक प्राप्त नहीं की जा सकती। मार्क 10:25 में लिखा है, "एक ऊँट के लिए सुई के छेद से प्रवेश करना सरल है परंतु एक धनी कभी स्वर्ग के राज्य में प्रवेश नहीं कर सकता।" यहाँ धनी शब्द का अर्थ केवल एक धनिक व्यक्ति के संदर्भ में नहीं है, यहाँ धनिक उसे कहा गया है, जो उचित-अनुचित सभी प्रकार के साधन अपना कर, अपने लिए समृद्धि की राह चुनता है। अर्जुन ने अपने लिए कृष्ण को चुना जबकि दुर्योधन ने कृष्ण और उनकी सेना को चुना। बाक़ी सब तो इतिहास मात्र है। हम सब जानते हैं कि विजय श्री ने किसका वरण किया। हमें स्वर्ग के राज्य के लिए प्रभु का सौदा नहीं करना चाहिए। यदि निम्नतम आदर्श ऐसे परिणाम प्रस्तुत कर सकते हैं, तो मेरा विश्वास करें, तो उच्चतम आदर्श आपको जीवन में इससे भी कहीं अधिक देने की क्षमता रखते हैं। तो स्वयं से इस तीसरे प्रश्न का उत्तर जाने बिना, रात को कभी न सोएँ, "क्या दिन प्रति दिन, मैं स्वयं को अपने ईश्वर के निकट और निकट अनुभव कर पा रहा हूँ?" उसे अपने निकट अनुभव करने के लिए कोई अनुचित मार्ग नहीं है। केवल आंतरिक शुद्धता ही यहाँ काम आ सकती है। आप यह कैसे जान सकते हैं आंतरिक शुद्धिकरण हो रहा है या नहीं? हर बीतते दिन के साथ, अगर आपको ऐसा लगता है कि आप उस परम तत्व के और निकट होते जा रहे हैं, तो यही इस बात का सबसे पुष्ट प्रमाण है।

मैं किसी घटना के घटित होने से पूर्व 'क्या करें' तथा किसी दुर्घटना के बाद 'क्या करना चाहिए' के विषय में अच्छी तरह जानता हूँ। परंतु किसी घटना के दौरान मेरे पास कोई समाधान नहीं होते। कृपया मेरी सहायता करें।

महात्रया रा

स्पष्ट करते हैं...

प्रायः हमारे पास संसार की लगभग सभी समस्याओं के समाधान प्रस्तुत होते हैं और फिर भी हम अपनी समस्याओं को हल नहीं कर पाते, क्यों?

हमारे पास ज्ञान व जानकारी का कोई अभाव नहीं; वास्तव में ज्ञान और जानकारी का भंडार तो दिनोंदिन बढ़ता ही जा रहा है। विडंबना यह है कि हमारी जानकारी तथा अनुभव, परस्पर समानांतर चल रहे हैं। उनके लिए एक सेतु बनाना होगा और आत्म-सजगता ही वह सेतु है। आत्मबोध ही वह सेतु है, जो इस अंतराल को पाट सकता है। यह मानवजाति के लिए किसी बड़े उपहार से कम नहीं है, इसे पा कर मनुष्य अपने से ही दूर खड़े हो कर, आत्मनिरीक्षण का अभ्यास कर सकता है। केवल स्वयं मनुष्य ही अपने अनुभवों का विश्लेषण करते हुए, अपने-आप में सुधार ला सकता है। केवल वही अपने व्यवहार का अध्ययन करते हुए उसे सराह सकता है या इसे बदल कर उन व्यवहारों को अपना सकता है, जिन्हें वह अपने जीवन में स्थान देना चाहता है। किसी भी अन्य सृजन को यह वरदान नहीं दिया गया कि उसके पास आत्मविश्लेषण का गुण हो। अधिकतर व्यक्तियों में ऐसा शक्तिशाली आंतरिक साधन सुप्तावस्था में पड़ा रहता है। आत्मबोध को निश्चित रूप से पोषित व विकसित किया जाना चाहिए। कैसे? आपको लगभग प्रतिदिन आत्मविश्लेषण का अभ्यास करना होगा। ये आत्मविश्लेषण क्या होता है? प्रतिदिन, रात को सोने से पहले, अपने दिन भर के अनुभवों को मानसिक रूप से दोहराएँ। उनमें से एक को पूरी तरह

से याद करें। जहाँ आपको लगे कि आप सही थे, वहाँ अपनी पीठ थपथपाएँ। अपनी भूलों का विश्लेषण करें और स्वयं से पूछें आप इसके अतिरिक्त और क्या कर सकते थे। आत्मविश्लेषण के माध्यम से आप अपने कर्मों को देखते हुए, अपने विचारों तथा भावनाओं के लिए अंतर्दृष्टि प्राप्त करेंगे। यह आत्मविश्लेषण आपके आंतरिक स्वर को जागृत करेगा, जो आपको जागृत करने में देर नहीं करेगा। आप उचित कर्मों को करने के लिए और अधिक प्रेरित होंगे और आप आत्मविश्लेषण के माध्यम से पाएँगे कि आप अपनी भूलों को दोहरा नहीं रहे।

अगर आप एक चोर की अंतर्वस्तु बदल दें, तो आपके सामने एक वाल्मीकि होगा। यदि किसी पापी के अस्तित्व की अंतर्वस्तु को बदल दिया जाए तो उसे संत के रूप में रूपांतरित कर सकते हैं। जब स्व की अंतर्वस्तु या सार को बदल दिया जाता है तो *आत्मा* को *महात्मा* बनने में देर नहीं लगती। जब मनुष्य आत्मविश्लेषण के माध्यम से अपने ही अध्ययन की विषय वस्तु बनता है, तो उसका आत्मनिरीक्षण, आत्मबोध और स्वयं को परख़ने की शक्ति, उसे इस योग्य बना देंगे कि वह अपने स्व की अंतर्वस्तु को बदल सके। मनुष्य स्वयं को एक भव्य स्मारक के रूप में गढ़ सकता है। आत्मविश्लेषण मनुष्य के ज्ञान तथा अनुभवों के बीच सेतु का काम करेगा।

आत्मविश्लेषण को अपनी दिनचर्या का अंग बनाएँ और मैं वादा करता हूँ, आपके भीतर हर चीज़ में परिवर्तन आ जाएगा और इस प्रकार आपके जीवन के बारे में भी सब बदल जाएगा। आत्मविश्लेषण के माध्यम से, आप अपने भीतर बसे गुरु को पा लेंगे...

केवल स्वयं मनुष्य ही अपने अनुभवों का विश्लेषण करते हुए, अपने-आप में सुधार ला सकता है।

मैं जिन अड़तालीस बातों के माध्यम से विकास करना चाहता हूँ, उन्हें अपने जीवन में लाने के लिए मेरे पास समय ही कहाँ है, मेरे पास केवल चौबीस घंटे ही तो हैं।

महात्रया रा
स्पष्ट करते हैं...

ऐसा सोचना ही मूर्खता है कि हमारे पास पर्याप्त समय नहीं है। दरअसल, वास्तविकता यह नहीं कि हमारे पास पर्याप्त समय नहीं है, परंतु हमारा समय निरर्थक और 'गौण कामों' द्वारा ही चुरा लिया जाता है, जिनका हमारे जीवन की कुल प्रभावोत्पादकता से कोई लेन-देन नहीं होता। हम सबके जीवन में, समय चुराने वाले कारकों का अभाव नहीं है। उन्हें पहचानें जो आपके समय को खा जाते हैं और फिर उन्हें अपने समय के पास भी न फटकने दें। समय प्रबंधन गुरु हमें जो सिखाते हैं (किए जाने वाले कामों की सूची बनाना), उसके विपरीत हमें उन कामों की सूची बनानी चाहिए, जिन्हें नहीं किया जाना चाहिए।

टी वी पर आने वाले दैनिक धारावाहिकों को सबसे पहले नहीं कह दें। घर के बाहर, दरवाज़े पर और कार पार्क के पास की जाने वाली गपशप को भी दूर-दूर से ही राम-राम करनी होगी। अख़बार में लोगों के मृत्युलेख से ले कर टैंडरों तक की सूचना पढ़ने को भी अलविदा कहना होगा। आपको हर उस सभा और साप्ताहिक मीटिंग का हिस्सा बनने से इंकार करना होगा, जहाँ आपको केवल इसलिए जाना पड़ता है क्योंकि वहाँ जाने के लिए आप सामाजिक रूप से बाध्य हैं। देर रात होने वाली दावतों के लिए मना करना होगा क्योंकि इससे आपकी अगले दिन की कार्य क्षमता प्रभावित होती है। यह सूची अंतहीन है... हमारे दिन का अधिकतर भाग इसी तरह व्यर्थ हो जाता है। प्रत्येक व्यक्ति द्वारा प्रत्येक स्थान पर इतना समय नष्ट किया जाता है कि उसे देख कर दुख होने लगता है। अपने समय के तौर-तरीक़े में क्रांति लाने का आरंभ करना हो तो हमें सबसे

पहले, अपने साथ ईमानदारी बरतनी होगी और यह क़बूल करना होगा कि हम सक्षम रूप से अपने समय का सदुपयोग नहीं कर पा रहे।

अनंत प्रज्ञा के अनुसार, "आप जिस पर अपने समय का निवेश करते हैं, वही फलता-फूलता है।" अगर आपका काम अच्छा चल रहा है तो उसका कारण यही है कि आप उस पर अपने समय का उचित निवेश कर रहे हैं। अगर आपके व्यवसाय का उत्तरी क्षेत्र अधिक प्रगति कर रहा है तो उसका भी यही अर्थ है कि आप दूसरे क्षेत्रों की तुलना में इस हिस्से पर अधिक ध्यान लगा रहे हैं, अपने समय का निवेश कर रहे हैं। अगर आपका सामाजिक दायरा विस्तृत हो रहा है, तो ऐसा इसलिए है क्योंकि आपने उसमें अपने समय का निवेश किया है।

यदि आपका पारिवारिक जीवन विनष्ट हो रहा हो, तो ऐसा इसलिए है क्योंकि आपने अपने परिवार के लिए समय का निवेश नहीं किया। यदि आपके संबंध ऐसे चल रहे हैं जैसे कि नहीं चलने चाहिए तो ऐसा इसलिए है क्योंकि आप उन संबंधों पर समय का निवेश नहीं कर रहे हैं। यदि आपकी सेहत गिरती जा रही है तो इसकी वजह यह है कि आप इसके लिए समय नहीं निकाल पा रहे हैं। इस कहावत का विपरीत भी उतना ही सत्य है, "जिसे हम समय नहीं दे पाते, वह संकीर्ण हो जाता है।"

अपने जीवन की उन सभी अनावश्यक भूमिकाओं की सूची तैयार करें, जो आपसे आपका क़ीमती समय ले रही हैं और संकल्प लें कि अब आप इन्हें अपने क़ीमती समय के साथ खिलवाड़ नहीं करने देंगे। जब आप स्वयं को 'गौण कामों' की जकड़ से स्वतंत्र कर लेंगे तो आपको यह देख कर आश्चर्य होगा कि आप जिन कामों को चाह कर भी नहीं कर पाते थे, उनके लिए आपके पास समय निकल आएगा। आप जिसे महत्त्वपूर्ण समझ कर 'हामी' भरते हैं, उस पर आपके जीवन की गुणवत्ता निर्भर करती है, उससे भी अधिक महत्त्वपूर्ण यह हो जाता है कि आप जीवन के उन पक्षों को 'न' करने के योग्य हो जाते हैं, जिन्हें आप अपने साथ ले कर नहीं चलना चाहते।

यदि हम अपने समय का सदुपयोग आरंभ कर दें तो ऐसा बहुत सा समय हो सकता है, जो हमारे काम आ जाए। किसी को भी अपना समय देने से पूर्व सोचें, "क्या ऐसा करना मेरे समय के सदुपयोग की श्रेणी में आएगा?"

मैं अपने विचारों को नियंत्रित करने में अक्षम हूँ। मेरा मन हमेशा आधे-अधूरे विचारों से भरा रहता है। मैं किसी भी विषय पर स्वयं को केंद्रित नहीं कर पाता। मुझे क्या करना चाहिए?

महात्रया रा
स्पष्ट करते हैं...

मनोवैज्ञानिकों के एक अनुमान के अनुसार, हम एक दिन में औसतन साठ हज़ार विचारों को प्रश्रय देते हैं। इससे भी महत्त्वपूर्ण बात यह है, इन साठ हज़ार विचारों में से लगभग 95 से 98 प्रतिशत विचार प्रतिदिन दोहराए जाते हैं। भौतिक मस्तिष्क के स्तर पर, इनमें से प्रत्येक विचार, रसायनों की वर्षा स्रावित कर रहा है। स्नायुविज्ञानियों के अनुमान के अनुसार, एक मनुष्य के मस्तिष्क में 100 बिलियन न्यूरॉन्स पाए जाते हैं। हर न्यूरॉन के लगभग 1000 कनेक्शन होते हैं। हर कनेक्शन औसतन, प्रति सेकेंड दो सौ बार फ़ायर करता है, जिससे लगभग बीस हज़ार ट्रिलियन का आंकड़ा सामने आता है! ये सभी जीवन ऊर्जा का क्षय करते हैं। यदि हम अपने विचारों की संख्या के छोटे से प्रतिशत को भी घटा लें, तो इससे हमारे जीवन पर बहुत अधिक मात्रा में अंतर पड़ सकता है। प्रतिदिन कुछ मिनट तक मौन का अभ्यास करने से आप वह शक्ति पा लेते हैं, जो ऊर्जा का संरक्षण करती है।

जब हम, अपने विचारों की संख्या घटाने में सफल हो जाते हैं, तो हमारे विचारों की गुणवत्ता में भी एक उल्लेखनीय परिवर्तन आ जाएगा। कैसे? जब हम अपने विचारों की संख्या घटा लेते हैं तो विचारों का जमाव कम हो जाता है और हम हर विचार को थोड़े लंबे समय तक बनाए रखने में सफल हो जाते हैं। हम किसी विचार को जितने लंबे समय तक बनाए रखते हैं, वह उतना ही शक्तिशाली विचार बनता जाता है। प्रत्येक विचार में रचनात्मक

शक्ति होती है और वह जितने समय तक हमारे मस्तिष्क में बना रहता है, वह उतना ही शक्तिशाली होता जाता है। प्रत्येक विचार के साथ, हम अपने सार को भी प्रेषित करते हैं, जो दूसरे सारांशों से मिल कर, हमारे भौतिक वातावरण का सृजन और पुनः सृजन करता है। उस अर्थ में, हमारा जीवन हमारा स्वामी नहीं, हमारी संतान है। प्रतिदिन कुछ मिनट तक मौन का अभ्यास करने से, आप वह शक्ति अर्जित कर लेंगे, जिसके बल पर अपने लिए चुना हुआ परिवेश बना सकते हैं।

उच्चतम बारंबारताओं वाले स्पंदन ही मौन हैं। जब किसी पंखे के ब्लेड बहुत तेज़ गति से घूमते हैं तो ऐसा लगने लगता है मानो वे हैं ही नहीं। जब भी तार उच्चतम बारंबारता पर स्पंदित होते हैं, तो ऐसा लगता है कि वे शून्य के समान हैं, यही मौन है। यद्यपि यही वे उच्चतम स्पंदन हैं, जिनसे सभी निम्नतम स्पंदनों का उद्‍भव होता है। इस प्रकार, आध्यात्मिक भाव, सब कुछ इस शून्य से ही आता है। सब कुछ इसी मौन से उपजा है। मौन की अवस्था से कुछ भी रचा जा सकता है। इस भाव में बहुत बड़ा वैज्ञानिक सत्य छिपा है, "जब मौन के स्थान से कोई विचार उठता है, तो एक इच्छा भी मानो ब्रह्माण्ड का आदेश बन जाती है।" जो भी हो, क्या पानी की बड़ी सी झील में हलचल पैदा करने के लिए क्या एक छोटा सा कंकड़ भी पर्याप्त नहीं होता?

बाइबल में लिखा है, "स्थिर रहो, और जान लो कि मैं ईश्वर हूँ।"

केवल कुछ न करने की अवस्था में ही, स्पंदन स्थानांतरित होते हैं। यही आपके ध्यान के स्थान पर बैठने का महत्त्व है। जब आप अक्रियाशीलता की अवस्था में होते हैं, उच्चतर स्पंदनों के स्थान पर होते हैं या उच्चतम स्पंदनों से युक्त व्यक्ति की उपस्थिति में होते हैं, तो ये स्पंदन आप तक भी पहुँचते हैं। तभी आपसे कहा जाता है कि आध्यात्मिक स्पंदनों से युक्त व्यक्ति की उपस्थिति में कुछ न कहें, क्योंकि यह समय कुछ करने का नहीं बल्कि यह तो कुछ न करने का समय है, अक्रियाशील होने का समय है।

इस अक्रियाशीलता की शक्ति के बल पर आप भीतर की ओर एकाग्र होते हुए, उच्चतम स्पंदनों का दाय स्वीकार कर पाते हैं और उन उच्चतम स्पंदनों की उपस्थिति में, सब कुछ संभव हो जाता है। सब बातें संभव बन जाती हैं।

तभी तो फ्रांज़ काफ्का ने कहा है, "आपको अपने कमरे को छोड़ने की आवश्यकता नहीं है। अपनी ही मेज़ पर बैठे रहें और सुनें। सुनें भी नहीं और केवल शांत भाव से, गहन मौन के बीच केवल प्रतीक्षा करें। यह संसार अपने-आप ही आपके सामने अपने असली रूप में सामने आ जाएगा, इसके

पास कोई और विकल्प ही शेष नहीं रहेगा, यह आपके चरणों में परमानंद के साथ लोट लगाएगा।”

अपनी दिनचर्या में, मौन के स्थान पर आसीन होने के लिए भी समय निकालें।

**प्रत्येक विचार में रचनात्मक शक्ति होती है
और वह जितने समय तक हमारे मस्तिष्क में बना रहता
है, वह उतना ही शक्तिशाली होता जाता है। प्रत्येक विचार
के साथ, हम अपने सार को भी
प्रेषित करते हैं, जो दूसरे सारांशों से मिल कर,
हमारे भौतिक वातावरण का सृजन और पुनः
सृजन करता है। उस अर्थ में,
हमारा जीवन हमारा स्वामी नहीं,
हमारी संतान है। प्रतिदिन कुछ मिनट तक
मौन का अभ्यास करने से, आप वह शक्ति
अर्जित कर लेंगे, जिसके बल पर
अपने लिए चुना हुआ परिवेश बना सकते हैं।**

सब कुछ इस शून्य
से ही आता है।

सब कुछ इसी मौन
से उपजा है।

मौन की अवस्था
से कुछ भी रचा जा
सकता है।

महात्रया रा

जब किसी दिन, किसी बात पर मेरा मूड ख़राब होता है तो मेरे ख़राब मूड के कारण सारा दिन ही ख़राब हो जाता है। मैं इस परेशानी से कैसे उबर सकता हूँ?

महात्रया रा

स्पष्ट करते हैं...

उसी समय अपने-आप से प्रश्न करें, "यह दिन बुरा क्यों है?" और आपकी बुद्धिमत्ता आपके सामने झट से बहुत सारे कारण प्रस्तुत कर देगी। उसी बुद्धिमत्ता से दोबारा प्रश्न पूछें, "आज का दिन अच्छा क्यों है?" और यह फिर आपके सामने बहुत सारे उत्तर प्रस्तुत कर देगी। आप अपने ही शैतान के हिमायती बन सकते हैं, जीवन के उसी पहलू के बारे में पक्ष में भी सोच सकते हैं और विपक्ष में भी विचार कर सकते हैं। यह तो केवल उस दिशा का प्रश्न है, जो आपका चिंतन आपकी बुद्धिमत्ता को प्रदान करता है। समस्याओं और परेशानियों के बारे में बात करो, आपकी बुद्धिमत्ता आपके सामने परेशानियों का पहाड़ खड़ा कर देगी। समाधानों के बारे में सोचो और आपकी बुद्धिमत्ता आपके लिए समाधान प्रस्तुत करना आरंभ कर देगी।

सबसे पहले तो आप अपने मन में तरह-तरह की धारणाएँ बना लेते हैं, "यह व्यक्ति ग़लत है।" इसके बाद आप सोचने लगते हैं कि वह क्यों ग़लत है, और आपकी बुद्धिमत्ता भी आपके ही निर्णय को प्रश्रय देते हुए, बहुत सारे तर्कों व कारणों से सिद्ध कर देती है कि वह व्यक्ति कहाँ और क्यों ग़लत है। इसके विपरीत भी उतना ही सत्य है। कई बार आप किसी व्यक्ति के बारे में ऐसी पक्की धारणा बना कर रख लेते हैं, "वह तो कभी ग़लत हो ही नहीं सकता। वह हमेशा सही बात करता है।" अब आपकी बुद्धिमत्ता आपको अनेक ऐसे तर्क प्रस्तुत कर देगी जो कहेंगे कि वह वास्तव में बिलकुल सही इंसान है। तो

किसी का सही या ग़लत होना आपके दिमाग़ में पहले से ही तय होता है, और आपकी बुद्धिमत्ता केवल अपनी परख़ को पुख़्ता करने की दिशा में ही जाती है।

उचित चिंतन के साथ ही अपनी बुद्धिमत्ता को उचित दिशा में ले जाने से आरंभ करें। किंतु-परंतु की बजाय, किसी दिशा में ठोस चिंतन के साथ ही आप अपनी बुद्धिमत्ता व चिंतन को उचित दिशा में ले जा सकते हैं।

मैं व्यायाम करना चाहता हूँ परंतु... मैं अपना काम आरंभ करना चाहता हूँ... परंतु... मैं अपने परिवार को भरपूर समय देना चाहता हूँ पर... मैं सच में धूम्रपान छोड़ना चाहता हूँ परंतु... 'परंतु और किंतु' एक असहमति और नकार है। आप एक इच्छा प्रकट कर रहे हैं और उसी श्वास में, आप किंतु या परंतु बोल कर, आप यह बता देते हैं कि आप उसे पूरा क्यों नहीं कर पा रहे या क्यों नहीं कर सकते। यह विचार ढाँचा आपको कहीं नहीं ले जाने वाला।

मैं व्यायाम करना चाहता हूँ... इसलिए... मैं अपना काम आरंभ करना चाहता हूँ... इसलिए.. मैं अपने परिवार को भरपूर समय देना चाहता हूँ इसलिए... मैं सच में धूम्रपान छोड़ना चाहता हूँ इसलिए...। 'इसलिए' का भाव एक प्रगति का सूचक है। आप अपनी इच्छा प्रकट करने के साथ-साथ, उसी दम यह भी बता रहे हैं कि 'इसलिए...' आप अपनी बुद्धिमत्ता को उस दिशा में निर्देशित कर रहे हैं, जहाँ से वह इस इच्छा को पूरी करने के उपाय तलाश सकती है।

यह सोच कर भी हैरानी होती है कि आप जीवन में कितना कुछ पा सकते हैं, केवल आपको यह सोचना बंद करना होगा, 'ऐसा क्यों नहीं हो सकता' और इसके स्थान पर आपको सोचना होगा, 'इसे कैसे किया जा सकता है?' भले ही इस बात का यह अर्थ निकलता है कि अभी आपके पास उस काम को करने के लिए उत्तर नहीं है। बेहतर होगा कि आप अनुचित दिशा में जा कर, उत्तर तलाशने की बजाय, बिना किसी उत्तर के उचित दिशा में अग्रसर हों।

यदि अपने जीवन को उपयुक्त दिशा में ले जाना चाहते हैं, तो आपको अपनी बुद्धिमत्ता को उचित दिशा में ले जाना होगा।

यह आपकी बुद्धिमत्ता नहीं, बल्कि आपकी बुद्धिमत्ता की दिशा, यह तय करती है कि आपकी प्रगति की गति क्या होगी? जो लोग सफल होते हैं, यह आवश्यक नहीं कि उनके पास उच्चतम बुद्धिमत्ता का वरदान ही हो, उनके पास अपनी बुद्धिमत्ता को देने के लिए एक बेहतर दिशा भी हो सकती है।

मुझे अपनी बुद्धिमत्ता का आश्रय कब लेना चाहिए और कब अपने मन की बात सुननी चाहिए? पिछली बार, भावात्मक विस्फोट के दौरान मैंने जो तुरंत निर्णय लिया, उसने मुझे बरबाद करके रख दिया।

महात्रया रा

स्पष्ट करते हैं...

आप अपनी बुद्धिमत्ता के माध्यम से विश्लेषण करते हैं और अपने भावों के माध्यम से विस्मित होते हैं। इसी विस्मय भाव को पोषित करने के लिए, मनुष्य को इसी प्रकार रचा गया है कि जब उसके भाव मुखरित होते हैं तो बुद्धिमत्ता अपने-आप ही दो क़दम पीछे हट जाती है। यदि आप खगोल विद्या के बारे में बहुत सारी जानकारी रखते, तो आप नहीं कहेंगे, "ट्विंकल-ट्विंकल लिटिल स्टार... हाउ आई वंडर व्हाट यू आर?" तब आप केवल इतना ही कहेंगे, "ट्विंकल-ट्विंकल लिटिल स्टार... आइ नो सो मच एबाउट व्हाट यू आर? (आकाश में चमकते तारों, मैं तो इस बारे में बहुत कुछ जानता हूँ कि तुम क्या हो?)" अगर आपको वनस्पति शास्त्र की जानकारी होगी तो आप बरगद के विशाल वृक्ष को देख कर विस्मित होते हुए नहीं कहोगे, "वाह!" आप केवल कहोगे, "ओह, ये तो *फ़िकस बेंगहेलनसिस* है।" यही कारण है कि जब आप पूरी तरह से अपनी बुद्धि के वश में होते हैं, तो आप भावुक नहीं हो सकते। यही कारण है कि जो व्यक्ति बहुत मननशील तथा किसी परिस्थिति के लिए बहुत विश्लेषणात्मक होते हैं, वे उस परिस्थिति में शामिल होने के बाद भी भावात्मक रूप से जुड़ाव नहीं रख पाते।

इसका विपरीत भी उतना ही सत्य है और यही मनुष्य की अधिकांश दुविधाओं का एकमात्र कारण है। जब आप अपने भावों की चपेट में होते हैं तो बुद्धि काम नहीं करती। अच्छे निर्णय लेने के लिए बुद्धि की आवश्यकता

होती है। निश्चित रूप से, भावों की रौ में बह कर लिए गए निर्णय, बाद में ऐसे निर्णय साबित होते हैं, जिनमें पछतावे के सिवा कुछ हाथ नहीं आता।

यदि आपने एक और सप्ताह प्रतीक्षा की होती, तो संभवतः आपने त्यागपत्र न दिया होता। परंतु आप इतने परेशान थे, इतने परेशान थे, इतने परेशान थे कि भावनाओं ने आपकी बुद्धि को भी धुँधला दिया। हो सकता था कि आपका बॉस ही ग़लत था परंतु केवल त्यागपत्र ही तो इस मसले को सुलझाने का उपाय नहीं था। यदि आपने एक सप्ताह तक प्रतीक्षा की होती तो संभवतः आपको अपने एक होनहार कर्मचारी को काम से न निकालना पड़ता। हो सकता है कि उसने भूल की हो परंतु उसे काम से निकालना ही तो एकमात्र उपाय नहीं था परंतु आपकी भावनाओं ने आपको अपने वश में कर लिया। मौखिक गाली-गलौज से ले कर, आपसी फटकार और दूसरे पर हाथ उठाना आदि - हर बेतुका क़दम तभी उठाया जाता है, जब आपके दिमाग़ और सोचने की शक्ति के द्वारा अपना काम करना बंद कर दिया जाता है। आप भावनाओं की रौ में बह कर बुद्धि को दरकिनार कर देते हैं। आत्महत्या भी ऐसा ही एक निर्णय है जिसे आप इंसान भावनाओं की रौ में बह कर लेते हैं। अगर वह समय बुद्धि के साए में बीतता तो निश्चित रूप से उक्त व्यक्ति आज जीवित होता। अगर कोई उनकी भावनाओं को शांत करने का प्रयास करता तो शायद उन्होंने आत्महत्या करने का इतना बड़ा क़दम न उठाया होता।

अगर रावण अपनी बहन की ओर से सुनाई गई कहानी के बहकावे में आ कर, भावनाओं की रौ में न बहता और अपने मन को शांत होने का समय दिया होता... काश! सीता, जो वेश बदल कर घूम रहे मारीच के स्वर को राम का स्वर सुन कर व्यथित न हुई होती, अपनी भावनाओं को शांत होने का समय दिया होता। काश! लक्ष्मण सीता के व्यंग्यबाण सुन कर भी उस जगह से नहीं हिलते और राम के लौटने तक सीता की सुरक्षा में तैनात रहते... काश! राम एक धोबी के मुख से अपनी पत्नी की पवित्रता के बारे में सुन कर भावुक न हुए होते, अपनी भावनाओं के ज्वार को शांत होने का समय दिया होता...तब *रामायण* दुखों का ग्रंथ न कहलाता।

भावनाओं के प्रभाव में आ कर लिए गए निर्णय और किए गए कार्य, आपके जीवन को दुखों की महागाथा बना देंगे। याद रखें, भावात्मक आवेग में बुद्धि काम नहीं करती। तो जब भी आप स्वयं को या दूसरे व्यक्ति को ऐसे वातावरण में पाएँ... तो किसी भी तरह का क़दम उठाने या निर्णय लेने से बचें और अपने भावनाओं के ज्वार को शांत करने के लिए प्रतीक्षा करें।

यदि आप भावुक हो रहे हों तो बेहतर होगा कि उस समय उस कार्य या निर्णय को स्थगित कर दें। जब आप भावुक हों तो कबीर की कही बात के विपरीत चलें : जो काम अभी किया जाना हो, उसे कल करें। उसे बाद के लिए टाल दें। ऐसी भी क्या जल्दी है? अभी तो सारा जीवन आगे पड़ा है...

मौखिक गाली-गलौज से ले कर, आपसी फटकार और दूसरे पर हाथ उठाना आदि – हर बेतुका क़दम तभी उठाया जाता है, जब आपके दिमाग़ और सोचने की शक्ति द्वारा अपना काम करना बंद कर दिया जाता है। आप भावनाओं की रौ में बह कर बुद्धि को दरकिनार कर देते हैं। आत्महत्या भी ऐसा ही एक निर्णय है जिसे आप इंसान भावनाओं की रौ में बह कर लेते हैं। अगर वह समय बुद्धि के साए में बीतता तो निश्चित रूप से उक्त व्यक्ति आज जीवित होता। अगर कोई उनकी भावनाओं को शांत करने का प्रयास करता तो शायद उन्होंने आत्महत्या करने का इतना बड़ा क़दम न उठाया होता। भावनाओं के प्रभाव में आ कर लिए गए निर्णय और किए गए कार्य, आपके जीवन को दुखों की महागाथा बना देंगे।

जब आप अपने भावों की चपेट में होते
हैं तो बुद्धि काम नहीं करती।

महात्रया रा

मैं जानना चाहता हूँ कि चरित्र किसे कहते हैं?

महात्रया रा

स्पष्ट करते हैं...

पशुओं के लिए कोई नैतिक मसले नहीं होते क्योंकि उनका भेदभाव पूरी तरह से उनकी पाशविक वृत्ति की उपज होता है। जब भी भोजन, समागम या अपने बच्चों की रक्षा के लिए किसी दूसरे को मारने का प्रश्न आता है, तो पशु जगत में नैतिकता का कोई मुद्दा नहीं होता। ठीक इसी प्रकार, हम मनुष्य, बालकों के रूप में कभी अच्छे और बुरे की अवधारणा को नहीं समझ पाते। हमारे अनुभव ही हमारा पोषण करते हैं। हम सभी अपनी ही सहज प्रवृत्तियों में बँधे हैं जो हमें पीड़ा से दूर तथा आनंद के निकट रहना सिखाती हैं। इस पहलू से देखें तो मनुष्य और पशु में कोई अंतर नहीं पाएँगे। हालाँकि, मनुष्य एक चिंतनशील जीव है और एक सोचने वाला जानवर और भी ख़तरनाक हो सकता है। तो आपसे और मुझसे पहले, इस धरती नामक ग्रह पर जो भी बुद्धिमान प्राणी आए और गए हैं, उन्होंने यह सुनिश्चित किया कि मनुष्य का चिंतन विनाश की अपेक्षा रचनात्मक दिशा में निर्देशित हो, उन्होंने उचित व अनुचित का संविधान बनाया और मनुष्य से यह अपेक्षा की कि वह उसका पालन करेगा, जिसे हम नैतिकता के नाम से जानते हैं।

पाषाण युग का व्यक्ति आपको अपने वश में कर लेता और आपकी स्त्री, उसकी स्त्री हो जाती; सभ्य जगत में इसे अनैतिक माना जाता है। हालाँकि, तथ्य तो यही है कि भले ही मनुष्य को नैतिकता की सीमाओं में बाँधा गया हो परंतु वह अब भी अपनी सहज प्रवृत्ति से ऊपर नहीं उठा सका। वह अब भी दूसरों की संपत्ति व समृद्धि के आनंद से आकर्षित होता है और दूसरे के स्त्री को देख,

उसे पाने के प्रलोभन में जकड़ा है। प्रत्येक मनुष्य का एक अंश आज भी पशु ही है। उसके भीतर बसे मनुष्य तथा पशु के भीतर निरंतर संघर्ष छिड़ा रहता है - उसकी सहज वृत्तियों तथा अंतःकरण के बीच छिड़ा संघर्ष!

विडंबना यह है कि ये प्रवृत्ति उसके अपने अनुभवों से निखार पाती है, जबकि उसका अंतःकरण दूसरों से उधार लिया जाता है या उसे पैतृक दाय के रूप में मिलता है। किसी-किसी दिन, उसका अनुभवजन्य ज्ञान अधिक प्रभावी होता है; प्रायः उसके भीतर बसी पाशविक वृत्ति की ही जीत होती है। उसकी प्रवृत्ति (आनंद तथा पीड़ा) तथा अंतःकरण (उचित या अनुचित) के बीच की दरार ही चरित्र का हनन कहलाती है। व्यक्ति की सहज प्रवृत्ति तथा अंतःकरण की यह दरार ही पाप कहलाती है। तभी किसी एक धार्मिक अनुयायी के लिए माँसाहार करने से चरित्र का हनन नहीं होता क्योंकि उसका धर्म और निजी संविधान इसे अनुचित नहीं मानता; परंतु यदि आप जैन समुदाय से हैं तो यही कृत्य आपके लिए चरित्र का हनन मान लिया जाएगा। अगर यहाँ कोई दरार है, तो वह पाप है। इसे पाप इसलिए कहते हैं क्योंकि अब वह एक ऐसी गाड़ी के समान है, जिसे दो विभिन्न दिशाओं में खींचा जा रहा है।

एक सबल चरित्र का स्वामी वह व्यक्ति है, जो अपना जीवन बिना किसी दरार के, अखंड भाव में जीता है। उसके पास छिपाने को कुछ नहीं है। वह ऐसा कोई काम ही नहीं करता कि उसे दूसरों से छिपाने की नौबत आए। वह उन लोगों में से नहीं जिन्हें यह सोचना पड़ता है, "कहीं वे पकड़े तो नहीं जाएँगे? वह उन व्यक्तियों में से है जो किसी भी काम को करने से पहले, यह सोचते हैं कि यह काम करना उचित है या अनुचित?"

जो जीवन किसी विभाजन के बिना जिया जाता है, वह एक आजीवन लंबी प्यास है। यह कुछ ऐसा नहीं है कि इंसान समझ ले कि वह कहीं पहुँच गया है... वह निरंतर पहुँचता ही रहता है, वह चल रहा है... उसे अपने पथ से विचलित होने में केवल एक क्षण लगता है परंतु अपने पथ पर डटे रहने के लिए आजीवन का संकल्प चाहिए। आपको भी इस संकल्प को थामे रहना होगा।

क्या मेरे नींद के घंटों तथा जागने के घंटों के बीच कोई आपसी संबंध है?

महात्रया रा
स्पष्ट करते हैं...

यद्यपि यह एक आम धारणा है कि एक अच्छी सेहत के लिए कम से कम आठ घंटे की नींद ली जानी चाहिए। 30 से 102 वर्ष की आयु के लाखों वयस्कों पर छह वर्ष तक किए गए निरंतर अध्ययन के बाद यह निष्कर्ष सामने आया कि छह से सात घंटे की नींद लेने वाले व्यक्तियों में मृत्यु दर कम पाई गई। जो लोग आठ घंटे या उससे अधिक सोते थे या चार घंटे से कम सोते थे, उनमें छह से सात घंटे सोने वालों की तुलना में मृत्यु की दर अधिक पाई गई।

सैनडियेगो स्कूल ऑफ़ मेडीसिन, कैलिफ़ोर्निया विश्वविद्यालय तथा अमेरिकी कैंसर सोसायटी के शोधकर्ताओं ने मिल कर एक अध्ययन किया, जो अमेरिकी मेडिकल एसोसिएशन की एक पत्रिका, *द आर्काइव्ज़ ऑफ़ जनरल साईकाइट्री* के 15 फ़रवरी 2002 के संस्करण में प्रकाशित हुआ। जो व्यक्ति रात को औसतन 6.5 घंटे की नींद लेते हैं, वे निश्चिंत रह सकते हैं कि उनके लिए नींद की यह मात्रा भरपूर है। स्वास्थ्य की दृष्टि से बहुत देर तक सोने से कोई लाभ नहीं होता।

हम माँ की कोख़ में सोते रहते हैं और क़ब्र में जाने पर भी सोना ही है। इन दो महत्त्वपूर्ण मोड़ों के बीच, हमारे पास यह जीवन है और क्या यहाँ भी हमें ज़्यादा नींद ले कर समय को बरबाद करते रहना चाहिए?

जीवन तथा मृत्यु के बीच की अवधि ही मनुष्य का जीवनकाल है। जन्म का समय हमारे वश में नहीं था और हमारी मृत्यु का समय भी हमारे वश में नहीं होगा। इस प्रकार, हम अपने जीवनकाल को वश में नहीं रख सकते। इस

समीकरण का अर्थ होगा : जीवन की अवधि में से घटाएँ सोने के घंटे = जागने के घंटे, जिनमें हम जीवन का अनुभव पाते हैं। अगर हम हर रोज़ अपनी नींद के दो घंटे कम कर लें तो एक साल में हमारे पास तीस दिन अतिरिक्त होंगे। इसका मतलब होगा कि जब सारा संसार आठ घंटे की नींद के साथ बारह महीने का साल जिएगा आपके पास उसी अवधि में छह घंटे सोते हुए, जीने के लिए तेरह माह होंगे।

अगर नींद कम करनी है तो आपको तीन बदलाव लाने ही होंगे। पहले, अपनी नींद की गुणवत्ता में सुधार लाएँ - 10 घंटे की अस्त-व्यस्त और अधूरी नींद से बेहतर होगा कि छह घंटे की भरपूर नींद ली जाए।

दूसरे, जागने और उठने के अंतराल पर विजय पाएँ। हम पहले जागते हैं और फिर उठते हैं। हम जागने के बाद भी दिमाग़ पर देह को हावी रहने देते हैं और कुछ देर के लिए फिर से सो जाते हैं। हमारा शरीर दिमाग़ को वश में कर लेता है। अगर उस अंतराल में दिमाग़ को देह को वश में करने का अवसर मिल जाए तो हम मनोवैज्ञानिक रूप से विजयी रहेंगे। जब तक हम जागने और उठने के अंतराल पर विजय नहीं पा लेते, हमारा दिन एक पराजय के साथ ही आरंभ होगा। दिन का सबसे पहला अनुभव ही नकारात्मक हो रहा है। अगर हम देह को ही वश में नहीं कर पा रहे तो अपने जीवन को कैसे नियंत्रित कर लेंगे? इस अंतराल को जीतें और दिन को एक जीत के साथ आरंभ करें। बस, आपको 'जागने' के बाद और 'उठने' से पहले, अपने भीतर से गूँज रहे स्वर, 'सो जा, सो जा...' को बदल कर, 'उठो... उठो, जागो' में बदलना है।

अंत में, अपने लिए दिन का कोई उद्देश्य रखें। लोग आलसी इसलिए होते हैं क्योंकि उनके पास दिन में करने के लिए कोई काम नहीं होता। जब लोग निस्सार उद्देश्यों के साथ जीते हैं तो वे आलसी हो जाते हैं। अगर किसी को किसी रोचक लक्ष्य के लिए उठना हो तो वह भी झट से बिस्तर से उठ जाता है। किसी प्रिय को रेलवे स्टेशन से लेने जाना हो, दोस्त को एयरपोर्ट छोड़ना हो, अलसुबह आने वाले मैच का प्रसारण देखना हो या कोई ऐसा काम करना हो, जो आपको बहुत रोमांचित करता हो तो आपको उठने और जागने में देर नहीं लगती। तब सो कर उठना, एक आत्म प्रेरित कर्म हो जाता है। घरों में ज़िम्मेदार गृहिणियाँ प्रतिदिन सुबह जल्दी उठती हैं क्योंकि उन्हें अपनी सौ ज़िम्मेदारियाँ निभानी होती हैं। अपनी सुबह और दिन के लिए कोई सार्थक लक्ष्य परिभाषित करें और हो सकता है कि आपको सुबह उठने के लिए अलार्म घड़ी की आवश्यकता भी न पड़े। उठने के लिए यह पुकार आपके भीतर से आएगी।

नींद में आप सपने देखते हैं परंतु अगर आप उन्हें पाना चाहते हैं तो आपको उठना ही होगा।

बस, अब उठ जाएँ! अगर हम हर रोज अपनी नींद के दो घंटे कम कर लें तो एक साल में हमारे पास तीस दिन अतिरिक्त होंगे।

अपने दिन के लिए एक निश्चित लक्ष्य रखें।

महात्रया रा

मैं पिछले एक दशक से धूम्रपान करता आ रहा हूँ। मैंने कई बार इस लत को त्यागने का प्रयास भी किया है। मैं आलस्य सहित, अपने इस दुर्गुण को छोड़ने में सफल क्यों नहीं हो पा रहा?

महात्रया रा
स्पष्ट करते हैं...

पीड़ा व आनंद ही मनुष्य के व्यवहार के दो प्रमुख परिचालक हैं। वह सहज स्वभाव से उसी वस्तु को अपनाना चाहता है जिससे उसे आनंद प्राप्त होता हो और वह पीड़ा को अपने से दूर रखना चाहता है।

एक सिगरेट पीने वाला व्यक्ति अपने सभी शुभचिंतकों की सलाहों को उपेक्षित करते हुए भी, निरंतर धूम्रपान क्यों करता रहता है? ऐसा इसलिए है क्योंकि धूम्रपान करना उसके लिए एक आनंद है और उसे छोड़ने से उसे पीड़ा का आभास होगा। वह दूसरों द्वारा कही गई सारी बातों का अर्थ समझता है, परंतु धूम्रपान से मिला आनंद उसे अपनी आदत के खोल से बाहर ही नहीं आने देता। अपने जीवन के बाद के वर्षों में, जब उसका डॉक्टर ओपन हार्ट सर्जरी के बाद उसे परामर्श देता है, “अगर तुम इसी तरह सिगरेट पीते रहे तो इस दुनिया से टिकट कटवाना होगा।” यह सुनते ही वह व्यक्ति सिगरेट पीना छोड़ देता है। क्यों? अब उसके पास चुनाव है - धूम्रपान त्याग से होने वाली कम पीड़ा तथा मृत्यु की पीड़ा, वह आसानी से सिगरेट को ही छोड़ देता है।

इस संसार में इतने क्रोधी व्यक्ति क्यों हैं?

आमतौर पर तो दृश्य यही होता है कि एक क्रोधी व्यक्ति, सारे माहौल को अपने क़ाबू में करने में सफल रहता है। अक्सर चीख़-चिल्ला कर लोग दूसरों को अपने वश में कर लेते हैं। किसी गुस्सैल आदमी का गुस्सा, दूसरों में भय उत्पन्न करता है।

दूसरों पर वर्चस्व का भाव तथा हालात को क़ाबू में करने की प्रवृत्ति, गुस्सैल आदमी के भीतर दबाव पैदा करती है। नतीजतन, जब भी उसे लगता है कि बात क़ाबू से बाहर जा रही है तो वह गुस्से का आश्रय लेता है। हालाँकि, जब वह शांत भाव में होता है तो उसे इस बात का एहसास होता है कि उसे गुस्सा नहीं करना चाहिए, जब सारे काम उसके अनुसार नहीं हो रहे होते, तो वह फिर से गुस्से की शरण में चला जाता है। गुस्से के कारण, उसे अपने तरीक़े से काम करवाने का आनंद प्राप्त होता है। उसे पता है कि वह चीख़-चिल्ला कर दूसरों से अपना मनचाहा काम निकलवा सकता है।

जब तक उसके गुस्से के साथ वह आनंद जुड़ा रहेगा, वह गुस्से का त्याग नहीं कर सकता। अगर उसने गुस्से का त्याग किया तो उसे उसके साथ बहुत सी पीड़ा को जोड़ना होगा।

"गुस्से के लिए कोई सज़ा नहीं दी जा सकती क्योंकि गुस्सा तो स्वयं ही आपको दंडित कर देता है।" गौतम बुद्ध ने कहा था। गुस्से के एक-एक क्षण के साथ हमारे शरीर में हानिकारक रसायन व अम्लों का स्राव होता है। याद रखें, अम्ल उस पात्र को भी ख़राब कर देता है, जिसमें आप उसे रखते हैं। गुस्से के साथ ही आप रक्तचाप, कैंसर तथा हृदय रोग संबंधी समस्याओं को जन्म देते हैं।

हम अपने प्रत्येक क्रोधी अनुभव के साथ अपने प्रियजन को आहत करते हैं और अपने लिए महत्त्वपूर्ण संबंधों में दरार डाल देते हैं। गुस्से की प्रतिक्रिया में गुस्से से और गुस्सा पैदा होता है और इस तरह कभी कोई समाधान नहीं निकल पाता। यद्यपि कुछ लोग अपने गुस्से से दूसरे लोगों व हालात पर क़ाबू तो पा लेते हैं परंतु इस प्रक्रिया में हम बहुत से अमूल्य पक्ष खो देते हैं, जिनमें हमारा स्वास्थ्य तथा जीवन का एक भाग भी शामिल है। जब कोई निरंतर गुस्से के साथ अधिक से अधिक पीड़ा को जोड़ने का प्रयास करता है, तो धीरे-धीरे इससे पीछा छुड़ाना आसान होता चला जाता है।

यह बदलाव तभी आ सकता है, जब आपको रीप्रोग्रामिंग करना आता हो।

जन्म के बाद से, हर अनुभव के साथ हम रीप्रोग्रामिंग करते आ रहे हैं। जब भी हम अपने व्यवहार को पूरी परिपक्वता के साथ देखने लगते हैं तो हमें एहसास होता है कि हमारे भीतर अभी ऐसे बहुत से पक्ष हैं, जो भारी बदलाव की आकांक्षा रखते हैं। हम इन्हें बदलना चाहते हैं और अपने भीतर इस बदलाव के लिए संघर्ष करते हैं। जब हम बदलना चाहते हैं और बदल नहीं पाते तो हमारे भीतर एक अधूरेपन का भाव विकसित होता है।

किसी व्याख्यान को सुनने या किसी पुस्तक को पढ़ने के बाद, हम बदलाव

की प्रेरणा पाते हैं। इसके बावजूद हमारी कुंठा बनी रहती है क्योंकि हम केवल ऐसा करने की मंशा रखते हैं, उसे व्यावहारिक रूप से जीवन में नहीं उतार पाते। सोना और आलस्य में पड़े रहना एक आनंद है और जॉगिंग करना अपने-आप में एक पीड़ा है, केवल इच्छा मात्र रखने से कुछ नहीं होगा। आपको पीड़ा व आनंद की नए सिरे प्रोग्रामिंग करनी होगी। उन्हें नए सिरे से परिभाषित करना होगा।

जब हमें एहसास हो जाता है कि अधिक नींद लेने से हमारे जैविक तंत्र को जंग लगता है और बॉडी क्लॉक भी गड़बड़ा जाती है, जब हमें एहसास हो जाता है कि ज़्यादा नींद लेने से हम अपने जीवन का एक तिहाई से अधिक हिस्सा तो नींद में ही बिता देते हैं, तो धीरे-धीरे हम नींद के साथ पीड़ा को जोड़ने लगते हैं।

जब हमें यह भी एहसास होता है कि जॉगिंग और व्यायाम करने से हमारी शरीर की फ़ालतू चर्बी घटेगी, कॉलेस्ट्रॉल कम होगा और हमारी सेहत ठीक रहेगी तो हम व्यायाम के साथ अपने आनंद को जोड़ने लगते हैं। पीड़ा व आनंद को नए सिरे से परिभाषित करने के साथ ही हम स्वयं को अधिक नींद लेने से बचाते हुए, व्यायाम की ओर प्रेरित कर सकते हैं।

केवल इस उत्तर को पढ़ने भर से आपके भीतर ऐसी सजगता पैदा नहीं होगी। आपको इस अवधारणा को समझना होगा, आपको थोड़ा समय निकाल कर, इस नई परिभाषा को अपने दिमाग़ में कई बार दोहराना होगा। चाहे यह पढ़ाई और टीवी के समय की अदल-बदल हो या फिर आपकी इंद्रियों के लिए रीप्रोग्रामिंग ताकि आपके भीतर एक स्थायी बदलाव आ सके।

आप जीवन के जिस भी पहलू में अपने लिए बदलाव चाहते हों, वहाँ यह पहचानें कि आपने किसी चीज़ को आनंद और किसी चीज़ को पीड़ा से जोड़ रखा है। इसके बाद पीड़ा व आनंद को रीप्रोग्राम करने के लिए समय निकालें और अपने दिमाग़ को बार-बार उन्हें अपनाने की सलाह देते रहें ताकि आपकी सोच में बदलाव आ जाए। केवल इच्छा रखने से आपके भीतर बदलाव नहीं आएगा। आपको रीप्रोग्रामिंग करनी ही होगी।

तब आप वैसे ही मनुष्य बन सकते हैं, जैसे कि आप सही मायनों में बनना चाहते हैं।

पीड़ा व आनंद ही मनुष्य के व्यवहार के दो
प्रमुख परिचालक हैं। वह सहज स्वभाव से उसी
वस्तु को अपनाना चाहता है जिससे उसे आनंद प्राप्त होता
हो और वह पीड़ा को अपने से दूर रखना चाहता है। आप
जीवन के जिस भी पहलू में अपने लिए बदलाव चाहते हों,
वहाँ यह पहचानें कि आपने
किसी चीज़ को आनंद और किसी चीज़ को
पीड़ा से जोड़ रखा है। इसके बाद पीड़ा
व आनंद को रीप्रोग्राम करने के लिए
समय निकालें और अपने दिमाग़ को बार-बार
उन्हें अपनाने की सलाह देते रहें ताकि आपकी सोच
में बदलाव आ जाए। केवल इच्छा रखने से आपके भीतर
बदलाव नहीं आएगा।
आपको रीप्रोग्रामिंग करनी ही होगी।

मैं दूसरों के प्रति बहुत अच्छी तरह पेश आता हूँ और इसी प्रक्रिया में मैं अपने जीवन की आवश्यकताओं को पूरा नहीं कर पा रहा। कृपया सुधार के लिए मेरा मार्गदर्शन करें।

महात्रया रा

स्पष्ट करते हैं...

समय प्रबंधन के लिए बहुत से विचार तथा अवधारणाएँ दिए गए हैं... बहुत सारा साहित्य है... बहुत सारे साधन और संगठनकर्ता उपलब्ध हैं... चलिए हम के आई एस की बात करते हैं यानी कीप इट सिंपल! हमारी सारी गतिविधियों को इस प्रकार बाँटा जा सकता है : महत्त्वपूर्ण, निजी, तत्काल, दूसरों के लिए तत्काल तथा मामूली।

महत्त्वपूर्ण - यह अनुशासन का क्षेत्र है। ये जीवन के वे पहलू हैं जहाँ आज के बीज, कल के वृक्षों में बदलने वाले हैं। वे हमारे लिए काम नहीं करते, हमें अपने अनुशासन के साथ उनके लिए काम करना होता है। अनुशासन का अर्थ है कि आप कामों को मजबूरी बनने से बहुत पहले, स्वेच्छा से ही पूरा कर देंगे।

निजी आपातकाल - यह माँग का क्षेत्र है। आप जिन कामों को इस श्रेणी में रखते हैं, उनके पूरा होने में देर नहीं लगती क्योंकि ये गतिविधियाँ किसी न किसी तरह, अपने लिए आपका समय चुरा ही लेती हैं।

दूसरों का आपातकाल - इसे आप विभ्रम काल भी कह सकते हैं। ये आपको तन्मयता का भाव देता है। ये आपको इस बात का भरोसा दिलाते हैं कि काम पूरे हो रहे हैं।

मामूली - यह क्षय का क्षेत्र है। ये गतिविधियाँ आपके समय व ऊर्जा का क्षय करती हैं परंतु इन गतिविधियों के प्रभाव आपकी वृद्धि तथा विकास के लिए पूरी तरह से गौण होते हैं।

प्रायः इस बात को समझाने के लिए एक रूपक की मदद ली जाती है। एक ख़ाली बाल्टी को ऊपर तक भरने के लिए उसमें मुट्ठी के आकार के पत्थर डालें। अभी उस बाल्टी के भरे होने के बावजूद आप उसमें कुछ कंकड़ डाल सकते हैं, क्योंकि वे उनके रिक्त स्थानों के बीच आ जाएँगे। इसके बाद आप रेत और पानी भी डाल सकते हैं। अगर आपने पहले ही ख़ाली बाल्टी को पानी से भर दिया, तो इसमें कुछ भी शामिल नहीं किया जा सकता। यह सब क्रम तथा व्यवस्था पर निर्भर करता है। इसके अनुसार आपको पहली वस्तु, पहले की व्यवस्था को अपनाना होगा।

जो काम आपके लिए बहुत महत्त्व रखते हैं, उन्हें उन कामों की दया पर न छोड़ें, जो आपके लिए बहुत महत्त्व नहीं रखते, केवल यही न देखें कि ऐसा करना सुविधा के लिहाज़ से सही लग रहा है। जो भी महत्त्वपूर्ण हो, उसे अपना समय व ध्यान निश्चित रूप से दें। पहले, अपनी जीवनशैली को देखते हुए, यह पता करें कि आपके लिए सबसे अधिक महत्त्व क्या रखता है। सबसे पहले मुट्ठी के आकार के पत्थरों को उनका पूरा समय लेने दें। इसके बाद हम नियमित रूप से होने वाले अपने दैनिक कामों को इसमें शामिल कर सकते हैं। इसके बाद कंकड़ों को शामिल करें। इसके बाद जो जगह बचे, उसमें आप दूसरों के काम तथा मामूली कामों को शामिल करें यानी रेत व पानी को डाल दें।

यह जीवन समय प्रबंधन नहीं, इसे आपको स्व-प्रबंधन से जोड़ कर देखना चाहिए। यह समय का नहीं आपका अपना प्रबंधन है। हम सभी को अंत में जा कर इसका एहसास होता है परंतु अंत के लिए प्रतीक्षा क्यों करनी... हम इसे आरंभ में ही महसूस क्यों नहीं कर सकते? अभी क्यों नहीं? हमें दिनों को नहीं गिनना चाहिए, उन दिनों को सार्थक बनाना चाहिए।

अनुशासन का अर्थ है कि आप कामों को मजबूरी बनने से बहुत पहले, स्वेच्छा से ही पूरा कर देंगे।

मैं किसी एक ही काम पर एकाग्रता बनाए रखने के लिए बहुत संघर्ष करता हूँ। प्रायः मैं किसी बच्चे की तरह छोटी-छोटी बातों के कारण अपना ध्यान भटका बैठता हूँ। मैं उस अवस्था तक कैसे पहुँच सकता हूँ, जहाँ मैं एक बार में कई काम पूरी एकाग्रता के साथ कर सकूँ?

महात्रया रा

स्पष्ट करते हैं...

अगर आप किसी एक काम में उत्कृष्टता नहीं ला सकते, तो कई तरह के काम भी एक साथ, बेहतर तरीक़े से नहीं किए जा सकते। यहाँ केंद्र यह नहीं कि आपके द्वारा नंबर एक के काम को 'सहमति' देनी है, आपके पास यह अनुशासन भी होना चाहिए कि आप बाक़ी निन्यानवे कामों या भटकाव के लिए 'इंकार' कैसे करेंगे।

पहले, अपने हाथ में काग़ज़ और क़लम लें। यह सच है कि हम तकनीक से भरे युग में जी रहे हैं, जहाँ हर चीज़ में क्रांतिकारी बदलाव आ चुका है परंतु काग़ज़ व क़लम आपके मन को केंद्रित करते हुए, चिंतन को जिस तरह दिशा देते हैं, वैसे कोई नहीं दे सकता। जब हम अपने हाथों से लिखते हैं, तो न्यूरोलिंग्विस्टक एसोसिएशन ही ऐसा होता है कि यह मन को भटकने नहीं देता।

दूसरे, अगर आप किसी जंगली हाथी को साधना चाहते हैं, तो पहले उसे पालतू बनाना होगा। आपको अपने मन की एकाग्रता का अभ्यास करना होगा और धीरे-धीरे, यह आपके मन को पालतू बना देगा। मन का नियंत्रण ही एकमात्र स्व-नियंत्रण है, और जब मन एक बार नियंत्रित हो जाता है, तो बाक़ी सब भी नियंत्रण में आ जाता है। प्रतिदिन, अपने मन को किसी मनपसंद वस्तु पर एकाग्र करें - यह आपकी श्वास को देखना, श्वास का सजगन-नियमन, किसी मंत्र का जाप, अपने इष्ट के सामने बैठ कर प्रार्थना करना व उनसे संपर्क साधना या केवल जलते दीपक और सागर की तरंगों को देखना भी हो सकता है।

विवाह

एक बहुत ही शिक्षित, संपन्न व प्रतिष्ठित परिवार के युवक की ओर से विवाह का प्रस्ताव आया है परंतु उनकी एक ही शर्त है कि मुझे विवाह के बाद काम नहीं करने दिया जाएगा। मैंने कंप्यूटर साइंस में बी ई किया है और मैं अपने करियर में ऊँचाईयों की ओर बढ़ रही हूँ, मैं उलझन में हूँ।

महात्रया रा

स्पष्ट करते हैं...

जब स्पष्टता का अभाव होता है, तो भ्रम उत्पन्न होता है। जब कोई दृढ़ विश्वास न हो तो स्पष्टता हो ही नहीं सकती। हो सकता है कि कुछ वर्ष पूर्व, किसी लड़के या लड़की ने आत्महत्या कर ली हो क्योंकि उन्हें बी ई कंप्यूटर विज्ञान के कोर्स में दाख़िला नहीं मिल सका था। हो सकता है कि आपने उनके स्थान पर वह सीट ले कर, यह पढ़ाई की हो। अब आप न केवल अपनी शिक्षा के लिए ज़वाबदेह हैं, परंतु उस बच्चे के लिए भी आपकी जवाबदेही बनती है, जिसने अपने प्राण त्याग दिए। आपका दृढ़ संकल्प कहाँ गया? आपने इंजीनियरिंग क्यों की थी? केवल अपने-आपको चार साल तक व्यस्त रखने के लिए, अपने माता-पिता के अहं की तुष्टि के लिए, लोगों की भीड़ के पीछे चलने की मानसिकता के कारण, अथवा आप विवाह के लिए अपना मोल बढ़ाना चाहती थीं? अपने-आप को किसी घर की चारदीवारी में बंद करने के लिए बी ई क्यों किया? निस्संदेह इस तरह आपको अपने भविष्य में मदद मिलेगी, आप अपने बच्चे की पढ़ाई की बेहतर देखरेख कर सकेंगी, अपने पति के सामाजिक दायरे के बीच बेहतर रूप में प्रस्तुत हो सकेंगी, परंतु इन बातों का सार क्या है?

सही मायनों में, विवाह के दौरान, इसमें शामिल दोनों लोगों के जीवन को भव्य बनना चाहिए। दुर्भाग्यवश, प्रायः विवाह में स्त्रियों के लिए संभावनाओं का अंत हो जाता है, विशेष रूप से, हमारी सभ्यता में तो यही होता है। यह कुछ

ऐसा ही है मानो, वह पहले ही किसी सीढ़ी के कुछ पायदान चढ़ चुकी होती है परंतु विवाह के बाद उसे एक नई सीढ़ी पर, पहले पायदान से आरंभ करना होता है। क्यों?

क्या आपको नहीं लगता कि आप अपनी संभावनाओं का गला घोंट रही हैं? क्या आपको नहीं लगता कि आप किसी प्रतिष्ठित व नामी परिवार के संपन्न व सभ्य युवक के लिए अपने जीवन की संभावनाओं का सौदा कर रही हैं? क्या आपको यह विश्वास भी नहीं है कि मानवता के इस सागर में, आपके लिए भी एक ऐसा युवक है, जो यह कभी नहीं चाहेगा कि आप उससे विवाह के बदले में एक कम योग्यता वाला जीवनयापन करें? यदि आपके पास अपने ही जीवन की संभावनाओं व क्षमताओं के अनुरूप जीने की योग्यता नहीं है तो पुरुषों की ओर से होने वाले शोषण की दुहाई देने से क्या लाभ?

जागो। विवाह का अर्थ यह नहीं होता कि किसी एक व्यक्ति का ही अंत कर दिया जाए। यह जीवन अनंत संभावनाओं से भरपूर जीवन की निरंतरता हो सकती है और होनी भी चाहिए। यदि आप अपने लिए स्वयं आवाज़ नहीं उठा सकतीं, तो कोई भी आपकी सहायता नहीं करेगा।

यह एक अनुचित धारणा है कि एक स्त्री को आय अर्जित करने की आवश्यकता नहीं है और पुरुष उसकी आजीवन देख-रेख करेगा। हम केवल कमाने के लिए काम नहीं करते, आय तो उसका एक उपोत्पाद है। हम अपनी आंतरिक प्रतिभा को बाहर लाने, उसे प्रकट करने के लिए अर्जन करते हैं। हम अपनी संभावना को चुनौती देने के लिए काम करते हैं। हम मानसिक व बौद्धिक रूप से, आगे बने रहने के लिए काम करते हैं। इससे भी महत्त्वपूर्ण बात यह है कि इस आधुनिक युग में, केवल एक परिवार का पालन ही पूर्णकालिक कार्य नहीं रहा। हमारे पास बहुत सा समय शेष रहता है, जिसे हम रचनात्मक कार्यों में लगा सकते हैं - कार्य तो इसके लिए एक साधन भर है।

अपने लिए ऐसे जीवन का चुनाव कभी न करें, जहाँ जाने के बाद आपको ऐसा लगने लगे कि आपने अपनी संभावनाओं के साथ छल किया है। अपने लिए आवाज़ उठाना सीखें। यह आपकी अपनी लड़ाई है।

क्या किसी अच्छे विवाह के लिए सुंदर दिखना बहुत महत्त्व रखता है?

महात्रया रा
स्पष्ट करते हैं...

मैं निश्चित रूप से कह सकता हूँ कि आप इसका उत्तर जानते हैं। हम सभी इसका उत्तर जानते हैं, जानते हैं न? सर्वेक्षणों से पता चला है कि 56 प्रतिशत महिलाएँ और 43 प्रतिशत पुरुष अपने शारीरिक रूप व छवि से संतुष्ट नहीं होते। वे इस विषय में हीन-भावना से ग्रस्त रहते हैं। तो मैं आपकी समस्या समझ सकता हूँ।

पारिवारिक पृष्ठभूमि, शैक्षिक योग्यता, भौगोलिक अनुकूलता, वित्तीय स्तर, धर्म, आदतें, व्यक्ति का अतीत तथा उसका रूप आदि बहुत से कारक, इस निर्णय को प्रभावित करते हैं तथा इस निर्णय के लिए महत्त्वपूर्ण भूमिका निभाते हैं कि आपके जीवनसाथी को कैसा होना चाहिए? यद्यपि इनमें से किसी भी कारक का आपके विवाह की सफलता से कोई लेना-देना नहीं है। एक अच्छा विवाह, वास्तव में प्रारंभिक वर्षों के सारे हल्ले-गुल्ले के बाद ही आरंभ होता है।

हेनरी फ़ोर्ड द्वारा प्रबंधन के लिए जो दर्शन दिया गया है, 'एक साथ चलना आरंभ है। एक साथ रहना प्रगति है। एक साथ काम करना सफलता है।' इसे आप काफ़ी हद तक विवाह का दर्शन भी मान सकते हैं। यदि दोनों नहीं, तो कम से कम एक व्यक्ति को तो किसी भी संबंध को बनाए रखने के लिए निरंतर कार्य करना ही होता है। यह सब भी तो संगठनों की तरह ही है, जहाँ दीर्घकालीन संबंध ही सर्वाधिक महत्त्व रखते हैं।

अगर विवाह की कामयाबी से संबंधित घटकों में से किसी एक के बारे में

विचार किया जाए और हम किसी एक घटक को अहमियत देना चाहें तो वह होगा, 'मूल्यों की अनुकूलनशीलता।' यदि आप केवल एक अच्छी शुरुआत चाहते हैं, तो तत्त्वों की पहली सूची पर ध्यान दें। यदि आप बहुत प्रगति करना चाहते हैं, तो आपके पास कोई विकल्प शेष नहीं रहता, आपको मूल्यों की अनुकूलनशीलता पर ध्यान देना ही होगा। बाक़ी सब तो विवरण मात्र हैं।

मैं यह नहीं कहता कि 'हुस्न' कोई मायने नहीं रखता। मैं तो केवल यह कह रहा हूँ कि यही सब कुछ नहीं है। 'हुस्न' दैहिक सौंदर्य तक सीमित है, जो एक दिन नष्ट हो जाएगा। 'प्रेम' इस दैहिक सौंदर्य से इतर है और यह एक निरंतर फलने-फूलने वाला तत्व है। क्या आप जानते हैं, जब आप किसी से प्रेम करते हैं, तो सब कुछ सुंदर ही दिखने लगता है। 'तुम सुंदर हो इसलिए मुझे तुमसे प्यार है', यह क्षणिक भाव है। 'तुमसे प्यार करता हूँ इसलिए तुम सुंदर दिखती हो', इसे आप शाश्वत भाव मान सकते हैं। अपने साथी से प्रेम करें और वह आपको सदैव सुंदर ही दिखेगा/दिखेगी। जब हृदय कुछ ऐसा देखने लगता है, जिसे आँखों से नहीं देखा जा सकता, तो पहली बार आप जानेंगे कि सौंदर्य किसे कहते हैं। सच्चा सौंदर्य देखने की नहीं अनुभूति की वस्तु है। इसे तो अनुभव किया जाता है।

अगर विवाह की कामयाबी से संबंधित घटकों में से किसी एक के बारे में विचार किया जाए और हम किसी एक घटक को अहमियत देना चाहें तो वह होगा, 'मूल्यों की अनुकूलनशीलता।' यही किसी भी संबंध की सफलता की आधारशिला होती है।

मेरी सासू-माँ बहुत सफ़ाई नहीं रखतीं परंतु मुझे अपना घर साफ़ रखना पसंद है। मैं कामकाजी महिला होने के कारण घर की साफ़-सफ़ाई के लिए अधिक समय नहीं दे पाती। कई बार तो लगता है कि हमें वह घर छोड़ देना होगा परंतु यह कोई अच्छा समाधान नहीं है। कृपया कोई समाधान सुझाएँ।

महात्रया रा
स्पष्ट करते हैं...

स्वच्छता एक प्रवृत्ति है। बच्चों में स्वच्छता तथा साफ़-सफ़ाई की आदतों को भली-भाँति विकसित किया जा सकता है परंतु उन वयस्कों की जीवनशैली में इसे शामिल कर पाना कठिन होता है, जिन्होंने कभी इसके महत्त्व को जाना ही नहीं। अगर आप साफ़-सफ़ाई के इस मसले को उठाएँगी तो आप बहुत ही चिड़चिड़ी और तुनकमिजाज़ कहलाएँगी।

हो सकता है कि आपको इस तरह के वाक्य सुनने को मिलें, 'छोटी-छोटी बातों का बतंगड़ मत बनाओ, तिल का ताड़ मत बनाओ!!!' तो पहले तो अपने मन से यह बात निकाल दीजिए कि आप अपनी सासू माँ के मन में साफ़-सफ़ाई के लिए कोई भाव विकसित कर सकती हैं। आप आम के पेड़ से संतरे पाने की अपेक्षा नहीं कर सकतीं और इसके बाद यह तुक भी नहीं बनती कि आप इसी बात को ले कर कुंठित अनुभव करें कि आपको संतरे क्यों नहीं मिले। वे आपकी सासू-माँ हैं और वे ऐसी ही रहेंगी।

इससे भी एक महत्त्वपूर्ण बात है, जो मैं आपसे पूछना चाहता हूँ, "क्या ऐसे बहुत से व्यक्ति मौजूद हैं, जिनमें कोई दोष नहीं होते?" क्या आपके भीतर कोई दोष नहीं है (अपने मन में ईमानदारी से सोच लें।) लोग अपनी कमियों

और ख़ूबियों के साथ बंद पैक में आते हैं।

'साफ़-सफ़ाई से न रह पाना', यह आपकी सासू-माँ का दोष है परंतु मैं यह बात दावे से कह सकता हूँ कि उनमें इस दोष की तुलना में और बहुत सी अच्छाइयाँ होंगी जिनके सामने यह कमी कुछ भी नहीं है। मैं प्रत्येक स्त्री-पुरुष से यही कहता हूँ कि अगर आप अपने जीवनसाथी को अपने लिए एक सौभाग्य, एक वरदान मानते हो तो आपका प्राथमिक आभार, आपकी सासू-माँ व ससुर जी के लिए होना चाहिए। जो भी हो, उनके पालन-पोषण के कारण ही तो आपको अपने जीवन में यह सौभाग्य मिला है।

आभार आपको स्वीकृति के योग्य बनाता है और आप उनके प्रति सहिष्णुता का भाव रख सकते हैं, जिनके प्रति आप कृतज्ञ हैं। मेरा भी यही मानना है, क्योंकि आप एक कामकाजी महिला हैं इसलिए सासू-माँ को घर के और भी बहुत से काम देखने होते होंगे ताकि गृहस्थी सुचारू रूप से चलती रहे। इन सब बातों को देखते हुए, आपकी ओर से थोड़े से धैर्य की अपेक्षा की जा सकती है, इसे धारण करें व मन की शांति पा लें।

इसके अतिरिक्त, यदि आपने घर छोड़ा तो आपको घर के रख-रखाव और साफ़-सफ़ाई के लिए एक नौकर रखना होगा। आप अभी से ऐसा क्यों नहीं करतीं? ख़ैर, अपनी ओर से कोई क़सर नहीं छोड़नी चाहिए। इस दौरान, अपने निजी कमरे को ही बहुत सजा-सँवार कर रखना आरंभ कर दें, हो सकता है कि सासू-माँ को उसे देख कर ही घर को साफ़ रखने की प्रेरणा मिल जाए।

अंत में, मेरा स्टैंडर्ड उत्तर है : अपने मन की शांति को सर्वोच्च मान कर चलें। अगर कोई चीज़ आपके जीवन में मानसिक शांति को भंग करके हाथ आती है, तो उसका कोई मोल या सार्थकता नहीं रह जाती। कहते हैं कि स्वच्छता ईश्वर का ही दूसरा नाम है। मैं कहता हूँ कि केवल शांतिपूर्ण वातावरण के साथ ही ईश्वर प्राप्ति संभव है।

इससे पूर्व कि हम संसार से स्वच्छता का रवैया रखने की अपेक्षा करें, हमें जीवन के प्रति एक स्वच्छ रवैया और प्रवृत्ति रखनी सीखनी होगी। मैं जिस स्वच्छ प्रवृत्ति की ओर संकेत दे रहा हूँ, वह कहती है, 'शांति को हर बात से ऊपर रखा जाना चाहिए।'

मेरा बहुत शीघ्र विवाह होने जा रहा है। यह विवाह अरेंज़्ड है और हम दोनों ही इस निर्णय से प्रसन्न हैं। आप एक अनुकरणीय वैवाहिक जीवन के लिए क्या परामर्श देना चाहेंगे।

महात्रया रा

स्पष्ट करते हैं...

संबंध बीजों की तरह होते हैं। इन्हें पालना-पोसना और विकसित करना होता है और विवाह के मामले में तो ऐसा करना और भी आवश्यक हो जाता है। यहाँ किसी भी दीर्घकालीन संबंध को बनाए रखने के लिए कुछ मार्गदर्शक नियम दिए जा रहे हैं :

1. वर्षों के संस्कारों के कारण, पति और पत्नी शब्द की परिभाषा बहुत ही संकीर्ण धारणा में बँध गई है। जिससे इस संबंध का क्षेत्र भी बहुत सीमित हो गया है। अपने शब्दभंडार से पति और पत्नी शब्द को निकाल दें और सकंल्प लें कि आप 'आजीवन मित्रों' के रूप में साथ रहेंगे। इसके बाद पति और पत्नी कभी माता, कभी पिता, कभी अड़ियल बालक, कभी मार्गदर्शक, कभी अध्यापक, तो कभी दर्पण... और निस्संदेह कभी-कभी पति-पत्नी की भूमिकाएँ निभाएँगे।
2. प्रारंभ से ही, केवल व्यक्ति की देह से नहीं, व्यक्ति से भी नाता जोड़ें। एक-दूसरे की चिंतन प्रक्रिया का निरीक्षण करें, निजी मूल्यों की चर्चा करें, आपस में किसी भी विषय के दोनों पक्षों पर तर्क करें; एक-दूसरे की भावनाओं के प्रति संवेदनशीलता दर्शाएँ, भावात्मक अनुकूलनशीलता विकसित करें और एकांत में एक-दूसरे के साथ बैठने का समय निकालें ताकि एक आध्यात्मिक संपर्क स्थापित हो सके। इस प्रकार आप दोनों ही इस संबंध की एक मर्यादा विकसित कर पाएँगे।

3. अधिकतर दंपत्ति विवाह के पहले कुछ माह में तो एक-दूसरे की ओर बहुत ध्यान देते हैं, हर बात की अति पर उतर आते हैं और इसके बाद उनके संबंधों में कोई जीवन नहीं रहता। वे दोनों मिल कर, एक मृत हो चुके संबंध को ढोने लगते हैं। इस संबंध को धीरे-धीरे एक दीर्घकालीन संबंध में बदलें। याद रखें, कम होने से यह अधिक होगा और अधिक होने से यह कम होगा।
4. अतीत कोई मायने नहीं रखता। वर्तमान से ही आने वाले समय की नींव रखी जाती है। भविष्य बहुत महत्त्व रखता है क्योंकि आप दोनों को मिल कर, आने वाले समय की यात्रा करनी है। जब आप रोज़मर्रा के संघर्षों के बारे में भी आपस में चर्चा करेंगे, तो परस्पर प्रेम का भाव विकसित होगा। भविष्य की बात करें, सपनों की बात करें, अपनी महत्त्वाकांक्षाओं की बात करें और संकल्प लें कि एक-दूसरे की वृद्धि में अपना योगदान देंगे और परस्पर, निजी रूप से विकसित होने का अवसर प्रदान करते हुए, किसी भी प्रकार का हस्तक्षेप न करते हुए, तटस्थ भाव से साक्षी होंगे।
5. प्रायः इस आदर्शवादी सोच को पोषित किया जाता है कि विवाह के बाद दो व्यक्ति मिल कर एक ही जीवन जीते हैं। इसमें कोई आश्चर्य नहीं कि इसी विचार के चलते, अनेक महिलाएँ अपने पति की परछाईं बन कर रह जाती हैं और विवाह के नाम पर स्वयं को कुंठित, आत्म-दया से भरपूर तथा बलिदान करने वाले एक ऐसे व्यक्ति के रूप में मान्यता देने लगती हैं, जो सदा शोषण का शिकार होता रहता है। जबकि वास्तविकता तो यही है, जब तेरा जीवन और मेरा जीवन, हमारा जीवन हो जाता है तो उसके बाद भी मेरा और तुम्हारा जीवन शेष रहता है। 'हमारा' जीवन ही वह स्थान है, जहाँ विवाह संपन्न होता है। विवाह की प्रसन्नता इसी बात पर निर्भर करती है कि आप दोनों, 'हमारा' जीवन के क्षेत्र से कितना संबंध रखते हैं और बीतते बरसों के साथ यह स्थान किस प्रकार फलता-फूलता है। हालाँकि ऐसा होने के बाद भी, वर अपने जीवन को जारी रख सकता है और वधु अपने जीवन को जारी रख सकती है। इस प्रकार यह सुनिश्चित होगा कि आप परस्पर, एक-दूसरे के स्थान की क़द्र करेंगे, एक-दूसरे की पसंद, नापसंद, प्राथमिकताओं की क़द्र करेंगे व सबसे अधिक व महत्त्वपूर्ण रूप से यह कहा जा सकता है कि आप लोग प्रेम के नाम पर, एक-दूसरे का दम नहीं घोंटेंगे।

एक अच्छे विवाह संबंध को बनाए रखना भी एक कला है; तो आपको कलात्मक बनना होगा।

मेरी पत्नी और मुझमें प्रतिदिन झगड़ा होता रहता है। बातें तो बहुत मामूली होती हैं परंतु हम दोनों ही अपना आपा खो देते हैं। हमारी ज़िंदगी बेरौनक़ हो गई है। तलाक़ इसका हल नहीं है। क्या हममें से किसी एक को अपने जीवन का अंत कर देना चाहिए?

महात्रया रा

स्पष्ट करते हैं...

सबसे पहले तो मुझे वचन दें कि इस वाक्य को पढ़ते ही, आपने अपने दिमाग़ से आत्महत्या के विचार को निकाल दिया है। अगर आपके सिर में दर्द हो रहा है तो इसका यह उपाय नहीं है कि आप सिर ही कटवा दें। अगर जीवन में समस्या से छुटकारा पाने के लिए लोगों के पास भागने का ही विकल्प होता तो कोई भी न बचता। किसी भी समस्या के लिए आत्महत्या कोई समाधान नहीं होता। जीवन के अस्तित्व का एक उद्देश्य है, जिसमें पुरुष को जानबूझ कर, स्त्री से थोड़ा अलग बनाया गया है। दोनों को ही थोड़ा अधूरा छोड़ दिया गया है ताकि जब वे दोनों एक हों तो उन्हें संपूर्णता का अनुभव हो सके। अधिकतर विवाह संबंधों में इसी वजह से परेशानी आती है कि हमने मतभेदों को सकारात्मक रूप से हल करना नहीं सीखा होता।

पुरुष के लिए सोच और स्त्री के लिए एक भावना आधार बनती है। किसी भी पुरुष से न कहें 'तुम्हारा विचार मूर्खतापूर्ण था।' किसी स्त्री से कभी न कहें, 'कैसा मूर्खतापूर्ण भाव है!' किसी पुरुष की प्रशंसा में कहें, 'तुमने बहुत बढ़िया किया!' किसी स्त्री की प्रशंसा में कहें, 'तुमने जो किया, वह मुझे बहुत अच्छा लगा।' पुरुष किसी काम को न कर सकने की अवस्था में भी ऐसे पेश आते हैं मानो वे उसे कर सकते हैं और इसके विपरीत स्त्रियाँ ऐसे पेश आती हैं मानो वे किसी काम को नहीं कर सकतीं, जबकि वे उसे कर सकती हैं। पुरुष कभी भी आसानी से अपनी दुर्बलता को स्वीकार नहीं करते। स्त्रियाँ कभी आसानी से

अपनी ताक़त को स्वीकार नहीं करतीं। क्योंकि पुरुष देह के माध्यम से अपने प्रेम का अनुभव पाता है। वह चाहता है कि उसे ताज़ातरीन और आकर्षक स्त्री मिले। कोई स्त्री प्रेम के माध्यम से देह का अनुभव पाती है इसलिए वह चाहती है कि उसका पुरुष बहुत ही संवेदनशील और देखरेख करने वाला हो। इस प्रकार पुरुष बहुत प्यार से भरा स्पर्श पसंद करते हैं और स्त्रियों को मीठे वाक्य बेहद लुभाते हैं।

पुरुष वीर्य या बीज का प्रतीक है इसलिए वह परिणामों पर केंद्रित रहता है। तभी वह हमेशा प्रतियोगिता की बात करता है; वह हमेशा कहता है, 'मुद्‌दे की बात पर आओ;' वह स्वार्थी भाव से अपने-आप को आगे रखता है; उसे बहस करना पसंद है; उसे लगता है कि अच्छी चारदीवारी होने से अच्छे पड़ोसी बनाए जा सकते हैं। वह चाहता है कि उसे उसके मानसिक व शारीरिक क्षेत्र के साथ अकेला छोड़ दिया जाए। इसके विपरीत, स्त्रियाँ बीजाणु (पोषण) का प्रतिनिधित्व करती हैं और वे प्रक्रिया पर केंद्रित होती हैं। वे सदा सहयोग की बात करती हैं; हमेशा कहती हैं, 'विस्तार से बात करो'; वे निःस्वार्थ भाव से दूसरों को अपने से आगे रखती हैं; बाँटना पसंद करती हैं; उनका मानना है कि अच्छी बातचीत से अच्छे पड़ोसी बनाए जा सकते हैं। वे संगति पसंद करती हैं और अपना दैहिक व मानसिक स्थान बाँटती हैं।

इन सब बातों के अतिरिक्त, पुरुष अपनी स्त्री की अप्रसन्नता को नहीं संभाल सकता। उसके लिए इस परिस्थिति में पलायन ही एकमात्र विकल्प होता है। वह अपना बेहतरीन तभी दे पाता है, जब उसे यह पता हो कि उसकी स्त्री जीवन में बहुत प्रसन्न है। वहीं दूसरी ओर, एक स्त्री, भले ही कितनी भी सफल या आज़ाद क्यों न हो, पुरुष से संरक्षात्मक प्रेम की चाह रखती है। वह अपने पुरुष से किसी अभिभावक की तरह संरक्षण चाहती है। वह अपना बेहतरीन तभी दे सकती है, जब वह अपने पुरुष की उपस्थिति में सुरक्षित अनुभव करती है।

अपने-आप को अपने ही रूप में स्वीकारने और उसे बदलने का प्रयास किए बिना, मतभेदों को सकारात्मक रूप में लेना सीखें - स्वयं को बदलें और वह जैसी भी है, उसे स्वीकारें; आप उसकी ओर से अपने लिए जो व्यवहार नहीं चाहते, उसके साथ उसी रूप में पेश न आएँ। सबसे महत्त्वपूर्ण बात यह है कि, उसके लिए अपने प्रेम की ताक़त पर भरोसा रखें। प्रेम से क्या संभव नहीं हो सकता? अगर प्रेम से कुछ संभव नहीं हो सका... तो किसी भी दूसरी चीज़ से नहीं हो सकता... और प्रेम ही हमारा मुक्ति द्वार है। मैं आपसे प्रेम करता हूँ।

मेरा पेशा ऐसा है जिसमें मुझे देर रात और हर रविवार को भी काम करना पड़ता है। मुझे मेरा जीवनसाथी मिल गया है। उसका कहना है, "जब तक तुम अपने कामकाजी जीवन को नहीं सँवारतीं, तब तक हमारा विवाह होना कठिन है।" मैं उन दोनों में से किसी को भी नहीं खोना चाहती। मुझे सहायता की आवश्यकता है।

महात्रया रा

स्पष्ट करते हैं...

प्रत्येक व्यक्ति मदर टेरेसा नहीं होता। उनका जीवन ही दूसरों की सेवा के लिए बना था, उनके जीवन में इसके अतिरिक्त और कुछ नहीं था। प्रत्येक व्यक्ति स्वामी विवेकानंद नहीं होता। वे मानवता को आध्यात्मिकता के उच्च सोपानों तक ले जाने के लिए जिए, और उनके जीवन में इसके अतिरिक्त कुछ नहीं था। प्रत्येक व्यक्ति रमण महर्षि नहीं होता। वे सदा अपने मौन के साथ जिए और उनके जीवन में, उनके शिष्यों सहित, बाक़ी सब कुछ विवरण मात्र था। उन्होंने एक उद्‌देश्य, एक लक्ष्य का प्रतिनिधित्व किया और अपनी अंतिम श्वास तक, उसके लिए जीते रहे। उनके जीवन, उनके द्वारा निभाई जा रही भूमिकाओं से परिभाषित नहीं थे, परंतु उस उद्‌देश्य से परिभाषित थे, जिसे वे निभा रहे थे। उन्होंने कुछ काम किए, कुछ काम नहीं किए, उन्होंने पढ़ा, उन्होंने लिखा, वे बोले, उन्होंने स्वयं कार्य किया, उन्होंने दल के साथ कार्य किया, उन्होंने सबको संगठित किया, उन्होंने प्रेरणा दी, उन्होंने श्वास ली - यह सब कुछ उनके उस उद्‌देश्य के लिए था, जिसका वे प्रतिनिधित्व कर रहे थे। उनका जीवन अपने-आप में समग्र व अखंड था।

मैं किसी को भी नीचा दिखाने की मंशा नहीं रखता, परंतु सच तो यही है कि हममें से अधिकतर लोग उस श्रेणी में नहीं आते। हम मानवीय महत्त्वाकांक्षाओं

से युक्त साधारण नश्वर प्राणी हैं। हमारा जीवन हमारी भूमिकाओं से ही परिभाषित होता है। हमारे लिए, किसी उद्देश्य की सेवा करना, जीवन की अनेक भूमिकाओं में से, एक भूमिका हो सकता है परंतु हम उसे जीवन का एकमात्र उद्देश्य नहीं कह सकते। यह सच है कि जीवन की प्रत्येक भूमिका में हमारा अधिकार होता है; परंतु, हमें यह भूलना नहीं चाहिए कि हमें इन भूमिकाओं से जुड़े उत्तरदायित्वों का भी निर्वाह करना होता है। यदि हम किसी एक भूमिका में सफल होने के लिए दूसरी भूमिका में असफल होते हैं तो इससे हमारा जीवन असंतुलित हो सकता है। क्या आप व्यायाम के दौरान अपने दाएँ बाजू की माँसपेशियों पर ध्यान देंगे परंतु अपने बाएँ हाथ की माँसपेशियों को उपेक्षित कर देंगे? क्या इस प्रकार आप अपने लिए विकलांगता को नहीं न्यौत रहे? किसी भी एक भूमिका में कामयाब होने से कोई लाभ नहीं होता। संतुलन के बिना जीवन के कोई मायने नहीं होते। ऐसा लगता है मानो यह आधुनिक पीढ़ी का श्राप हो, हममें से कई लोग जीवन में संतुलन के नाम पर सफलता पाना चाहते हैं।

रंगों के कैनवास और पेंटिंग में क्या अंतर है? एक में रंगों को बिखेरा गया है और दूसरे में संतुलित भाव से रंगों को संयोजित किया गया है। यह जीवन इसी संतुलन पर ही तो टिका है।

यदि आप अपने स्वास्थ्य की देखरेख करने के योग्य नहीं हैं, यदि आपके पास गुणवत्ता से भरपूर पारिवारिक समय नहीं है, यदि आप संबंधों को पोषित नहीं कर पा रहे, यदि आप अपनी प्रतिभा से खिलवाड़ कर रहे हैं, यदि आप वर्षा में नहीं भीगे और यदि आपने सूर्यास्त और रात में निखरे चाँद-तारों से भरे आकाश को नहीं देखा, यदि आप आध्यात्मिक अभ्यास व जिज्ञासा के साथ अपनी चेतना को जागृत नहीं कर पाते, यदि आपके पास अपने प्रिय का हाथ थाम कर बैठने को एकांत से भरी संध्या नहीं है... अगर आपके किसी कल्याणकारी संस्था के लिए काम करने के कारण, जीवन में बाक़ी सब कुछ खो गया है तो, संगठन की कार्यशीलता ही संदेह के घेरे में आ जाती है। जिस तरह 'चैरिटी घर से शुरू होती है', उसी तरह यदि कोई संगठन समाज सेवा में जुटा है तो उसकी यह समाज सेवा उसके कर्मचारियों के माध्यम से ही आरंभ होनी चाहिए। कम से कम वे तो अपने परिवार की देखरेख करें, तभी वे समाज के लिए कुछ कर सकेंगे। जो संगठन अपने कर्मचारियों के निजी जीवन की क़ीमत पर फलते-फूलते हैं, मैं उसे निजी रूप से आदर-मान नहीं दे सकता।

संबंधों में प्रेम को केवल "प्रेम" से नहीं "समय" शब्द से भी जाना जाता है। आप जिस भी चीज़ को अपना समय देते हैं, वह विकसित होती है। जिस भी चीज़ को अपना समय नहीं देते, उसका विस्तार व विकास वहीं थम जाता है।

गुणवत्ता से भरपूर समय दिए बिना, गुणवत्ता से भरपूर संबंधों की अपेक्षा नहीं की जा सकती। केवल आपके विवाह के लिए नहीं, आपके पुरुष के दृष्टिकोण से नहीं, परंतु जीवन को उसकी पूर्ण समग्रता के आनंद के अनुभव के साथ पाने के लिए; जीवन में संतुलन लाना सीखें।

यह तो एक सामान्य बुद्धि की बात है कि जो काम 'एक्स' घंटों में नहीं किया जा सकता, उसे आप 'एक्स जोड़ वाई' घंटों में भी नहीं कर सकते तो आप अपने काम को 'एक्स' घंटे और उससे इतर सभी कामों के लिए 'वाई' घंटे का समय रखें। निस्संदेह, कृपया यह सुनिश्चित करें कि 'एक्स', 'वाई' से बड़ा हो।

अपना कार्य भली-भाँति करें। अपने संगठन में आराम से बात करें। नैतिक अंतःकरण रखने वाला कोई भी संगठन, वही करेगा जो सार्वजनिक हित में होगा। जब ऐसी परिस्थिति पैदा की जा सकती है, जिससे सभी लाभान्वित हों, तो उसे क्यों न अपनाएँ। अपने संगठन को इसे समझने में मदद करें और वह आप सबकी मदद करेगा। अपने विवाह संबंध के लिए भी ऐसा ही करें। आराम से बैठ कर अपने साथी से बात करें। जो पुरुष अपनी स्त्री का आदर करता है, वह उसके काम का भी आदर करेगा। 'मैं तुमसे प्रेम करता हूँ पर तुम्हारे काम से प्रेम नहीं करता।' यह प्रेम नहीं कहलाता। आपको सम्मान देने का अर्थ है कि वह आपके काम को भी सम्मान दे। यहाँ किसी 'यह अथवा वह' की आवश्यकता नहीं है। 'यह और वह' को संभव बनाया जा सकता है।

हमारा जीवन हमारी भूमिकाओं से ही परिभाषित होता है। हमारे लिए, किसी उद्देश्य की सेवा करना, जीवन की अनेक भूमिकाओं में से, एक भूमिका हो सकता है परंतु हम उसे जीवन का एकमात्र उद्देश्य नहीं कह सकते। यह सच है कि जीवन की प्रत्येक भूमिका में हमारा अधिकार होता है; परंतु हमें यह भूलना नहीं चाहिए कि हमें इन भूमिकाओं से जुड़े उत्तरदायित्वों का भी निर्वाह करना होता है।

संबंधों में प्रेम को केवल “प्रेम” से नहीं
“समय” शब्द से भी जाना जाता है।

महात्रया रा

क्या ऐसा संभव है कि मैं अपनी पत्नी से, अपने जीवन के अंतिम दिन तक भी उतना ही प्यार कर सकूँ, जितना कि विवाह के पहले दिन किया था? हमारे विवाह को पाँच वर्ष बीत गए हैं। हमारे संबंध में अब पहले सा रस नहीं रहा। हम एक-दूसरे की इज़्ज़त करते हैं, एक-दूसरे को अपनी तरह से जीने की आज़ादी देते हैं परंतु हमारे संबंधों में अपनेपन या रोमानियत का अभाव है। कृपया मेरा मार्गदर्शन करें।

महात्रया रा
स्पष्ट करते हैं...

किसी भी वस्तु को लंबे समय तक, अपरिपक्व रूप से प्रयोग में लाया जाए, तो इससे उसका मूल्य घट जाता है। यदि किसी वस्तु को उच्च, गहन व शाश्वत बनाना हो तो इसके लिए उसे उन्नत व परिपक्व रूप से प्रयोग में लाना आवश्यक है। यदि आप उन्नत भाव में हैं, तो आप किसी व्यक्ति से जितना संबंध रखेंगे, आप उसे प्रेम करने के अधिक से अधिक कारण पाएँगे। इस प्रकार, आप प्रेम में विकसित होंगे। अपरिपक्व व्यक्ति के लिए गहन परिचय से निंदा उपजती है और वे प्रेम में पतनोन्मुख होते हैं।

विशेष रूप से विवाह के संबंध में, आवश्यक है कि हम केवल देह से नहीं बल्कि व्यक्ति से भी नाता जोड़ें। इस प्रकार संबंध की मर्यादा बनाए रखना आसान होगा।

हम सूचना के युग में जी रहे हैं, तो समकालीन मनुष्य की चेतना, स्वाभाविक रूप से ही बौद्धिक कौतूहल रखती है। यदि पति व पत्नी एक-दूसरे की बौद्धिक संगति का आनंद नहीं लेते, तो उनके संबंधों में कोई ऊर्जा नहीं होगी।

उन मसलों पर बात करें, जिन पर आप एकमत हों, उन मसलों पर बात करें, जिनमें आपकी सहमति न हो। किसी संबंध में रुचि तभी उत्पन्न की जा सकती है, जब आप वही बात करें, जिसमें सामने वाला व्यक्ति रुचि रखता हो। अपने संदेह बाँटें। अपने निरीक्षणों पर चर्चा करें। एक-दूसरे से उनके दृष्टिकोण पूछें। जिस तरह आप अपना फ़ेसबुक पेज अपडेट करते हैं, उसी तरह एक-दूसरे के साथ हर ताज़ा हालात पर चर्चा करें। एक-दूसरे के साथ के लिए मोह पैदा करें, आपके बीच बौद्धिक संगति होने से भी और भी बेहतर होगा।

अतीत अप्रासंगिक है। वर्तमान से ही निर्माण संभव है। भविष्य बहुत महत्त्व रखता है, क्योंकि आप दोनों ने ही भविष्य की ओर, एक साथ यात्रा करनी है। भविष्य की चर्चा करें और प्रेम को विकसित करें। भविष्य की बात करें, सपनों की बात करें, अपनी महत्त्वाकांक्षाओं की बात करें और संकल्प लें कि एक-दूसरे की वृद्धि में अपना योगदान देंगे और परस्पर, निजी रूप से विकसित होने का अवसर प्रदान करते हुए, किसी भी प्रकार का हस्तक्षेप न करते हुए, तटस्थ भाव से साक्षी होंगे।

सबसे महत्त्वपूर्ण बात यह है कि अपने संबंध को रोमानी बनाए रखने के लिए, प्रेम को प्रकट करने के अपने अंतर्जात तरीक़ों व उपायों पर विश्वास करना सीखें। फ़िल्मों से तरीक़े उधार न लें। यही कारण है कि संबंध शुष्क हो जाते हैं। अपनी अंतर्जात प्रवृत्ति पर विश्वास करें। अपने दिनों को विशुद्ध काम रहित स्पर्श दें। रोमांस ताज़गी का ही दूसरा नाम है। छवि से ले कर वस्त्र, परिवेश से ले कर प्रकटीकरण, गंध से ले कर बोलने के सुर तथा भाव-भंगिमा में भी नित नयापन और ताज़गी होनी चाहिए।

रोमांस में सुखद आश्चर्य बहुत काम आते हैं। अपने-आप को भी चमत्कृत करते रहें। अपने साथी को चमत्कृत करते रहें। अपने भावों में नवजीवन लाएँ और इस तरह आपके विवाह संबंध में पहले जैसा भाव और जीवन लौट आएगा।

विवाह : एक ऐसा संबंध, जो सदा निर्माणाधीन ही रहता है। तो लगातार कोशिश जारी रखें...!

मेरा साथी मुझ पर इतना मालिक़ाना हक़ क्यों जताता है?

महात्रया रा
स्पष्ट करते हैं...

जब कोई व्यक्ति अपने संपूर्ण व्यक्तिगत संसार को इतना संकीर्ण कर लेता है कि उसके पास अपने-आपको मानसिक रूप से सँभालने के लिए केवल एक ही संबंध का अवलंब शेष रहता है, वह उस संबंध के प्रति मालिक़ाना हक़ रखने लगता है। उसे केवल उसी संबंध से अपनी सारी भावात्मक शक्ति प्राप्त होती है और इस प्रकार वह अपने इस संबंध को किसी दूसरे व्यक्ति के साथ बाँटना नहीं चाहता।

अगर आप लकड़ी के एक टुकड़े को अपनी आँख के बहुत निकट ले आएँगे तो एक क्षण ऐसा भी आएगा, जब वह सूर्य को भी आपकी दृष्टि से ओझल कर देगा। लोग अक्सर जिन संबंधों पर अपना मालिक़ाना हक़ जताते हैं, वे उन्हें अपने इतना निकट रखते हैं कि उन्हें बाक़ी संसार दिखना ही बंद हो जाता है। किसी संबंध पर अपना स्वामित्व जताने वाला व्यक्ति, अपने आसपास घट रही हर घटना के प्रति एक धारणा विकसित कर लेता है : इस संबंध को सशक्त बनाने वाली हर बात उचित है और इस संबंध को नष्ट करने वाली हर बात अनुचित है।

स्वामित्व का यह भाव मानसिक घुटन से कम नहीं होता। भले ही आपके लिए सामने वाला व्यक्ति पूरा संसार हो और आप उसे मानसिक रूप से केवल अपना बना कर रखना चाहते हों, परंतु दूसरा व्यक्ति जीवन के प्रति विशाल दृष्टिकोण रख सकता है। आप उसके संसार का एक हिस्सा तो हैं परंतु उसके

लिए सारा संसार नहीं हैं। वह व्यक्ति कभी भी आपकी माँगों को संतुष्ट नहीं कर सकेगा और आपकी अपेक्षा के स्तर तक आ कर नहीं जी सकेगा। यदि सादा शब्दों में कहा जाए, अगर आप उस व्यक्ति के स्थान पर होते, तो संभवतः आप भी अपनी माँगों व अपेक्षाओं के अनुसार कभी जी नहीं पाते। दरअसल, हक़ीक़त यही है कि दूसरे पर स्वामित्व का भाव रखने वाले व्यक्ति की माँगें हमेशा यथार्थ से बहुत परे होती हैं। ऐसा नहीं है कि दूसरा व्यक्ति आपसे पर्याप्त स्नेह नहीं रखता या उसे आपकी परवाह नहीं है। निश्चित रूप से, आप उसके जीवन में एक सितारा हैं परंतु एकमात्र सितारा नहीं हैं।

यह हम सबके साथ तब आरंभ हुआ था, जब हम बहुत छोटे थे। जो बच्चा स्वामित्व का भाव नहीं रखता, वह कभी बाँटना भी नहीं सीख पाता। मम्मी, डैडी, टैडी, पेंसिल, क्रेयॉन, स्लिपर और खिलौने; लगभग सब कुछ, बच्चा पहले उन पर अपना मालिक़ाना हक़ रखता है। जब उसकी स्वामित्व की यह इच्छा पूरी हो जाती है तो वह उन वस्तुओं को बाँटना सीखता है। वह स्वेच्छा से अपनी वस्तुएँ दूसरों को देना चाहता है क्योंकि अब उसके मन में उनके प्रति स्वामित्व का मोह नहीं रहा।

दुर्भाग्यवश हम वयस्कों का यही मानना है कि आपस में कोई वस्तु बाँटना एक गुण है और हम अपने बच्चों को बार-बार विवश करते हैं कि वे अपनी हर वस्तु को बाँटना सीखें, जबकि अभी उन्होंने उन वस्तु को अपने स्वामित्व में रखने की संतुष्टि भी नहीं पाई होती। हम समाज को यह दिखाना चाहते हैं कि हमारा बच्चा तो जन्मजात परोपकारी है। जब बच्चे को मजबूरन दूसरे बच्चे को कोई चीज़ देने या बाँटने के लिए विवश किया जाता है, तो वह इसे स्वामित्व का हस्तांतरण मान लेता है। बच्चे को लगता है कि जो मेरा था, अब वह मेरा नहीं रहा। बच्चा विवशता से बाँटे गए इस भाव को, अपना अभाव और हानि मान लेता है। हर बार, जब भी उसे कुछ बाँटने को विवश किया जाता है तो वह इसे भावात्मक अभाव के रूप में लेता है। यही भावात्मक अभाव, भावात्मक भूख में बदलता है और जब वह बड़ा होता है तो दूसरों पर मालिक़ाना हक़ रखते हुए, इस भावात्मक अभाव को पूरा कर लेना चाहता है।

जो आत्मा भावात्मक रूप से अभावग्रस्त होती है, जब वह किसी ऐसे व्यक्ति को पा लेती है, जिसकी उपस्थिति से उसे भावात्मक पोषण मिलता हो, वह उस व्यक्ति को अपना मानसिक लंगर मान कर आश्रय लेती है और उसी एक संबंध के प्रति स्वामित्व का भाव रखने लगती है। उसे लगता है कि वह संबंध, उसके सिवा किसी दूसरे का हो ही नहीं सकता। अगर आप किसी ऐसे संबंध में हैं, जहाँ कोई आपके प्रति स्वामित्व का भाव रखता है तो पहले तो यह जान

लें कि वह आपसे बहुत प्रेम करता है। भले ही आपको उसका प्रेम कितना ही दमघोंटू क्यों न लगे, इस तथ्य के प्रति प्रसन्न रहें कि इस संसार में कोई ऐसा है, जिसके लिए आप सारे संसार से बढ़ कर मायने रखती हैं। इस बात की निंदा करने की बजाय पहले अपने प्रति उस व्यक्ति के प्रेम को स्वीकार करना, सराहना तथा मान्यता प्रदान करना सीखें। बदले में एक ऐसे प्रेमी के रूप में सामने आएँ, जो उनके जीवन में एक नया बदलाव ला सकता है। हो सकता है कि आपकी पत्नी और माँ के बीच, आपको ले कर खींचतान इसलिए चलती हो क्योंकि वे विशाल संसार के संपर्क में न आई हों। दो अलग-अलग दोस्त आपके लिए लड़ रहे हैं क्योंकि वे आपकी अनुपस्थिति में भावात्मक रूप से स्थिर नहीं रह सकते। उन्हें भावात्मक रूप से स्थिर व्यक्तियों में बदलें। अपनी माँ व पत्नी की मदद करें कि वे स्वयं को प्रकट कर सकें। जीवन के प्रति उनके नज़रिए को विस्तृत करें। उन्हें कुछ करने के लिए प्रेरित करें ताकि वे केवल आपका साया बन कर ही न रह जाएँ। उन्हें खेलने के लिए जीवन में दूसरे खिलौने भी दें ताकि वे समय काटने के लिए आपको ही अपना एकमात्र खिलौना न मानती रहें। उनको त्यागने की बजाय, उनके साथ काम करें, उन्हें मदद करें कि वे आप पर अपना स्वामित्व छोड़ते हुए, आज़ादी के बारे में जान सकें। आपके इन प्रयासों के दौरान, हर शब्द व कर्म से आपका अधिकार नहीं बल्कि स्नेह झलकना चाहिए। याद रखें, आपके प्रति प्रेम के बदले में, आप उन्हें यह उपहार दे रहे हैं।

अगर आप किसी संबंध के प्रति बहुत स्वामित्व का भाव रखते हैं तो आपको यह बात समझनी होगी कि जो माली अपने पौधों के लिए बहुत ही संरक्षण का भाव रखता है, उसके पौधों को नष्ट होते देर नहीं लगती। आपका स्वामित्व का भाव संबंध को एक दिन तबाह करके रख देगा। यदि किन्हीं दो स्तंभों के सहारे छत को टिकाना हो तो उन्हें अलग-अलग व कुछ दूरी पर ही खड़ा किया जाता है। यदि वे स्तंभ एक-दूसरे के बहुत पास आ गए, तो छत गिरते देर नहीं लगेगी। संबंध केवल तभी पनपते हैं जब संबंध में दोनों के लिए पर्याप्त मात्रा में स्थान हो।

स्वतंत्रता के बीच संबंध पनपता है और वर्जनाओं के बीच सिकुड़ कर रह जाता है। एक आदमी ने बैल की रस्सी थाम रखी थी और उसका मानना था कि उसने बैल को अपना गुलाम बना लिया। यह सच है कि बैल उससे भाग नहीं सकता था पर क्या उसने एक बार भी सोचा कि वह भी तो बैल को छोड़ कर नहीं जा सकता था। आपका गुलाम ही आपको गुलाम बना देता है। आपकी अपनी और जिस पर आप हक़ रखते हैं, दोनों की आज़ादी और निरंतरता इतनी बुरी तरह से बाधित होती है कि संबंध में कोई जीवन ही नहीं रह जाता।

इस बात को दो टूक शब्दों में बताना चाहता हूँ। स्वामित्व का भाव तथा संपूर्ण विश्वास, इन दोनों का सह-अस्तित्व संभव ही नहीं है। केवल बिना किसी शर्त के, परम व संपूर्ण विश्वास ही स्वामित्व के भाव को समाप्त कर सकता है। पहले आपको अपने प्रेम के प्रति ऐसा विश्वास पैदा करना होगा। यदि उस व्यक्ति के लिए आपका प्रेम इतना सच्चा है, तो आपका संबंधी आपसे दूर कभी जा ही नहीं सकता; भले ही अस्थायी अवकाश चाहे ले ले परंतु हमेशा के लिए कहीं दूर नहीं जा सकता। इसके बाद आपको संबंध के प्रति विश्वास पैदा करना होगा। यदि वह संबंध आपके लिए बहुत महत्त्व रखता है, बहुत गहराई रखता है तो उससे आपको दूर कौन ले जा सकता है? अंत में, आपको अपने प्रेम पात्र के लिए भी विश्वास पैदा करना होगा। अगर वह आपके प्रेम के योग्य है तो वह कभी आपको नीचा नहीं दिखाएगा। गहन विश्वास के माध्यम से स्वामित्व का भाव क्षीण हो कर नष्ट हो जाता है।

आपकी कीर्ति इसमें नहीं कि आप आकाश में एकमात्र सितारा बन कर चमकें परंतु आपकी चमक अन्य सितारों से अधिक होनी चाहिए। मेरा तो दृढ़ता से यही मानना है कि जो भी बुरा है, उसे आपको अपने पास रखना चाहिए और जो भी अच्छा हो, उसे दूसरों के बीच बाँट देना चाहिए। आपका प्रेम पात्र इतना अच्छा है तो कृपया हम जैसे लोगों को अवसर प्रदान करें कि हम उससे नाता जोड़ सकें, आपके प्रेम तथा प्रेम पात्र के प्रति प्रेम को अनुभव कर सकें। प्रेम, स्नेह तथा देखरेख जैसे भावों का मोल कभी नहीं घटता। कृपया इन्हें वस्तुओं में न बदलें, जहाँ हम यह मान कर चलते हैं कि यह या तो तुम्हारा हो सकता है अथवा मेरा हो सकता है। हम सभी सूरज की धूप में बैठ सकते हैं और सूरज को कोई हानि नहीं होती। एक सच्चा प्रेमी कभी संचय नहीं करता। हम सभी प्रेम कर सकते हैं और प्रेम का अक्षय कोष कभी रिक्त नहीं होता।

अगर आप किसी को दिल से चाहते हैं तो उसे मुक्त कर दें। अगर वह आपके पास लौट कर आता है तो वह आपका है और वह अगर नहीं आता तो जान लें कि वह कभी आपका था ही नहीं।

मैं आपको व्यक्तिगत साक्ष्य के साथ कह सकता हूँ कि यदि कोई आपका है तो वह आपके साथ न होने पर भी, सदा आपका ही बना रहेगा।

दुर्भाग्यवश हम वयस्कों का यही मानना है कि आपस में कोई वस्तु बाँटना एक गुण है और हम अपने बच्चों को बार-बार विवश करते हैं कि वे अपनी हर वस्तु को बाँटना सीखें, जबकि अभी उन्होंने उन वस्तु को अपने स्वामित्व में रखने की संतुष्टि भी नहीं पाई होती। जब बच्चे को मजबूरन दूसरे बच्चे को कोई चीज़ देने या बाँटने के लिए विवश किया जाता है, तो वह इसे स्वामित्व का हस्तांतरण मान लेता है।

स्वतंत्रता के बीच संबंध पनपता है और
वर्जनाओं के बीच सिकुड़ कर रह जाता है।

महात्रया रा

साथी से तलाक़ लेना - क्या यह अनुचित है?

महात्रया रा

स्पष्ट करते हैं...

आप समस्या को जिस रूप में देखते हैं, वही समस्या है। आप समस्या को जिस रूप में देखते हैं, वही आपका समाधान भी बन सकता है। आप अपने जीवन की घटनाओं को किस रूप में लेने का निर्णय लेते हैं, प्रगति और ठहराव उसका ही परिणाम और प्रभाव हैं। अगर परस्पर भूलों के आधार पर संबंधों को त्यागने की नौबत आएगी, तो बहुत जल्दी हमारे पास संबंधों का अभाव हो जाएगा। जब सारी संभावनाओं के अन्वेषण के बाद कोई विकल्प शेष न रहे तभी संबंध का विच्छेद करने का विचार मन में लाना चाहिए।

हम संबंध को परिभाषित करते हुए अच्छा, बुरा, बढ़िया, भद्दा, बेहतर आदि शब्दों का प्रयोग करते हैं... और ये सभी विशेषण निरर्थक हैं। ये केवल परिपक्व तथा अपरिपक्व संबंध हैं। परिपक्वता का सबसे पहला लक्षण यह समझ ही है कि कोई भी संबंध संपूर्ण नहीं होता। जब कोई व्यक्ति ही संपूर्ण नहीं होता तो उसके संबंध कैसे संपूर्ण हो सकते हैं?

मनुष्य के हाथों निर्मित कोई भी वस्तु संपूर्ण नहीं होती क्योंकि मनुष्य तो अंतर्जात रूप से ही अपूर्ण है, अधूरा है। एक असंपूर्ण काज से संपूर्ण प्रभाव कैसे उत्पन्न किया जा सकता है? संबंध तो अपनी प्रकृति से ही अपूर्ण होते हैं। हम केवल संबंधों के विकसित होने का आनंद ले सकते हैं। एक विकासशील संबंध हमेशा निर्माणाधीन होता है, जो असंपूर्णता के विभिन्न स्तरों से विकसित होते हुए, संपूर्णता के विविध स्तरों तक जाता है।

आपकी संबंधों पर आधारित अधिकतर कुंठाएँ इसलिए हैं क्योंकि आप आम के वृक्ष के नीचे खड़े हो कर, संतरे पाने की अपेक्षा रख रहे हैं। मूर्खता में आ कर, आम के पेड़ को दोष न दें कि वह आपको संतरे क्यों नहीं दे रहा।

यहाँ तक कि ईश्वर भी उन अपेक्षाओं को पूरा नहीं कर सकता, जो यथार्थ की नींव पर न टिकी हों। किसी व्यक्ति से यह अपेक्षा रखना कि वह जो है, उससे कुछ अलग हो कर दिखाए, यह वास्तव में एक अयथार्थवादी अपेक्षा है। आपको अगर आम के पेड़ के साथ रहना है तो आम का स्वाद लेना सीखना होगा या अगर आपको संतरे खाने का इतना ही चाव है, तो आम के पेड़ को छोड़ कर, किसी संतरे के पेड़ की तलाश करें। प्रसन्न भाव से एक-दूसरे के साथ रहें या प्रसन्न भाव से अलग-अलग हो जाएँ। दुःख व विषाद के साथ, न तो एक साथ रहें और न ही एक-दूसरे से अलग हों।

अगर एक निर्णय आपकी भावात्मक अवस्था में बदलाव ला सकता है, तो उस निर्णय को अपने लिए सार्थक जानें। परंतु मैंने यह भी देखा है कि जब लोग किसी संबंध को निभाने में समर्थ नहीं रहते और उससे विच्छेद कर लेते हैं, तो उसके बाद भी उन्हें चैन नहीं मिलता। वे समाज की ओर से मिले तानों और जुमलों को सह नहीं सकते और इस तरह वे नए कारणों से स्वयं को प्रताड़ित अनुभव करते हैं। गर्म पतीले से जलती आग में कूदने की भला क्या तुक है? केवल कष्ट का कारण बदलने में मुझे तो कोई सार नहीं दिखता।

निश्चित संबंधों का उद्देश्य यही होता है कि वे अंत समय तक आपके साथ बने रहते हैं। कुछ निश्चित संबंध आते हैं, अपना उद्देश्य पूरा करते हैं और चले जाते हैं। केवल आप ही यह अंतर जानते हैं कि किस संबंध को अपने साथ रखना है या किसे जाने देना है।

मेरे विवाह को तीन साल हो गए और हमारी एक बिटिया भी है। हमारे माता-पिता ने हमारी जन्म-कुंडलियाँ नहीं मिलाई थीं। मेरे पतिदेव अपने कर्तव्य भूल कर माता-पिता की अंधभक्ति में मग्न हैं। उन्हें उनके पिता के चंगुल से छुटकारा दिलाने के लिए मुझे क्या करना चाहिए?

महात्रया रा
स्पष्ट करते हैं...

सबसे पहले तो आपको इस तथ्य को समझ लेना होगा कि कोई भी समस्या इस बात पर निर्भर करती है कि आप उन कारकों पर अपना ध्यान दे रही हैं, जिन्हें नियंत्रित किया जा सकता है, और इससे भी अधिक महत्त्वपूर्ण बात यह है कि आपको उन कारकों पर अपना ध्यान लगा कर, समय व्यर्थ नहीं करना चाहिए, जिन्हें आप अपने वश में कर ही नहीं सकतीं। अब यह सोचने से कोई लाभ नहीं होगा, 'हमारे माता-पिता ने हमारी जन्म-कुंडलियाँ नहीं मिलाई थीं।' यह एक तीन साल पुराना क़िस्सा है। आप एक कहानी में जितने ऐसे कारक शामिल करते जाएँगीं, जो आपके नियंत्रण से बाहर हैं, आपके लिए उन्हें सुलझाने की संभावना उतनी ही घटती चली जाएगी। केवल उन कारकों पर अपना ध्यान केंद्रित करना आरंभ करें, जो आपके वश में हैं, जिन्हें आप बदल सकतीं हैं।

दूसरी बात, जीवन के नियम के अनुसार, दूसरों के ख़िलाफ़ सोचने से आपके लिए कुछ नहीं घट सकता। आपको एक संबंध को विकसित करने के लिए दूसरे संबंध को समाप्त करने की आवश्यकता नहीं होती। दरअसल, ऐसी पहल से तो संबंधों से जुड़ी समस्याएँ कभी सुलझाई ही नहीं जा सकतीं। आप इनसे जितना बचना चाहेंगी, ये आपके सामने उतने ही नए रूपों में आती रहेंगी।

अगर आप अपने पति के संसार के लिए अरुचि प्रकट करेंगी तो इस तरह आप दोनों के संबंध की खाई और भी गहरी होती चली जाएगी। उनके पिता को अपने विवाह की इस कहानी में एक खलनायक की तरह देखना बंद करें। यह सोचने का प्रयास करें कि आप अपनी कहानी की नायिका कैसे बन सकती हैं?

तीसरी बात, पुरुष स्वभाव से ही ऐसी स्त्री की ओर आकर्षित होता है, जो प्रसन्न रहती है, जिस प्रकार स्त्री ऐसे पुरुष की ओर आकर्षित होती है, जो उसे संरक्षणयुक्त प्रेम प्रदान करता है। मैं समझ सकता हूँ कि आप अपनी बेटी सहित, पति के संरक्षणयुक्त प्रेम को ही पाने के लिए तरस रही हैं। परंतु आप जितना अपने-आप में बदलाव लाते हुए, प्रसन्न स्त्री के रूप में दिखाई देंगी, उन्हें चुंबक की तरह अपनी ओर आकर्षित करेंगी, वे आपके और निकट आते चले जाएँगे।

सभी मतभेदों से परे, रोज़मर्रा के सारे मसलों से परे, प्रतियोगी जीवन के तनावों से परे - यह बहुत महत्त्व रखता है कि पुरुष भावात्मक परिपक्वता का प्रदर्शन करे ताकि वह स्त्री को संरक्षण से भरपूर प्रेम दे सके और स्त्री को भावात्मक परिपक्वता का प्रदर्शन करना चाहिए ताकि वह प्रसन्नता का स्रोत बन सके केवल ऐसे परिवेश में ही एक शांतिपूर्ण पारिवारिक जीवन का अनुभव पाया जा सकता है।

आपके मामले में, फ़िलहाल आपके पति को आपकी संगति से अधिक, अपने माता-पिता के साथ से अधिक ख़ुशी मिलती है। इससे आप विचलित हैं। आप बार-बार अपनी कुढ़न प्रकट करती हैं। इस तरह वे आपसे और भी दूर छिटकते जा रहे हैं। अगर कुछ अनुचित है, तो उसका सामना अनुचित ढंग से नहीं होना चाहिए। आपको उचित पहल अपनानी चाहिए। अपने-आप को एक प्रसन्न चुंबक में बदलें। धीरे-धीरे, निश्चित रूप से वे आपके हो जाएँगे; निश्चित रूप से उनका अपने माता-पिता से भी संबंध बना रहेगा।

अंत में, क्रिकेट के एक जीनियस इमरान खान की बात बताना चाहूँगा, ‘मैंने अपनी कप्तानी के दौरान, भारत के ख़िलाफ़ बहुत से मैच जीते क्योंकि मैंने अपनी टीम से कहा कि वह ऐसा सोचना बंद कर दे कि भारत को कैसे हराया जा सकता है, मैंने उन्हें सोचने को कहा कि हमारी जीत कैसे संभव है?’ प्रिय, अपने जीवन में पति का दिल जीतने पर केंद्रित रहो। यह सोचना बंद करो कि उन्हें उनके माता-पिता से अलग करके कैसे पराजित किया जा सकता है।

अंतर्जातीय विवाह करने में क्या बुराई है?

महात्रया रा
स्पष्ट करते हैं...

प्रश्न यह नहीं होना चाहिए, 'अंतर्जातीय विवाह में क्या बुराई है?' आपका प्रश्न यह होना चाहिए, 'अंतर्जातीय विवाह से कौन से मुद्‌दे जुड़े हैं?'

विवाह के साथ ही स्वाभाविक रूप से, मतभेदों को हल करने की चुनौतियाँ सामने आ जाती हैं। यह एक चुनौती है कि दो व्यक्ति अपने मतभेदों से परे जा कर, अपने लिए एक समान धरातल की तलाश कर रहे हैं। स्त्री व पुरुष के भेद, बौद्धिक अंतर, भावात्मक प्रतिक्रियाओं में अंतर, स्वादों में अंतर, पारिवारिक व निजी मूल्यों में अंतर आदि। हमें यह नहीं कहना चाहिए कि अंतर्जातीय विवाह करने में क्या बुराई है? हमें यह देखना चाहिए कि अंतर्जातीय विवाह से जुड़े मतभेदों को कैसे हल किया जा सकता है। किसी भी व्यक्ति के जीवन में विश्वास तथा विश्वास का पथ बहुत ही महत्त्वपूर्ण कारक होते हैं और इनमें आने वाला किसी भी प्रकार का अंतर, विवाह की संस्था को और भी जटिल बना देता है।

भारतीय संदर्भ में, जब किसी पुरुष का किसी स्त्री से विवाह होता है, तो उस स्त्री का विवाह उसके परिवार से भी होता है। तो एक अंतर्जातीय विवाह में पुरुष को बहुत से समझौते नहीं करने पड़ते, जबकि लड़की को कुछ भारी बदलावों और समझौतों से गुज़रना होगा। जहाँ एक पुरुष विवाह के बाद अपनी जीवनशैली में थोड़ा सा बदलाव लाता है, वहीं एक स्त्री को विवाह के बाद अपनी पूरी जीवनशैली ही बदलनी होती है। एक नया घर, नए संबंधी, नई प्राथमिकताएँ, भोजन की नई आदतें, नई अपेक्षाएँ, नया अहं प्रबंधन और ये सब अनिवार्य

हैं... परंतु अंतर्जातीय विवाह के संदर्भ में, आपको एक नए ईश्वर और उस ईश्वर तक जाने के पथ के बारे में भी समझौता करना है। एक सीधा सा प्रश्न यह है, 'क्या जटिल जीवन को और अधिक जटिल बनाया जाना चाहिए?'

चाहे जो भी कहा जाए, सत्य यही है कि 'जिस संबंध में प्रेम प्रधान हो जाए, वहाँ ऐसी छोटी-मोटी सभी बातें कोई मायने नहीं रखतीं। जिस संबंध में प्रेम न रहे, वहाँ ऐसी हर छोटी बात का भी बतंगड़ बन जाता है।' हमें इस तथ्य को समझना ही होगा, 'जहाँ शर्तें आगे आ जाती हैं, रिलेशनशिप पिछली पंक्ति में चला जाता है। इन दोनों में से कोई एक ही जीत सकता है। हम दोनों के जीतने की अपेक्षा नहीं कर सकते।' यदि आप अपने प्रिय को सबसे आगे रखने का साहस रखते हैं... तब किसी भी संदर्भ से, एक सुंदर व सहज संबंध स्थापित किया जा सकता है। प्रेम में तो ग़लत भी सही हो जाता है। प्रेम के बिना, सब कुछ ग़लत है, कुछ भी सही नहीं है...

किसी भी व्यक्ति के जीवन में विश्वास तथा विश्वास का पथ बहुत ही महत्त्वपूर्ण कारक होते हैं और इनमें आने वाला किसी भी प्रकार का अंतर, विवाह की संस्था को और भी जटिल बना देता है।

लड़कियों की बहुत सारी अपेक्षाओं या जन्म-कुंडलियाँ न मिल पाने के कारण मेरा विवाह संबंध कहीं स्थिर नहीं हो पा रहा। मुझे क्या करना चाहिए?

महात्रया रा

स्पष्ट करते हैं...

इस चरण को इतनी गंभीरता से न लें। इसे एक खेल के रूप में देखें। कल्पना करें कि 125 लड़कियाँ और 125 लड़के पिकनिक मनाने गए हैं और वे ऐसा खेल खेलने जा रहे हैं, जिसका नाम है, 'अपने साथी को खोजो।' उन लोगों के बीच 125 कार्डों के जोड़े बाँट दिए जाते हैं, जिन पर अलग-अलग वस्तुओं के चित्र बने हैं।

मान लेते हैं कि आपके कार्ड पर अगर 'स्ट्रॉबैरी' बनी है तो किसी लड़की के कार्ड पर भी यही बना होगा। अब आपको अपने 'स्ट्रॉबैरी' साथी को खोजना है। आप खेल आरंभ होते ही किसी लड़की से पूछते हैं, 'क्या तुम मेरी स्ट्रॉबैरी हो?' लड़की जवाब देती है, 'नहीं, मैं तो आम हूँ।'

अब आप दोनों परेशान हो कर रोना आरंभ कर देंगे? नहीं, आप खिलखिला कर हँसेंगे, एक-दूसरे को शुभकामनाएँ देते हुए, अपने साथी की तलाश में आगे चल देंगे। इसके बाद आपके सामने कोई 'सेब', 'गुलाब' या 'टमाटर' के कार्ड वाली लड़की भी आ सकती है।

अपना खेल जारी रखें। इस भीड़ में, कोई ऐसा है जो आपकी तरह यह सब सहन कर रहा है। आपकी 'स्ट्रॉबैरी' इस भीड़ में ही कहीं गुम है, वह भी 'कमल', 'कद्दू' और 'नारियल' से टकरा रही है। अपना खेल जारी रखें। उस समय तक प्रतीक्षा करें, जब तक दो 'स्ट्रॉबैरी' का मिलन नहीं हो जाता।

जब आप एक 'स्ट्रॉबैरी' हैं तो आप अपने लिए 'सेब' या 'ब्ल्यूबैरी' का

चुनाव क्यों करेंगे? आपको पता होना चाहिए कि मिस स्ट्रॉबैरी भी कहीं आसपास ही हैं और आपको तलाश रही हैं। जल्द ही आप दोनों एक-दूसरे को पा लेंगे और मिल कर ऐसा बढ़िया 'स्ट्रॉबैरी' मिल्कशेक बनाएँगे, जिसे देख कर दुनिया दंग रह जाएगी!!!

ईश्वर की ओर से होने वाली देर को उनकी ओर से इंकार न मानें। क्या आपको आपकी स्ट्रॉबैरी मिलेगी, यह सवाल नहीं है। प्रश्न यह है कि... आपको अपनी स्ट्रॉबैरी कब मिलेगी? आपकी स्ट्रॉबैरी भी आपके लिए कहीं न कहीं प्रतीक्षा कर रही है... पूरे विश्वास के साथ तलाश करना आरंभ करें। अंत में, सब कुछ भला ही होगा।

इस भीड़ में, कोई ऐसा है तो आपकी तरह यह सब सहन कर रहा है। आपकी 'स्ट्रॉबैरी' इस भीड़ में ही कहीं गुम है, वह भी 'कमल', 'कद्‌दू' और 'नारियल' से टकरा रही है। अपना खेल जारी रखें। उस समय तक प्रतीक्षा करें, जब तक दो 'स्ट्रॉबैरी' का मिलन नहीं हो जाता।

विवाह से पूर्व वर पक्ष के अहं से कैसे निपटना चाहिए? वे इतनी अकड़ क्यों दिखाते हैं?

महात्रया रा
स्पष्ट करते हैं...

अगर आपको उनके अहं से निपटना है, तो उसे उपेक्षित करना सीखना होगा। आप दूसरों के अहं की जितनी पूर्ति करते हैं, वह उतना ही भूखा होता जाता है। आप उस अहं को शांत करने का जितना प्रयास करते हैं, उसकी माँगें उतनी ही बढ़ती चली जाती हैं। आप लोगों के अहं की ओर जितना ध्यान देते हैं, वे उसका आनंद लेते हुए, अपना रौब और अकड़ बढ़ाते जाते हैं, उनके तरीक़े और भी बेहूदे होते चले जाते हैं।

लोग आपके साथ उसी तरह पेश आते हैं, जिस तरह आप उन्हें पेश आने के लिए सिखाते हैं। आप लोगों के तौर-तरीक़ों के लिए एक बेजान पायदान बन कर नहीं रह सकते और फिर अचानक एक दिन चिल्लाने से कुछ नहीं होता, 'मेरे साथ ग़लत बर्ताव किया जा रहा है।' अगर आप हमेशा लोगों को अपनी हामी के साथ दुलारते रहेंगे, तो वे जान ही नहीं सकेंगे कि जिस दिन उन्हें 'न' का सामना करना होगा तो वे उस अस्वीकृति को कैसे सहन करेंगे। दूसरों के प्रति अच्छे होने का अर्थ यह भी नहीं होता कि आप उनके क़दमों तले बिछे रहें। अगर आप अपनी भौतिक आज़ादी की सीमाओं की रक्षा नहीं करेंगे, तो आप राहगीरों से नहीं बच सकते। लोग आपको कुचल कर आगे निकल सकते हैं।

तो आपको निष्क्रिय दृढ़ता का अभ्यास करना होगा। सम्मानपूर्वक अवज्ञा का अभ्यास करना होगा। भावात्मक रूप से बहुत अधिक जुड़ाव न रखते हुए, बहुत अपमानजनक रवैया न रखते हुए, उद्वेगयुक्त व प्रतिक्रियावादी न हुए बिना,

स्नेही व सौम्यजनक तरीक़ों से, आपको लोगों को यह बताना सीखना चाहिए कि क्या उचित है अथवा क्या अनुचित है, किस बात को स्वीकार किया जाएगा और किसी बात को स्वीकार नहीं किया जाएगा। लोगों के दृष्टिकोण तो सुनें किंतु अपनी बात पर डटे रहें। हो सकता है कि पहले-पहले आपको ग़लत मान लिया जाए परंतु धीरे-धीरे लोगों को आपके स्नेही, सौम्य व मृदु उपायों से भरे तरीक़े समझ आने लगेंगे।

दीर्घकाल में आपके द्वारा किया गया कोई भी अच्छा कार्य, कभी अनुचित की श्रेणी में नहीं आता।

इतना कहने के बाद, मैं वर पक्ष से भी एक आग्रह करना चाहता हूँ। जब किसी पुरुष का विवाह होता है तो वह एक स्त्री से विवाह करता है। हालाँकि जब हमारे समाज में किसी स्त्री का विवाह होता है तो वह उस पुरुष के साथ-साथ उसके पूरे परिवार से विवाह करती है। एक पुरुष के पास अपना तो सब कुछ रहता ही है, उसे साथ में एक स्त्री भी मिलती है। एक स्त्री को अपना सब कुछ खोना पड़ता है - उसका घर, उसका परिवार, उसके कपड़े पहनने के तरीक़े, उसके व्यक्तिगत स्वाद, कई बार उसका भूगोल, और यहाँ तक कि कई स्थानों पर तो उसका नाम भी बदल दिया जाता है - वह यह सब इसी आस में करती है कि संभवतः उसे अपने लिए उपयुक्त जीवनसाथी मिल जाए और वह एक ऐसा स्नेही परिवार पा सके, जो उसके छूटे हुए पिछले परिवार की सारी कमी पूरी कर सके। कृपया वधु तथा वधु पक्ष के प्रति समानुभूति उत्पन्न करें।

एक महिला पूरी बस यात्रा के दौरान सभी यात्रियों से बुरा बर्ताव कर रही थी। जब वह उतरने लगी तो बस के कंडक्टर ने कहा, "मैडम! आप यहाँ कुछ छोड़ कर जा रही हैं।" उस महिला ने अपना बैग चैक किया, उसका सामान पूरा था। उसने पूछा, "मेरा यहाँ कौन सा सामान छूट रहा है?" कंडक्टर ने जवाब दिया, "मैम, एक बहुत बुरा प्रभाव। आप इस बस में अपना बहुत बुरा प्रभाव छोड़ कर जा रही हैं।"

अपने-आप से पूछें कि आप विवाह समारोह में अपना कैसा प्रभाव छोड़ कर जाना चाहते हैं और अपने उसी उत्तर के अनुसार, पेश आएँ।

मेरा जीवन विश्वास व समर्पण की बुनियाद पर खड़ा है। मैं अपने सभी कर्म ईश्वर को समर्पित करती हूँ। एक ऐसे व्यक्ति की ओर से अच्छा विवाह प्रस्ताव आया है, जो एक महान सामाजिक कार्यकर्ता, परंतु एक नास्तिक है। वास्तव में वह ईश्वर और उसके अस्तित्व पर विश्वास रखने वालों का उपहास करता है। क्या मुझे इस प्रस्ताव के लिए अपनी सहमति देनी चाहिए?

महात्रया रा

स्पष्ट करते हैं...

हेनरी फ़ोर्ड द्वारा प्रबंधन के लिए यह दर्शन दिया गया है, 'एक साथ चलना प्रारंभ है। एक साथ रहना प्रगति है। एक साथ काम करना कामयाबी है।' इसे आप काफ़ी हद तक विवाह का दर्शन भी मान सकते हैं। यह सब भी तो संगठनों की तरह ही है, जहाँ दीर्घकालीन संबंध ही सर्वाधिक महत्त्व रखते हैं।

पारिवारिक पृष्ठभूमि, शैक्षिक योग्यता, भौगोलिक अनुकूलता, वित्तीय स्तर, धर्म, आदतें, व्यक्ति का अतीत तथा उसका रूप आदि बहुत से कारक, इस निर्णय को प्रभावित करते हैं तथा इस निर्णय के लिए महत्त्वपूर्ण भूमिका निभाते हैं कि आपके जीवनसाथी को कैसा होना चाहिए? यद्यपि इनमें से किसी भी कारक का आपके विवाह की सफलता से कोई लेना-देना नहीं है। एक अच्छा विवाह, वास्तव में प्रारंभिक वर्षों के सारे हल्ले-गुल्ले के बाद ही आरंभ होता है।

यदि विवाह की सफलता से जुड़े कारकों में से किसी एक पर विचार किया जाए और हम किसी एक कारक को मान देना चाहें तो वह होगा, 'मूल्यों की अनुकूलनशीलता।' यदि आप केवल एक अच्छा आरंभ चाहते हैं, तो कारकों की

पहली सूची पर ध्यान दें। यदि आप महान प्रगति करना चाहते हैं, तो आपके पास कोई विकल्प नहीं बचता, आपको मूल्यों की अनुकूलनशीलता पर ध्यान देना ही होगा। बाक़ी सब तो विवरण मात्र हैं।

पुरुष और स्त्री को बहुत ही ख़ूबसूरत तरीक़े से अलग-अलग तरह से रचा गया है। मतभेदों का उत्सव ही तो विवाह का दूसरा नाम है। हालाँकि, जब ये मतभेद परस्पर मूल्य-तंत्रों में होते हैं, तो यह संबंध की जड़ों को ही हिला कर रख देते हैं।

यह सच है, प्रत्येक मनुष्य अपने-आप में अनूठा है और उसे सबसे अलग होने का अधिकार भी है। मनुष्य वस्तुएँ नहीं होते। हम सभी को एक ही टोकरी में नहीं रख सकते यानी एक ही नज़र से नहीं देख सकते। जब कोई संबंध स्थापित करता है तो उनके साम्य से संबंध बनता है परंतु आपसी अंतर से ही संबंध में जीवंतता आती है। हालाँकि, जब मतभेद सार मूल्यों में होते हैं, तो आपका सारा वैवाहिक जीवन आपसी सौदेबाज़ी और समझौतों के नाम हो कर रह जाता है।

हम यहाँ आस्तिकवाद या नास्तिकवाद की बात नहीं कर सकते - ये तो दोनों ही धारणाएँ हैं। यहाँ यह बात अधिक मायने रखती है कि आपके लिए क्या मायने रखता है - आप ईश्वर के प्रति समर्पण भाव रखती हैं और उसके लिए यह उपहास का विषय है। मेरा विश्वास करें, इस प्रकार के अंतर वाला संबंध सदैव निरंतर आहत करने का कारण बनता है। आपके लिए जो संवेदना का विषय है, दूसरे के लिए वह उपहास का विषय है, इस प्रकार आपके संबंध में कभी भावात्मक स्थिरता नहीं आ सकती। माता, पिता, गुरु और देवम्... भले ही सामूहिक स्वीकृति न हो परंतु इन चार कारकों के लिए तो परस्पर सम्मान का भाव होना ही चाहिए, तभी कोई संबंध प्रगति के पथ पर अग्रसर होते हुए सफल हो सकता है।

यदि वह नास्तिक है तो इसका अर्थ यह नहीं कि वह एक बुरा व्यक्ति है। केवल बात इतनी सी है कि वह आपके लिए उपयुक्त नहीं है... और न ही आप उसके लिए उपयुक्त होंगी। मूल्यों की अनुकूलनशीलता को सबसे आगे रखें। बाक़ी सब बातें बहुत ज़्यादा मायने नहीं रखतीं।

मेरे पति जीवन से बहुत अधिक महत्त्वाकांक्षाएँ नहीं रखते। मेरा मानना है कि जीवन में प्रचुरता होनी चाहिए। मेरा यह भी मानना है कि यदि मैं अपने पति से अधिक सफल हो गई, तो इस तरह हमारे संबंधों में दरार आ जाएगी। मैं इसके समाधान के लिए क्या कर सकती हूँ?

महात्रया रा

स्पष्ट करते हैं...

हम सबके लिए सफलता की परिभाषाएँ बहुत अलग-अलग होती हैं। आपके लिए जीवन में जो बड़ा है, आपके पति के लिए उसी बड़े की परिभाषा कुछ अलग हो सकती है। आपके लिए प्रचुरता शब्द का जो अर्थ है, आपके पति के पास उसकी कोई अलग परिभाषा हो सकती है।

वर्षा पात्र की पात्रता व आकार के अनुसार ही उसे भरती है। आपके जीवन का आकार, आपकी सोच के आकार पर निर्भर करता है। आपको जीवन वही देता है, आप उससे जो अपेक्षा रखते हैं। आप किसी व्यक्ति को उसके मन में बसी परिभाषाओं से धकेल कर आगे नहीं ले जा सकते। आप किसी व्यक्ति के विश्वास तंत्रों को बदले बिना, उसके जीवन को नहीं बदल सकते। कुछ विश्वास व्यक्ति के मन में इतनी गहरी पैठ बना चुके होते हैं कि आप उन्हें बाहर से नहीं बदल सकते। यदि ऐसे विश्वासों में बदलाव लाना हो तो यह आत्म-अनुभूति से ही संभव है, किसी के रटे-रटाए भाषण से यह कार्य नहीं किया जा सकता।

दरअसल, यदि आप अपने पति के विश्वास तंत्र को बदलने का कार्य कर रही हैं, तो यह न केवल उनके लिए एक कुंठाजनक अनुभव होगा बल्कि आपको भी क्लांत कर देगा। अगर मेरा हस्तक्षेप अनुचित नहीं है, तो आप दोनों के भीतर

इस बात के लिए कहा-सुनी है कि आप अपने भविष्य को कैसे परिभाषित करना चाहती हैं और वे इसे किस रूप में लेते हैं। आप अपने वर्तमान की तुलना में अपने लिए एक बिलकुल अलग भविष्य की परिकल्पना कर रही हैं जबकि वे अपने भविष्य के साथ कम से कम फ़ेरबदल चाहते हैं।

'उनकी वृद्धि तथा विकास में योगदान' देते हुए ही, आप उनके प्रति अपने प्रेम को प्रकट कर सकती हैं परंतु उनके लिए प्रेम की परिभाषा है कि उन्हें उसी रूप में स्वीकारा जाए, जैसे वे हैं, इस तरह उनके दिल को ठेस लगती होगी कि आप उन्हें निरंतर बदलने की चेष्टा में लगी रहती हैं। उसी परिभाषा के अनुसार, वे आपको उसी रूप में स्वीकार रहे होंगे, जैसी कि आप हैं, इससे आपके दिल को ठेस लग रही होगी। आपकी सोच होगी, "वे मेरी सफलता में अपनी ओर से योगदान क्यों नहीं दे रहे?"

प्रिय! सफलता को किसी भी सफल संबंध का आधार नहीं बनाया जाना चाहिए। उन्हें अपनी तरीक़े से जीने दें और आप अपने तरीक़े से जीएँ। इस बारे में चिंता न करें कि वे आपकी सफलता को किन अर्थों में लेंगे! एक अच्छे विवाह का आधार इस धारणा से बहुत परे होता है।

भौतिकता से भरे इस युग में, हमारे जीवन को नियंत्रित करने वाली सफलता की सभी परिभाषाओं से परे, एक पुरुष अपनी पत्नी से यही चाहता है कि वह उसके लिए प्रसन्नता का स्रोत बनी रहे। आप जो बनना चाहती हैं, बनें, परंतु मेरी प्रसन्नता का स्रोत बनी रहें। एक स्त्री अपने पति से चाहती है कि वह उसके लिए रक्षक प्रेम का स्रोत बना रहे। तुम चाहे जो भी बनो, परंतु मेरे लिए प्रेम का सोता बने रहो। जब तक पुरुष की इस प्रसन्नता को पाने की माँग पूरी होती रहती है तथा स्त्री को उसका रक्षक प्रेम मिलता रहता है, संबंधों में आने वाली बाक़ी सभी बातों का कोई मोल नहीं रह जाता और वे बाधाएँ समय के साथ-साथ समाप्त होती जाती हैं।

अगर कोई व्यक्ति अपने विवाह से प्रसन्नता चाहता है तो उसे अपनी पत्नी को स्नेह व प्रेम से युक्त समय देना होगा। अगर कोई स्त्री अपने विवाह में प्रेम चाहती है तो उसे अपने पति को प्रसन्नता और उल्लास से भरे पल और अवसर देने होंगे।

क्या अपने साथी के प्रति कामुक भावनाएँ रखना और प्रकट करना अनुचित है, जिन्हें मैं बहुत प्यार और मान भी देती हूँ? क्या यह किसी मनुष्य के लिए सहज स्वभाव नहीं है? मैं बहुत ही धर्मनिष्ठ स्वभाव की हूँ और इस विषय में थोड़ी भ्रमित हूँ।

महात्रया रा

स्पष्ट करते हैं...

हमसफ़र या आत्मीय साथी को किसी एक व्यापक परिभाषा में सीमित नहीं किया जा सकता। जिन्हें आप पूर्ण अधिकार के साथ मातृत्व या पितृत्व प्रदान नहीं कर सकते, ऐसे व्यक्ति की देह के प्रति लगाव रखना अनुचित है। जिस देह के साथ आपका पितृत्व या मातृत्व देने का नाता जुड़ा है, उसके प्रति ऐसे भाव अपने मन में लाना अनुचित नहीं माना जाएगा।

हालाँकि, जो संबंध, पूरे अधिकार के साथ आपका है, उसमें सेक्स भी सेवा का एक भाग है। आप दूसरों के लिए जो करते हैं, जो वे अपने लिए स्वयं नहीं कर सकते, तो यह सेवा की श्रेणी में आता है। भले ही वह बच्चे की देखरेख हो, वृद्धजन की सेवा का भार हो, पर्यावरण की रक्षा हो क्योंकि वे यह सब अपने लिए नहीं कर सकते, आप उनके लिए जो भी कर रहे हैं, वह सेवा है। ठीक इसी प्रकार, काम संतुष्टि भी ऐसा ही भाव है, जिसे कोई व्यक्ति अपने लिए पूरी तरह से प्राप्त नहीं कर सकता, उन्हें यह संतुष्टि प्रदान करना भी किसी सेवाभाव से कम नहीं है।

आपने कहा कि आप धर्मनिष्ठ स्वभाव की हैं, मैं आपको एक बात स्पष्ट कर देना चाहता हूँ, जब सेक्स केवल दैहिक वासना नहीं रह जाता और उसके माध्यम से आप अपने प्रिय के प्रति गहन और उत्कट प्रेम को प्रकट करते हैं तो यह आध्यात्मिक आयाम प्राप्त कर लेता है क्योंकि इस दौरान आप दूसरे की उपस्थिति में स्व को पूरी तरह से भुलाने के योग्य हो जाते हैं।

करियर विकास

क्या मैं जान सकता हूँ कि मुझे सशक्त संप्रेषक बनने के लिए कौन से प्रयत्न करने चाहिए?

महात्रया रा

स्पष्ट करते हैं...

मनुष्य की शक्ति उसके स्वर की शक्ति है। उसके स्वर की शक्ति उसके संप्रेषण की शक्ति से प्रकट होती है।

परंतु हम सभी अनिवार्य रूप से संप्रेषणकर्ता नहीं होते। बोलने और संप्रेषण करने में ज़मीन-आसमान का अंतर होता है। बोलने का अर्थ है मानो आड़ी-तिरछी रेखाएँ खींची जा रही हों और संवाद व संप्रेषण का अर्थ है कि कुछ सही तरह से लिखा जा रहा हो। जहाँ बातचीत निरुद्देश्य हो सकती है, वहीं संप्रेषण का सदा कोई न कोई अर्थ अवश्य होता है।

जब दो बच्चे कक्षा में बात करते हैं, तो क्या होता है? उन्हें दंडित किया जाता है। जबकि जब बच्चे को संप्रेषण की कला आ जाती है, तो उसे कक्षा का नेता बना दिया जाता है।

अच्छे संप्रेषण की तीन विशेषताएँ होती हैं :

1. क्या कहना है : विषय सामग्री
2. कैसे कहना है : भाव
3. कब कहना है : उचित समय।

'क्या कहना है', यह संप्रेषण 'मन से मन' का होता है। मेरे संवाद से, मेरे विचार आप तक पहुँचते हैं। मुझे क्या कहना है, यह मेरे संप्रेषण की विषय सामग्री है और इसका पूरी तरह से स्पष्ट होना बहुत महत्त्व रखता है।

'कैसे कहना है', इसे आप भावों के साथ जोड़ सकते हैं। यह 'दिल से दिल' की बात होती है। भाव, जिन्हें आप अपने संप्रेषण में शामिल करते हैं, वे आपके संप्रेषण को शक्तिशाली बना देते हैं क्योंकि अब इसमें एक भावात्मक अपील आ जाती है।

किसी बात को 'कब कहना है', इसी में उचित समय छिपा है। उचित संदेश को, उचित प्रकार से उचित समय पर दिए जाने पर ही उचित परिणामों की अपेक्षा की जा सकती है।

अपने संप्रेषण को प्रभावी बनाने के लिए, कुछ सरल नियमों का पालन करें। सबसे पहले, आपके कार्य में एक सहजता होनी चाहिए। आपकी शारीरिक भाव-भंगिमा मर्यादित हो ताकि लोग विषय से न भटकें और उनकी एकाग्रता भंग न हो।

दूसरे, हमेशा केंद्र में आ कर बात करें। जो लोग, सेंटर स्टेज से बात करते हैं, वे हर स्थान पर मनोवैज्ञानिक लाभ पाते हैं, जैसे : प्रशिक्षण सत्र, बोर्ड मीटिंग, सामूहिक चर्चा आदि।

तीसरे, यह कभी न भूलें कि नेतृत्व नेत्रों से आरंभ होता है। नेत्र बहुत शक्तिशाली होते हैं। आप अपनी आँखों के माध्यम से बहुत कुछ संप्रेषित कर सकते हैं। जब मैं अपने श्रोताओं की आँखों में देखता हूँ तो वे मेरे साथ मेरी रौ में बहने लगते हैं। अंततः अपने हाथ में कोई वस्तु ले कर न बोलें। अपने हाथों को खुला छोड़ दें और इससे आपके अमौखिक संप्रेषण में सुधार होगा।

तकनीक आपको सूचना दे सकती है। किंतु रूपांतरण तो केवल संप्रेषण के माध्यम से ही संभव है। मनुष्य के स्वर की शक्ति से अधिक शक्तिशाली कुछ नहीं होता।

मैं मध्यम दर्जे के प्रबंधक के तौर पर काम कर रहा हूँ। मैं लोगों से अपने दोस्तों की तरह पेश आता हूँ, इसलिए उनके साथ व्यवहार में लोच बनाए रखता हूँ। मैं काम को अपना पूरा सौ प्रतिशत नहीं दे पाता। कृपया इस विषय में मेरी सहायता करें।

महात्रया रा

स्पष्ट करते हैं...

प्यादे, राजा और रानी एक ही बॉक्स से आते हैं तो इससे यह अर्थ नहीं निकलता कि वे सभी शतरंज की बिसात पर एक सा महत्त्व भी रखेंगे। राजा, राजा रहेगा और बिसात पर प्यादे को प्यादे की तरह ही पेश आना होगा। अगर आप अपने ऑफ़िस के बाहर किसी सहकर्मी को एक दोस्त की तरह चुनते हैं, तो आप स्वयं को और दुनिया को दिखा रहे हैं कि आप कितने भले इंसान हैं। अगर आप यही काम ऑफ़िस के अंदर करते हैं, तो वे कहेंगे कि यह एक घटिया प्रबंधक यानी मैनेजर है।

हर भूमिका के साथ कुछ प्राथमिक उत्तरदायित्व होते हैं। भले ही हम अन्य पक्षों में कितना कुछ भी क्यों न करें, यदि हम उस भूमिका से जुड़े प्रधान दायित्व को ही पूरा नहीं कर पाते तो हम उस भूमिका को निभाने में नाकामयाब रहे हैं। इससे कोई अंतर नहीं पड़ता कि वाहन चालक आपके प्रति अच्छा रवैया रखता है या नहीं - उसका प्रधान कर्तव्य यही बनता है कि वह पूरी सुरक्षा के साथ वाहन चालन करे। यदि वह आपके साथ तो भलाई से पेश आए, हमेशा मुस्करा कर बात करे परंतु सप्ताह में दो बार, कार ठोक कर ले आए तो क्या आप उसे क्षमा कर देंगे?

माता-पिता होने के नाते, यदि हम अपने बच्चों को हर प्रकार की भौतिक सुख-सुविधा तो दें, परंतु नैतिक रूप से मार्गदर्शन न कर सकें, तो हम एक

माता-पिता के रूप में अपनी भूमिका का निर्वाह करने में असफल रहे हैं। मैनेजर के साथ ही ऐसा ही है। संसाधनों के उचित प्रबंधन के साथ कार्य को पूरा करवाना, किसी प्रबंधक का प्रधान कर्तव्य होता है और यहाँ किसी प्रकार के समझौते की गुंजाइश नहीं होती। जिस सहकर्मी के साथ आप अपने काम का सौ प्रतिशत नहीं दे सके, वह आपसे नहीं कहेगा, "ऐसी अच्छी दोस्ती निभाने के लिए शुक्रिया!" परंतु वह आपसे कहेगा, "तुम एक अच्छे मैनेजर क्यों नहीं बन सके?"

हम बच्चों को सिखाते हैं कि खेल के समय खेलो और पढ़ाई के समय पढ़ो। जब आप प्रबंधक हों तो प्रबंधन करें और जब आप कार्यालय से बाहर हों तो अपनी दोस्ती निभाएँ। अपने जीवन की सभी भूमिकाओं में, पहले अपना प्रधान उत्तरदायित्व पूरा करो और इसके बाद ही अपने गौण दायित्वों का विस्तार करो।

पहले तो, कार्यालय के भीतर एक प्रबंधक की तरह सफल बनो। इसके बाद, उनके साथ अपनी दोस्ती निभाओ।

अच्छे प्रबंधक सदा ऊपर से सख़्त और भीतर से नर्म होते हैं।

हर भूमिका के साथ कुछ प्राथमिक उत्तरदायित्व होते हैं। भले ही हम अन्य पक्षों में कितना कुछ भी क्यों न करें, यदि हम उस भूमिका से जुड़े प्रधान दायित्व को ही पूरा नहीं कर पाते तो हम उस भूमिका को निभाने में नाकामयाब रहे हैं।

मैं अपने संस्थान में सबसे समय की पाबंदी की अपेक्षा रखता हूँ, परंतु ऐसा हो नहीं पा रहा। मैं बुरी तरह से परेशान हूँ। अक्सर मैं उन्हीं लोगों पर अपना गुस्सा निकाल देता हूँ, जो मुझे रिपोर्ट करने आते हैं।

महात्रया रा

स्पष्ट करते हैं...

किसी भी कार्य का रूपांतरण भले ही शीघ्र हो जाए किंतु चरित्र के रूपांतरण में समय लगता है। यदि किसी एक व्यक्ति के चरित्र में बदलाव लाना हो तो उसमें समय लगता है परंतु यहाँ तो आप सामूहिक रूपांतरण को संभव करने की बात कर रहे हैं। इसमें समय तो लगता है परंतु इसे पाया जा सकता है। आपको दूसरों के चरित्र में इस बदलाव के लिए अपने चरित्र का भरपूर प्रदर्शन करना होगा।

क्रोध से किसी एक व्यक्ति के कार्यों को बदला जा सकता है और ये बदलाव सदा अस्थायी होते हैं। निरंतर संवाद के बल पर किसी व्यक्ति की मानसिकता बदली जा सकती है, और वह बदलाव एक स्थायी बदलाव हो सकता है। तो समय के मूल्य, समय की पाबंदी के मूल्य तथा अनुशासन के मूल्य के बारे में उनसे बात करते रहें। याद रखें, जिस समय भूल की गई हो, वह भूल को सुधारने का उचित समय नहीं होता। इस तरह आपको बदले में आत्म-संतुष्टि के अतिरिक्त कुछ नहीं मिलेगा। शिक्षा तभी बेहतर तरीक़े से दी जा सकती है, जब लोग इसकी अपेक्षा न कर रहे हों। मूर्तिकार नहीं जानता कि उसके हथौड़े की किस चोट के बाद पत्थर चटक जाएगा, उसी तरह आप भी नहीं जानते कि आपके संवाद के समय किस वाक्य से रूपांतरण संभव हो सकेगा, परंतु अंततः यह अवश्य होगा।

जिस समय भूल की गई हो, वह भूल को सुधारने का उचित समय नहीं होता।

महात्रया रा

मैं शिक्षा के क्षेत्र में जा रहा हूँ। मैंने आपके लेखन के दौरान पढ़ा था, "विकास को सिखाया नहीं जा सकता। इसे लपका जाता है।" अगर ऐसा है तो यह छात्र की अपनी क्षमता हुई। ऐसे में अध्यापक का श्रेय क्या है?

महात्रया रा
स्पष्ट करते हैं...

अगर आपकी ओर बूंदी के लड्डू से बनी गेंद उछाली जाए, तो आप उसे लपक लेंगे। अगर आपकी ओर गाय के गोबर से बनी गेंद उछाली जाए, तो क्या तब भी आप उसे लपकेंगे? अगर उसे लपकना ज़रूरी होगा तो शायद लपकेंगे ही परंतु आप केवल उसे ही लपक सकते हैं, जिसे आपकी ओर उछाला गया हो, इससे अधिक कुछ नहीं!

कृष्ण, अर्जुन के बिना भी संसार में धर्मनिष्ठा की स्थापना कर सकते थे। परंतु यह कृष्ण की उदारता थी कि उन्होंने अर्जुन को स्वयं उसका युद्ध लड़ने और विजय प्राप्त करने का अवसर प्रदान किया। हालाँकि, कृष्ण के बिना अर्जुन भावनाओं की रौ में बह जाते और बहुत ही अमर्यादित रूप से रणभूमि से लौट जाते, इस तरह अच्छाई पर बुराई की जीत हो जाती। यह ईसा मसीह की उदारता ही थी कि उन्होंने अपने बारह शिष्यों को *बाइबल* का संदेश लोगों तक प्रसारित करने के लिए चुना। जीसस के शिष्यों के साथ और उनके बिना भी, उनकी ऊर्जा चारों ओर व्याप्त रह सकती थी, परंतु उन शिष्यों का अस्तित्व तब प्रकाश में न आ पाता, जो कि ईसा मसीह की अनुकंपा से सबके सामने आया।

जब एक गुरु कहता है, "कोई महान गुरु, किसी महान शिष्य को सामने नहीं लाता, हमेशा एक महान शिष्य, संसार के सम्मुख अपने महान गुरु को प्रकट करता है।" वे अपने शिष्य के अहं की तुष्टि के लिए ऐसा नहीं कहते, वे छात्र या शिष्य को गुरु की शिक्षाओं के प्रति और अधिक आग्रहशील बनाना चाहते हैं।

केवल एक अच्छा बीज ही एक अच्छा वृक्ष बन सकता है। यद्यपि धरती का कार्य बीज के बिना चल सकता है परंतु बीज को अपना जन्म पाने के लिए धरती की सहायता लेनी ही होगी। हालाँकि हर शुक्राणु में जीवन होता है परंतु 700 मिलियन में से केवल कोई एक स्पर्म ही कारगर हो पाता है।

यद्यपि हर बीज में एक वन बनने की संभावना छिपी होती है, केवल लाखों बीजों से ही कोई बीज वृक्ष बनता है। हर छात्र में एक संभावित जीनियस छिपा है, परंतु गुरु-छात्र की जुगलबंदी हर किसी के साथ काम नहीं करती। अनंत सितारों के बीच, जहाँ तक विज्ञान का प्रश्न है, जीवन केवल एक ही सितारे - सूर्य के पास ही व्याप्त है। जीवन के प्रत्येक पक्ष में मानो एक ही नियम काम करता है।

हो सकता है कि मेरे सभी अंग्रेज़ी अध्यापकों के छात्रों में से केवल मैं ही एक ऐसा छात्र रहा, जो एक अंतर्राष्ट्रीय पत्रिका (*ग्रोथ इज़ कॉट*) का संपादक बना; परंतु मैं मन ही मन जानता हूँ कि उन सबके लिए, यह एक पुख़्ता संभावना नहीं थी। मेरे प्यारे अध्यापकों, यदि आप न होते तो आज मैं भी यहाँ न होता।

केवल एक अच्छा बीज ही एक अच्छा वृक्ष बन सकता है। यद्यपि, धरती का कार्य बीज के बिना चल सकता है परंतु बीज को अपना जन्म पाने के लिए धरती की सहायता लेनी ही होगी।

मुझे पुरस्कारों और सम्मानों के लिए काम करना चाहिए या अपनी संतुष्टि के लिए? मेरा केंद्रबिंदु क्या होना चाहिए?

महात्रया रा
स्पष्ट करते हैं...

यह एक सच्चा प्रसंग है कि डेव एंडरसन और जिम मर्फ़ी एक ही दिन अमेरिकन रेलवे में भर्ती हुए। बीस साल बाद, डेव अब भी वही नौकरी कर रहे थे पर जिम रेलवे के चेयरमैन बन गए थे। डेव ने कहा, "मैं प्रति घंटा 1.75 डॉलर के लिए काम करने आता रहा; जिम अमेरिकी रेलवे के लिए काम करते थे। बस, यही सबसे बड़ा अंतर बन गया।"

कर्म ही हमारी एकमात्र मुक्ति है। कर्म के माध्यम से ही हम प्रगति कर सकते हैं। मनुष्य को कर्म से अधिक कोई विकसित नहीं कर सकता। कर्म ही प्रार्थना का प्रारंभिक रूप होना चाहिए। आप अपने लक्ष्य को पाने के दौरान जो पाते हैं, वह उसकी तुलना में गौण है कि आप लक्ष्य पाने के दौरान क्या बन गए हैं। यहाँ पुरस्कार, सम्मान या इनामों की बात नहीं है। वे तो उस व्यक्ति के लिए उप-उत्पाद होते हैं, जो अपने काम से संतुष्टि पाना चाहता है। जिस काम को करने से आपको आंतरिक अभिव्यक्ति का अवसर मिलता है, उसे ही प्रसन्नता कहते हैं। जब संसार यह पहचानने लगता है कि आपने अपने काम के माध्यम से जो मूल्यवर्द्धन किया है तो सफलता उप-उत्पाद के रूप में सामने आती है। जब आपका काम और उसका परिणाम, संसार के लिए उपयोगी हो जाता है, तो उसका उप-उत्पाद यह होता है कि आप अपने जीवन का उद्‍देश्य पा लेते हैं।

कोई ऐसा काम करें, जिससे आपको आंतरिक
अभिव्यक्ति मिल सके। आप उसमें प्रसन्नता पा लेंगे।

संसार को दिखाएँ कि आपका काम कितना महत्त्व
रखता है। जब वे इसे जानेंगे तो आप सफलता पा लेंगे।

अपनी सफलता के माध्यम से संसार की सेवा करें।
आप अपने जीवन का उद्देश्य पा लेंगे।

और जब आपका काम आपको प्रसन्नता, सफलता व
उद्देश्य देगा... तो आप उसके भीतर ईश्वर को पा लेंगे।

महात्रया रा

मैं एक एम एन सी के लिए काम करता हूँ। मैं बैक ऑफ़िस ऑपरेशन संभाल रहा था और अब हाल ही में मुझे ऑपरेशन प्रमुख भी बना दिया गया है और मैं दोनों दायित्व संभाल रहा हूँ। इस तरह की पदोन्नति से तो मुझे प्रसन्न होना चाहिए था परंतु मैं घबराहट अनुभव कर रहा हूँ, क्यों?

महात्रया रा
स्पष्ट करते हैं...

भय दो प्रकार के होते हैं। एक है, 'किसी चीज़ का सामना करने का भय' और दूसरा है, 'श्रेष्ठता का भय।' पहला नकारात्मक है जबकि इसमें से दूसरा सकारात्मक होता है। 'किसी चीज़ का सामना करने से भयभीत होने वाले लोग' ही विस्मृति के गर्त में विलीन हो जाते हैं। इस तरह वे कार्य को आरंभ तक नहीं कर पाते। उनकी पहल करने की क्षमता जाती रहती है और वे पलायनवादी हो जाते हैं। वे अपने ही बनाए संकीर्ण सुविधाजनक दायरों में जीते हैं और उनमें ही समाप्त हो जाते हैं। यह भी साफ़ दिख रहा है कि आप जिससे भी गुज़र रहे हैं, वह इस श्रेणी में नहीं आता; क्योंकि यदि ऐसा होता, तो आप आज जीवन में वहाँ न होते, जहाँ आज पहुँचे हैं।

आप जीवन में 'उत्कृष्टता के भय' का सामना कर रहे हैं। यह एक सकारात्मक भय है। आप अपने पिछले दायित्व में व्यावसायिक रूप से सफल रहे। अब यह नया पद आपसे नए कौशलों की माँग कर रहा है, जिनके लिए अभी आप पूरी तरह से आश्वस्त नहीं हैं। आपको एक अधूरेपन के जैसा एहसास हो रहा है। वस्तुतः एक अच्छी कॉर्पोरेट पदोन्नति वही है, जहाँ व्यक्ति स्वयं को अपने नए पद पर थोड़ा सा असहज अनुभव करे। इस तरह उसे अपनी क्षमता

के विस्तार का अवसर मिलेगा और संगठन भी उसकी इस प्रक्रिया के साथ विस्तार पाएगा। राहुल द्रविड़ को घबराहट इसलिए नहीं है कि वह ब्रेट ली का सामना कर सकता है या नहीं। उसे घबराहट इसलिए है कि वह एक और शतक लगा सकता है या नहीं? यह सकारात्मक भय है। यही 'उत्कृष्टता का भय' ही, क्षमता से भरे संसार की रचना करता है। यदि ऐसा नहीं होता तो हम सभी समझौतों से भरे संसार में जी रहे होते। दरअसल, 'उत्कृष्ट कर पाने की चाह' ही, 'उत्कृष्टता के भय' के छिपे आवरण में सामने आ रही है।

ऐसी परिस्थितियों के दौरान, आपको अपने प्रबंधन पर विश्वास करना चाहिए। आज के प्रतियोगी युग में कोई भी प्रबंधन दल, आपको ऐसा कोई भी उत्तरदायित्व तब तक नहीं सौंपेगा, जब तक उसे यह निश्चय न हो जाए कि आप उसे निभाने में सक्षम हैं भी या नहीं? अपने प्रबंधन के निर्णय में भरोसा रखें - उन्होंने निर्णय किया है कि आप पर्याप्त सक्षम हैं; इसलिए तो आपको यह तरक्की मिली है। नियम के अनुसार, अगर आपको अपने पर भरोसा न आ रहा हो तो आप उन लोगों पर भरोसा करें, जिन्होंने आपको इस काम के लिए चुना है। याद रखें, साहस, भय की अनुपस्थिति नहीं है, परंतु यह भय के बावजूद जीवन में आगे बढ़ने की योग्यता है। आगे बढ़ें और अपने-आप को पा लें। मेरा विश्वास करें, बहुत जल्दी ही आप स्वयं को अगली पदोन्नति के योग्य पाएँगे और फिर से 'उत्कृष्टता के भय' के एक स्तर पर आ जाएँगे। आप बिलकुल सही रास्ते पर चल रहे हैं।

एक अच्छी कॉर्पोरेट पदोन्नति वही है, जहाँ व्यक्ति स्वयं को अपने नए पद पर थोड़ा सा असहज अनुभव करे। इस तरह उसे अपनी क्षमता के विस्तार का अवसर मिलेगा और संगठन भी उसकी इस प्रक्रिया के साथ विस्तार पाएगा।

अगर आपको भी कोई ख़राब बॉस मिल जाता तो आप क्या करते?

महात्रया रा

स्पष्ट करते हैं...

पहले तो याद रखें कि बुरा या ख़राब बॉस एक अनुभूति है जो व्यक्तिपरक या सापेक्ष हो सकती है। एक बुरे बॉस का सीधा सा अर्थ इतना ही है कि आपके और आपके बॉस के बीच अच्छा तालमेल क़ायम नहीं हो पा रहा, जो कि संभवतः किसी दूसरे के साथ बेहतर तरीक़े से काम कर रहा हो।

दूसरे, अपने-आप से कहें; "मैं जानता हूँ कि बुरे बॉस के साथ काम करने का अनुभव कैसा होता है?" इसके बाद अपने-आप से संकल्प लें कि आप जब भी आपको बॉस बनने का अवसर मिलेगा तो आप एक अच्छे बॉस के रूप में सामने आएँगे। जो आप अपने साथ नहीं होने देना चाहते, उसे दूसरों के साथ न होने दें। इसे अपने प्रशिक्षण स्थल के रूप में लें, आपको यहाँ सीखना है कि एक व्यवसायी को क्या नहीं करना चाहिए। यहाँ आप अपने भविष्य के लिए प्रशिक्षण ले सकते हैं।

जो भी व्यवसायी अपने जीवन में उच्च शिखर पर आया है, उसने कभी न कभी, 'अरे नहीं' टाइप बॉस का सामना किया है।

दरअसल, 'अच्छे' के लिए, 'बुरा' एक प्रशिक्षण स्थल है। असफलताओं से आप जीवन के कुछ बेहतर सबक़ सीखते हैं, जिन्हें सफलता के साथ सीखा नहीं जा सकता।

आप जिन बाधाओं का सामना करते हैं, उनके साथ चरित्र की दृढ़ता सामने आती है। कठिन समय मनुष्य के व्यक्तित्व को गढ़ते हैं।

दरअसल, कठोर छात्र ही अच्छे अध्यापकों को महान अध्यापकों के रूप में बदलते हैं। युद्धों ने महान तकनीकों के विकास के लिए संदर्भ प्रस्तुत किए। सलीब, ईसायत का प्रतीक बनी और कुरुक्षेत्र के मैदान ने संसार को *भगवद् गीता* का उपहार दिया। कोयला संपीड़ित होने के बाद ही हीरे का रूप लेता है। बुरे के बाद सदा अच्छा ही हाथ आता है।

निस्संदेह, आपको वर्तमान परिदृश्य को देखते हुए यह याद दिलाने की आवश्यकता भी नहीं है कि अगर आवश्यक लगे, तो काग़ज़ पर लिखे कुछ वाक्य और एक हस्ताक्षर के बाद आपको एक नया बॉस भी मिल सकता है।

असफलताओं से आप जीवन के कुछ बेहतर सबक़ सीखते हैं, जिन्हें सफलता के साथ सीखा नहीं जा सकता। आप जिन बाधाओं का सामना करते हैं, उनके साथ चरित्र की दृढ़ता सामने आती है। कठिन समय मनुष्य के व्यक्तित्व को गढ़ते हैं।

क्या आपको नहीं लगता कि कॉर्पोरेट भारत, लोगों का ख़ून चूस रहा है? क्या लोगों से इतना अतिरिक्त कार्य लिया जाना चाहिए?

महात्रया रा

स्पष्ट करते हैं...

एक वर्ष में 365 दिन होते हैं। अगर उसमें से 52 रविवार और 12 अवकाश के दिन निकाल दिए जाएँ, तो काम करने के लिए 301 दिन मिलते हैं। इसमें से 12 दिन कैजुअल, सिक तथा प्रिवलेज लीव के लिए निकाल दें। इस तरह हमारे पास 265 दिन रह जाते हैं। चूँकि हम कम से कम बारह घंटे अपने काम से अलग बिताते हैं, इस तरह वे 132 दिन बनते हैं। इस तरह हमारे पास घटते-घटते 133 दिन रह जाते हैं। हम ऑफ़िस में कम से कम दो घंटे कॉफ़ी, धूम्रपान, लंच और अन्य सहकर्मियों के साथ गपशप में बिता देते हैं, जो 22 दिन बनते हैं। तो इस तरह हमारे पास काम करने के लिए केवल 111 दिन शेष रहते हैं। हम अपने साल का केवल तीस प्रतिशत ही काम के लिए निवेश करते हैं।

निस्संदेह, आपमें से जिनके पास पाँच दिवसीय सप्ताह होता है, जो काम के दौरान अपना निजी कार्य भी करते हैं, जो अपने काम के दौरान, दूसरी नौकरी के अवसर तलाश करते रहते हैं, जो लोग नेट पर अपने मेलबॉक्स खोले बैठे रहते हैं, अपने प्रिय अवकाश बिताने के स्थान देखने के लिए नेट सर्फ़िंग करते रहते हैं और ई-चैट करते हैं। जो लोग अपने सहकर्मियों से सलाह-मशविरे में ही लगे रहते हैं आदि..., वे अपने लिए इन 111 दिनों में से भी और हिसाब घटा लें।

हमें काम को सही करने के अपने बोध को जानना और समझना होगा। आप किसी दूसरे के लिए काम नहीं करते। आप अपने लिए काम करते हैं। हो सकता है कि दूसरों को आपके काम से प्रभावों से लाभ होता हो परंतु अपने

काम से लाभ पाने वाले प्रमुख व्यक्ति आप स्वयं हैं। मनुष्य काम के माध्यम से स्वयं को तलाशता है। यह काम कोई कार्य नहीं बल्कि एक घटना होना चाहिए। इसके माध्यम से आपके व्यक्तित्व को विस्तार मिलना चाहिए। यह कार्य एक प्रयास नहीं होना चाहिए, यह एक निरंतर प्रवाह होना चाहिए। यह कार्य एक उत्सव होना चाहिए। आपको अपने तरीक़े से नृत्य करते हुए काम पर जाना चाहिए और अपनी मनपसंद धुन गुनगुनाते हुए लौटना चाहिए।

काम की अवधि के दौरान, मुआवज़े का पैकेज तथा आपका पद - आपको इन सबकी तुलना उस संभावना के साथ करनी चाहिए, जो आपके काम के माध्यम से प्रकट हो रही है। अपने काम के दौरान आपको समय का भान नहीं रहना चाहिए। आपका काम, आपको दिए जा रहे पैसों के अनुसार नहीं मापा जाना चाहिए। अगर हर होममेकर, दिए जा रहे पैसों के साथ अपने काम की तुलना करने लगे, तो यह संसार एक क्षण में वहीं थम कर रह जाएगा। अपना जितना बेहतर दे सकें, उसे दें और जो भी करें, उसे पूरी बेहतरी के साथ पूरा करें।

हम जो भी भोजन करते हैं, जो भी कपड़े पहनते हैं, हमारे सिर पर जो छत है या हम जिन विलासिताओं का आनंद लेते हैं, वे सभी हमारे द्वारा किए गए काम के कारण ही पुरस्कार के रूप में मिलती हैं। अपने हृदय को अपने प्रति किए जा रहे काम के लिए आभार से भर जाने दें। काम न केवल आपको जीवन के पुरस्कार देता है बल्कि यह आपके जीवन को एक उद्देश्य भी प्रदान करता है। तो अपना काम करते समय उसी आस्था और विश्वास के साथ जाएँ, जिसके साथ आप किसी उपासना स्थल पर जाते। यह संसार उनकी ही पूजा करता है, जो अपने काम की पूजा करते हैं।

हम जो भी काम करते हों, उसके प्रभाव को ही वे निशान बनने दें, जिन्हें हम अपने बाद इस संसार में छोड़ कर जाएँगे।

एक सेल्समैन के नज़रिए से 'प्राइस', 'कॉस्ट' और 'वेल्यू' में क्या अंतर है?

महात्रया रा

स्पष्ट करते हैं...

आपने जो घर ख़रीदा था, हो सकता है कि उसका दाम चालीस लाख रुपए रहा हो परंतु उसकी लागत, उस अवधि में वितरित होगी, जितने समय तक आप उसके मालिक रहे। किसी के लिए एक घर का मालिकाना हक़ पाने का क्या मूल्य हो सकता है, उसे इस मामले में हर भारतीय की आकांक्षा को देखते हुए लगाना बहुत कठिन है। याद रखें, इसमें एक मकान मालिक होने की आज़ादी, एक संपत्ति अपने पास होने का विश्वास तथा इससे स्तर में होने वाली वृद्धि... भी शामिल है। आपने इसके लिए जो दिया, वह इसका मूल्य नहीं, मूल्य का अर्थ है कि यह आपके लिए क्या कर सकता है।

दाम या क़ीमत : कोई भी सेल्समैन सौदे को जल्दी से निपटाने के चक्कर में जो सबसे बड़ी भूल करता है, वह यही होती है कि वह अपनी ओर से छूट का ज़िक्र कर देता है। छूट दे कर बिक्री करना कोई अक़्लमंदी नहीं है। आप जितनी भी छूट दे रहे हैं, उसके अनुपात में आपका लाभांश घट रहा है। इस तरह कुल मिला कर आपका टर्नओवर प्रभावित होता है। एक अच्छे सेल्समैन को न केवल अच्छी तरह बेचना आना चाहिए बल्कि उसे अपने लिए लाभ निकालना भी आना चाहिए। अगर दाम को छोटे टुकड़ों में बाँट दें तो क्रेता को यह समझने में आसानी होती है कि वह उसे आसानी से ख़रीद सकता है। कंपनी की योग्यता इसी में है कि वह संभावित ग्राहक को यक़ीन दिला दे कि वह आसानी से मासिक किश्तें दे सकता है, इसके कारण ही उपभोक्ता उद्योग विकसित हुआ है। कुछ

क्रेता बात समाप्त करने के लिए कहते हैं कि आपके दाम तो बहुत ज़्यादा हैं। दूसरी संभावना यह भी हो सकती है कि क्रेता छूट की माँग करे। अब आपको उसे समझाना है कि आपके पास बाज़ार की तुलना में अच्छी गुणवत्ता वाला उत्पाद है इसलिए आप अपने दामों में छूट नहीं दे सकते। इस तरह क्रेता उसे लेने का मन बना लेगा, भले ही उसे अपने लिए बज़ट बनाना पड़े।

लागत : आप किसी उत्पाद या सेवा को जितनी अवधि के लिए प्रयोग में लाते हैं, लागत उतनी अवधि के दौरान आती है। इसमें सारे आगामी ख़र्चे, मरम्मत आदि के व्यय शामिल होते हैं। अगर उत्पाद की मरम्मत न करवानी पड़े और अगले पाँच सालों में ख़राब न हो तो अगले पाँच साल तक उसकी क़ीमत और लागत एक ही रहेगी। आपने उत्पाद के लिए जो दिया, वह इसका मूल्य नहीं, मूल्य का अर्थ है कि यह आपके लिए क्या कर सकता है। लागत का मोल-तोल करते समय ग्राहक को गुणवत्ता के बारे में विस्तार से जानकारी देनी होगी। उसे बताएँ कि अगर उसने कम गुणवत्ता वाली वस्तु ली तो उसकी लागत कितनी बढ़ जाएगी। उसे गुणवत्ता के प्रति सजग होना सिखाएँ।

मूल्य : एक संभावित ग्राहक आपसे तभी उत्पाद ख़रीदेगा, जब वह आपके द्वारा लिए गए दाम के बदले आपके उत्पाद या सेवा को अधिक चाहेगा। आपको ग्राहक के मन में अपने उत्पाद के लिए मूल्य उत्पन्न करना होगा। 'उत्पाद का मूल्य इस बात पर निर्भर करता है कि उत्पाद उसके लिए क्या कर सकता है, यहाँ इस बात से अंतर नहीं पड़ता कि उसके लिए क्या चुकाना है।' आपके प्रदर्शन के आरंभ में ग्राहक के मन में अपने सौ रुपए की क़ीमत सौ रुपए है और आपके उत्पाद का मूल्य शून्य है। आप ग्राहक को जो नया लाभ देते जाएँगे तो उत्पाद की क़ीमत बढ़ती जाएगी, जबकि सौ रुपए की क़ीमत सौ रुपए ही रहेगी। यह बहुत महत्त्व रखता है कि आप बहुत जल्दी से ऑर्डर की बात न करें, आपको पहले उत्पाद का मूल्य बनाना है वरना ग्राहक के मन में यह बात आ सकती है कि आप उसे समाधान देने के बदले अपना माल बेचने में ज़्यादा दिलचस्पी रखते हैं।

जब तक आपको 'सौदा' बंद होने के संकेत न मिलें, तब तक ऑर्डर की बात न करें। इस समय ऐसी बातें होंगी, "क्या यह आपके बजट में है या आपको मंजूरी लेनी होगी", "आप नक़द भुगतान देंगे या चैक से?", "आप जल्दी से डिलीवरी चाहते हैं या किसी ख़ास दिन व शुभ मुहूर्त में लेना चाहेंगे?" यहाँ आप ऑर्डर तो नहीं माँग रहे पर आप ग्राहक के मन में उसे विकल्प चुनने के लिए तैयार कर रहे हैं। अगर वह विकल्प चुनता है तो जान लें कि वह उत्पाद को ख़रीदने के लिए इच्छुक है। अगर आपके ऐसे प्रश्नों के दौरान ग्राहक इनके

उत्तर देने के स्थान पर अब भी मोल-तोल ही कर रहा हो तो जान लें कि अभी उसने ख़रीदने के लिए मन नहीं बनाया। जब भी वह आपको स्पष्ट शब्दों में इंकार कर दे तो कृपया जान लें कि आप उसका इरादा नहीं बदल सकते। उसे अपने उत्पाद के बारे में थोड़ी अतिरिक्त जानकारी और मूल्य से जुड़ी जानकारी दें ताकि उसे एक नया निर्णय लेने में मदद मिल सके।

इस मानसिक रूप से लड़े जाने वाले युद्ध को पूरी निष्पक्षता से खेलें और क्रेता व अपने लिए 'विन-विन' की परिस्थिति लाने का प्रयास करें!

आपने इसके लिए जो दिया, वह इसका मूल्य नहीं बल्कि मूल्य का अर्थ है कि यह आपके लिए क्या कर सकता है।

महात्रया रा

मेरी बीस साल की आयु से ही इच्छा रही कि किसी अच्छे संगठन में उच्च पद पा सकूँ। हालाँकि मैं अपने सोलह साल के करियर के दौरान अपने सुविधाजनक दायरे से ही बाहर नहीं आ सका। मैं ऐसा कुछ पाना चाहता हूँ, जिसे मैं आज तक नहीं पा सका।

महात्रया रा

स्पष्ट करते हैं...

हमारे सुविधाजनक दायरे ही हमारे क़ैदखाने बन जाते हैं, जिनमें हमारी संभावना बंद हो जाती है। एक बीज जब तक बीज के भीतर है, वह पूरी तरह से सुरक्षित है। बीज के भीतर रहने में एक सुरक्षा है; जबकि एक पौधा हमेशा ख़तरों से घिरा है। जब बीज को एक पौधे में अंकुरित होना होता है, तो वह संदेहग्रस्त हो जाता है परंतु बीज के जीवन में पौधा बनना ही तो चरम उद्देश्य है। यह अपने भीतर हज़ारों वन लिए बैठा है और जब यह बीज एक पौधे का रूप लेगा, तभी तो उसकी संभावनाएँ दिखाई देंगी। अगर बीज अपने खोल में ही छिपा रहा, तो यह सागर तट पर पड़े कंकड़ से अधिक नहीं है।

अपने सुविधाजनक दायरे से बाहर निकलें तथा जीवन के उच्चतर स्तरों पर जाएँ या अपने ही सुविधाजनक दायरे में ठिठक कर, वहीं सड़ जाएँ। अपनी निश्चितता के बदले अनिश्चितता को मोल लेने से न घबराएँ। यह वास्तव में आश्चर्यजनक है कि किस प्रकार यह संसार एक दृढ़ आत्मा के लिए मार्ग बनाता है और कैसे उस व्यक्ति के सामने से सारी बाधाएँ स्वयं ही हट जाती हैं, जो जीवन में कुछ करके दिखाना चाहता हो।

'परिवर्तन' में अब कोई ख़तरा या जोखि़म नहीं रहा। दरअसल, अब तो 'कोई बदलाव न लाना' कहीं जोखि़मपूर्ण हो गया है क्योंकि यह आपको वहीं छोड़ देता है, जहाँ आप हैं। जब जीवन के लिए कोई सुरक्षा नहीं रहती, तो जीवन में

सुरक्षा का सवाल ही कहाँ से आता है? जो भी हो, यह विकास भला है क्या? आप जो बन सकते हैं, उसे पाने के लिए उसे छोड़ना जो कि आप हैं; यही तो विकास है। जो बदल नहीं सकता, उसका विकास होना भी संभव नहीं है। जो कभी विकास नहीं करता, वह जल्द ही दम तोड़ देता है।

जब भी कोई व्यक्ति कुछ प्राप्त करने के लिए प्रयास करता है, तो उसकी राह में बाधाओं व कठिनाइयों का आना स्वाभाविक ही है। उनसे पलायन करने से आज़ादी नहीं मिलती, आपको उनसे परे, उनसे पार जाना होगा। अपने-आपको अज्ञात में धकेल दें। कुछ ऐसा करें जो पहले कभी न किया हो। कुछ ऐसा करें, जिसे सोच कर आपको लगे कि आप नहीं कर सकते। पूरी हिम्मत के साथ क़दम बढ़ाएँ। विद्रोही भाव के साथ छलांग लगाएँ।

यदि हमसे पहले इस ग्रह पर आने वाले व्यक्तियों ने, अपने ही सुविधाजनक दायरों में बँधे रहने का निर्णय लिया होता, तो आज हमारे पास जो है, संभवतः तब न होता। सभी आविष्कार और खोजें हमें ऐसे ही लोगों के बल पर मिली हैं, जिन्होंने पूरी वीरता के साथ अज्ञात में छलांग भरी। सीढ़ी का अगला पायदान हमेशा एक अज्ञात कारक होता है। जीवन के अगले ही क्षण में कितनी अनिश्चितताएँ भरी हैं। केवल मृत्यु ही निश्चित है; जीवन कभी नहीं हो सकता। अज्ञात को खोजें और इसे अपने लिए ज्ञात बना दें। भले ही परिणाम कितने भी कठोर क्यों न हों, इनका सामना करें। अपने सुविधाजनक दायरे का विस्तार करते रहें और इस प्रकार अपने जीवन का विस्तार कर लें।

अपने मूल्य में कमी करना भी एक अपराध है। अपने लिए ही बाधा न बनें। यह ध्यान रखें कि आपकी सफलता, कभी आपके सुविधाजनक दायरे की सीमाओं से बाहर न आए। आपको ही अपने सुविधाजनक दायरे की दीवारों को तोड़ना होगा। सुविधाजनक दायरे में वापस लौटने का कोई लाभ नहीं है। सभी अहम मोड़ आपके उस सुविधाजनक दायरे की पहुँच की सीमा से परे होते हैं। जब आप ऐसे काम करते हैं, जो आपने पहले कभी न किए हों, तभी आपके आत्मविश्वास में वृद्धि होती है। जो काम नहीं कर सकते, उन्हें करने का प्रयास ही असली चुनौती है। जब आप अपने ही सुविधाजनक दायरे की सीमा से परे होते हैं तो आपका अपने पर विश्वास उत्पन्न होता है। अपने सुविधाजनक दायरे की सीमा से ऊपर उठें और अपने आसपास के जीवन को बदल दें।

मैंने हाल ही में मार्केटिंग को अपने करियर के रूप में चुना है। क्या आप मुझे कुछ टिप्स दे सकते है ताकि मैं अपने सौदेबाज़ी के कौशल को बेहतर बना सकूँ?

महात्रया रा

स्पष्ट करते हैं...

बिक्री करना अपने-आप में एक मनोवैज्ञानिक युद्ध के समान है, जिसमें बेचने और ख़रीदने वाला, दोनों ही निजी लाभ के लिए एक-दूसरे को वश में करने का प्रयास करते हैं। किसी सौदेबाज़ी के लिए किसी सेल्समैन की मानसिकता, उसके सौदेबाज़ी के कौशलों से कहीं अधिक मायने रखती है। बिक्री विचारों तथा भावनाओं का अंतरण है। तो जब भी आप कोई सौदेबाज़ी आरंभ करें, अपने-आप को निम्नलिखित बातें याद दिलाना न भूलें :

1. **हार मानने से इंकार करें। अपने-आप से कहें - जब तक मैं हार नहीं मानता, तब तक मैं असफल नहीं हो सकता।**

   मन ही मन कभी हार न मानें। खुद को याद दिलाते रहें कि भले ही प्रतियोगिता के चलते सारे दरवाज़े क्यों न बंद हो जाएँ परंतु पुनः प्रवेश का मार्ग तो हमेशा खुला रहता है। निश्चित रूप से भीतर आने का कोई न कोई मार्ग अवश्य होता है। मैं आपको बताना चाहता हूँ कि जब तक आप हार नहीं मानते, तब तक आप असफल नहीं हैं।

2. **किसी भी सौदे से मिली अस्वीकृति को निजी रूप से न लें।**

   आपको समझना होगा कि ये सारी अस्वीकृति व्यावसायिक तौर पर है। वे उस उत्पाद और आपके भीतर छिपे विक्रेता को नकार रहे हैं, 'आपके भीतर बसे व्यक्ति' को नहीं! जब कोई सौदा आपकी व्यावसायिक मोल-तोल को नकारता है, तो इसका अर्थ यह नहीं कि वह आपको नकार रहा है।

3. **अपने उत्पाद के विषय में किसी भी तरह की नकारात्मक भावनाएँ और विचार न रखें।**

मिसाल के लिए, अगर आपको लगे कि आपका उत्पाद वास्तव में बहुत महँगा है, तो आप अवचेतन रूप से यही विचार अपने ग्राहक तक भी भेज रहे हैं। अपने-आपको उचित विचारों व भावनाओं के साथ प्रोग्राम करें, आपको उस उत्पाद के बारे में अपने विचारों व भावनाओं पर ध्यान देना होगा, जिसे आप बेचने जा रहे हैं।

4. सौदेबाज़ी के दौरान, 'खोने का भय', संभावित ग्राहक तथा विक्रेता को परस्पर बाँधता है। **'पाने की उत्कट इच्छा' को विकसित करें।** अपने-आपको अनेक सकारात्मक वाक्यों से परिपूर्ण कर लें, जैसे : 'ये ऑर्डर तो मेरा ही है', 'आज जीत मेरी है', 'आज मेरा दिन है', 'मैं ऐसी डील करूँगा कि मुझे और संगठन, दोनों को ही लाभ होगा', 'आज शान से ऑफ़िस लौटना है', 'मुझे आज ऑर्डर लेना है और मैं इसे अभी चाहता हूँ।' अपने भीतर छिपी सकारात्मक भावनाओं के बल पर रक्षात्मक संभावना को सशक्त बना दें।

5. **पूरे मोल-तोल के दौरान, प्रतिक्रिया नहीं प्रत्युत्तर दें।**

संभावित ग्राहक आपको भड़काने की कितनी भी कोशिश क्यों न करे, भले ही परिस्थिति कितनी भी प्रतिकूल क्यों न हो, भले ही मामला हाथ से जाता क्यों न लग रहा हो, आपको कोई प्रतिक्रिया नहीं देनी है। प्रतिक्रिया देने से आपके भीतर मायूसी आएगी। यह आपकी बुद्धि को भ्रमित करेगी और सोचने की क्षमता बाधित होगी। कभी दूसरे की बातों में आ कर उत्तेजित न हों। हालात का शिकार न बनें। अपने प्रत्युत्तर का चुनाव स्वयं करें। अपने मन में स्पष्टता, अपने हृदय में सहजता तथा चेहरे पर एक मुस्कान का भाव बनाए रखें। जो भी करना चाहते हों करें परंतु किसी दूसरे के बहकावे में आ कर, अपने पथ से विचलित न हों।

6. **संभावित ग्राहक की समस्या का अंग न बनें :**

जब तक आप संभावित ग्राहक की समस्या से भावात्मक रूप से निरासक्त रहेंगे, तब तक आप उसके लिए एक समाधान बन सकते हैं और उसे समस्या से ऊपर उठने में मदद कर सकते हैं।

7. **पूरे मोल-तोल के दौरान केवल विशेषताओं का वर्णन करें।**

लोगों को इससे अच्छा लगता है और वे आपके साथ अच्छाई से पेश आने के लिए प्रेरित होते हैं। अच्छे बनें और आप अच्छाई को किसी चुंबक की तरह अपनी ओर खींच सकेंगे।

8. **पूरे मोल-तोल के दौरान संभावित ग्राहक को केवल कानों से नहीं बल्कि अपनी आँखों से भी सुनें।**

उसकी आँखों में देखते रहें। आँखें आवाज़ से भी कहीं अधिक शक्तिशाली होती हैं।

9. **अपने सौदे के दौरान निजी मूल्यों तथा संगठनात्मक नीतियों को भी शामिल करें।**

किसी सौदे के दौरान अपने मूड को हावी न होने दें और उसकी बजाय निजी मूल्यों तथा संगठनात्मक नीतियों को भी शामिल करें। इस तरह आपकी पहल में एक निरंतरता आएगी। यह आपके सौदे को बुरा सौदे बनने से बचाएगी। इस तरह आप अपने ग्राहक के हाथों मात खाने से बचेंगे। अपने मूल्यों व नीतियों के समर्थन में खड़े हों।

10. **संभावित ग्राहक के मन में, अपनी ओर से यह प्रभाव डालने का प्रयास करें कि जब वह आपसे ख़रीदारी करेगा तो उसे पैसे की कोई हानि नहीं होगी और वह निश्चित रूप से उत्पाद से लाभ पाएगा।**

(यहाँ मैं यह मान कर चल रहा हूँ कि आप अपने ग्राहक को एक अच्छा उत्पाद बेच रहे हैं, जो निश्चित रूप से उसके लिए सहायक होगा।) उसे यह भी समझाएँ कि अगर उसने आपसे उत्पाद न ख़रीदा तो निश्चित रूप से उसे वे लाभ नहीं मिल सकेंगे, जो आपका उत्पाद उसे दे सकता है।

सौदेबाज़ी के दौरान उचित मानसिकता से निश्चित रूप से हर सेल्समैन के काम में निखार आता है। भले ही आप कोई असाधारण सेल्समैन क्यों न हों, अपनी स्लेट को पोंछ कर, सकारात्मक विचार आदि पेंट करना कभी न भूलें जो कि एक स्मार्ट सौदेबाज़ी है।

यदि आप जीवन में अपने स्तर को सुधारना चाहते हैं, तो आपको अपने प्रदर्शन में सुधार लाना चाहिए। अच्छा प्रदर्शन एक उचित मानसिकता की उपज होता है। एक चैंपियन की मानसिकता रखें... एक चैंपियन सेल्समैन!

यदि आप जीवन में अपने स्तर
को सुधारना चाहते हैं, तो आपको अपने
प्रदर्शन में सुधार लाना चाहिए।

अच्छा प्रदर्शन एक उचित मानसिकता
की उपज होता है।

महात्रया रा

एक अध्यापक होने के नाते ऐसा क्या किया जा सकता है ताकि अधिकतम से अधिकतम छात्रों के लिए कुछ सार्थक किया जा सके?

महात्रया रा

स्पष्ट करते हैं...

जब कोई छात्र अध्यापक के साथ संबंध स्थापित करता है, तभी वह उसके विषय से भी अपना संबंध स्थापित कर सकता है। जब वह उस विषय से अपना संबंध स्थापित करता है, तभी वह उस विषय को भी सीख सकता है। हम सभी ने इसे एक प्रयोग के रूप में जाना है - जब तक गणित के टीचर हमारे जीवन में नहीं आए थे, तब तक यह जीवन किसी दुःस्वप्न से कम नहीं था। किसी चीज़ ने हमें उस गणित के टीचर से जोड़ा, और हमने गणित से जुड़ाव महसूस किया, और इस तरह धीरे-धीरे गणित हमारे जीवन में एक प्राकृतिक प्रवाह के रूप में सामने आया। यह वनस्पति शास्त्र, तमिल, संगीत, योग या जीवन भी हो सकता था। पहले अध्यापक के प्रति प्रेम आता है; फिर विषय के लिए प्रेम आता है, तभी उस विषय को विकसित करने की योग्यता उत्पन्न होती है।

वैसे यह एक प्रबंधन दर्शन है, "आप अपने स्टाफ़ के साथ काम से परे रहने के दौरान जो करते हैं, उससे काम के दौरान उनके साथ आपकी सफलता निश्चित होती है।" यह भी अध्यापक-छात्र संबंध के समान ही है। दुर्भाग्यवश, शैक्षिक माँगों तथा समय के बढ़ते दबाव के कारण, अध्यापकों व छात्रों का कक्षाओं के बाहर मेल घटता जा रहा है। इसमें बदलाव आना चाहिए।

आप पूछ रहे हैं, "एक अध्यापक होने के नाते ऐसा क्या किया जा सकता है ताकि अधिकतम से अधिकतम छात्रों के लिए कुछ सार्थक किया जा सके?" यहाँ कुछ उपाय दिए जा रहे हैं :

1. आप अध्यापक के चोले से निकल कर, छात्रों के लिए जितने सुलभ होंगे, वे एक अध्यापक के रूप में आपकी विशेषज्ञता का उतना ही लाभ ले सकेंगे।
2. अपने निजी जीवन का एक छोटा सा अंश उनके आगे रखें, हमेशा विषय की बात करने की बजाय पढ़ाई के दौरान ऐसा करें। इस तरह वे आपको एक अध्यापक की बजाय मनुष्य के रूप में जान सकेंगे, आपको बेहतर तरीक़े से समझ सकेंगे।
3. भले ही कोई भाषा हो या विज्ञान, गणित हो या अर्थशास्त्र, इतिहास हो या पैथोलॉजी - विषय को उनके जीवन से जोड़ें। विषय को अमूर्त बनाने की बजाय उनके जीवन की व्यावहारिकता से जोड़ दें।
4. विकर्षण के बिना आकर्षण होना संभव नहीं है। छात्रों की ध्यानाकर्षण अवधि सीमित होती है। इस तरह आपको बार-बार विषयांतर करना है और बार-बार विषय पर वापस आना है। इस प्रकार आपको अपने छात्रों का बेहतर ध्यानाकर्षण मिल सकेगा।
5. आप विषय को जितना पढ़ाते हैं, आपके पास उसके बारे में 'एन' गुना अधिक जानकारी होनी चाहिए। तभी आप छात्रों को उस विषय में सशक्त बना सकते हैं। पढ़ाते रहें परंतु साथ ही सीखना भी जारी रखें। एक अध्यापक को सदा एक छात्र भी बने रहना चाहिए।
6. इन सब बातों के अतिरिक्त, छात्र आपको व आपके द्वारा पढ़ाए जा रहे विषय को तभी प्यार देंगे, जब आप अध्यापन से, पढ़ाए जा रहे विषय से तथा उस छात्र से प्रेम करेंगे। तभी आप ऐसे अध्यापक बन सकेंगे, जिसके लिए कहा जाता है कि वह एक जादुई प्रभाव रखता है। इस तरह वे छात्र आपके लिए गौरव का विषय होंगे।

प्रबंधन से एक पुरस्कार मिलने के बाद ऐसा लगता है कि उसका नशा मुझ पर हावी हो गया है। मैं अपने ऑफ़िस में अपने कर्तव्य अच्छी तरह नहीं निभा पा रहा हूँ, अपनी पूरी प्रतिभा के साथ सामने नहीं आ पा रहा हूँ। कृपया मुझे इस बाधा से मुक्ति दिलाने में सहायक हों।

महात्रया रा

स्पष्ट करते हैं...

सफलता से आपके अहं भाव को नहीं उत्तरदायित्व के भाव को पोषण मिलना चाहिए। पुरस्कार व सम्मान तो मील के पत्थर भर हैं। वे कोई लक्ष्य नहीं हैं। अनेक व्यक्ति इस संसार में इसलिए ही नष्ट हो गए क्योंकि उन्हें अपनी सफलता को वश में नहीं करना आया। फिर उन्हें यह भी नहीं पता था कि अपनी नाकामयाबी से कैसे ऊपर उठना चाहिए।

जब आप चौथी कक्षा में पदोन्नति पाते हैं या पहले नंबर पर आते हैं तो पाँचवीं कक्षा में आते ही, आपके लिए उसका कोई मोल नहीं रह जाता। जब आप विजेता के पायदान से नीचे उतर आते हैं, तो आपके पास चैंपियन का पद नहीं रहता। आपने पिछले खेल में जो परिणाम पाए, उनका अगले खेलों में कोई परिणाम नहीं मिलने वाला। इनफ़िनीथॉट्स का हर मामला, नए सिरे से विचाराधीन होता है... पाठक वर्तमान मसले की परख करते समय पिछले मामलों को ध्यान में नहीं रखते।

बीते कल की सफलता, आज की करतल ध्वनि नहीं चाहती। हर सफलता और हर पुरस्कार के बाद, प्रश्न यही होना चाहिए, "इसके बाद क्या? और अधिक क्या पा सकते हैं?" इस तरह आपके पास भविष्य के लिए चिंतन आएगा और आप अपने भविष्य को आकार दे सकेंगे। पीछे मुड़ कर देखना बंद करें और आगे की ओर देखें। अपने मापदंडों को ऊँचा उठाएँ। एक नया लक्ष्य तय करें। आगे बढ़ें...

हर सफलता और हर पुरस्कार के बाद,
प्रश्न यही होना चाहिए, "इसके बाद क्या?
और अधिक क्या पा सकते हैं?"

महात्रया रा

ज्ञान बाँटने के लिए ही होता है। जब भी मेरा आत्मीय कोई भूल करता है, तो मैं उसे सिखाता हूँ कि उसे किसी स्थिति विशेष में कैसे प्रतिक्रिया देनी चाहिए जैसा कि मैंने इनफ़िनीथॉट से सीखा है पर लोग हमेशा मुझे ग़लत समझ लेते हैं और उन्हें लगता है कि मैं अपना घमंड दिखा रहा हूँ।

महात्रया रा
स्पष्ट करते हैं...

पहली बात, आप उन लोगों को कोई सीख नहीं दे सकते, जो आपके भीतर एक अध्यापक को नहीं पहचानते। दूसरे, भले ही दूसरे व्यक्ति को सुधारने के लिए ही फ़ीडबैक क्यों न दिया जा रहा हो, वे प्रायः यही समझते हैं, 'आप उन्हें उनकी भूलें दिखा रहे हैं।' उन्हें फ़ीडबैक देने के पीछे आपकी मंशा यही रहती है - 'कहाँ वे और बेहतर हो सकते थे', परंतु उन्हें लगता है कि आप उन्हें बता रहे हैं कि 'वे कहाँ ग़लत रहे।' तीसरे, अधिकतर संप्रेषण अंतराल इसलिए ही होता है क्योंकि हम सदा ऐसे मस्तिष्क के साथ संप्रेषण करने लगते हैं, जो इस काम के लिए प्रस्तुत ही नहीं होता। मैं आपको अपनी बात समझाने के लिए, एक प्रसंग सुनाना चाहता हूँ :

एक भोला-भाला ग्रामीण नगर में आया। भूख लगने पर, वह सड़क के किनारे बनी खाने-पीने की दुकान पर ठहरा और बैरे से पूछा, "तुम मुझे क्या खिला सकते हो, जिससे मेरी भूख शांत हो जाए?" जवाब आया, "वड़ा अच्छा है।" भूखे व्यक्ति ने पूछा, "उस वड़े की क़ीमत क्या होगी, जो मेरी भूख शांत कर देगा?" झट से जवाब आया, "पाँच रुपए।" ग्रामीण व्यक्ति ने पूछा, "क्या तुम कह रहे हो कि वड़ा खाने से मेरी भूख शांत हो जाएगी और उसकी क़ीमत

पाँच रुपए है?" अब उस बैरे ने थोड़ा खीझ कर कहा, "तुम्हें वड़ा खाना भी है या नहीं?" उस आदमी ने वड़ा लाने का आदेश दिया। पहला वड़ा खाया पर उसकी भूख नहीं मिटी। उसने दूसरा वड़ा खाया, पर उससे भी पेट नहीं भरा। फिर उसने तीसरा, चौथा, पाँचवाँ और यहाँ तक कि छठा वड़ा भी मँगा कर खा लिया - उसका पेट मानो कुँआ बन गया था, जो भरने का नाम ही नहीं ले रहा था। वह अब भी भूखा था। अंत में जा कर, सातवें वड़े से भूख शांत हुई। उसे भोले-भाले इंसान ने जेब से पाँच रुपए का सिक्का निकाला और बैरे के हाथ पर रख दिया। जब बैरे ने पैंतीस रुपयों की माँग की तो वह हैरान रह गया। बैरे ने साफ़ शब्दों में कहा, "तुमने सात वड़े खाए हैं।" गाँव वाले ने पलटवार किया, "मैंने तो तुमसे पहले ही पूछा था, 'उस वड़े की क़ीमत क्या होगी, जो मेरी भूख शांत कर देगा?' और तुमने कहा था 'पाँच रुपए।' सातवाँ वड़ा खाने के बाद मेरा पेट भरा; पहले छह खाने से तो कोई बात ही नहीं बनी इसलिए मैं तो सातवें वड़े के ही पैसे दूँगा। पहले छह वड़े के पैसे नहीं देने वाला।"

देखो, अगर पहले छह वड़ों के बाद सातवाँ वड़ा न खाया जाता तो उसका पेट ही न भरता। केवल छह वड़ों से कोई बात नहीं बन रही थी। ये छह वड़े उस संप्रेषण का संदेश देते हैं, जो संदेश या आपके परामर्श को ग्रहण करने वाले व्यक्ति के मन को तैयार करने के लिए चाहिए। वह सातवाँ वड़ा परामर्श है। यदि आप किसी तैयार मस्तिष्क के साथ संप्रेषण की कला में माहिर हैं, तो आप अपने निकट रहने वाले लोगों के जीवन में बदलाव ला सकते हैं और तब आपको दंभी या घमंडी भी नहीं माना जाएगा।

इतना कहने के बाद, मैं आपको बताना चाहता हूँ कि अगर आपका इरादा नेक है, और आप केवल बदलाव लाने के इच्छुक हैं, तो आगे बढ़ें व परामर्श देना जारी रखें, भले ही संसार आपको ग़लत ही क्यों न समझता रहे।

मैं आपके साथ डॉ. केंट एम केंथ का 'द पैराडॉक्सिल कमांडमेंट्स' का वह संस्करण बाँटना चाहता हूँ, जिसे कोलकाता में मदर टेरेसा के चिल्ड्रन होम की दीवार पर अंकित किया गया था।

लोग प्रायः अतार्किक, अविवेकी और आत्म-केंद्रित होते हैं, फिर भी उन्हें क्षमा कर दें।

अगर आप दयालु हैं, तो लोग आपको स्वार्थी तथा अपने लाभ के लिए जीने वाला कह सकते हैं। फिर भी उनके प्रति दयालु बने रहें।

अगर आप सफल होंगे तो आप अपने लिए कुछ निष्ठा रहित दोस्त और कुछ दुश्मन बना सकते हैं, फिर भी सफल बने रहें।

अगर आप ईमानदार और कर्तव्यनिष्ठ होंगे, तो लोग आपको छल सकते हैं, फिर भी ईमानदार और कर्तव्यनिष्ठ बने रहें।

आपने जिसे बनाने में सालों-साल लगाए होंगे, वे उसे रातों-रात नष्ट कर सकते हैं, पर फिर भी रचते रहें।

हो सकता है कि कुछ लोग आपकी सहजता और प्रसन्नता से ईर्ष्या रखें। फिर भी अपनी प्रसन्नता बनाए रखें।

आप आज जो भलाई करेंगे, उसे लोग अक्सर भुला देंगे। फिर भी अच्छे बने रहें।

आपके पास जो भी बेहतर हो, उसे दूसरों को दें और वह कभी पूरा नहीं होगा। फिर भी अपनी ओर से बेहतरीन देते रहें।

अंत में सारा हिसाब, आपके और प्रभु के बीच होगा। यह कभी और आपके तथा उन लोगों के बीच कभी नहीं था।

अधिकतर संप्रेषण अंतराल इसलिए ही होता है क्योंकि हम सदा ऐसे मस्तिष्क के साथ संप्रेषण करने लगते हैं, जो इस काम के लिए प्रस्तुत ही नहीं होता।

अगर आपका इरादा नेक है, और आप केवल बदलाव लाने के इच्छुक हैं, तो आगे बढ़ें व परामर्श देना जारी रखें।
महात्रया रा

मेरे पास किसी भी काम के लिए समय नहीं है। मैं अपने समय का प्रबंधन कैसे करूँ?

महात्रया रा

स्पष्ट करते हैं...

समय जीवन का सबसे महत्त्वपूर्ण संसाधन है। जब हमारा जन्म हुआ था तो हमें जीवन में आधा मिलियन घंटे दिए गए थे, और हम इन घंटों के साथ क्या करते हैं, वही तय करते हैं कि हम अपने जीवन में क्या बनेंगे।

अगर मैं आपसे कहूँ कि अलार्म घड़ी को कचरे के डिब्बे में डाल दें तो संभवतः आप ऐसा नहीं करेंगे। क्यों? आप इस टाइमपीस की क़ीमत जानते हैं। अगर टाइमपीस नहीं रही तो आप इसे दोबारा ख़रीद सकते हैं। परंतु बीता समय तो नहीं पाया जा सकता। कितने ख़ेद की बात है, हम अपना कितना समय बरबाद करते हैं। अपने समय की क़द्र करें और जीवन आपकी क़द्र करेगा।

हालाँकि, आप अपने समय के साथ क्या करते हैं, यह इस बात पर निर्भर करता है कि आप अपने जीवन में क्या पाना चाहते हैं। अगर आप शतरंज को पूरा समय नहीं दे सकते तो आप विश्व चैंपियन बनने के बारे में सोच तक नहीं सकते। यह सारा जीवन केंद्र पर ही तो टिका है। जब मुझे पता होता है कि मुझे किसे अपना केंद्र बिंदु बनाना है, तब मैं जानता हूँ कि मुझे अपने समय का निवेश कहाँ करना है। हम जिस भी चीज़ पर अपने समय का निवेश करते हैं, वही फलती-फूलती है। अपनी विशाल परियोजनाओं को अधिक से अधिक समय दें और वे आपके पास विशाल परिणामों के रूप में सामने आएँगी। अपनी प्रतिभा को विकसित करने के लिए अधिक से अधिक समय दें, संसार आपको आपकी प्रतिभा के लिए सराहेगा। आप कल जहाँ पहुँचना चाहते हैं, वहाँ पहुँच सकते हैं,

किंतु केवल आपको, आज उसी दिशा में अपने समय का निवेश करना होगा।

एक राजा से ले कर एक रंक तक, एक महान कामयाब व्यक्ति से ले कर किसी असफल व्यक्ति तक; सबके पास दिन में चौबीस घंटे ही होते हैं। हम सबके पास एक सा समय है पर हम समय को ग़लत स्थान पर व्यय करते हैं, जिसे व्यवस्थित करने की आवश्यकता है। मिसाल के लिए तीन घंटे टी वी के नाम चले जाते हैं और प्रतिभा विकास के लिए एक घंटे का समय दिया जाता है। आपको प्रतिभा के विकास के लिए तीन घंटे और टी वी के लिए एक घंटे का समय देना चाहिए। जब उचित गतिविधियों में समय का निवेश होगा, तो हमारा जीवन अपने-आप उचित ढर्रे पर चलने लगेगा।

समय प्रबंधन का सबंध केवल साधन से नहीं होता। यदि कोई मूर्ख है तो साधन भी उसके काम नहीं आते। समय प्रबंधन, स्व-प्रबंधन ही है। यह जो महत्त्वपूर्ण है, उसे 'हाँ' कहने की योग्यता तथा उससे भी अधिक, जीवन के 'मुझे नहीं करना' वाले पहलुओं को नकारने का अनुशासन भी है।

यदि कोई स्वयं को प्रशंसात्मक वाक्य कहना चाहे तो संभवतः यही कहने की योग्यता होगी, "मेरे पास वह सब काम करने के लिए पर्याप्त समय है, जिसे मैंने अपने लिए महत्त्वपूर्ण समझा।"

यदि हम समय का बुद्धिमत्तापूर्वक प्रयोग करने लगें, तो हम जितना समय प्रयोग में ला सकते हैं, उससे कहीं अधिक समय है।

**यह सारा जीवन केंद्र पर ही तो टिका है।
जब मुझे पता होता है कि मुझे किसे अपना केंद्र बिंदु बनाना है, तब मैं जानता हूँ कि मुझे अपने समय का निवेश कहाँ करना है।**

एक सेल्स व्यवसायी होने के नाते, मैं अपने ग्राहक की आवाज़ को कैसे वश में कर सकता हूँ?

महात्रया रा

स्पष्ट करते हैं...

हम कभी भी पर्याप्त मात्रा में नहीं सुनते। बात करने का मतलब है आपस में विचारों को बाँटना और सुनने का अर्थ है, सामने वाले व्यक्ति की देख-रेख करना। यह न केवल निजी संबंधों पर लागू होता है बल्कि व्यावसायिक संबंधों पर भी उसी तरह लागू होता है। आपसी तालमेल और भरोसा क़ायम करने के लिए सुनना, बहुत महत्त्वपूर्ण कारकों में से है। अनेक तथाकथित संप्रेषणकर्ताओं के लिए सुनना एक भार के समान होता है। जब आप लगातार बोलते जाते हैं, बोलते जाते हैं और बोलते जाते हैं, तो उस समय आपको लगता है कि आप सामने वाले को सशक्त बना रहे हैं, आपको एहसास नहीं हो पाता कि उस समय आप उस व्यक्ति को यह एहसास दिला रहे होते हैं कि वह कम महत्त्वपूर्ण है तथा उसे पूरा सम्मान नहीं दिया जा रहा। आप एक बंद मुट्ठी के साथ हाथ नहीं मिला सकते। ठीक इसी तरह, आप केवल एकतरफ़ा संवाद के साथ संबंध नहीं बना सकते, वार्तालाप करना अनिवार्य है और यह सुनने व कहने वाले के बीच एक संतुलन क़ायम करता है जब तक आप कोई संबंध विकसित नहीं करते, तब तक आप एक संभावित ग्राहक को ग्राहक में नहीं बदल सकते और एक ग्राहक को खाते में नहीं बदल सकते। हम बस अच्छी तरह दूसरों को सुनते ही नहीं!

मेरा विश्वास करें, मैं हमेशा ऐसे व्यक्ति की ओर झुकाव रखता हूँ, जो मेरे प्रति तथा मेरे शब्दों के प्रति आदर-भाव रखता है। तो, सुनें और ग्राहक को यक़ीन दिलाएँ कि आप उसकी परवाह करते हैं।

विश्वास

मैं समर्पण करना चाहता हूँ परंतु मैं समर्पण करने से पूर्व स्वयं को बौद्धिक रूप से संतुष्ट करना चाहता हूँ। लोग कहते हैं कि यदि आप अपनी बुद्धि का प्रयोग करते हैं तो यह समर्पण नहीं कहलाता। आप क्या करने जा रहे हैं, यह समझे बिना, आप भला समर्पण कैसे कर सकते हैं?

महात्रया रा

...स्पष्ट करते हैं

बौद्धिकता पर प्रश्नचिन्ह लगाए बिना, भौतिक प्रगति करना संभव ही नहीं है। एक प्रश्नसूचक बुद्धिमत्ता के साथ, आध्यात्मिक प्रगति संभव ही नहीं है। अपनी बुद्धिमत्ता के माध्यम से, बाहरी जगत में प्रगति करें परंतु आंतरिक रूप से प्रगति करने के लिए उसी बुद्धि को अधीन कर लें। अर्जुन भी प्रश्न पूछते रहते हैं। यद्यपि अर्जुन के वे प्रश्न कृष्ण के लिए थे, उन्होंने कभी कृष्ण पर प्रश्नचिह्न नहीं लगाया। गुरु से प्रश्न अवश्य पूछें परंतु गुरु पर प्रश्नचिह्न न लगाएँ।

एक पिता और पुत्र को सड़क के उस ओर जाना था। सड़क पर भारी यातायात था। पिता ने अपना हाथ फैलाया और बेटे से कहा कि उसकी अँगुली थाम ले। पिता ने दो डग आगे भरे और पुत्र भी साथ चला। फिर पिता एक कोने में हो गया, पुत्र ने भी यही किया। फिर पिता पाँच क़दम आगे चला, पुत्र भी पिता के साथ चला। पिता को मजबूरन कुछ क़दम पीछे ले जाने पड़े। पुत्र ने भी यही किया। अंत में, उन्होंने सड़क पार कर ली। सड़क पार करने की इस सारी प्रक्रिया के दौरान, सड़क पार करवाने का सारा उत्तरदायित्व पिता के कंधों पर था और उन्हें ही इससे संबंधित सारे निर्णय लेने थे। पुत्र के लिए यह सब क्या था, केवल समर्पण का एक खेल! उसने केवल उस अँगुली को थाम कर भरोसा किया और बाक़ी सब अपने-आप घटता चला गया। उसे उत्तरदायित्व का

भार नहीं लेना पड़ा; इसकी बजाय उसने समर्पण की स्वतंत्रता का आनंद पाया। यदि उसकी बुद्धिमत्ता ने उसे अपने साथ ले जाने वाले हाथ की बुद्धिमत्ता के साथ हस्तक्षेप किया होता, तो सड़क पार करने की प्रक्रिया दुःखदायी हो जाती, यह शांतिपूर्ण न रहती।

वास्तव में, उत्तरदायित्व का अंतरण ही समर्पण का सार है। समर्पण का अर्थ यह जानना है - यह मेरी इच्छा नहीं, परंतु तेरी ही इच्छा पूरी होगी। समर्पण का अर्थ है, उस अँगुली की तलाश करना, आप जिसके अधीन अपनी बुद्धिमत्ता सौंपने वाले हैं। मैं आपकी चिंता को समझ सकता हूँ - मैं आध्यात्मिक छल व कपट से भरे इस संसार में किसी एक पर विश्वास कैसे कर सकता हूँ?

सौभाग्यवश, समर्पण कोई निर्णय नहीं है। यह एक घटना है। यह आपके भीतर के जिज्ञासु को जीवित रखती है। अपने पूरे हृदय से चाहना करें। आपकी चाहना व इच्छा के बीच निष्ठा होनी चाहिए। जब आप प्रस्तुत होंगे तो आपके गुरु स्वयं ही प्रकट होंगे। गुरु व जिज्ञासु का संबंध किसी परख पर आधारित नहीं होता। यह रसायन शास्त्र का विषय है। यह एक निरंतर चलने वाली प्रतिक्रिया है। आप स्वयं को उस उपस्थिति के समक्ष खो देंगे। पानी की एक बूँद, जब सागर में गिरती है और सागर से एकाकार होती है, तो यह अपनी व्यक्तिगत पहचान खो देती है, परंतु इसी प्रक्रिया में वह सागर बन जाती है। समर्पण अर्जुन की बुद्धिमत्ता की अधीनता है ताकि कृष्ण की बुद्धिमत्ता को आगे आने के लिए स्थान मिल सके। समर्पण का अर्थ यह नहीं कि आपने हार मान ली है। यह आगे जाने का एक माध्यम है।

जब आप उस उपस्थिति को पा लेते हैं, जिसके आगे समर्पण होना है तो उस समय समर्पण पर कोई प्रश्नचिह्न या समर्पण कैसे करें जैसे प्रश्न ही मस्तिष्क में नहीं रहेंगे। यह सब अपने-आप घटित होगा। तब से, वह उपस्थिति आपके भीतर व्याप्त हो जाएगी, वह आपके आसपास रहेगी और सदा आपके साथ रहेगी।

मेरी आयु इस समय चालीस वर्ष है। मैं एक साधारण मध्यमवर्गीय परिवार से हूँ। क्या आपको लगता है कि मैं अब भी अपने शेष जीवन में ऐसा कुछ कर सकता हूँ कि मुझे एक मध्यमवर्गीय व्यक्ति के रूप में नहीं मरना पड़े?

महात्रया रा

स्पष्ट करते हैं...

सबसे पहले तो आपको यह बात पता होनी चाहिए कि चालीस वर्ष की आयु होने के बाद भी, यह संभव है कि अभी आपके पास पचास प्रतिशत जीवन शेष हो। यह जीवन कम तो नहीं होता। यह भी समझ लें, चालीस साल की आयु तक आते-आते, आप इस विषय में अधिक परिपक्व हो गए हैं कि आपको शेष चालीस वर्ष कैसे बिताने चाहिए, अब आप उन्हें बीते वर्षों की तुलना में कहीं बेहतर तरीक़े से बिताने का उपाय जान गए होंगे। आपकी आयु से आपके सेवानिवृत्त होने का बहाना नहीं बनता। आयु तो पूरी तरह से मन की एक अवस्था है; इसे आप किसी भौतिक रूप से आने वाले क्रमशः अंक के रूप में न लें। आप अपने-आप को जितना युवा मानते हैं, आप उतने ही युवा हैं। भले ही हमारा अतीत बहुत ही शानदार रहा हो या न रहा हो, हम अब भी अपने लिए एक शानदार भविष्य गढ़ सकते हैं। तो पहले, अपने जीवन को देखें, जीवन की ओर निहारें।

गैस के गुब्बारे के बाहर नहीं, बल्कि उसके भीतर की गैस उसे आसमान में ले जाती है और सभी गुब्बारे एक ही पदार्थ से बनाए जाते हैं। किसी व्यक्ति का बाहरी आवरण नहीं बल्कि उसकी आंतरिकता उसे शीर्ष तक ले जाती है और सभी मनुष्य एक ही पदार्थ के बने होते हैं। यदि हम सभी एक ही पदार्थ से बने हैं, तो ऐसा क्यों है कि एक मनुष्य अपने जीवनकाल में जो अर्जित कर सकता है, दूसरा ऐसा नहीं कर सकेगा।

धरती के भीतर कहीं गहराई तक, स्वर्ण और चट्टानें दबी हैं। जब तक वे धरती के भीतर दबी रहेंगी, उनके मूल्यों में कोई अंतर नहीं आएगा। जब उन्हें धरती के भीतर से निकाला जाएगा तो सोने की क़ीमत उन चट्टानों से अधिक होगी। ठीक इसी प्रकार, जब तक किसी की प्रतिभा सुप्तावस्था में है, तब तक दोनों में आपस में कोई अंतर नहीं है। यदि कोई महान हस्ती हो तो यह संभावना सामने आती है। अन्यथा यह सुप्त अवस्था में ही रह जाती है। हम सभी जागृत अवस्था में ही जन्मे थे, परंतु हम गहन निद्रा में लीन हो चुके हैं।

छह वर्षों की कठिन व सुदीर्घ तपस्या के बाद सिद्धार्थ, गौतम बुद्ध बने। यह सब एक क्षण में घटित हुआ। उनके जीवन के तीस वर्षों में, एक दिन ऐसा हुआ; ईसा मसीह के जीवन के चालीस वर्षों में एक दिन ऐसा हुआ, ऐसा ही हज़रत मुहम्मद के साथ हुआ। जॉर्ज बर्नार्ड शॉ एक दिन तीस वर्ष की आयु में नींद से जगे और स्वयं को संप्रेषण के भय से मुक्त कर दिया और कर्नल सैंडर्स को पैंसठ वर्ष की आयु में अपनी बिलियन डॉलर बहुराष्ट्रीय रेस्तराँ श्रंखला खोलने का विचार आया। यह सब एक दिन और एक क्षण में ही घटित होता है।

उस एक सुबह, वे एक स्कूल की अध्यापिका थीं। परंतु एक इंसान की मौत ने, बीज बोया और मदर टेरेसा का जन्म हुआ। उस एक सुबह, वे एक बैरिस्टर थे। परंतु एक प्लेटफ़ॉर्म पर गाड़ी से धकेले जाने पर, बीज बोया गया और महात्मा गाँधी का जन्म हुआ। प्रत्येक सुबह दिखने में तो एक सी ही होती है, परंतु ऐसा होता नहीं है। अरबों-खरबों ज्ञात-अज्ञात व अज्ञेय बल, आपके जीवन के इस एक क्षण पर कार्य कर रहे है। गहन सजगता के साथ आपके स्व की इनमें उपस्थिति ही सबसे अधिक मायने रखती है। आप नहीं जानते कि कौन सा दिन, आप नहीं जानते कि कौन सा क्षण। यह यही क्षण हो सकता है; यह अगला क्षण भी हो सकता है, यह अब से एक दशक बाद भी हो सकता है... परंतु यह सब एक दिन घटेगा और एक ही क्षण में घटित होगा - और यह आपके साथ भी हो सकता है। सजगता के अभाव में, जब यह आपके पास होगा तो आप इसे जान नहीं सकेंगे और यह निःशब्द आपके पास से निकल जाएगा। साधारण व्यक्ति इसे जान नहीं पाते और हस्तियाँ इसे पहचान कर अंगीकार कर लेती हैं। जीवन के प्रत्येक क्षण में एक छिपा अर्थ होता है। हमें क्षण प्रतिक्षण, इसके अर्थ को सामने लाने की सजगता व चेतना के साथ, अपने जीवन को जीना चाहिए।

पूरे विश्वास के साथ प्रतीक्षा करें... निश्चित रूप से आपका क्षण आएगा। जीवन शाश्वत है परंतु जीवन का प्रकटीकरण सदा अस्थायी व क्षणिक है। जीवन के प्रत्येक क्षण में आप शाश्वत की संभावना तथा सार को पा सकते हैं। यदि

आप उन क्षणों को चूक गए तो जान लें कि आप जीवन से भी चूक गए। पूरी योग्यता के साथ प्रत्युत्तर देने से ही उत्तरदायित्व की भावना विकसित होती है। किसी मनुष्य के जीवन में प्रत्येक नया मोड़, मनुष्य की उस योग्यता से जन्म पाता है, जिसमें वह जीवन के उस क्षण के प्रति अलग तरह से अपनी प्रतिक्रिया देता है। उस एक क्षण की प्रतीक्षा करें। यह सब एक ही क्षण में घटित होगा।

केवल एक विचार, केवल एक उपाय, एक अंतर्दृष्टि, एक प्रकटीकरण, एक अस्तित्वपरक मध्यस्थता, एक अनुभव, एक घटना या एक दुर्घटना... केवल उसकी ही आवश्यकता है। उस एक क्षण की सजगता के साथ प्रतीक्षा करें। जीवन का प्रत्येक क्षण, संपूर्ण ब्रह्माण्ड के साथ सामंजस्य में है। जब मैं सजग भाव से वर्तमान में उपस्थित नहीं होता, मैं न केवल स्वयं को उस क्षण के सामंजस्य से काट देता हूँ बल्कि पूरे ब्रह्माण्ड से भी अलग कर देता हूँ। यदि हमने अपने जीवन को परिभाषित करने वाले क्षणों का सामना नहीं किया, तो ऐसा इसलिए नहीं है कि अस्तित्व हमारे विरुद्ध है परंतु जीवन के इन क्षणों के प्रति हमारी सजगता आंशिक है, यह संपूर्ण नहीं है। जीवन की जड़ों को थामने का प्रयत्न करो। जीवन की इकाई को थामने का प्रयास करो। जीवन के उन 'क्षणों' को थामने का प्रयत्न करो।

क्या आपने नहीं पढ़ा - भाग्य, आपके पास से निकल रहे सभी अवसरों तथा आपके द्वारा उन्हें लपकने की सजगता का संयोग बिंदु है? लीजिए आपके सामने दूसरा अवसर आ गया। इसे झट से लपक लीजिए।

जीवन के प्रत्येक क्षण में एक छिपा
अर्थ होता है। हमें क्षण प्रतिक्षण, इसके अर्थ को
सामने लाने की सजगता व चेतना के साथ,
अपने जीवन को जीना चाहिए।

महात्रया रा

क्या कोई दैवीय प्राथमिकताएँ, दैवीय अन्याय तथा दैवीय अनियमितताएँ होती हैं?

महात्रया रा
स्पष्ट करते हैं...

हो सकता है कि ऐसा दिखाई दे, परंतु अस्तित्व संबंधी व्यवस्था सदा शून्य प्रभाव के साथ होती है। सब कुछ ऐसा ही है, जैसा होना चाहिए। अस्तित्व में कोई अनियमितताएँ नहीं हैं। यदि मुझे किसी रूपक का प्रयोग करना हो, तो इससे कोई अंतर नहीं पड़ता कि कोई व्यक्ति कितना भला और नेक इंसान है, यदि वह वाहन चलाना नहीं जानना चाहता और उसके बावजूद उसे चलाने का प्रयत्न करता है, तो निश्चित रूप से उसे दुर्घटना का सामना करना होगा। अधिकतर व्यक्तियों के जीवन में कष्ट इसलिए ही है क्योंकि हो सकता है कि वे भले और नेक हों, हो सकता है कि वे ईश्वर में विश्वास भी रखते हों परंतु वे जीवन जीने की क्षमता विकसित करने में असफल रहे हैं।

हम केवल यही विश्वास रखते हैं कि ईश्वर या ईश्वर के संदेशवाहकों को पूजने या ईश्वर के अवतारों के आगे माथा टेकना ही उनका आशीर्वाद पाने के लिए पर्याप्त है। हम इसी अज्ञान में खोए हैं कि हमारी सारी पूजा, अनुष्ठान और चढ़ावे के कारण, ईश्वर स्वयं आगे आएँगे और हमारी रक्षा करेंगे। हम भगवान को प्रसन्न करने के लिए स्वयं ही तरह-तरह के चढ़ावे तैयार कर लेते हैं, सभी अवसरों को अपने पक्ष में करने की जुगत लगाते हैं, अपने प्रियजन की लंबी आयु की कामना के लिए नाना प्रकार के चढ़ावों का प्रलोभन देते हैं, आदि... परंतु हमने निरंतर ईमानदारी, सत्यनिष्ठा, कर्म तथा अन्य सद्गुणों को उपेक्षित करने का निर्णय लिया है, जो सभी ग्रंथों में निश्चित रूप से स्थान पाए हुए हैं।

इस विषय में विचार करें। यदि केवल ईश्वर की उपासना करना या भगवान की पूजा करना ही पर्याप्त होता, तो *बाइबल* किसलिए, *कुरान* क्यों? *भगवद् गीता* क्यों? ये सब धार्मिक ग्रंथ किसलिए? दरअसल, प्रत्येक ग्रंथ के आधार में, आपको वे मूल्य ही मिलेंगे, जो मुझे और आपको अस्तित्व के इस आदेश के अंगों की सीख देंगे ताकि मैं और आप अस्तित्व के आदेश के साथ सामंजस्य बनाते हुए, अपना जीवन व्यतीत कर सकें।

भले ही आप गणित के टीचर के पुत्र क्यों न हों, अगर आप दो और दो के जोड़ को तीन कहेंगे तो आपको ग़लत ही माना जाएगा। भले ही आप परीक्षक को न जानते हों, परंतु अगर आप दो और दो के जोड़ को चार लिखेंगे, तो आपको सही ही माना जाएगा। यहाँ तक कि जो लोग यह नहीं जानते कि 'ईश्वर क्या है?', जो लोग ईश्वर के अस्तित्व में विश्वास तक नहीं रखते, जब तक वे अस्तित्वपरक आदेश के अनुक्रम में जीवनयापन करते रहते हैं, जो कि हमें सभी धार्मिक ग्रंथ सिखाते हैं, तो वे सदा उसकी कृपा से अनुग्रहीत रहेंगे। आप अस्तित्वपरक व्यवस्था के साथ जितना तालमेल बना कर रखेंगे, आप उसकी अनुकंपा का उतना ही अधिक प्रसाद पाएँगे। जब आप उस अस्तित्वपरक व्यवस्था के साथ तालमेल बनाते हैं, उसके अनुरूप चलते हैं तो आपको इसके परिणामस्वरूप, उसकी कृपा व मेहर के रूप में आध्यात्मिक प्रसाद मिलता है। कष्ट आध्यात्मिक फ़ीडबैक देता है कि कहीं न कहीं आप उस अस्तित्वपरक व्यवस्था से विमुख हो गए हैं। ईश्वर कोई विश्वास का विषय नहीं, यह एकत्रीकरण से संबंध रखता है।

कृष्ण के अवतार ने अठारह अध्यायों में उपदेश देते हुए, अर्जुन के प्रत्येक प्रश्न का उत्तर तथा जिज्ञासा का समाधान करते हुए, अपना समय व्यर्थ क्यों किया? कृष्ण अर्जुन से केवल इतना भी तो कह सकते थे, "मेरी तीन बार प्रदक्षिणा करो, मुझ पर थोड़ा दूध और घी डालो, अपने शरीर पर चंदन का लेप करो, मेरे चरणों पर चार बार साष्टांग दंडवत करो और बस अपने बाण चला दो।" तो, यह *भगवद् गीता* किसलिए? यदि रविवार सुबह उठ कर चर्च जाना और ईसा पर विश्वास रखना ही पर्याप्त होता, तो ईसा ने अपने जीवन के तीन साल, 'क्या करें और क्या न करें' का प्रवचन देने में क्यों लगाए, जो कि *बाइबल* बने। अगर पाँच बार नमाज़ पढ़ना ही पर्याप्त होता, तो *कुरान* में यह सब 'क्या करें और क्या न करें' की तुक ही क्या बनती है? *महाभारत* बताता है कि दुर्योधन ने कृष्ण से उनके सारे संसाधन माँग लिए थे परंतु वे भी उसके लिए पर्याप्त नहीं रहे। अर्जुन के पास तो कृष्ण स्वयं थे और वह भी उसके लिए पर्याप्त नहीं रहा। जब अर्जुन ने धर्म को जाना और उसके अनुरूप आचरण

किया, तभी वह विजयश्री प्राप्त करने में सफल हो सका। यह संदेश पूरी तरह से स्पष्ट व सादा है - ईश्वर आपके लिए कार्य नहीं करता; वह आपके साथ कार्य करता है। उसका यह ढाँचा इस तरह तैयार किया गया है कि वह आपके साथ तभी काम कर सकता है, जब आप उसके अस्तित्वपरक आदेश के अनुसार चलते हैं, स्वयं को उसके अनुकूल बनाते हैं।

यदि ईश्वर संदेशवाहक है, तो धर्म ग्रंथ उसके संदेश हैं। यदि उस संदेशवाहक की अनुकंपा के साथ जीना है तो उसके संदेश का पालन करना ही होगा। केवल स्वामी को ही आदर-मान देना पर्याप्त नहीं होगा... उसके मूल्यों को भी पूरा मान देना होगा। अपने संदेशवाहक के प्रति समर्पित भाव रखो, परंतु स्वयं को उसके संदेश के अनुसार अनुशासित करो।

हम इसी अज्ञान में खोए हैं कि हमारी सारी पूजा, अनुष्ठान और चढ़ावे के कारण, ईश्वर स्वयं आगे आएँगे और हमारी रक्षा करेंगे। हम भगवान को प्रसन्न करने के लिए स्वयं ही तरह-तरह के चढ़ावे तैयार कर लेते हैं, सभी अवसरों को अपने पक्ष में करने की जुगत लगाते हैं, अपने प्रियजन की लंबी आयु की कामना के लिए नाना प्रकार के चढ़ावों का प्रलोभन देते हैं, आदि...

परंतु हमने निरंतर ईमानदारी, सत्यनिष्ठा, कर्म तथा अन्य सद्गुणों को उपेक्षित करने का निर्णय लिया है...

अधिकतर व्यक्तियों के जीवन में कष्ट इसलिए ही है क्योंकि हो सकता है कि वे भले और नेक हों, हो सकता है कि वे ईश्वर में विश्वास भी रखते हों परंतु वे जीवन जीने की क्षमता विकसित करने में असफल रहे हैं।

महात्रया रा

विश्वास क्या है? क्या विश्वास मेरे जीवन में बहुत महत्त्व रखता है?

महात्रया रा
स्पष्ट करते हैं...

एक प्रसंग के अनुसार... एक व्यक्ति ने सपना देखा कि वह सागर तट पर ईश्वर के साथ चल रहा था। आसमान में उसके जीवन के अनेक दृश्य कौंध गए। प्रत्येक दृश्य में उसे रेत पर बने पदचिह्न दिखाई दे रहे थे। कई बार उसे दो जोड़ी पैरों के निशान दिखाई देते और कई बार केवल एक जोड़ी निशान ही दिखाई देते। उस व्यक्ति ने यह लक्ष्य किया कि जब-जब वह अपने जीवन में अकेला, उदास, व्यथित, परित्यक्त या पराजित रहा था तो उस समय केवल एक जोड़ी पदचिह्न ही दिखाई दे रहे थे। तो उसने प्रभु से कहा, "भगवान! आपने तो मुझे वचन दिया था कि अगर मैंने आपका अनुसरण किया तो आप हमेशा मेरे साथ चलेंगे। परंतु मैंने लक्ष्य किया है कि जब-जब मेरे जीवन में बहुत ही कठिनाई से भरे क्षण आए, उस समय यहाँ केवल एक जोड़ी पदचिह्न दिखाई दे रहे हैं। क्यों, ऐसा क्यों? जब मुझे अपने जीवन में आपकी सबसे अधिक आवश्यकता थी, तभी आप मुझे त्याग कर चले गए?" प्रभु ने उत्तर दिया, "ध्यान से देखो, जिस समय तुम्हें एक जोड़ी पदचिह्न दिखाई दे रहे हैं, वे पैरों के निशान मेरे हैं, तुम्हारे नहीं। जब-जब तुम्हें जीवन में संकट और दुखों ने घेरा, तब-तब मैं तुम्हें अपनी गोद में उठा लिया करता था।" विश्वास वही भरोसा है कि यह तो प्रभु आपके साथ चलेंगे या आपकी विपदा के समय आपको अपनी गोद में उठा लेंगे।

आपका हृदय ही विश्वास का स्थान है। आप अपने विश्वास के एकमात्र

निर्माता हैं। यह आपके भीतर उत्पन्न होता है। यह स्वयं रचित है। आपकी पाँच इंद्रियों से हो कर गुज़रने वाली कोई भी चीज़ आपके विश्वास को छू तक नहीं सकती क्योंकि आपकी इन इंद्रियों के पास हृदय तक पहुँचने की क्षमता नहीं है। विश्वास तो सभी इंद्रिय बोधों से परे है। यह आँकड़ों के विश्लेषण का परिणाम तथा प्रभाव नहीं है। अनुभव विश्वास की पुष्टि करते हैं; वे विश्वास उत्पन्न करने का कारण नहीं बनते। विश्वास कोई अनुक्रम नहीं है। आप इसमें स्वयं को स्नातक नहीं करते। यह तो एक क्षण में घटता है। यह एक आविर्भाव है। यह एक सटोरी है। यह तो चेतना का अकस्मात् प्रकट होने वाला क्षण है।

विश्वास या आस्था हृदय की बुद्धिमत्ता है, जबकि विचार का संबंध मस्तिष्क से है। हृदय कोई प्रमाण नहीं चाहता। मन कभी पर्याप्त प्रमाणों से भी संतुष्ट नहीं होता। हृदय प्रत्येक प्रकार के अनुभव का प्रयोग करते हुए, अपने विश्वास व आस्था को बल प्रदान करने की चेष्टा करता है। मन प्रत्येक अनुभव की मदद से, अपनी मान्यता या विचार की बुनियाद को दुर्बल बनाने की चेष्टा करता है। विश्वास समय के साथ-साथ बढ़ता है। विचार या भावना समय के साथ दुर्बल होती जाती है। यह भी सत्य है कि प्रत्येक व्यक्ति विश्वास पर विश्वास नहीं रख सकता। यह भी पूरी तरह से सत्य है कि कोई भी पूरी तरह से अपनी मान्यताओं व विचारों पर विश्वास नहीं कर सकता।

विश्वास विज्ञान-विरोधी नहीं है, यह केवल विज्ञान की समझ से परे है। प्रत्येक यात्रा, प्रत्येक पथ, प्रत्येक मार्ग का आरंभ, वह विश्वास ही है, यह विश्वास कि हम एक दिन पहुँचेंगे, हम लक्ष्य तक जाएँगे और हम सफल होंगे। विश्वास या आस्था यह भरोसा करने की योग्यता है, जिसे अभी आप अपने नेत्रों से देख नहीं पाते, उस पर भरोसा करने की योग्यता है, जो अभी है ही नहीं, उसे 'सत्य के रूप में स्वीकार' करने की योग्यता है, जिसे प्रमाणित नहीं किया जा सकता। जिसे आप अपने नेत्रों से देख नहीं सकते, यदि विश्वास उसी भरोसे का नाम है, तो एक दिन आपको विश्वास का पुरस्कार यह मिलेगा कि आप उसे देख सकेंगे, जिस पर आप सदा विश्वास करते आए थे। भले ही यह आस्था और विश्वास हमारी समझ और बुद्धि से कहीं परे हों, परंतु विश्वास के परिणाम तो हम सभी देख ही सकते हैं।

एक बार, हनुमान ने राम से कहा, "हे प्रभु! कुछ ऐसा है, जो आपसे भी सर्वोच्च पद पर आसीन है।" राम ने आश्चर्य से पूछा, "हे हनुमान! ऐसा क्या है जो मुझसे भी सर्वोच्च है?" हनुमान ने उत्तर दिया, "हे प्रभु! आपने तो नाव से नदी पार की है परंतु मैंने तो आपके नाम की शक्ति व बल की सहायता से सागर लाँघा है। वे पत्थर पानी पर तैरने लगे, जिन पर आपका नाम लिखा

गया था। इस प्रकार, वास्तव में, आपका नाम आपसे कहीं अधिक महान और सर्वोच्च पद पर है।"

'विश्वास की वस्तु' नहीं, 'विश्वास' और आस्था हमारे लिए चमत्कार उत्पन्न करती है। विश्वास की वस्तु तो एक संयोग है। यह जीसस के लिए 'आबा'; मदर टेरेसा के लिए 'जीसस'; द्रौपदी के लिए 'कृष्ण'; हज़रत के लिए 'अल्लाह'; एकलव्य के लिए 'द्रोण'; हनुमान के लिए 'राम'; और हनुमान के अनेक भक्तों के लिए 'हनुमान' है। उन सभी ने अपने जीवन में विश्वास की चमत्कारिक शक्ति का अनुभव किया, जो यह प्रमाणित करती है कि 'विश्वास की वस्तु' नहीं, बल्कि उस 'वस्तु में विश्वास' के कारण ही चमत्कार घटते हैं।

विश्वास मनुष्य के सीमित मन द्वारा उत्पन्न साधारण विचार स्पंदन को एक आध्यात्मिक भाव के विचार में बदलता है। विश्वास ही एकमात्र ऐसा प्रवेश द्वार है, असीम प्रज्ञा के ब्रह्माण्डीय बल को मनुष्य के द्वारा सँवारा जा सकता है और प्रयोग में लाया जा सकता है। जिस प्रकार मन से उत्पन्न होने वाले विचार, मन से कहीं अधिक शक्तिशाली होते हैं, उसी प्रकार विश्वास भी उस 'वस्तु' से कहीं अधिक संभावनाओं से भरपूर होता है, जिसके प्रति उसे निर्देशित किया जाता है।

हालाँकि, मनुष्य ने परख़ने में भारी भूल की है। जब भी वह उस विश्वास या श्रद्धा से उत्पन्न किसी चमत्कार का अनुभव करता है, तो वह उस विश्वास की वस्तु को ही सारा श्रेय दे देता है, उसे एहसास ही नहीं होता कि उस वस्तु में विश्वास के कारण ही उसे चमत्कारों का अनुभव हो रहा है। अपनी परखने की इसी भूल के कारण ही, वह अपनी उस 'विश्वास की वस्तु' को प्रसन्न रखने के लिए अनुष्ठान, चढ़ावा, प्रसाद, भोग और बलि आदि जाने क्या-क्या नहीं करता। वह समय-समय पर अपने विश्वास की वस्तु को बदलता भी रहता है; उसे एक से दूसरे ईश्वर की ओर स्थानांतरित करता रहता है... वह बार-बार अपने विश्वास के केंद्र को बदलता है। यहाँ यह प्रश्न महत्त्व नहीं रखता कि आपका 'ईश्वर' कितना बलशाली है... प्रश्न यह महत्त्वपूर्ण है कि अपने प्रभु के प्रति आपके 'विश्वास' में कितना बल है? आप उस वस्तु में जो भी विश्वास रखेंगे, उसी विश्वास के बल से, आपके विश्वास की वस्तु बलशाली होगी।

यहाँ विश्वास व श्रद्धा के लिए बालक का रूपक दिया जा सकता है। वह सड़क पार करते हुए अपने माता-पिता की अँगुली थामे रहता है। एक क़दम आगे चलता है, कभी साथ भागता है, कई बार ठहरता है, कई बार क़दम पीछे लेता है परंतु अंततः उसी अँगुली का आश्रय ले कर, सड़क पार कर ही लेता है। विश्वास के भरोसे से तो सब कुछ काम करने लगता है। विश्वास के अभाव में, कुछ भी कार्य नहीं करता। अगर विश्वास न हुआ तो आप भयभीत होते हैं। विश्वास के

साथ भय का कोई काम नहीं रहता। विश्वास तथा भय का सह-अस्तित्व हो ही नहीं सकता जैसे एक गहन अंग्रेज़ी कहावत में कहा गया है : "एक बार भय ने दरवाज़ा खटखटाया तो विश्वास ने उत्तर दिया, यहाँ कोई नहीं रहता।" विश्वास को अपने भीतर स्थान दें और भय को धकिया कर बाहर निकाल दें।

चुनाव मनुष्य की बुद्धिमत्ता से तथा परिणाम उसकी बुद्धिमत्ता से जन्म पाते हैं। विश्वास इस ज्ञान पर आधारित है कि उसकी बुद्धिमत्ता सदैव उसका साथ देगी। विश्वास इस ज्ञान पर आधारित है कि हो सकता है कि कभी-कभी आपकी योजनाओं को ध्वस्त कर दिया जाए, ताकि वह आपके लिए अपनी योजनाओं को कार्यरूप दे सके और उसकी योजनाएँ आपके लिए सदैव उचित ही होती हैं। यही कारण है कि किसी वस्तु पर विश्वास होने से, आप ऐसा नहीं पूछते, "मेरे साथ ही यह सब क्यों हो रहा है?" आप पूरे भरोसे के साथ पूछते हैं, "हे प्रभु! मुझे इन सब बातों में डाल कर, किस घटना के लिए प्रस्तुत कर रहे हैं? हे प्रभु! ऐसी कौन सी बड़ी तसवीर है, जिसे मैं अभी तक नहीं देख सका, अभी तक नहीं समझ सका?" जो शक्ति आपको उस विपदा के भीतर ले गई है, वही आपको उससे उबरने में भी सहायक होगी।

जब दुख पीछे की ओर देखता है, चिंता आसपास निहारती है, तो विश्वास व श्रद्धा सदा ऊपर की ओर देखते हैं। विश्वास ही उस शक्ति के साथ आपके संबंध की आधारशिला है... वह शक्ति जो ऊपर है... वह शक्ति जो सबसे परे है... वह शक्ति जो आपके भीतर समाई है।

नन्हे बालकों की तरह अपने संपूर्ण विश्वास के साथ उस भविष्य और अज्ञात में छलांग लगाने को प्रस्तुत हो जाइए, जो आपके लिए प्रतीक्षा कर रहा है।

आप सभी धर्मों के प्रेरणादायक वचनों को उद्धृत करते हैं। आप किस धर्म से संबंध रखते हैं?

महात्रया रा
स्पष्ट करते हैं...

यदि मैं *ओम्, आमीन, नमाज़, मिच्छामि दुक्कड़म व किरपाण* आदि शब्दों को एक ओर लिख दूँ और कुछ धर्मों जैसे सिक्ख, इस्लाम, हिंदू, ईसाई तथा जैन धर्म आदि के नाम दूसरी ओर लिख दूँ, तो आप आसानी से एक-एक शब्द को उससे जुड़े धर्म के साथ जोड़ कर बता सकते हैं।

अब मैं कुछ और शब्द बताना चाहता हूँ : ...ईश्वर, प्रेम, मानवता, आभार, प्रार्थना, शांति, परमानंद, मौन, क्षमा, प्रचुरता, प्रकृति, जीवन तथा मृत्यु... आप इन शब्दों को किस निश्चित धर्म के साथ संबद्ध करना चाहेंगे?

इस ब्रह्माण्ड की संपूर्णता में, जो कि लाखों-करोड़ों तारामंडलों से बनी है, हमारी गैलेक्सी यानी आकाशगंगा (मिल्की वे) धूल का निर्देश मात्र है। लाखों सौर मंडलों के मेल से बने मिल्की वे में, हमारा सौर मंडल में (जिसमें हमारा सूर्य मध्य में आता है), वह धूल का निर्देश मात्र है। हमारे सौर मंडल में, जो कि असंख्य खगोलीय पिंडों के मेल से बना है, हमारा ग्रह धरती, धूल की एक युक्ति मात्र है। हमारे ग्रह में, जो कि असंख्य सजीवों तथा निर्जीवों के मेल से बना है, मानवता धूल का एक निर्देश मात्र है। यदि मानवता के धूल के निर्देश मात्र को अपवाद मान लें, तो यहाँ प्रत्येक वस्तु शून्य प्रभाव के साथ अपना काम करती है, वह किसी भी धर्म विशेष से संबंध नहीं रखती।

मैं, इस सारी धूल का कण मात्र भी नहीं (संभवतः मैं जब इस अस्तित्व की शाश्वतता के बारे में विचार करता हूँ तो मुझे अपने बारे में तुलना करने

के लिए शब्द नहीं मिलते।) मैं तो केवल ईश्वर की संतान बन कर ही रहना चाहता हूँ, जो मुझसे सहमत होगा। वह भी किसी धर्म से संबंध नहीं रखता। मैं, उसकी संतान के रूप में, सभी धर्मों का पालन करता हूँ पर किसी धर्म विशेष से बँधा नहीं हूँ।

सभी धर्मों के बंधनों से परे हो जाना ही तो, वास्तव में सच्चा आध्यात्मिक उद्भव है। कोई भी धर्म मुझ पर अपना स्वामित्व नहीं जता सकता और न ही मैं किसी धर्म पर अपना स्वामित्व प्रकट करता हूँ।

ईश्वर, प्रेम, मानवता, आभार, प्रार्थना, शांति, परमानंद, मौन, क्षमा, प्रचुरता, प्रकृति, जीवन तथा मृत्यु... आप इन शब्दों को किस निश्चित धर्म के साथ संबद्ध करना चाहेंगे ?

यदि मानवता के धूल के निर्देश मात्र को अपवाद मान लें, तो यहाँ प्रत्येक वस्तु शून्य प्रभाव के साथ अपना काम करती है, वह किसी भी धर्म विशेष से संबंध नहीं रखती।

अब मैं समझ गया हूँ कि इस भौतिकवादी युग में सारे लाभ तथा आनंद अस्थायी हैं। हम वास्तविक शांति तथा प्रसन्नता कैसे प्राप्त कर सकते हैं?

महात्रया रा
स्पष्ट करते हैं...

भले ही हम कितना भी क्यों न प्राप्त कर लें, एक न एक बिंदु ऐसा अवश्य आता है, जब हम इतने सफल हो जाएँगे कि एक बार फिर से हम स्वयं को असफल मानने लगेंगे। आप ज़िंदगी की पूरी रेस भागने के बाद यह जान पाते हैं कि हर अंतिम रेखा ही तो आरंभ की रेखा भी है। आप निरंतर भागते-भागते, अंत में वहीं आ जाते हैं, जहाँ से दौड़ना आरंभ किया था। ज्यों-ज्यों जीवन की सफलता का ग्राफ़ बढ़ने लगता है, तब आपको एहसास होता है कि वर्ष दर वर्ष, क्लोज़िंग बैलेंस फिर से ओपनिंग बैलेंस में बदल जाता है और आप सब कुछ नए सिरे से आरंभ करेंगे। एक्सिस (अक्ष रेखा) को नए सिरे से तय किया जाता है और आप स्वयं को जीवन के ग्राफ़ में '0, 0' पर पाएँगे, भले ही आपने कितनी प्रगति क्यों न कर ली हो या कितना कुछ क्यों न पा लिया हो। यह सब देख कर अंततः आप एक प्रश्न के साथ स्वयं को खड़ा पाते हैं, 'क्या यह इतना करने के लायक़ था?' तो हमारे जीवन का उद्देश्य क्या है?

भले ही आप उपयोगी हों या अनुपयोगी रहे हों, हम सबके लिए धरती में छह फ़ीट नीचे जगह पहले से तय है। इतालवी कहावत के अनुसार, "खेल के अंत में, राजा और प्यादे, एक ही बॉक्स में रखे जाते हैं।" यह सत्य है, पर जब आप राजा बन सकते हैं तो भला प्यादा बने रहने में क्या तुक है? एक राजा के रूप में आप अनेक लोगों की मदद कर सकते हैं, उनके लिए उपयोगी हो सकते हैं। याद रखें, "मानवता की सेवा वह किराया है, जो हम इस धरती नामक ग्रह

पर रहने के लिए अदा करते हैं।" दूसरों के जीवन में कुछ बदलाव लाने में ही शांति और असली प्रसन्नता छिपी है, हमें इस ग्रह को और भी बेहतर बनाने के लिए अपनी ओर से कोई न कोई योगदान अवश्य करना चाहिए। हम अपने साथ क्या करते हैं, वह तो हमारे साथ ही समाप्त हो जाएगा; हम दूसरों के लिए और अपने पीछे छोड़ कर जा रहे संसार के लिए क्या करते हैं, वही अनंत काल तक स्मरण रखा जाएगा।

हमें कहीं पहुँचना नहीं है। दरअसल, कोई अंत या सीमा रेखा है ही नहीं। कोई आरंभ नहीं है। केवल एक प्रवाह... उपयोगी बारहमासी प्रवाह। बहो, एक नदी की तरह बहो। बिना किसी चुनाव के जन्मो, प्रसन्नतापूर्वक बहो और सागर में एकलीन हो जाओ। इस दौरान, तुम्हारे प्रवाह के प्राकृतिक मार्ग के दौरान, जितना भी उपयोगी बन सको, बनो; राह में मिलने वाले हर व्यक्ति के लिए उपयोगी बनो, उनकी सेवा करो। उस नदी की तरह दो किनारों के बीच नृत्य करती है और उन छह अंतर्जात विरोधाभासी आवश्यकताओं के बीच पकड़ी जाती है, जिनसे मनुष्य को रचा गया है - जुड़ाव और वैयक्तिकता, निश्चितता तथा अनिश्चितता, कुछ 'होना' और कुछ 'देना' - वृद्धि करना, देते रहना और जीते रहना। यह आवश्यक नहीं कि आपके पास कोई उद्‌देश्य ही हो, परंतु इतना सुनिश्चित करें कि राह में जिस भी वस्तु या व्यक्ति से मिलते जाएँ, उसके जीवन का मोल बढ़ाते चलें। हम केवल मरने के लिए ही नहीं जन्मे, हमने जन्म इसलिए लिया है कि दूसरों की सेवा कर सकें। इसलिए नहीं... अरे, उसके लिए भी नहीं... स्वर्ग में आपका स्थान आरक्षित करने के लिए नहीं... मानवता की सेवा के लिए कोई पुरस्कार पाने के लिए भी नहीं... परंतु उपयोगी बने रहने के अनुपम आनंद के लिए - जो भी हो, अगर आप ऐसा चुनाव नहीं करते तो आपके पास यूज़लैस - यूज़्ड लैस बनने का ही विकल्प बचता है।

हम अपने साथ क्या करते हैं, वह तो हमारे साथ ही समाप्त हो जाएगा; हम दूसरों के लिए और अपने पीछे छोड़ कर जा रहे संसार के लिए क्या करते हैं, वही अनंत काल तक स्मरण रखा जाएगा।

लोग अपने इष्ट देव को बाल क्यों चढ़ाते हैं?

महात्रया रा

स्पष्ट करते हैं...

एक व्याख्या यह हो सकती है कि बाल किसी की भी छवि को सुंदर दिखाने में अहम भूमिका निभाते हैं। पुरुष तथा स्त्री, दोनों के लिए ही बाल गर्व करने का कारण बनते हैं। जब आप अपने इष्ट देव को अपने बाल समर्पित करते हैं, तो आप आध्यात्मिक भाव में अपना घमंड तथा अहं प्रभु को सौंप रहे हैं। इसकी एक और व्याख्या यह हो सकती है कि एक राज तंत्र में, युद्ध समाप्त होने पर, पराजित राजा अपना मुकुट उतार कर, विजयी राजा के चरणों में रख देता था, जो कि उसके द्वारा समर्पण का प्रतीक था। यहाँ समर्पण विभिन्न संदर्भ में आ रहा है। यहाँ समर्पण से अर्थ पराजय से नहीं है। यहाँ समर्पण का अर्थ है, "अभी तक मैं अपनी प्रजा के कल्याण के लिए उत्तरदायी था। अब मेरा राज्य आपका राज्य हो गया है, मैं अपनी प्रजा का कल्याण आपके हाथों में सौंपता हूँ। उनका ध्यान रखना।" यहाँ समर्पण का अर्थ 'उत्तरदायित्व के अंतरण' से है। पराजित नरेश अपना मुकुट विजयी नरेश के चरणों में रख कर, उसे अपनी प्रजा के हित-अहित का भार सौंप देता है। हम आम लोगों के लिए, ये बाल ही मुकुट हैं। जब कोई अपने बाल प्रभु को अर्पित करता है, तो वह वास्तव में कहना चाहता है, "मैं अपने गर्व का भाव आपके चरणों में अर्पित करता हूँ। प्रभु! मैं आपके आगे समर्पित हूँ। मैं अपने जीवन का उत्तरदायित्व आपके हाथों सौंप रहा हूँ। प्रभु मैं स्वयं को समर्पित करता हूँ। अब मेरा भार आपके हाथों में है। मेरा मार्गदर्शन करें!"

जीवन में भी ऐसा ही होता है। समर्पण द्वारा आप ईश्वर को अपने प्रयासों में एक प्रमुख हिस्सेदार बना लेते हैं। जीवन में सब कुछ वैसा ही नहीं घटता, जैसा कि हम उसे घटवाना चाहते हैं। हम अभी इतने परिपक्व नहीं हुए कि उस बड़ी तसवीर का अर्थ जान सकें। जब हम उस बड़ी तसवीर को नहीं समझ पाते, तो राह में आने वाली अस्थायी बाधाओं और गतिरोधकों के कारण ही पूरे जीवन को अस्त-व्यस्त कर लेते हैं। समर्पण हमें यह समझने में मदद करता है, "भले ही हमारी परीक्षा ली जाए परंतु हमें कभी परित्यक्त नहीं किया जाएगा।" कई बार ईश्वर हमारी योजनाओं को खटाई में डाल देते हैं ताकि हमारे लिए बनाई योजनाओं को कार्यरूप दे सकें। हमारे लिए उनके हाथों बनी योजनाएँ हमेशा अच्छी होती हैं। हम समर्पण के माध्यम से, इन चुनौतियों का पूरी शांति के साथ सामना कर सकते हैं। जब आप स्वयं को उसी असीम बुद्धिमत्ता के आगे समर्पित कर देते हैं, तो आप उस असीम बुद्धिमत्ता को अनुमति दे रहे हैं कि वह आपके माध्यम से प्रकट हो।

यदि आपका समर्पण संपूर्ण होगा, तो यह सदा कारगर होगा। दरअसल, समर्पण से कारगर कुछ हो ही नहीं सकता। परंतु बहुत से लोग न तो अपने समर्पण पर विश्वास करते हैं, और न ही उन्हें अपने समर्पण की वस्तु पर भरोसा होता है। यदि समर्पण में किसी भी तरह से विश्वास या आस्था का अभाव है, तो उसे समर्पण कहा ही नहीं जा सकता।

अहं का अर्थ है, 'सब कुछ मेरा, कुछ नहीं तेरा।' समर्पण कहता है, 'कुछ नहीं मेरा, सब कुछ तेरा!' समर्पण के समय आपके पास केवल एक ही प्रश्न रह जाता है : 'हे प्रभु आप मुझे आने वाले किस समय के लिए तैयार कर रहे हैं?' समर्पण कुल विश्वास का प्रकटीकरण है।

यदि आपका समर्पण संपूर्ण होगा, तो यह सदा कारगर होगा। दरअसल, समर्पण से कारगर कुछ हो ही नहीं सकता।

कई बार अपने गुरुदेव से यथेष्ट दूर होने पर भी मुझे ऐसा लगता है कि मैं उनके समीप ही हूँ। क्या यह मेरी कल्पना है अथवा स्पंदनों को किसी समय या स्थान की सीमा में नहीं बाँधा जा सकता। कृपया विस्तार से बताएँ।

महात्रया रा

स्पष्ट करते हैं...

गुरु कोई व्यक्ति नहीं अपितु एक उपस्थिति होते हैं। एक अन्य उपस्थिति समय और स्थान की सीमा से परे होती है। तो, 'गुरु से दूर जाने का प्रश्न ही कहाँ पैदा होता है?' यदि कोई सही मायनों में अपने गुरु का शिष्य है, तो उसके मन में तो यह भाव आना ही नहीं चाहिए। समय और दूरी तो केवल उस वस्तु या व्यक्ति के साथ जोड़े जा सकते हैं, जो आपसे बाहर हो। परंतु, गुरु तो आपके भीतर की एक उपस्थिति है; वे आपके साथ हैं; आपके माध्यम से कार्यरत हैं... आपकी बुद्धिमत्ता से भी परे, एक बुद्धिमत्ता; आपके जीवन की ऊर्जा; आपका अवचेतन; वास्तव में आपका डी एन ए। जिस प्रकार आप अपने-आप से दूर नहीं हो सकते, यदि गुरु के साथ एकात्म भाव की हल्की सी झलक भी मिल चुकी हो, तो आप उनकी उपस्थिति से दूर हो ही नहीं सकते।

केवल स्पंदनों के संसार में ही नहीं, बल्कि जिज्ञासु और गुरु के संबंध में भी समय और स्थान का कोई महत्त्व नहीं होता। यह तो गहन प्रेम, आदर-सम्मान, समर्पण तथा आस्था का संबंध है। यह अवर्णनीय गुरुत्वाकर्षण की उपस्थिति है। इसमें एक निरंतर खिंचाव है... एक विलंबित उपस्थिति, जो आपके अस्तित्व के सारे गुण-धर्म को रूपांतरित करती है।

आप अपने गुरु के साथ जितनी आत्मीयता का अनुभव करेंगे, अपने साथ भी निकटता का उतना ही अनुभव होगा। आप गुरु की ओर जितना अधिक आकर्षित होंगे, आप उतने ही स्वतंत्र होते जाएँगे। आप गुरु के प्रति जितना

अधिक समर्पण भाव अनुभव करेंगे, आप अपनी स्वतंत्रता को उतना ही अनुभव कर सकेंगे।

यद्यपि आपके शरीर में और शरीर के आसपास, चारों ओर वायु ही वायु है, परंतु आप केवल नथुनों के माध्यम से श्वास को एकाग्र कर पाते हैं। ठीक उसी प्रकार, भले ही दिव्यता सर्वव्यापी तथा स्पंदन सर्वज्ञ हैं, अनुभव का केंद्रित स्रोत तो गुरु ही हैं। यही कारण है कि यदि आपने कोई ऐसी उपस्थिति पा ली है, जिसके साथ आप एकात्म भाव में लीन होने का अनुभव पा सकते हैं, तो इससे बड़ा आशीर्वाद तो कोई हो ही नहीं सकता।

उपनिषद कहते हैं, सद्गुरु की उपस्थिति में, ज्ञान का प्रसार होता है, दुख घटते हैं, आनंद व सुख अकारण ही बढ़ते जाते हैं, प्रचुरता का उदय होता है और प्रतिभा का प्रस्फुटन हो उठता है।

हालाँकि, मैं आपके भ्रम को समझ सकता हूँ। जब भी किसी जिज्ञासु का अपने गुरु से संबंध का आरंभ होता है तो यह पहले व्यक्ति के साथ ही होता है; यह संप्रेषण से आरंभ होता है; यह इंद्रियों से आरंभ होता है; संदेह से आरंभ होता है; किसी भी अन्य संबंध की तरह आरंभ होता है; यह बाहर से भीतर जाने वाला अनुभव होता है। यद्यपि आपका अपने गुरु के प्रति प्रेम भाव जितना अधिक गहरा होता चला जाता है, आप उतना ही अधिक अपने प्रति गुरु के प्रेम को समझने लगते हैं, यह एक उपस्थिति बन जाता है; यह एक समागम बन जाता है; यह इंद्रियों से अनुभवातीत हो जाता है; यह एक विश्वास, एक आस्था बन जाता है; यह ऐसा संबंध बन जाता है मानो इसके जैसा कोई दूसरा संबंध न हो; यह भीतर से बाहर की ओर देखने वाला संबंध हो जाता है।

किसी गुलाब के बाग में प्रवेश करना, उसी बाग में रहना तथा स्वयं को गुलाब के बाग के साथ एक समझना, अनुभव का भौतिक पक्ष है। इस अनुभव का एक आध्यात्मिक पहलू भी है। एक ऐसा क्षण भी आता है, जब आपके भीतर से भी गुलाबों की सी गंध आने लगती है। बाग से आती महक, आपकी अपनी महक हो जाती है। अब आपके बाग छोड़ कर जाने के बहुत समय बाद भी यानी गुरु से दूर होने पर भी, आप अपने भीतर उस महक को अनुभव कर सकेंगे यानी अपने गुरु को अपने निकट, अपने पास ही अनुभव कर सकेंगे, आपको लगेगा कि गुरु तो सदैव आपके भीतर, आपके साथ उपस्थित हैं।

किसी शिष्य के लिए एक उपयुक्त भाव तो यही हो सकता है, "गुरुदेव! जब मैं आपके साथ होता हूँ, तो मैं आपके साथ होता हूँ। कभी ऐसा समय भी आता है, जब मैं वहाँ नहीं होता। तब भी, आप वहीं उपस्थित होते हैं।"

किसी गुरु के लिए एक उपयुक्त भाव केवल यही हो सकता है, "मेरे प्रिय! अब तुम अकेले नहीं हो। मैं तो सदा तुम्हारे संग रहता हूँ।"

समय और दूरी तो केवल उस वस्तु या व्यक्ति के साथ जोड़े जा सकते हैं, जो आपसे बाहर हो। परंतु, गुरु तो आपके भीतर की एक उपस्थिति है; वे आपके साथ हैं; आपके माध्यम से कार्यरत हैं... आपकी बुद्धिमत्ता से भी परे, एक बुद्धिमत्ता; आपके जीवन की ऊर्जा; आपका अवचेतन; वास्तव में आपका डी एन ए।

किसी शिष्य के लिए एक
उपयुक्त भाव तो यही हो सकता है, "गुरुदेव!
जब मैं आपके साथ होता हूँ, तो मैं आपके साथ
होता हूँ। यहाँ तक कि जब मैं आपके साथ नहीं
होता, तब भी मैं आपके साथ रहता हूँ।"

महात्रया रा

आप निरंतर कहते रहते हैं, "सभी धर्मों के बंधनों से मुक्त होना ही सच्चा आध्यात्मिक विकास है।" परंतु, क्या यह किसी के लिए संभव है कि वह किसी एक धर्म या आस्था के साथ पलने-बढ़ने के बाद, दूसरे विश्वास या धर्म को स्वीकार कर ले?

महात्रया रा

...स्पष्ट करते हैं

दरअसल, "सभी भेदभावों से ऊपर उठना ही सच्चा आध्यात्मिक विकास है।" वे ही धर्म के बंधन हैं। भेदभाव का प्रत्येक कृत्य, भेदभाव का प्रत्येक विचार - भले ही वह धर्म के नाम पर हो, लिंग के नाम पर हो या फिर भाषा या किसी दूसरी वस्तु के नाम पर हो, वह अपने-आप को क़ैद करने के समान है। भेदभाव का प्रयोजन जीवन के प्रवाह तथा ताल में बाधा देता है। यह आपको कभी एक तो कभी दूसरी वस्तु के पीछे भगाता रहता है; परंतु वास्तव में, जीवन को खंडों में विभाजित नहीं किया जा सकता। जीवन संपूर्ण है और इसे इसकी संपूर्णता के साथ ही जीना होता है। संपूर्ण जीवन का अनुभव तभी किया जा सकता है, जब आप भेदभाव से ऊपर उठ चुके हों।

रवींद्रनाथ टैगोर ने कहा है, "जहाँ संसार संकीर्ण घरेलू दीवारों के बीच, खंडों में विभाजित न हो... मेरे प्रभु! स्वतंत्रता के उसी स्वर्ग के बीच, मेरे देश को जागृत करो।"

श्री रामकृष्ण परमहंस ने कहा है, "सभी धर्म सच्चे हैं। विभिन्न धर्मों के माध्यम से ईश्वर तक जाया जा सकता है। अनेक नदियाँ अलग-अलग तरीक़ों से प्रवाहित होती हैं, परंतु वे अंततः सागर में ही विलीन होती हैं। वे सब एक

ही हैं। प्रत्येक मनुष्य को अपने धर्म का पालन करना चाहिए। एक ईसाई को ईसायत का पालन करना चाहिए, एक मुहम्मद को मानने वाले को मुहम्मदत्व का पालन करना चाहिए और एक हिंदू को आर्य ऋषि के पथ पर चलना चाहिए, यही सर्वोत्तम है।"

भगवद् गीता के अध्याय अठारह में, 64 वें से 66 वें श्लोक में भगवान कृष्ण कहते हैं :

- मेरे सभी निर्देशों में से मेरे सबसे गोपनीय निर्देश को पुनः सुनो। मेरे बहुत आत्मीय और प्रिय बनो, मैं तुम्हारे कल्याण के लिए बोल रहा हूँ।
- केवल मेरे बारे में विचार करो, मेरे भक्त बनो, मेरा पूजन करो, मुझे ही अपने श्रद्धा सुमन अर्पित करो, निश्चित रूप से तुम मेरे पास आओगे, मैं तुम्हें सत्य वचन देता हूँ कि तुम मेरे प्रिय हो जाओगे।
- धर्मनिष्ठा के सभी विचार त्याग दो और पूरी तरह से मुझे स्वयं को समर्पित कर दो; मैं तुम्हें सभी पापों से मुक्त कर दूँगा, तुम निराश मत हो।

यदि आप निष्पक्ष भाव से इन पंक्तियों को पढ़ें तो 'मैं', जो कि कृष्ण का प्रतिनिधित्व करता है, उसे आप राम, शिव, बुद्ध, ईसा के साथ भी बदल सकते हैं और श्लोकों का मूल अर्थ व भावार्थ वही रहेगा। ये श्लोक, 'मेरे' अर्थात, उसके विषय में नहीं, ये तो आपके व आपके रूपांतरण से संबंध रखते हैं ताकि आप उस तक अपनी पहुँच बना सकें।

यदि आपको अवसर मिले तो एक आई टी व्यवसायी के रूप में, आप इनमें से किस कंपनी के साथ काम करने के अवसर को नकार देंगे? विप्रो, पोलेरिस, इंफ़ोसिस या टी सी एस? तो क्या इससे कोई अंतर पड़ता है कि अज़ीम प्रेमजी जन्म से एक मुसलमान हैं; अर्जुन जैन जन्म से एक जैनी हैं; नारायण मूर्ति जन्म से एक ब्राह्मण हैं; रतन टाटा जन्म से एक पारसी हैं?

आपके लिए धन के स्रोत का कोई धर्म नहीं है। आपके लिए भोजन के स्रोत का कोई धर्म नहीं है। आपके प्राणों की रक्षा करने वाले डॉक्टर और नर्स भी धर्म से परे हैं। हमारा शैक्षिक ज्ञान भी उन सभी स्रोतों से आया है, जो किसी भी धर्म से परे हैं। सेना के सिपाही मिल कर, अपनी विविध धार्मिक पृष्ठभूमियों के बावजूद, देश की रक्षा का कार्य भार सँभालते हैं। हम ए आर रहमान, इलयाराजा, हैरिस जयराज तथा दलेर मेहंदी के भावप्रवण संगीत का आनंद लेते हैं। तो फिर ऐसा क्यों है कि जब जीवन के दर्शनों को समझने की बात आती है, तो हम

उपलब्ध असीम बुद्धिमत्ता के प्रति अपनी आँखें मूँद लेते हैं?

जब हमें टॉम पीटर्स से प्रबंधन के लिए उपाय और दीपक चोपड़ा से अच्छे स्वास्थ्य के गुर मिल सकते हैं, तो हम हम सभी धर्मों तथा विश्वासों से मिल रहे दर्शन के प्रति अपनी सोच के द्वार खुले क्यों नहीं रख सकते?

मुझे आपके प्रश्न का उत्तर देने की आवश्यकता नहीं है। दरअसल, *ऋग्वेद* में ही लिखा है : 'सभी दिशाओं से कल्याणकारी विचारों को हमारी ओर आने दें।'

इनके साथ जुड़ी धार्मिक पृष्ठभूमियों और संवेदनाओं को वहीं त्याग दें। यदि बौद्धिक परिप्रेक्ष्य से देखें तो जीसस ने जीवन के विषय में क्या कहा है, और परखें कि क्या यह हमारे जीवन पर लागू होता है, फिर भले ही हमारी धार्मिक पृष्ठभूमि कुछ भी क्यों न हो।

मैथ्यू 7:12 में लिखा है : "हर कार्य में, दूसरों के साथ वैसा ही व्यवहार करो, जैसा तुम उनसे अपने लिए चाहते हो। यही नियम और संतों का सार है।"

संबंधों में दोहरे मापदंडों से ऊपर आने के लिए, संबंधों में समानुभूति परक बनने के लिए, दूसरों की भावनाओं के प्रति संवेदनशील बनने के लिए, दूसरे की पीड़ा को अनुभव करने के लिए, 'तुम भी जीतो और हम भी जीतें', की मानसिकता अपनाने के लिए, लोगों से निपटते समय निष्पक्ष बने रहने के लिए - संबंधों से वह सब पाने के लिए, बस केवल वही करें, जो आप उनसे अपने लिए चाहते हों।

साम 46:10 में लिखा है, "स्थिर रहो, और जानो कि मैं ईश्वर हूँ।"

भले ही जुड़वाँ पैट्रोनास टॉवर्स को प्रशांत महासागर में फेंक दिया जाए, इससे कोई लहरें नहीं उठेंगी। किंतु एक छोटा सा कंकड़, झील में फेंका जाए तो असंख्य लहरें पैदा कर देगा। अगर आप उसे सुनना चाहते हैं तो आपको अपने भीतर से उठ रहे शोर को अनसुना करना होगा।

स्थिरता के विषय में, फ्रांज़ काफ्का ने बहुत ही खूबसूरती से लिखा है, "आपको अपने कमरे से भी बाहर आने की आवश्यकता नहीं है। अपने ही मेज़ पर बैठे रहें और सुनें। न केवल सुनें, प्रतीक्षा करें, शांत, स्थिर व सहज बने रहें। यह संसार मुक्त भाव से आपके सामने प्रकट होगा, इसके पास कोई विकल्प ही नहीं रहेगा, यह आनंदमग्न हो कर आपके चरणों में लोटेगा।" पीक स्टेटिक अवस्था पर जा कर ही पीक डायनैमिक अवस्था पाई जा सकती है। कुछ करने की शक्ति, कुछ न करने के अनुभव से ही उपजती है। भौतिक लाभ पाने तथा आध्यात्मिक रूप से विकास करने के लिए, स्थिरता का अभ्यास करें।

मैथ्यू 18:21-22 में लिखा है, पीटर ने पूछा, "प्रभु, यदि कोई मेरे प्रति पाप करे तो मुझे उसे कितनी बार क्षमा कर देना चाहिए? सात बार?"

जीसस ने उत्तर दिया, "नहीं, सात के सत्तर गुने बार!" मैथ्यू 11:25-26 में जीसस कहते हैं, "पर जब तुम प्रार्थना करो, तो सबसे पहले उन सबको क्षमा कर दो, जिनके लिए तुम्हारे मन में कोई दुराग्रह हो, ताकि स्वर्ग में बैठे, तुम्हारे पिता भी तुम्हारे पापों की क्षमा प्रदान कर सकें।" अंततः ल्यूक 23:34 में लिखा है, "हे पिता! इन्हें क्षमा कर देना क्योंकि ये नहीं जानते कि ये क्या कर रहे हैं।"

कुल मिला कर, क्षमाशीलता को ही केंद्रबिंदु माना गया है। घृणा करने वाले तथा घृणा के बीच, घृणा करने वाला अधिक आहत होता है। अगर आप अपने मन की शांति चाहते हैं तो दूसरों को क्षमा करना सीखें। क्षमा करने से आप दूसरे को स्वयं से मुक्त नहीं कर रहे बल्कि आप स्वयं को दूसरों से मुक्त कर रहे हैं। तो अपनी मुक्ति के लिए, अपने दिलो-दिमाग़ में बैठे उस व्यक्ति को क्षमा कर दें, जो आपके मन की शांति भंग कर रहा है और उसे क्षमा कर दें। केवल क्षमा के माध्यम से ही, आप अपने भावात्मक भार की पोटली उतार सकते हैं। अन्यथा, आप उसका भार बढ़ाते ही जाएँगे।

ल्यूक 6:27-29 में लिखा है, "पर जो मुझे सुनते हैं, मैं उन्हें कहता हूँ, अपने पड़ोसियों से प्यार करो; जो तुमसे घृणा करते हों, उनका भला करो; जो आपसे बुरा बर्ताव करते हों, उनके लिए प्रार्थना करो; अगर कोई तुम्हारे एक गाल पर तमाचा मारे तो दूसरा गाल भी उसके आगे कर दो।"

महात्मा गाँधी को राष्ट्रपिता कहा जाता है, उन्होंने भारतीय स्वतंत्रता संग्राम का नेतृत्व किया और वे इन शब्दों के जीते-जागते प्रतिरूप बने। कुल मिला कर, दूसरों के बुरा बनने का मतलब यह नहीं कि आपको भी बुरा बनने का बहाना मिल गया। केवल अच्छा बना रहने के लिए बहुत से चारित्रिक बल की आवश्यकता होती है, यहाँ तक कि उनके लिए भी जिन्होंने आपके प्रति कोई भलाई न की हो।

मैथ्यू 17:20 में लिखा है, जीसस कहते हैं, "मैं तुम्हें सच बताता हूँ, यदि तुम्हारे पास सरसों के दाने जितना भी विश्वास है तो, तुम इस पर्वत से कह सकते हो, 'यहाँ से वहाँ खिसक जा' और यह खिसक जाएगा, तब तुम्हारे लिए कुछ भी असंभव नहीं होगा।"

विश्वास कारगर है। विश्वास अकेला ही कारगर है। राम में विश्वास के बल पर ही हनुमान सागर लाँघ गए, जबकि राम को सागर पार करने के लिए

सेतु बनाना पड़ा। सच है, आस्था के बल पर तो बड़े से बड़े पर्वत भी हिलाए जा सकते हैं।

जॉन 8:7 में, जीसस कहते हैं, "इस औरत पर पहला पत्थर वही फेंके, जिसने अपने जीवन में कभी कोई पाप न किया हो।"

हमें अपने केंद्र को सही रखते हुए, यह पता लगाना होगा कि हम सही हैं या नहीं हमें दूसरों के सही या ग़लत होने की परवाह नहीं करनी। जब तक हम स्वयं संपूर्ण नहीं है, हम इस संसार से संपूर्ण होने की अपेक्षा कैसे कर सकते हैं? हमें अपने-आप को लंबा दिखाने के लिए दूसरों की टाँग नहीं काटनी है। दूसरों को दोषी सिद्ध करके, हमारा अपना जीवन उचित नहीं हो जाता। दूसरों के लिए बुरे शब्द बोलने, हमें कुछ नहीं मिलने वाला। हमें अपनी बुद्धिमत्ता के बल पर, दूसरों के दोष देखने के स्थान पर, अपने-आप को सुधारने का काम करना चाहिए।

विश्वास कारगर है।
विश्वास अकेला ही कारगर है।

महात्रया रा

अनेक धर्म यह दावा करते हैं कि उनका एकमात्र पवित्र प्रकटन है। सभी धर्म अपने कुछ पक्षों के साथ विभिन्न दृष्टिकोण रखते हैं। सच्चा मार्गदर्शन क्या है?

महात्रया रा

स्पष्ट करते हैं...

धर्म अपने सहज स्वभाव के साथ विशुद्ध रूप से संवेदनशील है और संसार द्वारा इसे एक बौद्धिक पथ के रूप में स्वीकृति नहीं दी गई है। मेरे अनुसार, हम एक जैसे सिद्धांतों पर चलने वाले व्यक्तियों के दल को ही धर्म, संप्रदाय, बंधुत्व, संघ, समाज आदि नामों से पुकारते हैं। तो इस प्रकार, हर वस्तु एक धर्म है; और एक प्रकार से कुछ भी धर्म नहीं है। यदि सार रूप में देखा जाए तो धर्म क्या है? वह जो आपको आपके उद्‌भव की ओर ले जाए, वही धर्म है।

रिलीजन शब्द का मूल लैटिन में पाया जाता है : री लिगरे, रि (अगेन - दोबारा) लिगरे (टू रिकनेक्ट - संपर्क स्थापित करना)। दो अनिवार्य बातें : पहली, धर्म का उद्‌देश्य यही है कि मैं पुनः अपने मूल से संपर्क साधने की योग्यता पा सकूँ, जो कि सामंजस्य है। दूसरे, जब कोई पथ मुझे सामंजस्य प्राप्त करने में सहायक होता है, तो यह धर्म के रूप में अपने उद्‌देश्य को पूरा करता है। आपका मूल क्या है? आप निराकार और साकार के मेल के बीच से उपजे हैं। वहीं से आप भीतर आए हैं। तो यदि कोई पथ आपको आपको ध्यानपरक मौन के एक बिंदु तक ले जा सकता है, यदि आपको किसी ऐसे बिंदु तक ले जा सकता है, जहाँ आप स्वयं को उस कर्ता के साथ विलीन कर सकें, यदि आप स्वयं को किसी ऐसे बिंदु तक ले जा सकें, जहाँ आप अस्तित्ववाद संबंधी उपस्थिति से स्वयं को अलग करने के योग्य न रहें, तो जिस भी पथ द्वारा यह आपके लिए संभव होगा; आप उसे धर्म का नाम दे सकते हैं और नहीं भी दे

सकते। धर्म निश्चित रूप से हिंदू, जैन, सिक्ख, ईसाई या इस्लाम धर्म नहीं होता।

अधिकतर आतंकवादी गतिविधियाँ धार्मिक कट्टरपन का ही परिचायक हैं। भले ही हम इन आतंकवादी गतिविधियों के प्रत्यक्ष प्रायोजक न हों परंतु हममें से अधिकतर धार्मिक रूप से कट्टर ही हैं। अधिकतर व्यक्ति सामाजिक पाखंडी हैं। यहाँ तक कि धार्मिक संवेदनाओं की बात आते ही बुद्धिमान से बुद्धिमान व्यक्ति भी मूर्ख शिरोमणि बन जाता है। हममें से प्रत्येक को इस बात के लिए लज्जा अनुभव होनी चाहिए कि हमने अपने आध्यात्मिक गुरुओं की युगों पुरानी प्रज्ञा को क्यों नकार दिया, उसका अपमान क्यों किया?

क्या हम धार्मिक कट्टरता को अपनाए बिना ईश्वर को नहीं अपना सकते? क्या पूजा के लिए किसी चुने गए स्थान के अभाव में अपने ईश्वर का अनुभव नहीं कर सकते? क्या हम धर्म से उधार ली गई पहचान की बजाय, अपनी कोई पहचान नहीं बना सकते? क्या हम अच्छे और नेक इंसान नहीं बन सकते और खूनख़राबे से बच सकते हैं? क्या हम समानता की भावना के साथ तमाम धार्मिक असमानताओं को छोड़ते हुए मानवता को गले नहीं लगा सकते? क्या हम अपनी तरह से शुरुआत नहीं कर सकते?

केवल धार्मिक सहिष्णुता काफ़ी नहीं है। हमें धार्मिक उन्माद की भर्त्सना करनी चाहिए। यदि हम साधारण इंसान की तरह बिना कोई धार्मिक चिह्न या उपाधि धारण किए हुए जाएँगे तो भगवान हमें ख़ारिज कर देंगे। मैं यह दावा करता हूँ कि मैं उक्त धर्म से हूँ क्योंकि मेरे पिता ने कहा है कि हम इस धर्म संबंध रखते हैं। मैं तो केवल ईश्वर की संतान ही बना रहना चाहता हूँ, मुझसे वही सहमत होगा जो वास्तव में किसी धर्म से संबंध नहीं रखता होगा। मैं प्रभु की संतान होने के नाते, किसी भी धर्म से संबंध नहीं रखता।

हमें अपने विचारों की शुद्धता को साथ लेते हुए, आध्यात्मिक विकास व उद्भव की ओर क़दम बढ़ाना चाहिए!

मुझे संदेह है कि यह जीवन हमारे नियंत्रण में है अथवा यह उसके (परमात्मा) के नियंत्रण में है?

महात्रया रा
स्पष्ट करते हैं...

इस जन्म को पाने का चुनाव हमारा नहीं था और न ही मृत्यु के लिए हमें चुनाव करने का अवसर मिलेगा, परंतु इन दोनों पड़ावों के मध्य, हम अपना जीवन किस प्रकार व्यतीत करते हैं, यह पूरी तरह से हमारे चुनाव पर निर्भर करता है। यह जीवन एक चुनावों की श्रंखला से बढ़ कर कुछ नहीं है।

जीवन के प्रत्येक क्षण में हमारे समक्ष असंख्य चुनाव आते हैं। हम प्रत्येक चुनाव के साथ एक परिणाम को भी निमंत्रण देते हैं। जहाँ हम अपने चुनावों को केवल नियंत्रित कर सकते हैं, वहीं अपने परिणामों के प्रति अपेक्षा रख सकते हैं। चुनाव भले ही कोई भी क्यों न हों, हमारे पास परिणामों के लिए केवल चार विकल्प ही उपस्थित होते हैं, वे हैं : 1. मैंने जो अपेक्षा की थी, मैं उससे अधिक पाता हूँ (>), 2. मैंने वही पाया, जिसकी मैंने अपेक्षा की थी (=), 3. मैंने जो अपेक्षा की थी, उससे कम पाया (<), 4. मैंने जो अपेक्षा की थी, उससे विपरीत पाया (x)। भले ही मुझे जो भी परिणाम क्यों न मिले, मेरे पास पूरा चुनाव होता है कि मैं उसे चुनते हुए चुनाव-परिणाम-चुनाव के चक्र को जारी रखूँ।

मिसाल के लिए, जब मैं अपना कोई काम चालू करने का चुनाव करता हूँ, तो मेरे पास चार संभावित परिणाम हो सकते हैं : व्यवसाय बहुत कामयाब रहे (>), व्यवसाय मेरी अपेक्षा के अनुरूप हो (=), व्यवसाय मंदा रहे (<), व्यवसाय बिलकुल न चले (x)। भले ही परिणाम कोई भी क्यों न हो, मैं इसे फ़ीडबैक के रूप में ले सकता हूँ और फिर अगले चुनाव की ओर जा सकता हूँ।

जब मैं विवाह करने के चुनाव पर अमल करता हूँ, तो मुझे एक अच्छा जीवनसाथी मिल सकता है (>)। मुझे एक अच्छा साथी मिल सकता है (=)। मुझे घर में हमेशा खिझाने वाला कोई साथी मिल सकता है (<)। मुझे उससे तलाक़ लेना पड़ सकता है (x)। मुझे जो भी परिणाम क्यों न मिले, मेरे पास पूरा चुनाव होता है कि मैं दूसरा चुनाव करते हुए आगे बढ़ सकूँ। वैसे मेरे पास अपने चुनाव के लिए चुनाव है परंतु मेरे पास अपने परिणाम के लिए कोई चुनाव नहीं है। मैं यह भी नहीं चुन सकता कि उन चार में से, मैं अपने लिए क्या चाहता हूँ। यह मेरे वश में नहीं है और हमारे पास कोई पाँचवाँ विकल्प भी नहीं है। जहाँ चुनाव एक कारण है, परिणाम प्रभाव हैं। परिपक्वता इसी में है कि हम कोई भी चुनाव न करते हुए, पूरी गरिमा के साथ परिणाम को स्वीकार करें और अगले चुनाव पर काम करने के लिए क़दम बढ़ा दें।

जो परिणाम पूरे समत्व के साथ अनुकूल न दिख रहे हों, उनसे निपटने के लिए अपनी बुद्धिमत्ता का उस अनंत बुद्धिमत्ता के समक्ष समर्पण कर दें। जहाँ चुनाव हमारी बुद्धिमत्ता से जन्म पाते हैं, वहीं परिणाम अनंत बुद्धिमत्ता का फ़ीडबैक मात्र हैं। हमारी सूक्ष्म ब्रह्माण्डीय बुद्धिमत्ता हमारी अपने आँकड़ों से काम चलाती है जबकि बृहत्तर ब्रह्माण्डीय बुद्धिमत्ता के पास सार्वभौमिक आँकड़े होते हैं। जब यह सारा ब्रह्माण्ड शून्य प्रभाव के साथ काम करता है, तो जो परिणाम हम पाते हैं, वे सारी वस्तुओं की योजना के अनुरूप होने चाहिए। तभी तो हम हमेशा पीछे मुड़ कर देखते हुए कहते हैं, “अरे, अब मैं जान गया कि मुझे उन हालात से दो-चार क्यों होना पड़ा।” हम ऐसा तब कहते हैं, जब घटना को घटे, एक लंबा अरसा बीत चुका होता है।

चुनाव करते समय अपनी बुद्धिमत्ता का प्रयोग और परिणाम स्वीकार करने के लिए अपनी बुद्धिमत्ता का उस अनंत बुद्धिमत्ता के समक्ष समर्पण ही बुद्धिमत्तापूर्ण जीवन जीने का उपाय है।

'ऐक्य' की अवधारणा के अनुसार मैं ईश्वर से अलग हूँ और यह पहले से ही द्वैत को मान कर चलता है। परंतु मैं और ईश्वर तो सदा से एक ही रहे हैं और इस प्रकार हमारे ऐक्य का प्रश्न ही नहीं पैदा होता।

महात्रया रा

स्पष्ट करते हैं...

यह पूरी तरह से सत्य है! बौद्धिक रूप से, पूरी तरह से सत्य! यदि वास्तव में देखा जाए तो पूरी तरह से सत्य! प्रभाव कुछ नहीं परंतु कारण अपने-आप में एक विभिन्न रूप रखता है। प्रत्येक सृष्टि में सर्जक समाया है। इस विषय में तो कोई संदेह ही नहीं है। परंतु यह भी सत्य है कि आपके पास इसका कोई अनुभव नहीं है, आप केवल इसकी बौद्धिक समझ रखते हैं, आप केवल इसकी चाहना रखते हैं।

यदि आप और आपके ईश्वर एक ही हैं तो आप प्रार्थना क्यों करते हैं? तब, कौन किसकी प्रार्थना कर रहा है? यदि आप और ईश्वर एक हैं, तब तो ऐसा कोई समय और स्थान नहीं बचता, जो ईश्वर और आपको विभाजित कर सके। तो आप किसी पूजा स्थल पर क्यों जाते हैं? कौन किसे पूज रहा है? यदि आप और ईश्वर एक ही हैं, तो आप दूसरे व्यक्ति से यह प्रश्न पूछ ही क्यों रहे हैं? ईश्वर दूसरे व्यक्ति से स्पष्टता क्यों चाहता है?

इस सारे प्रसंग के बीच, आपका अहं पूर्णतया उपस्थित है, जो आपको उस ऐक्य का अनुभव नहीं दे रहा, जो उस प्रभु के साथ एकात्म भाव में लीन होने का अनुभव है। द्वैत वास्तव में कोई उपस्थिति नहीं रखता परंतु आपके अहं के कारण द्वैत का भाव उत्पन्न होता है। अपने मन, बुद्धि व भावों द्वारा आपको अपनी पहचान से अनुभवातीत होना होगा, अपने अहं का गला घोंटना होगा, और उस द्वैत की अवधारणा से परे जा कर ही, आप पूरी तरह से अनुभव कर

सकेंगे कि ईश्वर और आप एक ही हैं। इसके बाद ही, यह प्रश्न आपके मस्तिष्क से ओझल होगा। तब तक, ये सभी अवधारणाएँ, जिनके विषय में आप बौद्धिक सजगता रखते हैं, वे आपके लिए बहस, विमर्श और वाद-विवाद के अवसर ही उत्पन्न करती रहेंगी। अभी तक, आपके लिए कोई अनुभवजन्य पुष्टि या प्रमाण उपस्थित नहीं है। जब मनुष्य नहीं रहता, तभी ईश्वर होता है। अपने उस अहं के नाश की इच्छा रखें, जो इस द्वैत को उत्पन्न कर रहा है और तब आप अपने अनुभव से पहली बार, उस अद्वैत को जान सकेंगे। केवल जानना ही कुछ नहीं होता। अनुभव ही सब कुछ है।

प्रभाव कुछ नहीं परंतु कारण अपने-आप में एक विभिन्न रूप रखता है। प्रत्येक सृष्टि में सर्जक समाया है। इस विषय में तो कोई संदेह ही नहीं है। परंतु यह भी सत्य है कि आपके पास इसका कोई अनुभव नहीं है, आप केवल इसकी बौद्धिक समझ रखते हैं, आप केवल इसकी चाहना रखते हैं।

जब मैं किसी चीज़ के बारे में बहुत विचार नहीं करता तो वह मेरे साथ घटता है, जब मैं विचार करता हूँ और योजना बनाता हूँ तो वह सब असफल हो जाता है। तो बेहतर होगा कि मैं 'प्रवाह के साथ बहता रहूँ' और किसी भी बात के बारे में विचार ही न करूँ।

महात्रया रा

स्पष्ट करते हैं...

'प्रवाह के साथ प्रवाहित होना' ही आध्यात्मिक एकीकरण के सबसे उच्चतम लक्षणों तथा विशेषताओं में से है। तो इस प्रवाह को कभी बंद न होने दें। परंतु यह याद रखें, विश्वास मनुष्य को उसके उत्तरदायित्वों से मुक्त नहीं होने देता। हमारे लिए इस संसार में सब कुछ पर्याप्त और आवश्यकता से अधिक है परंतु इसके बावजूद हम विचार करते हैं, योजना बनाते हैं और उसे पाने के लिए कार्य करते हैं। यह बात चिंतन या नियोजन से संबंध नहीं रखती। जिस प्रकार थोड़ा सा विष भी किसी पेयजल के सरोवर को दूषित कर सकता है, उसी प्रकार एक छोटा संदेह भी विश्वास को निरस्त करने के लिए पर्याप्त है। इसके अतिरिक्त, जब भी अवचेतन को मिले-जुले संबंध दिए जाते हैं, तो यह प्रगति में अपनी भूमिका का निर्वाह नहीं कर पाता। मिसाल के लिए, मैं आशा करता हूँ कि धनी बनने की प्रक्रिया में मुझे निजी जीवन का त्याग न करना पड़े। मैं उसके बहुत निकट हूँ परंतु मुझे यही भय रहता है कि एक दिन उसे खो दूँगा। विचारों के ढाँचे में ऐसी बातें आपके लिए बहुत हानिकारक हो सकती हैं। अपने मन व अवचेतन को सकारात्मक व नकारात्मक विचारों का मिश्रण एक साथ न परोसें।

अगर आपके जीवन में कोई ढाँचा है, जैसा कि आपने कहा, तो आपके विचारों का भी एक ढाँचा है। अपने सोचने के ढाँचों को उचित बनाए रखें और आपका जीवन भी सही ढर्रे पर आ जाएगा।

भावात्मक विकास

जीवन में इतनी समस्याओं के बीच तनावों तथा चिंताओं से छुटकारा कैसे पाया जा सकता है?

महात्रया रा

स्पष्ट करते हैं...

चिंताएँ दो प्रकार की होती हैं :

1. जिन्हें हम अपने वश में कर सकते हैं।
2. जिन्हें हम अपने वश में नहीं कर सकते।

ऐसे विषयों पर चिंता करने का कोई कारण नहीं है, जिन पर हमारा वश नहीं है; हम उनके विषय में कुछ नहीं कर सकते। ऐसे विषयों पर चिंता करने से भी कोई लाभ नहीं है, जिन पर हम नियंत्रण कर सकते हैं, यदि उन पर क़ाबू पाया जा सकता है तो हम उनका कुछ न कुछ तो कर ही लेंगे। जब हम जन्म लेते हैं, उस समय हमें नहीं पता होता कि चिंता करना किसे कहते हैं। चिंता एक ऐसी आदत है, जिसे हम सीखते हैं। ऐसी कोई भी चीज़ जिसे सीखा जा सकता है, उसे दिमाग़ से निकाला भी जा सकता है; कोई भी ऐसी चीज़ जिसे पाया जा सकता है, उसे आसानी से त्यागा भी जा सकता है। पहले तो हमें चिंता करने की व्यर्थता को जानना होगा, और फिर इसका त्याग करना होगा।

"जीवन में कितनी समस्याएँ हैं..." अक्सर लोगों के मुख से यह वाक्य सुनाई देता है। आप किन समस्याओं की बात करते हैं? क्या आपने भूकंप, प्रचंड तूफ़ानों, बाढ़, दंगों, लंबे समय तक चलने वाले रोगों या दुर्घटना का सामना किया है जिसने आपको पंगु बनाकर छोड़ दिया है... आदि। कैसी समस्याएँ, आप समस्याएँ किन्हें कहते हैं?

मनुष्य का अहं स्वयं को उन परी कथाओं में उलझाए रखता है, जो वह जीवन की समस्याओं के बारे में गढ़ लेता है। हमारा अहं भले ही हमें छलता रहे, हमें भरमाए रखे परंतु इसके बावजूद हमारी अधिकतर समस्याएँ वैकल्पिक होती हैं। छोटी या बड़ी, जिनमें से अधिकतर को हम समस्याएँ कहते हैं, वे हमारे द्वारा ही रची गई होती हैं। जब आप अपनी गाड़ी के डैशबोर्ड पर एक छोटा सा लाल बिंदु देखकर भी, गाड़ी का ऑयल बदलवाने को टालते रहते हैं तो आप अपने लिए एक समस्या को न्यौता दे रहे हैं। जब अचानक भीड़ से भरी सड़क के बीच कहीं गाड़ी थम जाए तो आप परेशान हो सकते हैं परंतु इस बात से यह तथ्य नहीं बदला जा सकता कि आपने स्वयं ही अपने लिए यह परेशानी मोल ली है। अपने साधनों से कहीं अधिक व्यय करके, अपने क्रेडिट कार्ड को सीमा से अधिक प्रयोग में लाकर, हम स्वयं ही भविष्य के लिए समस्या खड़ी कर रहे हैं। हम अच्छी तरह जानते हैं कि जब हम निरंतर, अपने जीवन के महत्त्वपूर्ण संबंधों को पोषण देना टालते रहते हैं, तो रोष व आपस में मनमुटाव ही पैदा होगा। हम दिन-प्रतिदिन के जीवन में छोटी-बड़ी चुनौतियों तथा असुविधाओं को पनपने की अनुमति देते रहते हैं और वे अनावश्यक समस्याओं के रूप में सामने आ जाती हैं। तीन महीने बीत गए, जब भी आप सिस्टम को बूट करते हैं तो कंप्यूटर हर बार एरर मैसेज क्यों दिखाता है?

बेशक, प्राकृतिक आपदा या किसी लंबे रोग से उत्पन्न दुख जैसी समस्याओं पर मनुष्य का वश नहीं है। परंतु इसके अतिरिक्त अधिकतर मामले तो हमारे अपने ही बनाए हुए होते हैं। आज हम जंगल की जिस चिंगारी को उपेक्षित कर रहे हैं, वह निश्चित रूप से कल दावानल यानी वन में लगी भीषण आग का कारण होगी। आज हमारे सामने जो समस्याएँ हैं, उनमें से अधिकतर वही चुनौतियाँ होती हैं, जिन्हें हम बीते हुए कल में अनदेखा कर चुके होते हैं।

आपको निश्चित रूप से प्रतिदिन की इन छोटी-मोटी बातों पर पार पाना होगा। रोज़मर्रा की ये गतिविधियाँ आपकी ऊर्जा सोख लेती हैं। यदि आप अपनी जीवनशैली में थोड़ी सी निरंतरता, अनुशासन और व्यवस्थित रूप से जीने को शामिल कर लें तो इनमें से अधिकतर को अपने वश में किया जा सकता है। मनुष्य के मन की अवस्था ऐसी ही है कि हम अपनी समस्याओं को बड़ा करके देखते हैं और उन्हें वश में करने की योग्यता को कम आँक लेते हैं।

आपको जीवन की चुनौतियों के प्रति अपने मनोभावों में बदलाव लाना होगा। जीवन की चुनौतियाँ आपके लिए संकट लाई हैं। दरअसल, वे आपको यह जानने में सहायक हो सकती हैं कि आप वास्तव में क्या हैं। चुनौतियाँ वास्तव में आपको कृतार्थ करती हैं क्योंकि जब आप उन पर विजय प्राप्त कर लेते हैं

तो वे आपको महान चुनौतियों का सामना करने में सहायक होती हैं और बदले में आपको विकास तथा वृद्धि का उपहार देती हैं।

अगर भारत में अंग्रेज़ों का राज न रहा होता, तो जीवन संभवतः एक बैरिस्टर को अपने भीतर छिपे महात्मा गाँधी को जानने का संदर्भ न दे पाता। यदि एक स्कूल टीचर की भेंट सड़क पर दम तोड़ रहे रोगियों व मृतप्रायः व्यक्तियों से न होती तो वह अपने भीतर छिपी मदर टेरेसा को नहीं पहचान पाती। सभी महान व्यक्ति पहले साधारण ही थे, जिन्हें महान चुनौतियों का सामना करने के लिए विवश किया गया। इतिहास ऐसे व्यक्तियों के उदाहरणों से भरा है, जिन्होंने सभी बलों का अपने पूरे नियंत्रण के साथ सामना किया और एक विजेता के रूप में सामने आए।

चिंताओं, तनावों, समस्याओं के प्रति अपने नज़रिए को ठीक रखें और आपका जीवन भी उचित ढर्रे पर चलता रहेगा। चिंता छोड़ें और जीना आरंभ करें।

ऐसे विषयों पर चिंता करने का कोई कारण
नहीं है, जिन पर हमारा वश नहीं है;
हम उनके विषय में कुछ नहीं कर सकते।
ऐसे विषयों पर चिंता करने से भी कोई लाभ
नहीं है, जिन पर हम नियंत्रण कर सकते हैं,
यदि उन पर क़ाबू पाया जा सकता है तो हम
उनका कुछ न कुछ तो कर ही लेंगे।

मनुष्य के मन की अवस्था ऐसी ही है कि हम अपनी समस्याओं को बड़ा करके देखते हैं और उन्हें वश में करने की योग्यता को कम आँक लेते हैं।

महात्रया रा

क्या आपको लगता है कि हमारा जीवन हमारे कर्मों या हमारे कर्मफल से संचालित होता है या सभी घटनाएँ पहले से तय होती हैं? क्या हम नियति के पंजों से बचकर, अपने भविष्य को अपने हाथों लिख सकते हैं या जीवन में सब कुछ पूर्व-नियोजित है या हम उस भविष्य की ओर चल रहे हैं, जो हमारे लिए पहले से तय कर दिया गया है?

महात्रया रा

...स्पष्ट करते हैं

जीवन का प्रत्येक क्षण अपने साथ असंख्य चुनाव लाता है। मैं अपने लिए जिस भी चुनाव का चयन करता हूँ, उसके साथ ही एक परिणाम को भी चुनौती देता हूँ। जहाँ चुनाव मेरे नियंत्रण में है, वहीं मैं परिणामों की केवल अपेक्षा कर सकता हूँ।

हालाँकि मेरे पास चुनाव का चुनाव होता है, परंतु मेरे पास परिणाम के लिए कोई चुनाव नहीं होता। जहाँ चुनाव मेरी बुद्धिमत्ता से जन्म पाते हैं, वहीं परिणाम अस्तित्त्ववादी बुद्धिमत्ता के फ़ीडबैक हैं - ज्ञात, अज्ञात तथा ज्ञेय अनंत बलों का संचय! मेरी सूक्ष्मदर्शी बुद्धिमत्ता निजी आँकड़ों के आधार पर काम करती है, जबकि ब्रह्माण्डीय बुद्धिमत्ता सार्वभौमिक आँकड़ों पर काम करती है।

यह जीवन चुनाव-परिणाम-चुनाव के चक्र में काम करता है। मैं चुनाव पर काम करता हूँ (मैं अपने जीवन का प्रतिनिधित्व करता हूँ)। निस्संदेह चुनाव का परिणाम मेरे नियंत्रण में नहीं है (मेरा नेतृत्व किया जाता है)। परंतु फिर से, मैं इन चुनावों के लिए अपनी प्रतिक्रिया कैसे देता हूँ, यह भी मुझ पर ही निर्भर करता है, यह भी मेरा चुनाव है, जो मेरे नियंत्रण में है। मेरे चुनाव मेरे अपने प्रयत्न (एक्स - धुरी) हैं। परिणाम मेरी नियति हैं (वाई - धुरी)। मेरा भविष्य

न तो पूरी तरह से परिणामों के वश में है और न ही मेरे चुनावों से स्वतंत्र है, परंतु यह एक्स और वाई के ग्राफ़ में, परिणामी विकर्ण है। यह जीवन अपने प्रयत्न बनाम नियति नहीं बल्कि अपने प्रयत्न जोड़ नियति है।

तो मैं चुनावों को चुनने के लिए अपनी बुद्धिमत्ता का प्रयोग करता हूँ। परिणामों को पूरी निष्ठा से स्वीकार करते हुए, उसी बुद्धिमत्ता को अस्तित्ववादी बुद्धिमत्ता के हाथों सौंप देता हूँ। फिर अपनी उसी बुद्धिमत्ता का प्रयोग करते हुए, यह निर्णय लेता हूँ कि मुझे चुनावों के लिए क्या प्रतिक्रिया देनी होगी। अगर मैं एक पीली दीवार पर नीला रंग कर दूँगा तो मुझे न तो नीला रंग मिलेगा और न ही पीला, मेरे सामने हरा रंग आ जाएगा। हालाँकि मैं अपने ही प्रयासों से बहुत देर तक नीला रंग करता रहूँ तो निश्चित रूप से दीवार का नीला रंग सामने आ जाएगा।

इस प्रकार, मैं जीवन से जो चाहता हूँ, वह अगर मुझे नहीं मिलता, जो कि कभी-कभी नहीं मिलता; अगर मेरे सारे प्रयासों के बावजूद वे परिणाम नहीं आते, जिन्हें मैं चाहता हूँ, जो कि कभी-कभी नहीं आते; यदि मेरे चुनावों के परिणाम मेरे अनुरूप नहीं आते, जो कि कभी-कभी वास्तव में नहीं आएँगे... तो मैं हिम्मत नहीं हारूँगा।

अवांछित परिणाम संभावनाओं के बारे में बताने का ज़िंदगी का तरीक़ा हैं, जिनके बारे में मैंने कभी सोचा तक नहीं था। इस तरह अस्तित्त्व मुझे बताना चाहता है कि उसके पास मेरे लिए कुछ अलग योजनाएँ हैं... वह योजना, उस योजना से कहीं बड़ी है, जो मैंने अपने लिए बनाई थी।

मैं चुनाव-परिणाम-चुनाव का ढाँचा रखते हुए, जीवन में प्रगति करता चला जाऊँगा। यह जीवन, 'मैं जोड़ वह' परियोजना है, यह 'मैं बनाम वह' नहीं है।

अगर मुझे किसी समारोह में बोलने का अवसर दिया जाए तो मैं उसे प्रसन्नतापूर्वक ग्रहण कर लूँगा पर मेरे भाई को ऐसी परिस्थितियों से घृणा है। हम सभी एक ही परिस्थिति के लिए अलग-अलग प्रतिक्रिया क्यों प्रकट करते हैं? हर इंसान परस्पर इतना अलग क्यों होता है?

महात्रया रा

...स्पष्ट करते हैं

यदि हम मनुष्य की मानसिकता के सर्किट को समझ लें तो हम समझ सकते हैं कि मनुष्य ऐसा व्यवहार क्यों करता है? हम यह समझ लेंगे कि हर मनुष्य, दूसरे मनुष्य से इतना अलग क्यों होता है?

आइए, मनुष्य की मनःस्थिति के सर्किट को जानें :

1. हम पाँच इंद्रियों के माध्यम से बाहरी दुनिया से उद्दीपन एकत्र करते हैं। आँखों से दृश्य, कानों से श्रवण क्षमता, जिह्वा से स्वाद, नाक से गंध तथा त्वचा के माध्यम से स्पर्श। हमारी बुद्धिमत्ता को इनके मेल से ही कार्य करना होता है।
2. बुद्धि स्मरणशक्ति की मदद से अतीत में यह पता लगाने का प्रयास करती है कि बीते हुए समय में इनके साथ मेरी क्या प्रतिक्रिया रही थी। मेरी पिछली प्रतिक्रियाओं के आधार पर ही, मेरी वाणी, पैरों, हाथों, जननेंद्रियों तथा गुदा के माध्यम से बाहरी दुनिया को प्रतिक्रिया भेजी जाती है।
3. यही प्रतिक्रिया आगामी संदर्भों के लिए पुनः मेरी स्मृति में अंकित होती है। मेरी स्मृति में जमा हर अनुभव आगे दी गई बातों का मेल है :

1. उद्दीपक
2. प्रतिक्रिया
3. अनुभव के दौरान या अनुभव के प्रति भावना।

अब हम एक उदाहरण के माध्यम से इसे समझने की चेष्टा करते हैं :

आप अपने आगे एक पुस्तक देखते हैं। आँखें उस उद्दीपक को बुद्धि या दिमाग़ तक पहुँचाने का काम करती हैं/ मन या बुद्धिमत्ता स्मृति में झाँक कर पता लगाने का प्रयास करता है कि पहले इसके प्रति हमारी क्या प्रतिक्रिया रही थी। तब आपको उत्तर मिलता है कि आपने उस पुस्तक को हाथ में उठाकर पढ़ना आरंभ कर दिया था, तो आप एक बार फिर से अपने हाथों (अपने शरीर के एक अंग) की मदद से उसे उठा लेते हैं और पढ़ने लगते हैं। यहाँ पढ़ना आपकी प्रतिक्रिया है, इसे पढ़ने से जो आप जो महसूस करेंगे, वह आनंददायक या कुंठित कर देने वाला होगा। निजी अनुभव से मैं यही कह सकता हूँ कि आपको उसे पढ़कर भरपूर आनंद मिलेगा।

अब पढ़ने का यह अनुभव और उसे पढ़ने के बाद मिला आनंद या कुंठा की भावना, आपकी स्मृति में आगामी संदर्भों के लिए अंकित हो जाएँगे।

मान लेते हैं कि पुस्तक पढ़ने का अनुभव आपके लिए बहुत आनंददायक रहा और आपके भाई को इसे पढ़ने का कोई आनंद नहीं आया, वह इसे पढ़कर कुंठित हो उठा। अगली बार, आप पुस्तक को देखते ही उसे उठा कर पढ़ना चाहेंगे, क्योंकि आपके पास उसके आनंददायक अनुभव की स्मृति है। इसके विपरीत, आपका भाई पुस्तक को देखते ही बिदक जाएगा क्योंकि उसने इसका कोई आनंद नहीं लिया था। यही कारण है कि हर मनुष्य का व्यवहार, एक ही परिस्थिति में अलग-अलग होता है। अनुभवों से जुड़ी भावनाओं के कारण ही, मनुष्य के व्यवहार में आने वाले इन मतभेदों को समझा जा सकता है।

इस तरह, बाहरी जगत की ओर से आने वाला उद्दीपक तो एक ही होता है परंतु स्मृति में दर्ज बोध तथा भावनाओं में होने वाले मतभेद के कारण हर मनुष्य की प्रतिक्रिया अलग-अलग हो सकती है। साइकोलॉजी के क्षेत्र में इसे ही कंडीशनिंग के नाम से जाना जाता है।

स्मृति की प्रत्येक कोशिका उद्दीपक के मेल से बनी है। अनुभव के दौरान आपने क्या महसूस किया। अगर उस दौरान आपको सकारात्मक अनुभव मिला तो आप उस अनुभव को दोहराना चाहेंगे और बार-बार उन अनुभवों को जीना चाहेंगे। अगर उस अनुभव के दौरान नकारात्मक भावना का सामना हुआ, तो

आप चाहेंगे कि उस अनुभव को किसी भी क़ीमत पर दोहराना नहीं पड़े। ऐसे एक जैसे अनुभवों तथा इन अनुभवों से जुड़ी भावनाओं का संग्रह ही कंडीशनिंग कहलाता है।

अगर, अतीत में, आपने सार्वजनिक रूप से बोलने के बाद लोगों की प्रशंसा पाई हो और इसके बाद ऐसे ही कुछ अनुभवों से यही प्रभाव मिला हो तो आप बार-बार ऐसे अवसरों की प्रतीक्षा में रहेंगे। जब आप अपने जीवन में कुछ चाहते हैं, तब भी ऐसा ही होता है। आप बार-बार उसी वस्तु की कामना करते हैं, जो आपके भीतर आनंददायक भावनाओं को जागृत करती हो।

आपके भाई के मामले में यह विपरीत हो सकता है। हो सकता है कि उसे अपने पहले सार्वजनिक रूप से वक्ता होने के अनुभव में, लोगों के उपहास का सामना करना पड़ा हो। उसने बहुत शर्मिंदगी अनुभव की हो। तब से वह सबके बीच बोलने और अपनी बात रखने से अरुचि रखने लगेगा होगा। श्रोताओं का सामना करते हुए, ऐसे ही कुछ और नकारात्मक अनुभव हुए होंगे और वह सबके बीच बोलने से कतराने लगा। आप जीवन में जिस वस्तु को अपने से दूर रखना चाहते हैं, उसके साथ ठीक यही होता है। आप उससे भय खाते हैं और अपना बचाव करना चाहते हैं, क्योंकि उससे आपके भीतर पीड़ादायी भाव उत्पन्न होते हैं।

इस तरह आपके भीतर पीड़ा व आनंद के भाव एकत्र होते चले जाते हैं। यह कंडीशनिंग ही आपके लिए किसी चीज़ को पसंद या नापसंद करने का कारण बनती है। सारांश में पीड़ा व आनंद मनुष्य के व्यवहार के परिचालक हैं।

अगर कोई स्वयं को या अपने आसपास के लोगों को बदलना चाहता हो, तो बाहरी जगत से आने वाले उद्दीपन पर काम करने या बाहरी जगत से आने वाली प्रतिक्रिया में बदलाव लाने से कुछ नहीं होगा। एक व्यक्ति के भीतर की सोच को बदलना ही एक तरीक़ा हो सकता है, जिसके साथ उसकी बाहरी दुनिया के लिए प्रतिक्रिया में बदलाव आ जाए।

एक गुस्सैल आदमी, संसार के लिए अपनी गुस्सैल प्रतिक्रिया में बदलाव लाना चाहता है और ऐसे लोगों व हालात से दूर रहना चाहता है, जिनके कारण उसके भीतर गुस्सा पैदा होता है। परंतु फिर भी उसमें कोई बदलाव नहीं आता। जब उसे यह लगता है कि वह गुस्से को नहीं त्याग पा रहा तो अपनी अयोग्यता पर उसे और भी गुस्सा आने लगता है। गुस्से को वश में करने का एकमात्र समाधान यही हो सकता है कि उस व्यक्ति की उस कंडीशनिंग को बदल दिया जाए, जिसके कारण उसे गुस्सा आता है। भले ही आप गुस्सा, जलन, बैर या घृणा जैसे भावों को बदलना चाहें या सहजता, शांति, प्रशंसा या समानुभूति जैसे

भावों को अपनाना चाहें; यह धूम्रपान, मदिरापान, तंबाकू या पान चबाने व कामों को टालने की बुरी लत को छोड़ने की इच्छा भी हो सकती है; हो सकता है कि आप स्वयं को एक व्यवस्थित, स्वस्थ, शांतिप्रिय, आनंदित व सफल व्यक्ति के रूप में देखना चाहें। अपने जीवन में ये स्थायी रूपांतरण तभी ला सकते हैं जब भीतर की कंडीशनिंग में बदलाव लाएँगे।

मैंने देखा है कि अलग-अलग आयु वर्ग और स्तरों के लोग दूसरों का ध्यानाकर्षण करने के लिए नाटक रचते हैं। लोगों को इतने ध्यानाकर्षण की आवश्यकता क्यों होती है?

महात्रया रा

स्पष्ट करते हैं...

यदि कोई किसी का ध्यानाकर्षण चाहता है तो आप इस विषय में शिकायत नहीं कर सकते क्योंकि यह तो एक मानवीय दुर्बलता है। आपको इसे समझने के लिए थोड़ी करुणा का आश्रय लेना होगा। जो भी हो, हम सभी जीवन में कभी न कभी इसका शिकार होते हैं।

मनुष्य की माँगों में से एक गहन माँग यह भी होती है कि कोई उसकी बात सुने और उस पर ध्यान दे, क्यों? हमारे विकास के वर्षों के दौरान, हम आत्म-छवि तथा स्वाभिमान के लिए आत्म-निर्भर नहीं थे। हम इसके लिए अपने संसार पर निर्भर थे। हम पर जितना ध्यान दिया जाता था, हम उससे अधिक माँग रखने लगते। अधिकतर मामलों में, वयस्क होने के बाद भी हम आत्म-छवि तथा स्वाभिमान के लिए आत्म-निर्भर नहीं हो पाते। इस मामले में, हम एक वयस्क की देह में मानो एक बालक ही हैं। नतीजतन, हममें से अधिकतर के भीतर, दूसरों का ध्यानाकर्षण चाहने के लिए तमाशा करने की प्रवृत्ति पाई जाती है।

यह एक ऐसी जगह है, जहाँ कुत्ते मनुष्यों से बेहतर हैं। जब भी आप घर आते हैं, आपका कुत्ता लपककर आपके पास आता है, वह अपनी दुम हिलाता है, आपको चाटता है। यह आपको अपना लगाव दिखाता है और आप खुद को महत्त्वपूर्ण मानने लगते हैं। इसमें कोई संदेह नहीं कि हम उसे अपना पालतू

कहते हैं। हमारे पास पालतू जानवर तो प्रचुर संख्या में हैं परंतु हमारे पास पालतू मनुष्यों का अभाव है।

क्या आपने लक्ष्य नहीं किया कि नए-नए बने तैराक, अपने स्ट्रोक्स के साथ बड़ी-बड़ी उछालें भरते हैं, ताकि सबका ध्यान अपनी ओर खींच सकें। क्या आपने नहीं देखा कि व्यायाम के बाद ज़रा से डौले बनते ही लोग बिना बाजू की टी-शर्ट पहनना आरंभ कर देते हैं? उस आदमी के लिए क्या कहेंगे, जो अपनी छाती के बाल दिखाने के लिए, अपनी शर्ट का पहला बटन ही बंद नहीं करता? जब कोई नया मोबाइल फ़ोन लेता है तो वह कोई कॉल आने पर घंटी को देर तक बजने देता है ताकि आसपास के लोग उसके मोबाइल को देख सकें, वह लोगों का ध्यान अपनी ओर खींचने के लिए मोबाइल पर तेज़ सुर में बात करता है।

कुछ लोग जश्न का कारण बनने के लिए, अपने उच्च स्तरीय प्रदर्शन के साथ सामने आते हैं, कुछ लोग हँसी-ठट्ठा होने पर पलटवार करते हैं तो कुछ लोग रोकर और कुछ हँसकर, दूसरों का ध्यान अपनी ओर खींचना चाहते हैं। ऐसे लोगों के लिए आप कह सकते हैं, 'तमाशाई।' दरअसल, ये लोग दूसरों का ध्यान अपनी ओर खींचना चाहते हैं। वैसे एक तरह से, यह प्रवृत्ति तो हम सभी के भीतर थोड़ी-बहुत पाई जाती है।

हम अक्सर, स्वयं को संपूर्ण अनुभव करने के लिए, अपने अधूरेपन को छिपाने के लिए ही ऐसा करते हैं; क्योंकि अपने भीतर से तो हम स्वयं भी अपने अधूरेपन को पहचानते हैं। केवल यही पर्याप्त नहीं कि हम जानते हैं कि हमने कुछ अच्छा किया है। हमारी अपनी ही सफलता हमें तभी संतुष्टि दे पाती है, जब दूसरे उसे सराहें। पुरस्कार और सम्मानों से हमें तुष्टि का अनुभव होता है, हम स्वयं को पूरा महसूस करते हैं क्योंकि वे बताते हैं कि बहुत से लोग हमारी ओर ध्यान दे रहे हैं।

एक बार एक विश्वविख्यात आध्यात्मिक नेता ने कहा था, "मीडिया को मेरे बारे में अच्छी या बुरी बातें लिखने दो, मुझे कोई परवाह नहीं है... बस वे मेरे बारे में लिखते रहें। मेरा ख़बरों में बने रहना अधिक मायने रखता है।" अमेरिका में एक आदमी ने यूँ ही सड़क चलते राहगीरों को गोलियों से भून दिया, कई घायल हुए और कुछ लोगों की जानें गईं। बाद में उसने कहा, "मैं नहीं जानता था कि अख़बारों की सुर्ख़ियाँ बनने का दूसरा रास्ता कौन सा हो सकता था?" जब हम दूसरों का ध्यान अपनी ओर खींचने का रास्ता नहीं जानते, तो हम इसे पाने के लिए कोई भी राह अपनाने को तैयार हो जाते हैं। दूसरों का ध्यान अपनी ओर खींचने की इच्छा, सबके आकर्षण का केंद्र बिंदु बनने से अधिक कुछ नहीं है। अन्यथा मैं सार्वजनिक रूप से लोगों के बीच ऐसे कपड़े पहन कर क्यों

जाने लगा, जो शयनकक्ष में पहनने के लिए भी पर्याप्त न दिख रहे हों? दूसरों का ध्यान अपनी ओर खींचने की इच्छा रखने वाले व्यक्ति प्रत्येक स्थान पर पाए जा सकते हैं और हममें से अनेक व्यक्ति इसके अपवाद नहीं हैं।

दरअसल, हम सबके पास एक ऐसा हृदय है, जो चाहता है कि उसे दुलारा जाए। अगर कोई हमारे भीतर बैठे बच्चे की ओर ध्यान नहीं देता, तो वयस्क होने के बावजूद उसका ध्यान अपनी ओर खींचने की कोशिश में लग जाते हैं। एक भूखा व्यक्ति आलोचना नहीं, अपने लिए भोजन चाहता है। दूसरों का ध्यान अपनी ओर खींचने की इच्छा, एक प्रकार से मानसिक तृष्णा है... और बहुत कम व्यक्ति इसकी चपेट में आने से बच पाते हैं।

जब घर के बुजुर्ग निरंतर अपने रोगों के विषय में शिकायत करते हैं, तो ये रोग केवल शारीरिक नहीं होते... ये मनोदैहिक रोग होते हैं। वे दूसरों का ध्यान अपनी ओर खींचने की मनोवैज्ञानिक तृष्णा को संतुष्ट करना चाहते हैं। यही कारण है कि जब हम अपनों को बीमार पड़ने पर, डॉक्टर के पास भेजने की बजाय स्वयं साथ ले जाते हैं, तो वे बेहतर महसूस करते हैं। यदि हम उन्हें वाहन चालक के साथ भेजने की बजाय स्वयं डॉक्टर के पास ले जाते हैं, तो उन्हें आरोग्य पाने में देर नहीं लगती। यह भी पाया गया है कि अगर आपका कोई अपना बीमार है, तो वह अपने-आप दवा खाने की बजाय, आपके हाथों ली गई दवा के साथ शीघ्र ही स्वास्थ्य लाभ करेगा। लोग अपने लिए प्रेमरूपी स्पर्श चाहते हैं और वे इसका अनुभव तभी कर पाते हैं, जब कोई उनकी ओर पूरा ध्यान देता है।

किशोर या बच्चा बुरा बर्ताव इसलिए कर रहा है क्योंकि उसे आपकी ओर से पूरा ध्यान नहीं मिल रहा। हम अक्सर अच्छा बर्ताव करने वाले बालक की ओर इतना ध्यान नहीं देते, क्यों ऐसा ही है न? ऐसा नहीं कि आपका बच्चा अपने-आप पढ़ नहीं सकता; दरअसल जब आप अपनी बेटी को उसके साथ बैठकर पढ़ाती हैं, तो उसे आपका पूरा ध्यान मिलता है। उसे अच्छा लगता है। ऐसा नहीं कि आपकी बेटी को उल्टा-सीधा बोलने और चिल्लाने का शौक है पर जब वह अच्छी तरह पेश आती है, तो आप उसकी ओर ध्यान नहीं देतीं। उसने आपको अपनी ओर आकर्षित करने के लिए यह तरीक़ा खोजा है। ऐसा नहीं कि किशोरों को फ़ोन पर पौन घंटे बात करना अच्छा लगता है; हमें यहाँ यह समझना होगा कि इस पूरे समय के दौरान फ़ोन के दूसरी ओर से, कोई आपके बेटे या बेटी को राजकुमार या राजकुमारी जैसा एहसास दिलवा रहा है। बच्चे अक्सर माता-पिता के वश से तभी बाहर जाते हैं, जब उन्हें लगता है कि माता-पिता की तुलना में कोई दूसरा उनसे अधिक प्यार करता है या उनकी ओर

ध्यान देता है। अपनी उम्र के बढ़ते दौर में, बच्चे अपनी आत्मछवि को लेकर पर्याप्त संतुष्ट नहीं होते। वे इसके लिए अपने आसपास की दुनिया पर निर्भर करते हैं। जब बच्चों की ओर पूरा ध्यान दिया जाता है, उनकी सकारात्मकता को प्रोत्साहित किया जाता है, जब माता-पिता और बच्चों के बीच गुणवत्ता समय तथा यथेष्ट संप्रेषण होता है, जब उनके व्यवहार में आए छोटे से सुधार को भी प्रोत्साहित किया जाता है... तब उनकी ओर से किसी भी प्रकार के भावात्मक विचलन का अंदेशा नहीं रहता।

इसका समाधान बहुत सरल है : वे सभी व्यक्ति, जो अपने जीवन में महत्त्व रखते हैं या आप जिनके लिए महत्त्व रखते हैं, अपनी ओर से पहल करते हुए, उनकी सकारात्मक विशेषताओं पर विशेष रूप से केंद्रित रहें। अपने भावों के प्रदर्शन में संकोच न करें। अपने भावों को खुलकर प्रकट करें। अपनी अभिव्यक्ति को विस्तार दें। समय का बेहतरीन निवेश करें। उन्हें दिल खोलकर, प्रशंसा रूपी उपहार दें। संबंधों में अपनी उपस्थिति को पर्याप्त रूप से अनुभव होने दें।

जब भी अगली बार आप कोई शिकायत सुनें, तो करुणा का दामन न छोड़ें। कोई चाहता है कि आप उसकी ओर ध्यान दें। जब भी आप अगली बार किसी भावात्मक उथल-पुथल से भरे व्यवहार के साक्षी बनें, तो पूरी करुणा के साथ उनकी ओर ध्यान दें। वे चाहते हैं कि आप उन्हें जानें, समझें और सराहें।

दूसरों का ध्यान अपनी ओर खींचने की इच्छा, एक प्रकार से मानसिक तृष्णा है... और बहुत कम व्यक्ति इसकी चपेट में आने से बच पाते हैं।

मेरे साथ धोखा किया गया। मैं इस सदमे से उबर नहीं पा रहा हूँ। कृपया मेरी मदद करें।

महात्रया रा
स्पष्ट करते हैं...

किसी से प्यार न करने की बजाय, किसी के प्यार में पड़कर, धोखा खाना कहीं बेहतर होगा। किसी के साथ धोखा करने से बेहतर होगा कि हम स्वयं ही धोखा खा लें। किसी के साथ बुरा करने से बेहतर होगा कि कोई हमारे साथ ही बुरा कर ले। बीते हुए कल, एक आने वाले बेहतर कल को गढ़ते हैं क्योंकि आप उन अनुभवों से परिपक्वता पाते हैं। जब अच्छे लोगों के साथ बुरी बातें घटती हैं, तो वे और भी बेहतर हो जाते हैं। यदि आप स्वयं को अतीत के भार से मुक्त करना चाहते हैं, तो सबसे पहले क्षमाशीलता को अपनाएँ। इस संसार में यदि आप स्वार्थ करना ही चाहते हैं तो यही कर सकते हैं कि दूसरों को क्षमा करें और स्वयं को घृणा के चंगुल से बचा लें।

अतीत के पास कोई वास्तविकता नहीं होती, यह केवल उसी स्मृति में शेष रहता है, जो इसे दिन-रात पोसती है।

बीता हुआ कल बीत गया और यही सच्चाई है। इसे भूलने की कोशिश करें और आगे बढ़ें। आज का दिन, एक नया दिन है। अगर आप बीते कल को साथ ले जाना चाहेंगे, तो आपको प्रयास करना होगा परंतु अगर इसे छोड़ना चाहेंगे तो आपको निर्णय लेना होगा। एक निर्णय लें और इसे पीछे छोड़ दें। आपका जीवन आगे की ओर बढ़ने का ज़रिया होना चाहिए, इसे आप पीछे की ओर जाने का साधन नहीं बना सकते। अपने भविष्य को अतीत के चंगुल में पड़कर, बरबाद होने से बचाएँ। चलें और आगे चलते ही जाएँ...

बीता हुआ कल बीत गया
और यही वास्तविकता है। इस पर
एक रेखा खींचें और आगे बढ़ें। आज का
दिन, एक नया दिन है।

मेरे कॉलेज के अंतिम वर्ष के दौरान, मैं एक ऐसे संबंध में थी जिसमें बाद में, मेरे साथ छल हुआ। अब मैं अपने करियर में पूरी तरह से सफल हूँ। मैं अब भी इस अपराधबोध और भ्रम में हूँ - क्या मुझे उस व्यक्ति को सब कुछ बता देना चाहिए, जिससे मेरा विवाह होगा?

महात्रया रा

...स्पष्ट करते हैं

दो लामा, अपनी ही धुन में बढ़े जा रहे थे कि उन्हें उस नाले के पास एक युवती खड़ी दिखाई दी, जिसे वे पार करने वाले थे। युवती के चेहरे पर भय की लकीरें साफ़ देखी जा सकती थीं। दिन धुँधला गया था और रात होने ही वाली थी। जब लामा ने उस युवती से बात की तो उसने बताया, "मुझे यह नाला पार करने में भय लग रहा है।" लामा ने उस युवती को अपने कंधों पर उठा लिया। उसने उसे नाले के पार उतारा और वे आगे बढ़ गए। क़रीब आधा घंटा इसी तरह बीत गया। जिस लामा ने युवती को नाला पार करवाया था, उसने अपने साथी के चेहरे पर असहजता के भाव देख, उससे कारण पूछा। दूसरे ने उत्तर दिया, "क्या तुम नहीं जानते कि लामा या साधुओं को स्त्रियों का स्पर्श नहीं करना चाहिए? तुमने उस युवती को अपने कंधे पर क्यों उठाया? यही कारण है कि मैं तुमसे नाराज़ हूँ।" युवती की सहायता करने वाले लामा ने स्थिर भाव से मुस्कराते हुए कहा, "ओह... तुम उस लड़की की बात कर रहे हो... उसे तो मैं बहुत पहले, नाले के पार उतार आया था। तुमने अभी तक उसके बारे में अपने दिमाग़ पर बोझ क्यों ले रखा है?"

आपका अतीत आपको बहुत पहले पीछे छोड़ चुका है; फिर भी आपने उसे अपने दिल और दिमाग़ में जगह दे रखी है और आहत अनुभव करते रहते हैं। आप किसी ऐसे व्यक्ति की मदद तो कर सकते हैं, जिसे मगरमच्छ ने अपने मुँह में जकड़ रखा हो, परंतु उस व्यक्ति के लिए क्या किया जाए, जो अपने

पैरों में रखी मगरमच्छ की तसवीर को देखकर ही यह अनुमान लगाए बैठा हो कि उसे मगरमच्छ ने जकड़ रखा है। उसके लिए तो चाहकर भी कुछ नहीं किया जा सकता। अतीत की कोई वास्तविकता नहीं होती, यह तो केवल आपकी स्मृति में जीवित रहता है। अगर आप बीते कल को साथ ले जाना चाहेंगे, तो आपको प्रयास करना होगा परंतु अगर इसे छोड़ना चाहेंगे तो आपको निर्णय लेना होगा। एक निर्णय लें और इसे पीछे छोड़ दें। आपका जीवन आगे की ओर बढ़ने का ज़रिया होना चाहिए, इसे आप पीछे की ओर जाने का साधन नहीं बना सकते। अपने भविष्य को अतीत के चंगुल में पड़ कर, बरबाद होने से बचाएँ। चलें और आगे चलते ही जाएँ...

यदि स्वयं को अतीत के भार से बचाना चाहते हैं तो सबसे पहले क्षमाशीलता को अपनाएँ। गौतम बुद्ध और ईसा मसीह इस विषय में एक से विचार रखते हैं। "घृणा को घृणा से समाप्त नहीं किया जा सकता, यह केवल प्रेम से ही समाप्त हो सकती है।" एक ने कहा है। दूसरे महापुरुष कहते हैं, "अपने शत्रुओं से प्रेम करो।" जिसने आपको आहत किया, वह तो अपने जीवन में आगे बढ़ गया, परंतु आप स्वयं को अब भी उन स्मृतियों की डोर से बाँधे बैठे हैं, उन घटनाओं से जोड़े बैठे हैं, जो उसके साथ घटित हुईं। इस तरह आपने अपने आज, अपने मन की शांति, अपनी नींद, अपनी प्रसन्नता और अपनी क़ीमती आज़ादी को भी नष्ट कर दिया है। याद रखें, घृणा तथा घृणा करने वाले के बीच, हमेशा घृणा करने वाला ही अधिक संताप पाता है। इस संसार में यदि आप स्वार्थ करना ही चाहते हैं तो यही कर सकते हैं कि दूसरों को क्षमा करें और स्वयं को घृणा के चंगुल से बचा लें... जो भी हो, अंत में हमेशा घृणा करने वाला ही अधिक संताप पाता है।

अपराध बोध भी किसी चोट की तरह दुःखदायी होता है, इससे पूरी कोशिश करते हुए, छुटकारा पा लें। जब आप दूसरे को क्षमा नहीं करते, तो आप उस ठेस से दुःख पाते हैं; जब आप स्वयं को क्षमा नहीं कर सकते, तो आप अपराधबोध से दुःख पाते हैं। अपने-आप को स्मरण करवाते रहें कि आप एक मनुष्य हैं और ग़लतियाँ इंसानों से ही होती हैं... इंसान ग़लतियों का पुतला है। संकल्प लें कि आप भूल को नहीं दोहराएँगे, अपनी अतीत की भूलों के लिए स्वयं को क्षमा कर दें... जिनके कारण संभवतः दूसरों के दिल को ठेस पहुँची होगी। दूसरों को क्षमा करना, एक दैवीय अर्थ रखता है, जिसे हम आत्म-क्षमा भी कहते हैं।

दूसरों को क्षमा करें और स्वयं को भी माफ़ कर दें। जब आप दूसरों को क्षमा नहीं करते, तब तक आप भूल नहीं सकते... दूसरों को क्षमा दें व मन

की शांति पा लें। अगर देह के किसी भाग में हल्की पीड़ा है, तो आप शरीर के दूसरे भागों का काम करना बंद नहीं कर सकते। अगर आपके जीवन के किसी एक चरण में कुछ ग़लत हुआ, तो आपको अपने जीवन की प्रगति को बाधित नहीं करना चाहिए। बीता हुआ कल बीत गया और यही वास्तविकता है। इस पर एक रेखा खींचें और आगे बढ़ें। आज का दिन, एक नया दिन है। जब अच्छे लोगों के साथ बुरी बातें घटती हैं, तो वे और भी बेहतर हो जाते हैं। यही वह योजना है, जिस पर इस जीवन का निर्माण किया गया है। एक कहावत के अनुसार, "आज का दिन आपके जीवन का अंतिम दिन हो सकता है।" यह सच है। इसके साथ ही यह तथ्य भी उतना ही सत्य है कि आज का दिन, आपके शेष जीवन का पहला दिन भी है। आरंभ वहीं से होता है, जहाँ से आप आरंभ करते हैं। आज से ही आरंभ करें। अभी से आरंभ करें। बस, यहीं से आगे बढ़ें। आप जीवन में जो भी व्यक्ति होंगे, वह भविष्य में आपके लिए प्रतीक्षारत है। जाएँ और उससे भेंट करें।

क्या मुझे उस व्यक्ति से अपने अतीत की सारी बातें प्रकट कर देनी चाहिए, जिससे मेरा विवाह होने जा रहा है? सच है, मैंने स्वयं ही कई बार कहा है कि संबंधों में आत्मीयता तभी आ सकती है, जब आपके संबंधों में पारदर्शिता हो। हालाँकि इसके साथ ही मैं यह भी स्पष्ट कर देना चाहता हूँ कि बहुत से लोग इतने परिपक्व ही नहीं होते कि वे पारदर्शिता से निपट सकें। यदि आप चाहते हैं आप लोगों की पारदर्शिता को स्वीकारें और उनके ख़िलाफ़ न हों, जो आपके प्रति ईमानदार रहे हों तो आपके भीतर थोड़ी मात्रा में परिपक्वता का होना आवश्यक है। ईमानदारी के साथ पार करने के लिए आवश्यक है कि आपके पास परिपक्वता का एक स्तर हो, और मुझे नहीं लगता कि हम अभी भी ऐसे परिपक्व संसार में रहते हैं (मुझे लगता भी नहीं कि हम कभी ऐसे रह सकेंगे।) यही कारण है कि हमें अपने मन की बात कहने के लिए गिरजाघरों की आवश्यकता होती है और हमारे लिए केवल पति या पत्नी ही पर्याप्त नहीं होते!

आपने अपने अतीत पर एक रेखा खींच दी है, तो इसका अर्थ यही हुआ कि अब उसका कोई अस्तित्त्व नहीं रहा। यह एक सपना था, जो ख़त्म हो गया... ठीक है, एक बुरा सपना टूट गया। किसी ऐसे व्यक्ति को उस सपने के बारे में क्या बताना, जिसके बारे में हम पक्की तरह से नहीं जानते कि वह इसे संभाल भी सकेगा या नहीं? जो भी हो, भले ही हम पारदर्शी रहने की पूरी मंशा क्यों न रखते हों, हममें से कोई भी एक-दूसरे के बारे में पूरी तरह से नहीं जान सकेगा। हमारी अपनी ही स्मरण शक्ति हमें दोषी ठहरा देगी। ऐसा कोई पापी नहीं जिसका भविष्य न हो और ऐसा कोई संत नहीं, जिसका कोई अतीत नहीं!

जो बीत गया, उसे वहीं छोड़ दें। इसमें दोबारा प्राण न फूँकें।

तो फिर आत्मीयता वाली बात का क्या? अपनी वर्तमान परिस्थितियों के बीच पारदर्शिता लाने का अभ्यास करें। केवल आज की बात करें और बीते कल व आने वाले कल को भुला दें। दरअसल, यही एक शांतिपूर्ण जीवन तथा बेहतर संबंधों का अचूक मंत्र है - केवल आज और आज के बारे में ही बात करें, बीते हुए कल और आने वाले कल की बात न करें।

अपराध बोध भी किसी चोट की तरह दुःखदायी होता है,
इससे पूरी कोशिश करते हुए, छुटकारा पा लें।
जब आप दूसरे को क्षमा नहीं करते, तो आप उस ठेस से
दुःख पाते हैं; जब आप स्वयं को क्षमा नहीं कर सकते,
तो आप अपराधबोध से दुःख पाते हैं।
अपने-आप को स्मरण करवाते रहें कि आप एक मनुष्य हैं
और ग़लतियाँ इंसानों से ही होती हैं...
इंसान ग़लतियों का पुतला है।
संकल्प लें कि आप भूल को नहीं दोहराएँगे,
अपनी अतीत की भूलों के लिए स्वयं को क्षमा कर दें...
जिनके कारण संभवतः दूसरों के दिल को ठेस पहुँची होगी।
दूसरों को क्षमा करना, एक दैवीय अर्थ रखता है,
जिसे हम आत्म-क्षमा भी कहते हैं।

हम अपनी स्वाभाविक प्रवृत्तियों के आधार पर ही जीवित क्यों नहीं रह सकते, हमें हर भाव का दमन क्यों करना होता है, जैसे हमारा गुस्सा?

महात्रया रा

...स्पष्ट करते हैं

क्रोध का दमन करना कोई हल नहीं है। दरअसल, अपने भावों को प्रकट करने की अपेक्षा दबाकर रखने में अधिक ऊर्जा का व्यय करना होता है। यदि भाव पैदा हों और उन्हें दबाने की कोशिश की जाए तो वे मृत भाव से दफ़न नहीं होते, वे जीवित ही दफ़न हो जाते हैं। सारे दमित भाव भीतर ही भीतर सुलगते रहते हैं। क्रोध का निरंतर दमन या फिर कोई भी अन्य भाव, एक भावात्मक भार में बदल जाता है और बहुत ही अनपेक्षित परिस्थितियों के बीच भद्दे तथा सँभाल न सकने योग्य अनुपात में सामने आता है। तो अपने गुस्से को दबाना कोई हल नहीं है, आपको गुस्से से ऊपर उठना सीखना होगा।

सबसे पहले तो गुस्से को समझें। संसार ने आपके साथ क्या किया, यह गुस्सा उसका नतीजा नहीं है। जब आप किसी भी तरह से हालात पर क़ाबू नहीं कर पाते, तो आप गुस्से के रूप में अपने भाव को प्रकट करते हैं। जब भी वर्तमान हालात आपके वश के बाहर हो जाते हैं, तो आप अपने आपे में नहीं रह पाते और आपको गुस्सा आने लगता है।

अगर पशु जगत में, कोई स्वयं को दूसरों से आहत होने के भय से दूर रखना चाहता है तो उसके पास एक ही उपाय बचता है कि वह अपने गुस्से का प्रदर्शन करे। 'आगे न आना; इससे चोट लग सकती है; यह मेरा स्थान है; मैं नहीं चाहता कि कोई मुझे परेशान करे।' इनमें से अनेक भाव, केवल क्रोध के माध्यम से, दूसरों तक संप्रेषित किए जा सकते हैं। वे गुस्से को अपने बचाव तंत्र के रूप में प्रयोग में लाते हैं। मनुष्यों का गुस्सा भी ऐसा ही होता है मानो

जानवर अपने-आप को प्रकट कर रहा हो। जब हम मानवीय तरीक़ों से किसी हालात को वश में नहीं रख सकते, हम अपने भीतर बैठे पशु की शरण लेते हैं।

तो सबसे पहले तो समझने वाली बात यही है कि दूसरों के साथ किसी अभाव के कारण क्रोध उत्पन्न नहीं होता। जब आप हालात को अपने वश में नहीं कर पाते तो अपने इसी अधूरेपन के कारण आपके भीतर क्रोध का आवेग उत्पन्न होता है। ऐसा नहीं कि वह उस काम को नहीं कर रहा, जो मैं उससे करवाना चाहता हूँ। बात यह है कि मैं उससे मनचाहा नहीं करवा पा रहा। तो मुझे गुस्सा आ जाता है। यह गुस्सा संसार की तुलना में ज़्यादा बड़ा संदेश है। गुस्सा आपको बताता है कि आपको अपने अधूरेपन पर नज़र मारनी होगी। तो मैं इस गुस्से से ऊपर कैसे उठ सकता हूँ?

सजगता! सजगता और केवल सजगता के बल पर ही गुस्से से ऊपर उठ सकते हैं। जब भी आपको गुस्सा आ रहा हो, तो इसके प्रति सचेत हों। स्वयं से निम्नलिखित प्रश्न पूछें :

आप अपने गुस्से से किसका नुक़सान करने वाले हैं - क्या इससे केवल आपको ही हानि नहीं होगी; आपको बदले में क्या मिलेगा - एक छोटा सा काम तो हो जाएगा और आपके भीतर जो इतने अम्लों का स्राव होगा; क्या उससे कोई लाभ है? आपके भीतर व्यक्तिगत रूप से क्या अधूरापन था, जिसके कारण आपको इतना गुस्सा आया; क्या आपके पास इस हालात से पार पाने के लिए कोई अन्य, बेहतर और मानवीय उपाय नहीं हो सकता था?

आपको इन प्रश्नों के जितने उत्तर मिलते जाएँगे, आपके क्रोध की तीव्रता उतनी ही घटती चली जाएगी। कुछ समय के बाद, आप न केवल अपने क्रोध को वश में रख सकेंगे बल्कि एक बेहतर व्यक्ति के रूप में भी सामने आएँगे, आपके पास किसी भी परिस्थिति को वश में रखने के लिए पर्याप्त मानवीय उपाय होंगे।

यह कैसे पता करें कि हम उचित मार्ग पर जा रहे हैं या नहीं? लोग तो दोनों प्रकार के होते हैं, वे हमसे श्रेष्ठ भी हैं और हीन भी हैं। यह कैसे जाना जा सकता है कि हम उचित मार्ग पर चल रहे हैं या नहीं?

महात्रया रा

स्पष्ट करते हैं...

अगर आप दूसरों के साथ अपनी तुलना करते रहे हैं तो आप कभी तय नहीं कर सकेंगे कि आप सही रास्ते पर जा रहे हैं या नहीं। आप कभी दूसरा व्यक्ति हो ही नहीं सकते। आप केवल आप ही हो सकते हैं। आप न केवल दूसरों के साथ मानदंड स्थापित करते हैं बल्कि आपके मूल्य तंत्र के साथ अपने लिए भी मानदंड स्थापित करते हैं।

कुछ ऐसे लोग होते हैं जिनके मूल्य जीवन पर आधारित होते हैं। हर नई परिस्थिति के साथ वे अपने मूल्य तंत्र को बदल देते हैं। वास्तविकता में, जो हालात के साथ बदले जा सकते हों, उन्हें हम मूल्य नहीं कह सकते। मूल्यों पर आधारित जीवन होना चाहिए, हमें जीवन पर आधारित मूल्य नहीं चाहिए।

हम सबके भीतर एक 'ज्ञाता' बसता है। वह मूल्यों पर आधारित स्व है। हम सबके भीतर एक 'कर्ता' छिपा है। यही वह स्व है, जो इस संसार में कार्यरत है। जब तक उस 'ज्ञाता' और 'कर्ता' के बीच कोई दरार नहीं आती, तब तक आप जान लें कि उचित मार्ग पर चल रहे हैं। अगर कोई दरार आ रही है तो जान लें कि आप ग़लत रास्ते पर चल रहे हैं।

अगर आप दूसरों के साथ अपनी तुलना
करते रहे तो आप कभी तय नहीं कर सकेंगे
कि आप सही रास्ते पर जा रहे हैं या नहीं।
महात्रया रा

डेल कारनेगी ने कहा है, "अकृतज्ञता की अपेक्षा रखो।" आप सिखाते हैं, "मैं आभार की अपेक्षा नहीं रखूँगा।" इनमें क्या अंतर है?

महात्रया रा

स्पष्ट करते हैं...

मैं सही मायनों में विश्वास रखता हूँ कि डेल कारनेगी, मानवीय संभावना के प्रशिक्षण में एक महान क्रांतिकारी थे। मैं डेल कारनेगी का बहुत आदर करता हूँ। मैं तो तुलना तक नहीं करना चाहता। हालाँकि, मैं आपको यह बताना चाहूँगा कि मैं यह बात क्यों कहता हूँ, "मैं आभार की अपेक्षा नहीं रखूँगा।" मैं यह नहीं मानना चाहता कि लोग अकृतज्ञ होते हैं। मैं यही मानना चाहता हूँ कि अधिकतर लोग आभार के साथ ही जीते हैं, भले ही वे इसे प्रकट न कर पाते हों। केवल जीभ से अपने सारे हार्दिक भाव प्रकट नहीं किए जा सकते। सच्ची भावनाएँ शब्दों से परे होती हैं। निम्नतम भावनाओं को प्रकट किया जा सकता है परंतु सही मायनों में उच्चतम भावनाओं को प्रकट करना कई बार कठिन होता है।

जिस समय आप किसी बच्चे के हाथ पर चॉकलेट रखते हैं, बच्चा उस समय आपको धन्यवाद देने की बजाय, चॉकलेट खाने में अधिक उत्सकुता दिखाता है। परंतु क्या बच्चे को इतने उत्साह के साथ चॉकलेट खाते देखना ही किसी धन्यवाद पाने से कम नहीं है? क्या आपका यही उद्देश्य नहीं था, जब आपने उसे चॉकलेट दी थी? आपने केवल 'धन्यवाद' सुनने के लिए उसे चॉकलेट नहीं दी। आप उसके चेहरे पर खुशी लाना चाहते थे और आप कामयाब रहे। आपने उसे अवसर दिया और वह अपने करियर की ऊँचाईयों तक पहुँचा। आपकी

पहल के लिए इससे बड़ा इनाम और क्या हो सकता है? पहले किसी का भला करना, फिर उससे बदले की अपेक्षा रखने के बाद निराश हो जाना, भला यह सब करने की क्या आवश्यकता ही क्या है? इसकी क्या तुक बनती है? जब आपने किसी उद्देश्य के लिए काम किया था तो उसके पूरा होने के बाद आपको किसी मौखिक आभार की क्या ज़रूरत है, आपका मनचाहा पूरा हो गया, यह तो किसी भी पुरस्कार से बढ़कर है।

लोग अकृतज्ञ नहीं होते। हमारी पीढ़ी वास्तव में बहुत खुलकर स्वयं को अभिव्यक्त करने वालों में से नहीं है। हमारा प्राथमिक संबंध तकनीक के साथ है। यहाँ तक कि व्यक्तियों के साथ हमारे संबंध भी तकनीक के माध्यम से ही तय हो रहे हैं। यही कारण है कि हमारे पास अभिव्यक्ति के लिए कुछ नहीं रहा। तकनीक की मदद से स्माइली बना सकते हैं, एल ओ एल लिखकर जता सकते हैं कि आपको आनंद आया परंतु क्या आपके एस एम एस और ई-हग्स से स्पर्श की ऊष्मा मिल सकती है? प्रत्येक मनुष्य के लिए भाव भिन्न-भिन्न गहराई रखते हैं; तकनीक के माध्यम से यह संकीर्ण हो सकता है।

यहाँ अकृतज्ञता हमारा मसला नहीं, हम तो प्रकट करने की क्षमता तथा अपनी भावनाओं के प्रदर्शन में आए अभाव पर चर्चा कर रहे हैं। एक पीढ़ी के रूप में हम अपनी भावनाओं को व्यक्त करने की योग्यता को खो रहे हैं। यही कारण है कि हमें निजी रूप से पत्र लिखने नहीं आते और हम स्वयं को प्रकट करने के लिए ग्रीटिंग कार्ड उद्योग की मदद लेते हैं। यही कारण है कि हमें मदर्स डे तथा वेलेंटाइन डे आदि दिनों की आवश्यकता होती है। हमें कतिपय भावनाओं को जागृत करने के लिए निश्चित दिवसों की आवश्यकता है। ऐसे ख़ास दिनों में प्रकट की गई भावनाओं को देखकर दिल को दिलासा मिलती है कि अभी भावनाएँ कहीं खोई नहीं हैं; केवल मनुष्य उन्हें प्रकट करना भूल गया है।

अगर किसी बात का पूरा होना आपके वश में नहीं है, तो दूसरे से उसके पूरा करने की अपेक्षा रखना, मानो आप निराशा व मायूसी को न्यौता दे रहे हैं। तो किसी से भी आभार की अपेक्षा न रखें। हालाँकि, आप संसार से जो अपेक्षा रख रहे हैं, यदि आप उसे स्वयं से रखें तो उसे अपने वश में रख सकते हैं और उसे पूरा कर सकते हैं। तो हमेशा संसार के प्रति अपना आभार प्रकट करें। यदि सीधे-सादे शब्दों में कहें तो, आपने संसार के लिए जो भी किया हो, उसे भुला दें। कभी किसी से यह अपेक्षा न करें कि वह आपके किए के लिए आभार या कृतज्ञता ज्ञापन करेगा। यह कभी न भूलें कि इस संसार ने आपके लिए क्या किया है। अपनी ओर से कभी कृतज्ञता प्रकट करने में कृपणता न दर्शाएँ।

प्रायः लोग वैसे होते नहीं, जैसे वे दिखाई देते हैं। हम किसी व्यक्ति को कुछ और समझते हैं पर वह तो पूरी तरह से अलग इंसान ही निकलता है। ऐसे संसार में, हम किसी पर भरोसा करना कैसे सीख सकते हैं?

महात्रया रा

स्पष्ट करते हैं...

आपके साथ बीते कल में क्या हुआ, आपने संसार के लिए क्या किया या संसार ने आपके साथ क्या किया, इन सब बातों के बावजूद आपको प्रतिदिन सुबह उठकर, एक बार फिर से इस संसार पर पूरा भरोसा करना होगा। मैं जानता हूँ कि केवल ऐसा कहना ही आसान होता है, परंतु आपके पास कोई चुनाव नहीं है क्योंकि आपकी शांति आपके विश्वास में ही छिपी है। विश्वास के बिना कहीं शांति नहीं मिलती। अविश्वास आपको अशांति के द्वार ले जाता है।

आपने हज़ारों बार सार्वजनिक वाहनों से यात्रा की होगी, एक या दो बार आपकी जेब भी कटी होगी। जब आप दुनिया पर भरोसा नहीं करते तो आप बहुत अधिक सावधान होते हुए, बार-बार अपनी जेब चैक करते हैं तो एक दिन कोई चोर इसे भाँपकर, फिर से आपकी जेब कतर लेगा; आपके पास शांत बने रहने के हज़ारों अवसर हो सकते थे, जो इस प्रवृत्ति के साथ जीवित नहीं रहेंगे। जो आँखें हर सहयात्री को संभावित चोर मानती हों, वे आपके मन की शांति को हज़ारों बार तबाह कर सकती हैं। जबकि अगर आपने दुनिया पर भरोसा किया होता तो यह संसार कितना शांतिपूर्ण हो सकता था। आपको अक़्लमंद बनना होगा, मंद अक्ल न बनने में ही भलाई है।

एक नाथूराम गोडसे तो अपनी राह बना ही लेता है पर अगर आप हर आदमी में गोडसे को ही देखने लगे तो आप हज़ारों गाँधियों को देखने से चूक

जाएँगे। इससे आपको क्या लाभ होगा? एक ओसामा की तलाश में आपको हर भले इंसान पर शक करना होगा। ठीक है, सुरक्षा तंत्रों को अपना काम करने दें, अपने फ़ूलप्रूफ़ सिस्टम तैयार रखें, अपनी संवेदनाओं से ऊपर उठें, कारों को ताला लगाना और घोड़ों को बाँधना सीखें परंतु इन सबके बावजूद, आपको अपने मन की शांति को बरकरार रखने के लिए, इस संसार पर नए सिरे से भरोसा करना होगा।

एक कर्मचारी आपके विश्वास को धोखा दे सकता है। फिर भी बाक़ी कर्मचारियों पर विश्वास बनाए रखें। एक ग्राहक पैसे मार सकता है परंतु बाक़ी ग्राहकों पर विश्वास न टूटने दें। एक सप्लायर धोखा दे सकता है, बाक़ी सब ऐसे नहीं होंगे। हो सकता है कि कोई अच्छा संबंध आपकी भलाई का नाजायज़ लाभ लेते हुए, आपकी अच्छाई को आपकी कमज़ोरी मान ले और आपके विश्वास को खंडित कर दे। अगली सुबह उठें और नए सिरे से दुनिया पर भरोसा करें। भले ही मेरी बात सुनने में भी सही न लगे पर मैं आपको शांति का प्रवेश द्वार दिखा रहा हूँ, जो केवल विश्वास की कुँजी से ही खोला जा सकता है।

इससे कोई अंतर नहीं पड़ता कि यह संसार अच्छा है या नहीं, यह विश्वास के योग्य है या नहीं, परंतु आपको यह देखना है कि आप शांति के साथ जीना चाहते हैं या नहीं? आपके पास शांति को पाने का एकमात्र उपाय यही है - विश्वास करना सीखें!

जब भी कोई मुझे छलता है, धोखा देता है, शोषण करता है या मेरे दिल को आहत करता है तो मैं सदा अपने-आप से यही कहता हूँ, "शुक्र है कि मुझे छला गया, मैंने तो किसी को धोखा नहीं दिया; किसी ने मेरा दिल तोड़ा पर मैंने तो किसी के दिल को ठेस नहीं दी; मैंने धोखा खाया पर मैंने किसी के साथ छल नहीं किया। भले ही मुझे किसी के हाथों बुरा सहना पड़े परंतु मुझे हमेशा बुराई करने से बचाए रखना।"

आपको प्रतिदिन उठकर यह मान लेना चाहिए कि आज यह संसार विश्वास के योग्य हो गया है। भले ही एक दिन पहले ठोकर और धोखा क्यों न खाया हो, अगले दिन फिर से उठें और इस संसार पर नए सिरे से विश्वास करें। जाने कितनी बार यह संसार हमारे विश्वास के क़ाबिल होगा और हमारी नज़रों से नीचे गिरेगा। निश्चित रूप से हमें कभी इस प्रक्रिया में हानि नहीं होगी।

मेरे पिता बहुत सेहतमंद थे पर एक ही माह में सेहत इतनी बिगड़ी कि हमने उन्हें खो दिया। मैं इस सदमे से उबर नहीं पा रहा हूँ, इससे बाहर कैसे आया जाए?

महात्रया रा

स्पष्ट करते हैं...

मुझे आपके आँसुओं के साथ सहानुभूति है। मैं जानता हूँ कि जब हम अपने किसी प्रियजन को खो देते हैं तो कैसा अनुभव करते हैं। परंतु मुझे एक बात बताओ प्रिय, क्या हममें से कोई भी कभी मृत्यु से बच सकता है? हम सभी वापसी की टिकट के साथ इस दुनिया में आए हैं, केवल हम यह नहीं जानते कि उसे किसी तिथि के लिए आरक्षित करवाया गया है।

जीवन में कुछ ऐसी अपूरणीय क्षति होती हैं, जिन्हें केवल समय ही भर सकता है। समय धीरे-धीरे आपके वियोग की इस पीड़ा को हल्का कर देगा, यह सहन करने की सीमा में आ जाएगी... स्मृतियाँ तो रहेंगी, परंतु वे भावनाएँ तिरोहित हो जाएँगी। भावनाओं की अवधि अल्पकालिक होती है। स्मृतियाँ बनी रहेंगी परंतु समय भावनाओं को धुँधला देगा। आपको अपने पिता से वियोग की इस पीड़ा के बीच कुछ समय बिताना ही होगा, आपके पास इससे बचाव का कोई उपाय नहीं है। परंतु समय के साथ-साथ आपके घाव भर जाएँगे।

आप जो भी महसूस करें, वह एक अलग चीज़ है परंतु अपने पिता के लिए बेहतर महसूस करें। उन्होंने शांतिपूर्ण मृत्यु को अंगीकार किया। मृत्यु... वह तो हम सबको एक दिन आनी ही है, परंतु शांतिपूर्ण मृत्यु को अंगीकार करना किसी वरदान से कम नहीं होता। हम सभी, कभी न कभी तो प्राणों का त्याग करते ही हैं, परंतु वह अंत शांतिपूर्ण होगा या पीड़ादायी? आपके पिता को, एक न एक

दिन तो इस संसार से जाना ही था... परंतु क्या यह उनके लिए उत्तम नहीं रहा कि उन्हें इतनी शांतिपूर्ण मृत्यु मिली और उन्हें अंततः पीड़ा के बीच झूलते-झूलते प्राणों का त्याग नहीं करना पड़ा। अपने पिता के लिए बेहतर अनुभव करें।

इसी दौरान, मैं आपको यह चेताना चाहता हूँ कि यह जीवन वास्तव में बहुत ही स्नेही है। यह आपको देता है, आपको आनंद मनाने का अवसर प्रदान करता है और तभी यह आपसे वापस लेता है। जीवन ने आपको पिता दिए, आपने अपने पिता के साथ एक लंबी अवधि के दौरान आनंददायक समय व्यतीत किया और फिर इसने आपके पिता को आपसे छीन लिया। भले ही इसने पिता को आपसे ले लिया परंतु इसने आपके पिता के साथ बिताए समय की यादों को तो नहीं लिया। अभी तक तो आप उनके भौतिक अस्तित्व की संगति का लाभ पा रहे थे। अब उन्हें अपने मानसिक धरातल पर अपने साथ रखें। उनके साथ बीते दिनों की यादें दोहराएँ। अपने पिता के साथ जी भरकर, इस मानसिक खेल को बार-बार दोहराएँ।

आपके अपने मानसिक जगत में ईश्वर भी आपको आपके पिता के साथ रहने से रोक नहीं सकते। हर दिन के अंत में, अपने पिता के साथ कुछ क्षण एकांत में बिताएँ। उनके साथ अपना संपर्क साधें। अपनी आँखें खोलेंगे तो आप एक अलग दुनिया में होंगे और आँखें बंद करेंगे तो स्वयं को दूसरी दुनिया में पाएँगे। उस दूसरी दुनिया में आपकी यादों का ही साम्राज्य होगा। जब तक आप जीवित रहेंगे, आपके पिता भी आपके मानसिक जगत में जीवित रहेंगे। अभी अपनी आँखें बंद करें और देखें कि वे तो सदा से ही आपके साथ हैं... सदा आपके साथ ही रहेंगे... और यहाँ तक कि परमात्मा भी उन्हें आपसे छीन नहीं सकते।

प्रेम का आजीवन प्रचार करने वाली महान आत्मा, लिओ बुसकैगलिआ जब अपने पिता के अंतिम संस्कार से वापस आए, तो उन्होंने अपने घर के द्वार पर फूलों का एक गुच्छा पड़ा पाया, चॉकलेट के साथ ही एक अज्ञात सा नोट भी था, "यह तुम्हें केवल इतना स्मरण करवाने के लिए है, तुम्हारे पिता की मृत्यु के बाद भी देखने के लिए सुंदर चीज़ें और खाने के लिए मीठी वस्तुएँ इस संसार में रहेंगी। तुम्हारा जीवन अब भी जारी है... जियो, स्नेह सहित!"

मैं भी तुम्हें यही कहता हूँ। तुम्हारा जीवन अभी है... जियो और जियो... ताकि तुम्हारे इस आनंदमयी जीवन को देख तुम्हारे पिता की आत्मा भी प्रसन्न हो सके, उसे भी शांति मिल सके।

मैंने अपनी युवावस्था में व्यभिचार किया था। आज, मेरे आसपास की दुनिया एक आदरणीय व्यक्ति के रूप में मेरा सम्मान करती है। यह देखकर मेरा मन आहत होता है क्योंकि मैं जानता हूँ कि मेरे पास अतीत का रहस्य छिपा है। मेरी सारी शिक्षा और सफलता के बावजूद, मैं स्वयं को उस अतीत से मुक्त नहीं कर पाता। मैं उसे और स्वयं को क्षमा भी नहीं कर पा रहा। कृपया मेरी मदद करें।

महात्रया रा

...स्पष्ट करते हैं

जब आप दूसरों को क्षमा करते हैं तो घृणा से मुक्ति पाते हैं और जब स्वयं को क्षमा प्रदान करते हैं, तो आपको अपराध-बोध से मुक्ति मिलती है। जब तक आप क्षमा नहीं करते, तब तक आप भूल नहीं सकते।

मनुष्य को इस तरह नहीं रचा गया कि वह कभी कोई भूल ही न करे। हालाँकि मनुष्य को इस तरह रचा गया था कि वह अपनी सजगता के साथ अपनी भूलों से परे जाने का प्रयत्न करता रहे। प्रत्येक जीवित आत्मा अपनी सजगता के साथ असंपूर्णता से संपूर्णता की ओर जा रही है और यह कोशिश आजीवन जारी रहेगी।

ऐसा कोई पापी नहीं जिसका भविष्य न हो और ऐसा कोई संत नहीं, जिसका कोई अतीत न हो। जब आप अतीत का त्याग करते हैं, तभी आप भविष्य में आगे जाने के लिए अपनी ऊर्जा संजो पाते हैं। अपने आज का प्रयोग करते हुए, आने वाले को निखारें और अपने बीते कल की बखिया उधेड़ने में समय नष्ट न करें।

यदि जीवन को एक निरंतर प्रवाहमान कविता के रूप में देखना चाहते हैं, तो अपने अतीत पर एक पूर्ण विराम लगा दें। एक होनहार व्यक्ति बार-बार अपने अतीत के ही पन्ने को क्यों लिखता रहेगा, जब उसके पास भविष्य के नए पन्ने को नए सिरे से लिखने का हुनर है? जीवन पीछे जाने का नहीं, आगे बढ़ने का नाम है। अपने जीवन की दिशा को सँभालें। अपने अतीत पर पूर्ण विराम लगाते हुए, निःसंकोच आगे बढ़ें। अपने वर्तमान में एक अर्द्धविराम (,) लगाकर चलें ताकि आप हमेशा अपने जीवन के आने वाले कल को रच सकें। जब आप अतीत पर पूर्ण विराम लगाते हैं, तो इस तरह आप अतीत के भावात्मक भार से दूर रहते हुए अपनी यादों को दोहरा सकते हैं और वर्तमान में लगा अर्द्धविराम भविष्य के लिए प्यास को जीवित बनाए रखेगा।

आपने पुस्तक में जो पन्ने पढ़ लिए हैं, वे निर्माण करने वाले हैं। असफलताएँ, हानियाँ, भूलें, ब्रेक-अप व यहाँ तक कि आप जिन अनुभवों की बात कर रहे हैं, वे भी पहले ही समाप्त हो चुके हैं। उन पर पूर्ण विराम लगाएँ और उन्हें समाप्त कर दें। आने वाले अध्यायों में ही तो जीवन की कीर्ति छिपी है। वर्तमान में अल्पविराम लगाएँ और आगे चलें। अपने भविष्य को बीते हुए कल की पकड़ से छुड़ा लें।

जीवन में कोई कंट्रोल-ज़ैड का बटन नहीं होता। किसी को कमांड को बदला नहीं जा सकता। पीछे मुड़कर देखने का चुनाव बहुत बुरा है। आगे देखना ही एक बेहतर चुनाव है। बस, चलें और आगे निकल जाएँ...

जब आप अतीत का त्याग करते हैं, तभी आप भविष्य में आगे जाने के लिए अपनी ऊर्जा संजो पाते हैं।

क्या यह सच है कि अहं किसी व्यक्ति को निम्न स्तर तक ला सकता है?

महात्रया रा
स्पष्ट करते हैं...

भले ही अहं किसी व्यक्ति को नीचे लाए न लाए, यह निश्चित रूप से किसी व्यक्ति की मन की शांति भंग करने की क्षमता रखता है। अहं का एक हानिकारक पहलू यह भी है यह दूसरों का ध्यानाकर्षण चाहता है। अहं को अपनी उत्तरजीविता के लिए इसी पर आश्रित होना पड़ता है। यह दूसरों का ध्यानाकर्षण पाने के लिए तड़पता है। प्रत्येक व्यक्ति इस चरण से गुज़रता है, जब वह कोई भी काम इसलिए करता है कि लोग उसे पहचानें और मान्यता दें। इस चरण में अच्छा केवल तभी अच्छा माना जाता है, जब उसे मान्यता दी जाती है; अगर कुछ बुरा भी लोगों का ध्यान खींच रहा हो तो वह भी अच्छा बन जाता है। अहं इसी खुराक पर जीवित रहता है। पर व्यक्ति को जीवन के इस चरण से शीघ्र ही निकल जाना चाहिए अन्यथा उसे अपनी शांति के रूप में क़ीमत अदा करनी पड़ती है।

यह सच है, अहं आपके लिए प्रेरणा का स्रोत भी हो सकता है परंतु यह बहुत ख़राब प्रेरक है। इसकी प्रकृति ही कुछ ऐसी है जो अपने लिए पोषण चाहता है और इस तरह यह आपको हमेशा के लिए भिखारी बना देता है। अहं के साथ समस्या यह है कि जब इसकी पूर्ति हो जाती है, तो आप उच्चता बोध के साथ संघर्ष करता है और जब अहं की पूर्ति नहीं हो पाती तो यह हीनता बोध से पीड़ित होता है। दोनों ही रूपों में, यह आपके मन की शांति छीन लेता है।

जब यह आपके लिए प्रेरक बनता है तो बदले में आपकी मन की शांति छीन लेता है। आप एक कंघी ख़रीदने के लिए अपने बाल क्यों बेचेंगे?

प्रत्येक क्षण भारी है... प्रत्येक परिस्थिति बहुत ही विचलनकारी है, हर मेलजोल तनावपूर्ण है... अहं से भरा हृदय हमेशा मानो आग पर चलता है। अहं और सहजता का आपस में कभी मेल ही नहीं हो सकता। अहं के साथ आप प्रति क्षण जीतने के लिए संघर्ष करते रहते हैं; आप दूसरों से बेहतर स्थिति में आना चाहते हैं। जब आप अहं से ऊपर उठ जाते हैं, तो आप केवल अपने-आप से जीतना चाहते हैं; आप अपनी प्रतिभा का अधिक से अधिकतम उपयोग करना चाहते हैं। जब आप अपने अहं से मुक्त होते हैं, तो आपको असीम स्वतंत्रता का अनुभव होता है।

अपने मुँह में मांस का टुकड़ा दबाए कौआ पाता है कि अन्य पक्षी उसका पीछा कर रहे हैं। वह चोंच से उसे नीचे गिरा देता है। सारे पक्षी उसी टुकड़े पर लपकते हैं। अब आकाश में अकेले उड़ते हुए कौआ कहता है, "मांस के उस टुकड़े को खोते ही, मैंने आकाश की स्वतंत्रता पा ली।" मांस का टुकड़ा अहं है और आपके मन की शांति स्वतंत्रता है।

जब अहं आता है तो बाक़ी सब अपने-आप चला जाता है। जब अहं जाता है तो बाक़ी सब अपने-आप लौट आता है।

अहं इसी खुराक पर जीवित रहता है। पर व्यक्ति को जीवन के इस चरण से शीघ्र ही निकल जाना चाहिए अन्यथा उसे अपनी शांति के रूप में क़ीमत अदा करनी पड़ती है।

मैं तनाव रहित और प्रसन्न अवस्था में नहीं रह सकता। मैं भावात्मक रूप से अस्थिर हूँ। अशिष्ट और कठोर वाक्यों से मेरा मन आहत हो जाता है।

महात्रया रा

स्पष्ट करते हैं...

ऐसा होता है... सुपरमार्केट में चॉकलेट काउंटर के पास एक नन्ही बच्ची ज़ोर-ज़ोर से रो रही थी। तभी उसकी माँ ने कहा, “जैनिफ़र शांत हो जाओ, जैनिफ़र मेहरबानी करके शांत हो जाओ। इस तरह पेश न आओ कि तुम्हें बाद में इसके लिए पछताना पड़े।” नन्ही बच्ची का रोना-धोना जारी था। अब वह थोड़ा और ज़ोर से चिल्लाने लगी। माँ ने फिर से कहा, “जैनिफ़र शांत हो जाओ! इतना विचलित होने की आवश्यकता नहीं है। अब यहाँ कोई तमाशा मत खड़ा कर देना। जैनिफ़र शांत हो जाओ।” एक आदमी यह सब देख रहा था वह उस महिला के पास गया और बोला, “मैडम! मैं देख सकता हूँ कि नन्ही बिटिया का बर्ताव सहनशक्ति की हद से बाहर हो रहा है। पर आपको नहीं लगता कि आप छह साल की बच्ची के साथ कुछ ज़्यादा ही वयस्कों की तरह पेश आ रही हैं।” वह महिला उस व्यक्ति की ओर मुड़कर बोली, “आपसे किसने कहा कि मैं अपनी बच्ची से बात कर रही हूँ? जैनिफ़र तो मेरा नाम है। मैं अपने-आप को शांत करने के लिए आत्म-परामर्श दे रही हूँ।”

जहाँ दूसरों के साथ आपके संप्रेषण पर आपकी सफलता निर्भर करती है, वहीं आप अपने से जो भी संप्रेषण करते हैं, उस पर आपकी प्रसन्नता निर्भर करती है। आपका नाम भले ही जो भी हो, मैं तो आपको यही सलाह देना चाहूँगा, जैनिफ़र शांत हो जाओ! जैनिफ़र शांत हो जाओ!! अपने साथ यह

संप्रेषण आरंभ करें। दिन में असंख्य बार अपने-आप को यह सुझाव दें, जैनिफ़र शांत हो जाओ!!!

अगर आप चाहते हैं कि सभी आपसे प्रसन्न रहें, तो आपको अपनी शांति कभी नहीं मिल सकती। रूखा व अशिष्ट होना दूसरे व्यक्ति की सीमा है। आपको दूसरों के कैंसर के कारण अपने प्राणों का त्याग करने की आवश्यकता नहीं है। 'जैनिफ़र शांत हो जाओ।' अगर वे सही तरह से बर्ताव करना नहीं जानते तो ये उनका अधूरापन है। आपको इसमें सिर खपाने की ज़रूरत नहीं है। कुत्ते तो भौंकते ही हैं - वे तो हर हिलती चीज़ देख कर भौंकते हैं, वे केवल आप पर नहीं भौंक रहे। इसे निजी रूप से न लें। 'जैनिफ़र शांत हो जाओ!!'

लकड़ी के छोटे से टुकड़े को आँख के आगे ले आओ, तो यह सूरज को भी ढँक देता है, अगर उसे दूरी से देखो तो वह लकड़ी के छोटे से टुकड़े से अधिक नहीं है। अगर किसी भी बात को दिल से लगा लिया जाए तो वह दिल को कष्ट देती है। जीवन में किसी भी बात को इतना प्रश्रय न दें कि वह आपकी शांति को भंग कर सके। अपनी शांति को प्राथमिकता दें। अगर आप छोटी-छोटी बातों को तूल देना छोड़ देंगे तो जीवन में अपने-आप ही ख़ूबसूरत बातों के लिए जगह बन जाएगी।

यह भी समझ लें कि कोई भी वस्तु या व्यक्ति, आपको सकारात्मक या नकारात्मक भाव नहीं देते। उस व्यक्ति या वस्तु के प्रति आपकी स्वीकृति या अस्वीकृति का भाव ही, आपको सकारात्मक या नकारात्मक अनुभव देता है। यह संसार नहीं, बल्कि संसार के लिए आपकी प्रतिक्रिया (स्वीकृति या अस्वीकृति का भाव) ही आपके भावों की गुणवत्ता सुनिश्चित करता है। अगली बार जब भी आप स्वयं को विचलित अनुभव करें, तो यह पूछने की बजाय कि मुझे क्या व कौन परेशान कर रहा है, अपने-आप से पूछें कि आप किस वस्तु या व्यक्ति का प्रतिरोध कर रहे हैं, उसे नकार रहे हैं। वही आपकी परेशानी और विचलन का कारण बन रहा है। इस प्रतिरोध के स्थान पर स्वीकृति को स्थान दें और वह नकारात्मक भाव सकारात्मक भाव में बदल जाएगा।

जो लोग हमारे दिल को ठेस दे रहे हों, उनके साथ बीते पिछले अच्छे दिनों को भुलाकर, उन्हें अपने से अलग कैसे किया जा सकता है?

महात्रया रा

...स्पष्ट करते हैं

किसी भी संबंध में निखार लाने के लिए तीन निवेशों की आवश्यकता होती है : समय, संप्रेषण तथा भाव! इन्हीं तीन कारकों को नियंत्रण में रखते हुए, हम अपने संबंधों की गहनता को कम या अधिक कर सकते हैं। जब आप एक अच्छे अतीत तथा कम अच्छे वर्तमान स्तर वाले किसी संबंध की बात करते हैं, उसमें समय तथा संप्रेषण के निवेश को वश में रखते हैं परंतु उन सबंधों की भावात्मक स्मृति से स्वयं को जोड़े रखते हैं। इस तरह आप वर्तमान में आहत नहीं होते और बीते दिनों की यादों को दोहराते हैं। कोई भी भावात्मक भार लेकर न चलें। याद रखें, आपको स्वयं ही यह सारा भावात्मक भार उठाना होगा। आप किसी दूसरे के अच्छा बनने की प्रतीक्षा में अपने कल्याण या भलाई को स्थगित नहीं कर सकते। वर्तमान की ठेस को अतीत में लगी ठेस से अलग करें। अब क्षमा करते हुए, आगे बढ़ने का समय आ गया है। हर इंसान में कोई सकारात्मक खूबी देखने का प्रयास करें या घटनाओं को सकारात्मक नज़रिए से देखें और जब भी उनसे मिलें या उनके बारे में सोचें तो इन्हीं भावों को प्रधान बनाए रखें। इस प्रकार, आप हर बार स्वयं ही अपनी शांति की कहानी लिख सकते हैं... तब आप इन सभी बातों से भी आज़ाद होते हैं कि किसी ने आपके लिए क्या किया या नहीं किया!

पेरेंटिंग

• • •

सबसे बेहतर व्यवहार करने के बावजूद, मैं अपने तेरह वर्षीय बच्चे को हैंडल नहीं कर पा रही। कृपया मदद करें।

महात्रया रा

स्पष्ट करते हैं...

माता-पिता द्वारा अपने बच्चों का पालन-पोषण सदा इसी आस्था और विश्वास के साथ किया जाना चाहिए कि भले ही बच्चे आज जो भी हैं या जो भी कर रहे हैं, वे जीवन में आगे जा कर नाम अवश्य कमाएँगे, अपने माता-पिता का नाम रोशन करेंगे। माता-पिता के विचार निरंतर स्पंदनों के रूप में बच्चों के पास पैतृक दाय के रूप में जाते हैं और इस सारे प्रसंग का आध्यात्मिक महत्त्व है। आपके बच्चे आगे चल कर जीवन में क्या बनेंगे, इस बात पर आपके विचारों से बहुत प्रभाव पड़ता है और आपको इन विचारों पर पूरा वर्चस्व रखना चाहिए। उचित व सकारात्मक चिंतन करें और उनके वर्तमान को न देखते हुए, उनके उज्ज्वल भविष्य की कामना करें।

दूसरे, अपने मुख से कहे जा रहे शब्दों पर ध्यान दें : हम बच्चों को हैंडल नहीं करते, हैंडलिंग मशीनों की होती है। हम बच्चों से संबंध रखते हैं। एक तेरह साल का बच्चा भी अपने लिए सम्मान की अपेक्षा रखता है और वह इसका पूरा अधिकारी है। तेरह वर्षीय बच्चे को उसका पूरा सम्मान दें। हममें से अनेक लोगों के प्रेम में उस सम्मान का अभाव होता है, और अगर प्रेम में सम्मान का भाव न हो तो उसे प्रेम का प्रकटीकरण नहीं कहा जा सकता।

जब फल पक कर नीचे गिर जाता है, तो यह उगने की प्रक्रिया है। जब आप उसे पेड़ से तोड़ कर एकत्र करते हैं तो वह अलग बात हो जाती है। क्या

आपने नहीं देखा कि तब पेड़ से दूध रिसने लगता है। ठीक इसी तरह, तेरह साल के बच्चे की बात न मानना, उसके बढ़ते वर्षों की अभिव्यक्ति है। जीवन के हर पक्ष की अपनी ही अभिव्यक्ति होती है। जब हम इन बढ़ते वर्षों से जुड़े भावों पर जबरन रोक लगाने का प्रयत्न करते हैं, तो आने वाले वर्षों में इसके प्रभाव बहुत ही भद्‌दे तरीक़े से सामने आते हैं।

जब किसी बालक को समय से पूर्व अनुशासन में लाने का प्रयास किया जाता है, तो उसका परिणाम एक हठी बचपन के रूप में सामने आता है। इस तरह उस बालक की किशोरावस्था भी प्रभावित होती है। उसे उसकी किशोरावस्था का पूरा आनंद लेने दें। अगर उसकी किशोरावस्था को असमय समाप्त किया गया तो वह बड़े हो कर भी; दूसरों का ध्यान अपनी ओर खींचने, टोका-टाकी करने, शिकायत करने, हस्तक्षेप करने या बुढ़ापे पर भाषण देने जैसे काम ही करता रहेगा।

तो ऐसे में क्या किया जाना चाहिए? सबसे पहले, यह विश्वास रखें कि आपका बेटा जीवन में कुछ कमाल करके दिखाएगा, आपका नाम रोशन करेगा और उसे यही स्पंदन प्रेषित करें। उसकी ऊर्जाओं को उसकी प्रतिभाओं के विकास की ओर निर्देशित करें। उसे स्कूल के बाद दूसरी कक्षाओं में भेजें ताकि उसकी प्रतिभा का विकास हो, उसे नए दोस्त मिल सकें। सबसे महत्त्वपूर्ण बात तो यह है, कि उसे पूरे सम्मान के साथ अपना स्नेह दें, भले ही उस समय वह आपके प्रति सम्मान का प्रदर्शन न कर रहा हो। इस तरह धीरे-धीरे आपके और उसके संबंधों में सुधार होगा।

माता-पिता के विचार निरंतर स्पंदनों के रूप में बच्चों के पास पैतृक दाय के रूप में जाते हैं और इस सारे प्रसंग का आध्यात्मिक महत्त्व है।

मेरा बेटा पंद्रह साल का है। मैं उसे लगातार समझाता रहता हूँ कि विनम्रता से पेश आए और नाराज़ न हो पर उसे बहुत जल्दी गुस्सा आ जाता है। वह छोटी-छोटी बातों पर भी गुस्सा हो जाता है। मेरे लिए उसे संभालना मुश्किल होता जा रहा है।

महात्रया रा

स्पष्ट करते हैं...

हमें यह पता होना चाहिए कि जब भी हम नाराज़ होते हैं तो हमारे शरीर से एसिड का स्राव होता है। एसिड उस पात्र को भी ख़राब कर देता है, जिसमें उसे रखा जाता है। अधिकतर शारीरिक रोग हमारे खान-पान से नहीं होते, बल्कि उससे होते हैं, जो हमें खाता है। हम गुस्से से भरे एक-एक शब्द के साथ अपनी सेहत को बरबाद कर रहे हैं। बुद्ध ने कहा है, "क्रोध के लिए कोई दण्ड नहीं दिया जा सकता, तुम अपने ही क्रोध से स्वयं दण्ड पाओगे।"

क्रोध को समझने की चेष्टा करो। दरअसल, गुस्सा एक तरह से असहायता का ही भाव है। 'मैं इस स्थिति को अपने नियंत्रण में नहीं रख पा रहा।' इस भाव के साथ ही गुस्सा सामने आता है। किसी भी परिस्थिति को जब हम क़ाबू नहीं कर पाते तो उसके परिणाम व प्रभाव वश गुस्सा पैदा होता है। गुस्सा, दूसरों की कमियों या अभावों पर नहीं आता, हम किसी हालात का सामना नहीं कर पा रहे, यह जान कर गुस्सा आता है। यह गुस्सा दुनिया की बजाय आपके लिए एक संदेश है। अपने गुस्से से सावधान रहें; इस गुस्से की व्यर्थता से सावधान रहें, आपको ध्यान रहे कि इस गुस्से से आपके सहित किसी को लाभ नहीं होने वाला, सजग भाव से जानो कि तुम्हारे सहित बाक़ी सभी को इस तुम्हारे इस गुस्से से हानि ही होगी; इस प्रकार, इससे पूर्व कि गुस्सा आपको जला दे, आप ही इसे जला कर राख़ बना दो।

हालाँकि किसी की कमियों या अभावों के बारे में बात करने से उन्हें उनसे उबरने में मदद नहीं दी जा सकती। आप अपनी और दूसरों की कमियों पर जितना ज़्यादा ध्यान देंगे, उतना ही उनका प्रतिशत बढ़ता जाएगा।

आप किसी चीज़ को छोड़ नहीं सकते, परंतु किसी चीज़ को अपना तो सकते हैं। जब मैं ताक़त को गले से लगाता हूँ, तो मैं दुर्बलता को दुर्बल कर देता हूँ। जब किसी का मोह, निम्नतम से हट कर, उच्चतम स्तर की ओर जाता है, तो निम्नतम स्तर अपने अनुसार नीचे चला जाता है। हम जीवन में कुछ त्याग नहीं करते, ऊपर की ओर जाते हैं।

मनुष्य को इसी तरह रचा गया कि वह सीढ़ी के निचले पायदानों से ऊपर की ओर जा सके क्योंकि वह ऊपर की ओर जाने की इच्छा रखता है। वह निचले पायदानों को छोड़ नहीं रहा। वह तो उनके माध्यम से ऊपर की ओर जा रहा है।

हम सभी को अपने लिए एक ऐसे संबंध की आवश्यकता होती है, जिसमें हम अपने ही ख़िलाफ़ खड़े न किए जाएँ। मेरी अपनी ताक़तें हैं तो मेरी अपनी कमियाँ भी हैं। मेरी अपनी सीमाएँ हैं। मुझे एक ऐसा संबंध चाहिए, जिसमें मेरे निम्नतम पक्ष को निरंतर उकसाते हुए, उसे नीचा नहीं दिखाया जाए। मैं किसी ऐसे को चाहता हूँ जो मुझसे बेहतर तरीक़े से संबंध विकसित कर सके। मैं एक ऐसा संबंध चाहता हूँ जिसमें मेरी सकारात्मक खूबियों को सदा सतह पर लाया जा सके, जिसकी उपस्थिति में, कुछ ही समय के बाद मेरी नकारात्मक खूबियाँ अपने-आप ही समाप्त हो जाएँगी।

एक अच्छी पेरेंटिग का मतलब यह नहीं होता कि उसके अनुचित पक्ष को शाबाशी दी जाए, आपको उसे उचित पक्ष दिखाते हुए, उसे बढ़ावा देना होगा। आपके बेटे के आसपास ऐसा जगत होना चाहिए, जो उसके हल्के पक्षों को सामने ला सके।

माता-पिता से जुड़ी इस चुनौती को पूरा करें और निरंतर उसकी सकारात्मक खूबियों को सामने लाने के लिए प्रयत्नशील रहें। इस दौरान उसका गुस्सा अपने-आप शांत हो जाएगा।

• • •

क़रीब एक माह बाद हमारे घर पहले बच्चे का जन्म होगा। हम आपसे जानना चाहते हैं कि अपने बच्चे के सबसे बेहतर माता-पिता बनने के लिए हमें क्या करना होगा और क्या नहीं करना होगा?

महात्रया रा

स्पष्ट करते हैं...

जब भी मैं किसी नवजात को देखता हूँ तो मुझसे सबसे पहला प्रश्न यही पूछा जाता है, "यह बालक किसके जैसा दिखता है?" मैं हमेशा उत्तर देता हूँ, "यह बालक अपने जैसा दिखता है।" इस जीवन का सबसे बड़ा विस्मय यही नहीं कि हर नवजात अपने साथ कुछ समानताएँ ले कर जन्मता है, वह अपने जन्म के साथ जो अनूठापन ले कर आता है, वह अपने-आप में एक बड़ा विस्मय है। आपको यह समझना होगा कि मानव जाति के इतिहास में ऐसा एक भी मनुष्य नहीं हुआ, जो किसी के जैसा हुआ हो और न ही ऐसा होगा। उसके सृजन में दोहराव के लिए कोई स्थान नहीं है। हर बच्चे के जन्म और उसके रोने के पहले स्वर के साथ संसार एक ऐसा स्वर सुनता है, जो उसने पहले कभी नहीं सुना - उसे ब्रह्माण्ड के इतिहास में कभी नहीं सुना गया।

तो माता-पिता होने के नाते आप दोनों का पहला कर्तव्य तो यही बनता है कि आप उस बालक के अनूठा और अद्वितीय होने का उत्सव मनाएँ। किसी भी कारण से, अपने बच्चे की तुलना किसी दूसरे बच्चे से न करें। तुलना से मतभेद पैदा होते हैं और मतभेद ही उसे हीन या श्रेष्ठ सिद्ध करने का प्रयास करते हैं, इन दोनों में से किसी को भी अच्छा नहीं माना जा सकता।

छोटे बच्चे ध्यानाकर्षण चाहते हैं। आप उन्हें जितना अधिक ध्यान देंगे, वे अपने भावों के प्रदर्शन में उतना ही सक्रिय रहेंगे। जब भी बच्चा रोता है तो उस

पर सदा ध्यान दिया जाता है। अक्सर बालक के प्रति उसके प्रसन्नतादायक क्षणों में पूरा ध्यान नहीं दिया जाता है। अगर उसके किसी व्यवहार को पहचान कर पुरस्कृत किया जाएगा, तो वह उसे अवश्य दोहराएगा - भले ही वह सकारात्मक हो या नकारात्मक। अगर आप उसके रोने पर ज़्यादा ध्यान दें और उसकी प्रसन्नता के समय उसे अकेला छोड़ दें, तो इस तरह उसे ग़लत संकेत मिलेगा। यह ध्यान रहे, बच्चे को उसके अच्छे मूड के दौरान बहुत सारी शाबाशी और पहचान दी जानी चाहिए।

बच्चे को आने-जाने वालों से दूर न रखें। कई बार हमारा स्नेह इतना संरक्षक हो जाता है कि हम अपने बालक को तरह-तरह के लोगों के सामने ही नहीं लाना चाहते। बच्चा जितने हाथों में जाएगा, उसे वर्जनाओं के बिना पलने-बढ़ने में आसानी होगी। भले ही ऐसा लगे कि अभी वह कुछ नहीं समझता, उससे बातें करना जारी रखें और उसे पुस्तकों से कुछ पढ़ कर सुनाएँ। इस तरह उसके मस्तिष्क के विकास में बहुत योगदान मिलेगा।

किसी भी बच्चे के विकास में पर्यावरण को एक शक्तिशाली कारक माना जा सकता है। क्या उसे अपने बचपन में अपने आसपास बहुत सारी हँसी और ठहाकों के स्वर सुनाई देंगे या वह अपने आसपास के दुनिया-जहान की चीख़-पुकार और शोर के बीच बड़ा होगा? वह टी वी के शोर के बीच पलेगा या उसे अपने परिवार के बीच मानवीय संप्रेषण के स्वर सुनाई देते रहेंगे? बच्चे को एक ऐसा परिवेश मुहैया करवाएँ जिसमें वह प्रेम, प्रसन्नता तथा संप्रेषण के बीच अपना जीवन जी सके।

अपनी कली को प्राकृतिक व सहज परिवेश में फूल बनने दें और फूल सुंदर लगता है। किसी कली की पंखुड़ियों को जबरन खोलने की बजाय, उसे ज़बरदस्ती फूल बनाने की बजाय प्रतीक्षा करें क्योंकि इस तरह अगर आपने उसे फूल बनाने का प्रयत्न किया तो उसका रूप बहुत विकृत होगा। यह याद रखें कि जब वह छोटा ही हो तो आपको उससे बहुत अपेक्षाएँ नहीं रखनी हैं। उसे अपने बचपन के उन वर्षों का अनुभव पाने दें।

यह विकास उस पर थोपा नहीं जाना चाहिए, इसे निरंतर और सहज भाव से सामने आने दें।

मेरा बेटा बारहवीं कक्षा में जा रहा है। वह मेडिकल की पढ़ाई करना चाहता है। उसे अच्छे अंक लाने के लिए मार्गदर्शन कैसे दिया जा सकता है?

महात्रया रा

...स्पष्ट करते हैं

स्पंदनों के एक नियम के अनुसार, "निःस्वार्थ भाव से, सत्यनिष्ठा के साथ, जो भी शब्द आप कहेंगे, वे स्पंदन बनेंगे और स्पंदनों में जीवन रचने की क्षमता पाई जाती है।" माता-पिता होने के नाते, बच्चे के प्रति आपकी मंशा निःस्वार्थ होनी चाहिए। आपके और आपके बच्चे के बीच कोई झुकाव या मंशा नहीं होगी तो यह संबंध सत्यनिष्ठा व ईमानदारी पर आधारित होगा। तो आप अपने बच्चे के बारे में जो भी सोचते या बोलते हैं, वह स्पंदनों में बदल जाएगा। हमेशा उसके लिए शुभकामनाएँ प्रकट करें और वे स्पंदन उन कामनाओं को हक़ीक़त में बदल देंगे। उसे बार-बार अपना आशीर्वाद दें ताकि वह अच्छे अंक प्रदर्शन के साथ मेडिकल कॉलेज में दाख़िला पा सके।

इसके अतिरिक्त, कुछ ऐसे उपाय भी हैं, जिनकी मदद से आप उसकी पढ़ाई को और अधिक रोचक, आनंददायक और सबसे महत्त्वपूर्ण बात, कारगर बना सकते हैं।

हर व्यक्ति के पास सीखने का अनूठा तरीक़ा होता है परंतु सीखने के तरीक़े तीन प्रकार हो सकते हैं : देख कर, सुन कर या भावनाओं से महसूस करते हुए। हर व्यक्ति के जीवन में सीखने की एक शैली वर्चस्व रखती है। अगर कोई छात्र जान ले कि वह किस तरीक़े से बेहतर सीख सकता है, तो वह अपनी सीखने की प्रक्रिया में प्रभावी रूप से निखार ला सकता है।

जो छात्र विजुअल छात्र होते हैं, वे देखने से सीखते हैं। जब आप कहते

हैं, जैसे ही मैंने फ़ार्मूला देखा, क्या तुम्हें इसका प्वाइंट दिखा? देखो! मैं बताना चाहता हूँ... तो इस तरह आपके हर वाक्य या भाव में देखने या दृष्टि से जुड़ा भाव होगा। आप पुस्तकों, नोट्स, बोर्ड आदि को देख कर बेहतर तरीक़े से सीखेंगे, शांत भाव से पढ़ेंगे और ग्रुप स्टडी में नहीं पढ़ना चाहेंगे।

ऑडिटरी स्टूडेंट्स सुन कर बेहतर तरीक़े से सीख पाते हैं। अगर आप भी इसी श्रेणी में आते हैं तो आप अक्सर कहेंगे, "जिस दिन मैंने फ़ार्मूले के बारे में सुना। क्या तुम मेरा प्वाइंट सुन रहे हो? अरे सुनो..." आपको बोल कर पढ़ना सही लगेगा और बेहतर तरीक़े से सीख सकेंगे, अपने अध्यापकों की बात सुनेंगे और ग्रुप स्टडी करना पसंद करेंगे।

तीसरे प्रकार के छात्र महसूस करते हुए बेहतर तरीक़े से सीखते हैं। आपको मालूम है कि आपका बच्चा महसूस करते हुए सीखता है तो वह इस तरह बोलेगा, "मुझे लगता है कि फ़ार्मूला आसान है। क्या तुम मेरे साथ हो? अगर तुम मेरी बात नहीं समझ सकते, तो बताने से क्या लाभ?" अगर आपकी यही शैली है तो निश्चित रूप से आपको पढ़ने के लिए ज़्यादा मेहनत करनी होगी, आपको लिख कर अभ्यास करना होगा। आपको पढ़ने के लिए किसी शांत वातावरण की आवश्यकता होगी और और आप ग्रुप स्टडी करना पसंद नहीं करेंगे।

याद रखें, सीखने की किसी भी शैली को दूसरी से बेहतर नहीं माना जा सकता। प्रत्येक के अपने लाभ और हानियाँ हैं, जो कि इस बात पर निर्भर करता है कि आप क्या सीखने की कोशिश कर रहे हैं। अपनी सीखने की शैली को जानें और आपके लिए कुछ भी सीखना कहीं आसान और रोचक हो जाएगा। निस्संदेह, आपको पता होना चाहिए जो छात्र शिक्षा के क्षेत्र में शीर्षस्थ होते हैं, वे सीखने की तीनों शैलियों का अभ्यास करते हैं, वे पढ़ते हैं, वे कहते हैं, वे लिख कर अभ्यास भी करते हैं। यही कारण है कि वे सबसे आगे होते हैं क्योंकि वे अपनी ओर से सीखने के लिए किसी भी तरह की कसर नहीं छोड़ते।

अधिकतर मनुष्यों की औसत ध्यान अवधि 45 से 50 मिनट की होती है। मनुष्य के मन को आकर्षित होने के लिए विकर्षण की आवश्यकता होती है। तो आपके बेटे को अधिक से अधिक पचास मिनट तक पढ़ना चाहिए और फिर अपने-आपको दस मिनट का समय देना चाहिए। कृपया ध्यान दें कि वह इसका विपरीत ही न करने लगे, पढ़ाई दस मिनट की और विश्राम पचास मिनट का!

जब भी वह पढ़े, तो एक किताब में सभी महत्त्वपूर्ण बिंदु लिखते जाएँ और इस तरह उसे परीक्षाओं के दौरान बहुत मदद मिलेगी। अगर उस समय वह केवल इन्हीं बिंदुओं को ही दोहरा सके तो ये भी उसके लिए पर्याप्त हो जाएँगे।

हर व्यक्ति के लिए व्यस्ततम समय (पीक ऑवर्स) अलग-अलग होता है। कुछ लोग रात को बैठ कर पढ़ना पसंद करते हैं, कुछ लोग सुबह जल्दी उठ कर पढ़ते हैं तो कईयों को दिन में पढ़ना पसंद होता है। आपको जानना होगा कि दिन के किस भाग में उसे पढ़ाई करना अच्छा लगता है, वह बेहतर तरीक़े से पढ़ पाता है। यह पता लगाने के बाद उन्हीं घंटों को विशेष रूप से पढ़ाई के लिए प्रयोग करें। पीक ऑवर्स, सभी लोगों के लिए अलग-अलग हो सकते हैं। आपको अपने बेटे के पीक ऑवर्स को पहचानकर उनके दौरान पढ़ने के लिए कहना चाहिए।

आप पूजा कक्ष में प्रार्थना करते हैं, स्नानघर में स्नान करते हैं और प्रयोगशाला में प्रयोग करते हैं, ठीक उसी प्रकार, पढ़ाई के लिए भी एक समर्पित स्थान होना चाहिए। मान लें कि यह आपके घर का कोई कोना हो सकता है, कोई बाल्कनी या छत हो सकती है - परंतु पढ़ाई के लिए कोई न कोई समर्पित कोना अवश्य होना चाहिए।

जब भी वह पढ़ने बैठे, तो अपने लिए कोई न कोई अनुष्ठान या रस्म अवश्य चुनें। जैसे कोई प्रार्थना, कोई मंत्र जाप या लिखना आरंभ करने से पहले कोई शब्द लिखना... ऐसा कुछ भी अवश्य विकसित करें। यह उसकी बुद्धिमत्ता को संकेत देगा कि अब वह पढ़ने बैठ रहा है और उसे एकाग्र हो जाना चाहिए। इससे उसे निश्चित रूप से सहायता मिलेगी। आप भी ऐसे माता-पिता बन सकेंगे, जो अपने बच्चों पर गर्व करते हैं।

आप अपने बच्चे के बारे में जो भी सोचते या बोलते हैं, वह स्पंदनों में बदल जाएगा। हमेशा उसके लिए शुभकामनाएँ प्रकट करें और वे स्पंदन उन कामनाओं को हक़ीक़त में बदल देंगे।

महात्रया रा

अगर मैंने बेटे को सराहा तो मुमकिन है कि वह अति आत्मविश्वास के कारण विफल हो जाए। यदि मैंने उसकी बुराई की तो वह हतोत्साहित हो कर भी असफल हो सकता है। मेरा रुख़ क्या होना चाहिए?

महात्रया रा

स्पष्ट करते हैं...

मनुष्य के मन की जटिलता इसी बात में है, उसे अपने लिए एक छवि और प्रतिबिंब की आवश्यकता है, कोई व्यक्ति अपने बारे में और अपनी छवि के बारे में जो भी विचार रखता है, वे उसके प्रदर्शन में बहुत बड़ा हाथ निभाते हैं। परंतु इसके साथ ही, उसकी कमियों, अधूरेपन, समझौतों, भूलों तथा दोषों को उसे नहीं दिखाया जाता, तो वह औसत दर्जे का ही बन कर रह जाएगा और यही मान लेगा कि उसका स्तर पहले से बहुत अच्छा है। अगर प्रदर्शन औसत से भी कम हो तो उसके लिए फ़ीडबैक की आवश्यकता होती है। रचनात्मक आलोचना के अभाव में प्रदर्शन के स्तर को कभी ऊँचा नहीं उठाया जा सकेगा। आदर्श, रूप से आपको प्रदर्शन की आलोचना करते हुए, प्रदर्शनकर्ता को प्रोत्साहित करना है।

यही कारण है कि अगर आप किसी की छवि को ऊँचा उठाते हो तो उसके प्रदर्शन के स्तर को भी ऊँचाई तक जाने में देर नहीं लगती। उसे फ़ीडबैक दें, रचनात्मक आलोचना करें और वह क्या है व क्या हो सकता है, के बीच के अंतराल को उसे समझाने की चेष्टा करें।

कुछ अनुचित हुआ हो तो उसकी चर्चा करें परंतु उसे ऐसा महसूस न होने दें कि वह बुरा है। उसे यह समझने में मदद करें कि असफलता एक घटना है, वह व्यक्ति नहीं है। उसे यह एहसास न होने दें कि वह असफल हो गया है। वह कुछ बातों में असफल रहा इसका यह मतलब नहीं लगाया जाना चाहिए कि

वह कभी सफल होगा ही नहीं।

नेता, माता-पिता व अध्यापक तभी सफल माने जा सके हैं, जब वे किसी व्यक्ति को उसकी स्वस्थ छवि तक पहुँचाने के साथ, उसे उसकी कमियों के बारे में भी बताते चलते हैं। अगर किसी व्यक्ति को ऐसा लग रहा हो कि उसने कुछ अच्छा नहीं किया तो आपको उसे एहसास दिलाना होगा कि उसने कुछ बुरा नहीं किया। इसके साथ ही, चूँकि हर चीज़ में सुधार की संभावना होती है इसलिए अच्छे प्रदर्शन को भी बेहतर बनाने के लिए सराहा जाना चाहिए। प्रदर्शन तो व्यक्ति ही करता है परंतु प्रदर्शन व्यक्ति को परिभाषित नहीं करते। जब भी प्रदर्शन का फ़ीडबैक देना हो तो उस समय प्रदर्शन और प्रदर्शनकर्ता को अलग-अलग करते हुए बात करें। व्यक्ति को उसके कर्मों से अलग करके देखें। उसके कार्यों की भले ही निंदा करें परंतु उस व्यक्ति की प्रशंसा करें।

कलाकार को यह जानने दें कि आप उसकी योग्यताओं की क़द्र करते हैं परंतु उसे यह भी जानने का अधिकार है कि उसकी पेंटिंग इससे भी बेहतर हो सकती थी। अपने बच्चे को बताएँ कि उसमें असीम संभावना भरी है। परंतु उसे यह भी बताएँ कि उसकी प्रतिभा के अनुसार, उसके प्रदर्शन को और बेहतर होना चाहिए। किसी भी व्यक्ति को प्रोत्साहित करने का एक भी अवसर हाथ से जाने न दें। कभी किसी प्रदर्शन की ईमानदार आलोचना से पीछे न हटें।

मेरे एक बॉस ने एक बार कहा था, "सुनो, तुम इतने अच्छे और होनहार हो कि तुम्हारे आगे तो सारे टार्गेट छोटे हैं।" इस प्रकार उन्होंने मुझे मेरी क्षमता का एहसास दिलवाया। जब भी मैं किसी टार्गेट को पा लेता तो वे कहते, "अगर कोई टार्गेट पा लिया गया है, तो इसका मतलब है कि वह उचित नहीं था।" इस प्रकार वे मेरे प्रदर्शन के लिए अपने स्तर व मापदंड को ऊँचा उठाते गए। उन्होंने न केवल मुझे मेरी नज़रों में ऊँचा उठाया, मुझे अपनी ओर देखना सिखाया बल्कि मुझे अपने प्रदर्शन के स्तर को भी ऊँचा उठाना सिखाया - उन्होंने मुझे सिखाया कि मुझे निरंतर अपने ही स्तरों से ऊँचा उठने का प्रयास करते रहना चाहिए।

मैं अपने बेटे को जीवन में ऑल राउंडर बनाना चाहता हूँ। मैंने उसे स्कूल के समय के बाद कई तरह की कक्षाओं में डाला हुआ है। कई बार लगता है कि उस पर ज़्यादती हो रही है। मुझे क्या करना चाहिए?

महात्रया रा

स्पष्ट करते हैं...

पुत्र संगीत के औपचारिक प्रशिक्षण में कोई रुचि नहीं रखता। जबकि पिता और दादा शास्त्रीय संगीत में पारंपरिक रूप से पकड़ रखते हैं। तो पुत्र को भी संगीत सीखने के लिए विवश किया जाता है। जब तक हृदय में जड़ें न हों, शाखाएँ नहीं फूट सकतीं। वह लड़का संगीत के स्थान पर बास्केटबॉल की कोचिंग लेना अधिक पसंद करता है।

उत्कृष्टता को किसी पर थोपा नहीं जा सकता। उत्कृष्टता पाने की इच्छा या चाह अपने मन के भीतर से आनी चाहिए। बच्चा बहुत अच्छा नहीं गा सकता। उसके संगीत अध्यापक आलोचना करते हैं, "तुम कितने जाने-माने परिवार से हो, कितने शर्म की बात है कि तुम संगीत पर पकड़ नहीं रखते।" परिवार लताड़ते हुए कहता है, "ख़ानदान का नाम मत ख़राब कर। बास्केटबॉल तेरा पेट नहीं भरेगी। इसे फेंक और संगीत पर ध्यान दे।" हर कोई चिल्लाता है, "संगीत का रियाज़ बढ़ा।" भले ही तुम कितना भी रियाज़ करवा लो। गधे के रेंकने के स्वर को घोड़े की हिनहिनाहट में नहीं बदल सकते। जब वह बच्चा अपने प्रियजन की अपेक्षाओं पर ख़रा नहीं उतर पाता तो वह अपने भीतर से हीनता का अनुभव करता है। उसके शैक्षिक प्रदर्शन में भी यही भाव, "हो सकता है, मेरे अंदर ही कोई कमी हो," झलकने लगता है।

यह माता-पिता का दायित्व बनता है कि अपने बच्चों को ऐसे रास्ते दें,

जिनके साथ वे सफलता को अनुभव कर सकें। उन्हें ऐसा नहीं लगना चाहिए कि उन्हें असफलता के मार्ग पर धकेल दिया गया है। संबंधों से लेकर करियर तक, व्यायाम से लेकर आध्यात्मिकता तक, मैं जो भी करता हूँ, उससे भी अधिक यह बात मायने रखती है कि मैं क्या महसूस करता हूँ और वही मेरे भविष्य की बुनियाद बनती है।

यहाँ संगीत या बास्केटबॉल मसला नहीं है। तेजी से बढ़ते वर्षों के दौरान; शिक्षा, खेल, थियेटर, कला या समाज सेवा आदि, यह पथ अमूर्त है परंतु कुछ रास्तों पर बच्चों को सफलता का स्वाद मिलना चाहिए। एक लड़की जो यह महसूस करती है कि बी ई इलैक्ट्रॉनिक्स की असफलता से तो बेहतर होगा कि वह बी ए इकोनॉमिक्स में सफल हो कर अपना करियर बना सकती है, तो उसे ऐसा करने का अवसर दिया जाना चाहिए।

सफलता या असफलता संभावना से नहीं जुड़े, ये आपकी रुचि से संबंध रखते हैं। दिमाग़ बहुत आसानी से दिल की बात सुन लेता है पर दिल कभी दिमाग़ की नहीं सुनता। क्षमता से आवेग नहीं आ सकता परंतु आवेग से क्षमता हमेशा विकसित की जा सकती है।

अपने बच्चे को ऐसा पथ चुनने की आज़ादी दो, जहाँ से वह बेहतर रूप में सामने आ सके। हर व्यक्ति हर काम में निपुण नहीं हो सकता परंतु हर व्यक्ति किसी न किसी काम में तो निपुण हो ही सकता है। अपने बच्चों के लिए उसे खोजना ही माता-पिता का सबसे बड़ा दायित्व है।

उत्कृष्टता को किसी पर थोपा नहीं जा सकता। उत्कृष्टता पाने की इच्छा या चाह अपने मन के भीतर से आनी चाहिए।

मैं अपने बच्चे के साथ अपने संबंधों में सुधार कैसे ला सकता हूँ?

महात्रया रा

...स्पष्ट करते हैं

अपने बच्चे के साथ आपके संवाद की गुणवत्ता से उसके साथ आपके संबंध की गुणवत्ता निश्चित होती है। पेरेंटिंग में आपसी संप्रेषण ही सब कुछ है।

आपको बच्चे के नज़रिए को ध्यान में रखते हुए, उससे संवाद करना होगा। जब तक आप दुनिया को उसकी नज़र से नहीं देखेंगे, आप उसे उस रूप में नहीं ढाल सकेंगे, जिस रूप में आप इस दुनिया को देखते हैं। अच्छी पेरेंटिंग का मतलब यही है कि आप स्वयं को उसके स्थान पर रख कर देखें और उसे उन रास्तों चलने में मदद करें, जो उसके लिए सहायक हो सकते हैं। एक अच्छी माँ अपने सारे बच्चों को एक ही कार्यविधि से नहीं पालेगी। सबके लिए कोई एक तयशुदा रास्ता नहीं होता। नेतृत्व तथा बच्चों पालन-पोषण में वैयक्तिक स्तर पर कार्य करना होता है।

इस बात से अतंर नहीं पड़ता कि आप कैसे पकाते हैं; आपके हाथों भोजन कैसे परोसा गया, यह अधिक मायने रखता है। संप्रेषण को तभी संपूर्ण माना जा सकता है, जब ये तीनों अंगों को साथ ले कर चलता है। वे हैं - 'आप क्या कहते हैं, आप कैसे कहते हैं, और कब कहते हैं।' जब सामने वाले व्यक्ति का मस्तिष्क तैयार हो, तभी उसके सामने अपनी बात रखें।

अच्छा संप्रेषण एक संबंध को सदैव पोषित करेगा।

जब सामने वाले व्यक्ति का मस्तिष्क तैयार हो, तभी उसके सामने अपनी बात रखें। याद रखें कि दूसरे के मस्तिष्क को तैयार करने की ज़िम्मेदारी केवल और केवल आपकी है।

महात्रया रा

मेरा नौ साल का बेटा निरंतर अपनी तुलना दूसरों से करता रहता है और उसे लगता है कि वह किसी काम का नहीं है। कृपया मुझे बताएँ कि उसके इस व्यवहार को कैसे सँभालूँ?

महात्रया रा

स्पष्ट करते हैं...

बच्चे को भाषण देने से उसके आत्मविश्वास को नहीं बढ़ाया जा सकता। उसे जीत के कुछ अनुभव देने होंगे। जीत के हर स्वाद के साथ उसका अपनी ही नज़रों में मोल बढ़ता जाएगा।

हम इस तथ्य से छिप नहीं सकते कि मनुष्यों के रूप में हम पूर्वाग्रहों से घिरे हैं। घर, स्कूल या समाज में हम अनजाने में ही, कुछ लोगों को अपना पूरा ध्यान देते हैं और कुछ लोगों पर ध्यान नहीं दे पाते। यह सोच कर कि हम उन्हें उनके भले के लिए चुनौती दे रहे हैं, हम कुछ लोगों के साथ अन्याय कर जाते हैं। जब ऐसा बच्चों के साथ होता है, तो इससे उनकी आत्म-छवि को गहरी ठेस लगती है।

भले ही आपने इस पक्ष में, अपनी पेरेंटिंग शैली को बदलने का निर्णय ले लिया है परंतु बालक को बृहत्तर संसार के आगे तो आना ही होगा। तो संसार जैसा है, उसे वैसा ही रहने दें... अपने बच्चे पर थोड़ा काम करें... मेहनत करें।

बच्चे को छोटी-मोटी जीत की आवश्यकता होती है ताकि उसे अपने पर विश्वास हो सके। माता-पिता के प्रधान कर्तव्यों तथा दायित्वों में से एक, यह भी होता है हम ऐसा संदर्भ रचें, जिसमें बच्चा ऐसी जीत का आनंद पा सके।

हौसला तभी बढ़ता है, जब ऐसे काम किए जाएँ जो पहले कभी न किए हों या ऐसे काम करें, जिनके बारे में सोच कर आपको लगता हो कि आप नहीं

कर सकते। बेहतर होगा कि बच्चों को क्षैतिज दिशा दी जाए ताकि उन्हें बहुत से कामों को पहली बार करने का अवसर मिले। यह भी उतना ही महत्त्व रखता है कि उन्हें अपनी इन प्रक्रियाओं के दौरान छोटी-मोटी जीत का भी आभास हो। दरअसल, हम माता-पिता और अध्यापक, अपने बच्चों के सुधार पर इतना केंद्रित रहते हैं कि हम समझ ही नहीं पाते कि बच्चे अंतहीन प्रक्रियाओं से कभी कोई आत्मविश्वास नहीं पा सकते।

एक के बाद एक लगातार नेट प्रैक्टिस करवाने से आप उन्हें एक बल्लेबाज होने का अनुभव नहीं दिलवा सकते। बस, एक असली मैच और उसमें थोड़ा सा प्रदर्शन ही उसे एक बल्लेबाज होने का अनुभव दिलवा देगा। एक के बाद एक संगीत कक्षा... नौ साल के बच्चे के लिए केवल विकास की प्रक्रिया ही पर्याप्त नहीं है। उसे संबंधियों के आगे गाने को कहें और फिर देखें थोड़ी सी प्रशंसा और प्रोत्साहन कितना काम आएगा।

यदि बच्चे को प्रक्रिया से जोड़े रखना है तो उसे परिणामों का स्वाद चखाना होगा। इन नतीजों के साथ ही उसे अपने पर विश्वास रखना आएगा। इस तरह वह प्रक्रिया से गहरा जुड़ाव महसूस करेगा और परिणाम आने की गति भी अधिक हो जाएगी। यह एक चक्र है क्योंकि बच्चा अभी नौ साल का है इसलिए इस चक्र को जारी रखने का दायित्व माता-पिता के कंधों पर है।

जब सब कुछ आपकी मनपसंद गति के अनुसार न हो रहा हो तो निराश न हों, अपनी सोच को सकारात्मक रखें, याद रखें कि अभी उसकी आयु केवल नौ वर्ष है, विश्वास रखें कि इस समय आप उसके काम आ सकते हैं। लंबे समय तक संवाद करें और उसके जीवन को छोटी विजय के उल्लास से भर दें। बच्चे तो ईश्वर की संतान हैं, जिन्हें आपकी देख-रेख में दिया गया है। आप ही उनके जीवन में भारी परिवर्तन ला सकते हैं।

मैं अपने बच्चों के भावात्मक व्यंग्यबाणों और बुरे बर्ताव से कैसे निपटूँ?

महात्रया रा

...स्पष्ट करते हैं

बच्चा/बच्ची बुरा बर्ताव इसलिए कर रहा/रही है क्योंकि उसे आपकी ओर से पूरा ध्यान नहीं मिल रहा। हम अक्सर अच्छा बर्ताव करने वाले बालक की ओर इतना ध्यान नहीं देते, क्यों ऐसा ही है न? ऐसा नहीं है कि आपका बच्चा अपने-आप पढ़ नहीं सकता। दरअसल, जब आप उसके साथ बैठ कर पढ़ाती हैं, तो उसे आपका पूरा ध्यान मिलता है। उसे अच्छा लगता है। ऐसा नहीं कि आपकी बेटी को ऊल-जुलूल बोलने और चिल्लाने का शौक है पर जब वह अच्छी तरह पेश आती है तो आप उसकी ओर ध्यान नहीं देतीं। उसने आपको अपनी ओर आकर्षित करने के लिए यह तरीक़ा खोजा है। ऐसा नहीं कि किशोरों को फ़ोन पर पौना घंटे बात करना अच्छा लगता है; हमें यहाँ यह समझना होगा कि इस पूरे समय के दौरान फ़ोन की दूसरी ओर से, कोई आपके बेटे या बेटी को राजकुमार या राजकुमारी जैसा एहसास दिलवा रहा है। बच्चे अक्सर माता-पिता के वश से तभी बाहर जाते हैं, जब उन्हें लगता है कि माता-पिता की तुलना में कोई दूसरा उनसे अधिक प्यार करता है या उनकी ओर ध्यान देता है।

अपनी उम्र के बढ़ते दौर में, बच्चे अपनी आत्मछवि को ले कर पर्याप्त संतुष्ट नहीं होते। वे इसके लिए अपने आसपास की दुनिया पर केंद्रित होते हैं। पुरस्कार, सम्मान प्रदर्शन, प्रशंसा तथा अभिव्यक्त पुष्टि से उन्हें संपूर्णता का एहसास होता है क्योंकि इस तरह उन्हें लगता है कि माता-पिता, अध्यापक आदि उन्हें अपना पूरा ध्यान दे रहे हैं। उन्हें जितना ज़्यादा ध्यान मिलता है, वे

इसे इतना ही और पाना चाहते हैं। दरअसल, 'ध्यान खींचना' हर मनुष्य की बुनियादी ज़रूरतों में से है।

एक बार दुनिया में मशहूर धार्मिक नेता ने कहा था, "अच्छा हो या बुरा; मैं उसकी चिंता नहीं करता। मेरी तो बस इतनी इच्छा है कि बस, मीडिया मेरे बारे में लिखता रहे।" भले ही उनके बारे में कुछ अच्छा न लिखा जाए परंतु वे चाहते हैं कि कुछ न कुछ लिखे जाते रहना चाहिए। जब हम लोगों का ध्यान अपनी ओर खींचने के लिए सही रास्ता नहीं जानते, तो हम इसे पाने के लिए किसी भी रास्ते का प्रयोग करना आरंभ कर देते हैं। चीख़-चिल्लाहट मचाना और सिर चढ़ कर अपनी बात मनवाना, अनुचित रूप से ध्यानाकर्षण के ही नतीजे हैं।

ख़ास बात यह है कि हर बच्चे के भीतर एक कोमल सा हृदय है जो चाहता है कि कोई उसकी परवाह करे, उसका ख़याल रखे। एक भूखा व्यक्ति अपनी आलोचना नहीं भोजन चाहता है। दूसरों का ध्यान चाहना, अपने-आप में एक मनोवैज्ञानिक भूख है। इसके विषय में शिकायत करने की आवश्यकता नहीं है। यह तो एक मानवीय दुर्बलता है। इसे जानने के लिए हमें समझ और करुणा की आवश्यकता है। हम सब भी तो कभी न कभी इस दुविधा से दो-चार होते हैं।

यदि आप चाहें तो सकारात्मक व्यवहार की मदद से व्यवहार से जुड़ा कोई भी बदलाव लाया जा सकता है। इससे भी महत्त्वपूर्ण बात यह है, आपको उस नकारात्मक व्यवहार को अपने लिए बदलना होगा, जिसे आप नहीं चाहते। अपने बच्चे से जो व्यवहार चाहते हों, उसे अधिक पोषित करें। जिस व्यवहार से बचना चाहते हों, उसकी ओर ध्यान ही न दें। वह अपने-आप ही दम तोड़ देगा। जब भी बच्चा कुछ अच्छा करे, तो उसे पहचानें, मान दें और उस काम के लिए पुरस्कार दें और जल्द ही उसके व्यवहार में बदलाव आ जाएगा।

जब भी अपने पिता से कुछ माँगती हूँ तो पहले उनका जवाब 'न' में ही आता है। कुछ दिन बाद, वे मेरी बात मानने का प्रयत्न करते हैं। पर इस दौरान, हमारे घर में आँसू से ले कर, वाद-विवाद तक सब कुछ हो चुका होता है। कृपया बताएँ कि हमारे घर की शांति कैसे बनी रह सकती है?

महात्रया रा

...स्पष्ट करते हैं

एक व्यक्ति ने सड़क के किनारे बने ढाबे पर जा कर पूछा, "तुम्हारे पास ऐसा क्या है, जो मेरी भूख शांत कर सकता है?" दुकानदार ने कहा, "मेरे पास वड़ा है।" उस आदमी ने फिर से पूछा, "उस वड़े की क्या क़ीमत है, जो मेरी भूख शांत कर देगा?" "पाँच रुपए" जवाब आया। उस आदमी ने पहला वड़ा खाया... दूसरा वड़ा खाया, पर उससे भी पेट नहीं भरा। फिर उसने तीसरा, चौथा, पाँचवाँ और यहाँ तक कि छठा वड़ा भी मँगा कर खा लिया - उसका पेट मानो कुँआ बन गया था, जो भरने का नाम ही नहीं ले रहा था। वह अब भी भूखा था। अंत में जा कर, सातवें वड़े से भूख शांत हुई। बैरे ने उसे पैंतीस रुपए का बिल दिया, पर वह बारंबार ज़िद करने लगा कि वह तो केवल पाँच रुपए ही देगा। उसने तर्क दिया, "मैंने तो तुमसे पहले ही पूछा था, 'उस वड़े की क़ीमत क्या होगी, जो मेरी भूख शांत कर देगा?' और तुमने कहा था 'पाँच रुपए।' सातवाँ वड़ा खाने के बाद मेरा पेट भरा; पहले छह खाने से तो कोई बात ही नहीं बनी इसलिए मैं तो सातवें वड़े के ही पैसे दूँगा। पहले छह वड़े के पैसे नहीं देने वाला।"

देखो, अगर पहले छह वड़ों के बाद सातवाँ वड़ा न खाया जाता तो उसका पेट ही न भरता। केवल छह वड़ों से कोई बात नहीं बन रही थी। जब छह के

बाद सातवाँ वड़ा पेट में गया और सात से पहले छह वड़े खाए गए, तभी तो उसका पेट भर सका।

संप्रेषण में भी ऐसा ही होता है। प्रायः हम ऐसे व्यक्ति के साथ संवाद कर बैठते हैं, जो अभी उस चीज़ के लिए तैयार नहीं होता और बाद में हम सोचते हैं कि उस व्यक्ति ने हमारी बात और उपायों को अस्वीकृत क्यों कर दिया? संप्रेषण का उपाय, केवल वह सातवाँ वड़ा ही है; इससे पहले दूसरे के मन को तैयार करने वाले छह वड़े भी तो चाहिए। अगर आपने ऐसी ज़मीन में बीज को बोया जिसे तैयार नहीं किया गया तो बीज को नष्ट होते देर नहीं लगेगी। अगर ज़मीन अच्छी तरह तैयार होगी, तो आपको उसे बोना भी नहीं पड़ेगा, केवल बीज को फेंक दें और वह अंकुरित हो उठेगा।

संप्रेषण अंतराल दरअसल, संप्रेषण का अंतराल नहीं होता। जो भी हो, "मुझे एक बाइक चाहिए।" इसका मतलब यही होगा कि मुझे एक बाइक चाहिए। इस संप्रेषण में कौन सा अंतराल हो सकता है? दरअसल, संप्रेषण अंतराल उस अंतर को कहा जा सकता है, जब संप्रेषण करने वाले का मन तो तैयार होता है परंतु सुनने वाले का मन अभी सुनने के लिए तैयार नहीं होता। 'आप क्या कहते हैं' और 'कैसे कहते हैं?'; इन बातों से अधिक महत्त्व इस बात का होता है कि 'आप कब कहते हैं?' उचित समय ही प्रभावी संप्रेषण का एक अहम पक्ष है। आपको उसी व्यक्ति के सामने आपकी बात कहनी चाहिए, जो उसे सुनने को तैयार हो। याद रखें, दूसरे के मन को संवाद के लिए तैयार करने का दायित्व केवल आपका है और किसी का नहीं है।

धरती में हल चलाने के लिए भूकंप को अच्छा समय नहीं कहा जा सकता। आपको उन क्षणों की प्रतीक्षा करनी चाहिए जब सब कुछ सहज व शांत हो, आपके भीतर और दूसरे व्यक्ति के भीतर! पहले तो दूसरे व्यक्ति के मन को संवाद के लिए राजी करें और फिर उसके आगे अपनी बात रखें।

धरती में हल चलाने के लिए भूकंप को अच्छा समय नहीं कहा जा सकता। आपको उन क्षणों की प्रतीक्षा करनी चाहिए जब सब कुछ सहज व शांत हो, आपके भीतर और दूसरे व्यक्ति के भीतर!

अपने बेटे को एक महान हस्ती बनाने में मेरा क्या योगदान हो सकता है?

महात्रया रा
स्पष्ट करते हैं...

आने वाले कल के विश्वस्तरीय नागरिक वर्तमान में जागरूक और उत्तरदायी माता-पिता के हाथों, घरों के खोल में विकसित होते हैं। एक बीज को वृक्ष बनने का प्रशिक्षण तभी दे दिया जाना चाहिए, जब वह अभी बीज ही हो।

जिस समय इस बात पर अधिक बल दिया जा रहा हो कि बच्चे को किस स्कूल, कॉलेज या संस्थान में दाख़िला दिलवाया जाना चाहिए, क्या उस समय हम यह नहीं भूल जाते कि उसके व्यक्तित्व निर्माण में उसके माता-पिता का सबसे बड़ा योगदान रहा है? क्या माता-पिता और परिवार से बढ़ कर भी कोई संस्थान हो सकता है? संस्थानों में तो व्यवसायी तैयार होते हैं। माता-पिता व्यक्ति को गढ़ते हैं। बच्चे जो समय स्कूल में बिताते हैं, उससे अधिक समय वे घर में अपने माता-पिता के साथ बिताते हैं, जिसका उनके चरित्र पर गहरा असर होता है। मैं शैक्षिक संस्थानों की भूमिका को नकारने का प्रयास नहीं कर रहा, परंतु मैं पेरेंटिंग के रोल पर बल दे रहा हूँ, और निस्संदेह, बच्चे के चारित्रिक विकास की नींव के लिए माता-पिता ही प्राथमिक शिल्पकारों की भूमिका निभाते हैं।

हम अक्सर सचिन तेंदुलकर को कहते सुनते हैं, “मेरे पिता हमेशा कहते थे...” और “मेरा भाई मुझसे कहता था।” जब युवराज सिंह से उनकी वापसी के बारे में पूछा गया तो उनका उत्तर था, “मेरी माँ बहुत जीवट वाली महिला है।”

जवाहर लाल नेहरू ने अपनी पुत्री इंदिरा गाँधी से कहा था, “तुम अक्सर पाओगी कि तुम्हारा जीवन एक दोराहे पर खड़ा है - एक आसान और भीड़ से भरा है और दूसरा, मुश्किल है और वहाँ भीड़ भी कम है। उस समय उस रास्ते से जाना, जहाँ भीड़ कम हो और यही सबसे बड़ा अंतर होगा।” अपने जीवन में आगे जा कर, इंदिरा गाँधी ने कहा था, “मैंने ऐसा ही किया और यही मेरे जीवन में सबसे बड़ा अंतर लाने का कारण भी रहा है।” महात्मा गाँधी की माता ने उन्हें लंदन जाते समय कहा था कि तुम वहाँ भी मांस, शराब और औरत से दूर रहोगे। गाँधी जी ने अपने जीवन में आगे चल कर कहा, “मैंने ठीक वैसा ही किया और उन वर्षों ने मेरे जीवन को एक चरित्र प्रदान किया।”

दरअसल, जब भी आप किसी के चरित्र की प्रशंसा करते हैं तो लगभग हर बार वे अपनी बात में इन वाक्यों का प्रयोग करते हैं, “मेरे दादा मुझसे कहते थे... मैंने हमेशा अपनी दादी को ऐसा कहते सुना... मेरे पिता ने एक बार कहा था... मैंने इसे अपनी माँ से सीखा...” यह कारण स्पष्ट है। हम सुनने की बजाय उन बातों से अधिक सबक़ लेते हैं, जिन्हें हम देखते हैं।

यही कारण है कि पेरेंटिंग का प्रमुख दायित्व यही बनता है कि वे एक अनुकरणीय रोल मॉडल प्रस्तुत करें। बच्चे जो एकमात्र ग्रंथ पढ़ते हैं, वह उनके माता-पिता का अपना जीवन होता है क्योंकि उन्हें उसे ही निकट से देखने का अवसर मिलता है। अपने माता-पिता का जीवन ही उनके लिए एकमात्र *कुरान* है, जिसे वे आजीवन पढ़ेंगे; एकमात्र *वेद* है, जिसे वे देखेंगे; एकमात्र *बाइबल* है, जिसका वे अनुभव करेंगे; एकमात्र *धम्मपद* है जिसे वे जीवन में उतारेंगे; एकमात्र धर्म है जिसका वे पालन करेंगे। एक माता-पिता के रूप में, आप दोनों का जीवन किसी चेतावनी या अनुकरण के रूप में काम करेगा। मैं जानता हूँ कि यह एक अद्‌भुत दायित्व है, परंतु इसके अतिरिक्त, आप इस बात के लिए क्या स्पष्टीकरण दे सकते हैं कि इस ग्रह पर आप उनके सामने आए और उन्हें इस ग्रह पर लाने की पहल की।

प्रत्येक बच्चा दुर्लभ, अनूठा, मौलिक तथा अपने-आप में एक मास्टरपीस होता है... मास्टर का पीस। उसे एक शोपीस में न बदलें। वह इस दुनिया में किसी दूसरे के जैसा नहीं बल्कि अपने जैसा ही बनने आया है। तो उसकी मौलिकता बनाए रखें। अपने बच्चे के साथ भरपूर संवाद रखें और उसे यह विश्वास सौंपें कि केवल इसलिए अपनी मौलिकता को न त्यागे कि उसके दल के कुछ लड़के उसे अपनाना नहीं चाहते। माता-पिता अपने बच्चे की खूबियों को जितना अधिक सराहेंगे, बच्चे दूसरों से मान्यता पाने के लोभ में कभी नहीं आएँगे। जब माता-पिता बच्चे की आत्म छवि के निर्माण व संरक्षण का दायित्व

ले लेते हैं तो वह समझ जाएगा कि जो दल उसे अपने साथ शामिल नहीं करना चाह रहा, वह उसका संसार नहीं है। भीड़ में से एक होना बहुत आसान होता है। यदि आप भीड़ से अलग चलना चाहते हैं, तो इसके लिए आपको साहस की आवश्यकता होगी। आपका बालक क्या होगा, यह इस बात पर निर्भर करेगा कि एक माता-पिता होने के नाते, आप उसकी आत्म-छवि को गढ़ने में क्या भूमिका निभा रहे हैं।

भले ही पेरेंटिंग की कितनी भी वैज्ञानिक व्याख्या क्यों न की जाए, यह एक कला ही है, जिसे माता-पिता को बच्चों के स्वभाव के अनुसार बदलना होता है। बच्चे, ईश्वर का सृजन हैं और ईश्वर ने माता-पिता के हाथों में अपनी कृति को इस भरोसे के साथ सौंपा है कि आप अपनी भूमिका निभाएँगे। कृपया अपनी भूमिका पूरी सावधानी तथा परिश्रम से निभाएँ। जब आपको यह एहसास होगा कि आपको एक विश्व-स्तरीय नागरिक को पोषण देने का अवसर मिल रहा है तो यह सब करना भी आपको सार्थक लगने लगेगा।

लोग मुझे अक्सर पूछते हैं कि जीवन का उद्देश्य क्या है? आप जो भी खोज सकते हैं, उन सब बातों के अतिरिक्त, पेरेंटिंग भी उन उद्देश्यों में निश्चित रूप से एक है... माता-पिता बन कर उस उद्देश्य को पूरा करें।

बच्चे के चारित्रिक विकास की नींव के लिए माता-पिता ही प्राथमिक शिल्पकारों की भूमिका निभाते हैं।

महात्रया रा

मैं एक टीचर और मॉम हूँ। अपनी किशोरी बेटी को पूरा समय देती हूँ ताकि वह अच्छी तरह पढ़ाई कर सके परंतु आजकल उसके मुँह से बार-बार एक ही बात सुनने को मिलती है कि मैं उससे प्यार नहीं करती। इतना सब करने के बाद, जब उसके मुँह से ऐसी बात सुनने को मिलती है तो दिल को बहुत ठेस लगती है। कृपया मेरी मदद करें।

महात्रया रा

स्पष्ट करते हैं...

प्रत्येक भूमिका में कुछ अंतर्जात प्रधान दायित्व होते हैं। भले ही आप जो मर्ज़ी हो क्यों न करें, यदि आप उस भूमिका से जुड़े प्रधान कर्तव्यों को नहीं निभाते, तो अंततः वह संबंध दम तोड़ देगा।

मैं जानता हूँ कि अपनी किशोरी पुत्री के लिए इतना कुछ करने के बाद, उसके मुख ये शब्द सुनना कैसा लगता होगा, "आप मुझसे प्यार नहीं करतीं।" माता-पिता होने के नाते आप बच्चों के विकास पर इतना केंद्रित रहते हैं कि उनके लिए सब कुछ बेहतर ही चाहते हैं जैसे : बेहतर स्कूल, बेहतर कोचिंग कक्षा, निजी अध्ययन कक्ष और क्या-क्या नहीं!

परंतु यदि आप उसके भावों का सम्मान नहीं करतीं, यदि आपके पास उसके साथ बात करने का समय नहीं है, यदि उसकी आवश्यकता के समय आपकी गोद ख़ाली नहीं होती, अगर आपके हाथ उसके बहते आँसुओं तक नहीं जाते, अगर आप उसे यह एहसास नहीं दिला पातीं कि वह आपके लिए अपने

प्रदर्शनों से अधिक महत्त्व रखती है... तब आप एक माता के रूप में अपना प्रधान दायित्व निभाने में असफल रही हैं।

आपने एक टीचर और कोच की भूमिका तो अच्छे से निभाई, परंतु एक माता कहाँ है? इसके विपरीत, भले ही कोई टीचर या कोच कितना भी स्नेही क्यों न हो, अगर वह बच्चे के विकास तथा प्रदर्शन पर केंद्रित नहीं होता, तो वे भी अपने चुने गए क्षेत्र में अपनी भूमिका निभाने में असफल रहे हैं।

किसी भूमिका की सफलता इस बात पर निर्भर नहीं करती कि आप क्या करते हैं। यह इस बात पर निर्भर करता है कि आपने उस भूमिका से जुड़े प्रधान दायित्वों को कैसे निभाया। जब लोग आपको संबंधों के साथ न्याय न कर पाने के लिए दोषी ठहराएँ तो उस समय अपनी जान बचा कर बहाने गढ़ने की बजाय अपनी भूल को क़बूल करें। आपने अब तक उस संबंध के लिए जो भी किया, उसका गुणगान करना बंद करें।

चुप हो जाएँ और शांत भाव से आत्मविश्लेषण करें, "क्या मैं अपनी भूमिका के प्रधान दायित्वों के लिए न्याय कर रही हूँ?"

अध्यापन का कार्य तो किसी कोचिंग सेंटर को भी दिया जा सकता है। आपका प्रधान दायित्व यही है कि आप एक माता की भूमिका में आएँ। इस तरह वह ऐसे पेश आएगी कि आप भी गर्व का अनुभव करेंगी।

प्रत्येक भूमिका में कुछ अंतर्जात प्रधान दायित्व होते हैं। भले ही आप जो मर्ज़ी हो क्यों न करें, यदि आप उस भूमिका से जुड़े प्रधान कर्तव्यों को नहीं निभाते, तो अंततः वह संबंध दम तोड़ देगा।

क्या माता-पिता को यह अपेक्षा करनी चाहिए कि उनके बच्चे उनकी सेवा करेंगे?

महात्रया रा

...स्पष्ट करते हैं

आप जो भी सेवा देते हैं, उससे आपका मोह हो जाता है। आप जिसे सेवा देते हैं उसके साथ आपका मोह हो जाता है। कितनी विचित्र बात है! इतना पाने के बाद, पाने वाले को दाता के मोह का अनुभव होना चाहिए; परंतु वास्तविकता में, देने वाला ही किसी न किसी रूप में पाने वाले से अधिक मोह पाल लेता है।

यही कारण है कि, पारंपरिक रूप से, कुछ पाने वाले संबंध में जैसे गुरु, ईश्वर तथा समाज के साथ आपको उनकी सेवा करने के लिए कहा जाता है। हालाँकि सच यह है कि किसी उपासना या प्रार्थना करने वाले को उस स्थान के स्पंदनों से इतना लाभ होता है कि उसके द्वारा की गई कोई भी सेवा उसकी पूर्ति नहीं कर सकती, उसे उस स्थान की भी पूजा करने को कहा जाता है। सेवा स्थान की पूजा करने से, उसके मन में उस स्थान के लिए मोह पैदा होता है। उसी मोह के कारण वह स्वयं को उस स्थान के निकट पाएगा और स्वयं को उस स्थान के निकट पाने के कारण ही वह उन स्पंदनों के साथ स्वयं को जोड़ सकेगा।

हालाँकि एक जिज्ञासु अपने गुरु से जो पा सकता है, वह उसकी तुलना में अपने गुरु को कुछ नहीं दे सकता। उससे कहा जाता है कि वह हर संभव रूप में अपने गुरु की सेवा करे। केवल गुरु की उपस्थिति में बने रहने से कहीं बेहतर होगा कि वह गुरु के कार्य का प्रतिनिधित्व करे। परंतु क्यों? किसे किसकी आवश्यकता है?

गुरु की सेवा करने से ही वह गुरु के प्रति मोह को अनुभव कर सकता है और गुरु के प्रति मोह के कारण ही, वह गुरु से संपर्क साधेगा और गुरु से संपर्क साधने पर ही वह गुरु में विलीन हो सकेगा और गुरु में विलीन होने पर ही, वह अपने जीवन का पथ तथा उद्देश्य प्राप्त कर सकेगा।

समाज की सेवा करते हुए, आप सही मायनों में अपनी सेवा करते हैं। आप अपनी सेवा के माध्यम से दूसरों का उद्धार नहीं करते। आप अपनी मुक्ति के लिए सेवा करते हैं। जो देते हैं, उनके विषय में ख़लील ज़िब्रान ने कहा है, "ऐसे ही लोगों के हाथों से ईश्वर बोलता है, और उनकी आँखों के पीछे से ही वह धरती को देख मुस्कराता है।"

किसी को देने में ही, हम सही मायनों में पाते हैं। दूसरों की सेवा करने में ही हमारी सेवा है। जब हम स्वयं को दूसरे के हाथों खोते हैं, तो हम सब कुछ पा लेते हैं।

आप जो सेवा चुनते हैं, आपसे अधिक भाग्यशाली वे होते हैं, जिन्हें सेवा स्वयं चुनती है। सेवा को एक ऐसे शब्द के रूप में लें, जिसे आप केवल चंदे की रक़म का चैक भरने के लिए नहीं बल्कि अपने निजी विकास के लिए लेते हैं।

तो, माता-पिता होने के नाते, आप अपने बच्चों के लिए जो भी करते हैं, इस तरह उनके पास आपकी सेवा करने के लिए संदर्भ बनता है। आप स्वतंत्र होना चाहते हैं, यह सोच आपके लिए अच्छी है पर आपके बच्चों के लिए अच्छी नहीं है। वे आपकी सेवा करने के साथ ही दूसरे बुर्ज़ुगों को आदर-मान देना सीखेंगे।

शिक्षाविद् होने के नाते, आप अपने छात्रों को जो शिक्षा देना चाहते हैं, उनके लिए ऐसे संदर्भ प्रस्तुत करें कि वे आपकी तथा स्कूल की सेवा कर सकें। बच्चों में जुड़ाव की भावना तब तक विकसित नहीं की जा सकती, जब तक वे स्कूल तथा अध्यापकों के लिए कुछ नहीं करते।

संगठन प्रमुख होने के नाते, अपने कर्मचारियों को संगठन के भीतर होने वाले उत्सवों व समारोहों का हिस्सा बनने दें।

एक बच्चे को यह सिखाना कि उसे कीड़े पर पैर नहीं रखना, यह बच्चे के साथ-साथ कीड़े के लिए भी बेहद महत्त्वपूर्ण है।

आप जो सेवा करते हैं, सेवा करने की सीख आपके लिए उससे भी अधिक महत्त्व रखती है। किसी भी वस्तु के साथ एकात्म भाव अनुभव करने का एक ही उपाय है - सेवा करें!

सेवा स्थान की पूजा करने से, उसके मन में उस स्थान के लिए मोह पैदा होता है।
उसी मोह के कारण वह स्वयं को उस स्थान के निकट पाएगा और स्वयं को उस स्थान के निकट पाने के कारण ही वह उन स्पंदनों के साथ स्वयं को जोड़ सकेगा।

एक बच्चे को यह सिखाना कि उसे
कीड़े पर पैर नहीं रखना, यह बच्चे के साथ-साथ
कीड़े के लिए भी बेहद महत्त्वपूर्ण है।

महात्रया रा

मेरी दो वर्ष की बच्ची बहुत हठी हो गई है। वह हर चीज़ के लिए बहुत ज़िद करती है और उसे ले कर ही दम लेती है। कुछ महीने पहले, वह ऐसी नहीं थी। मुझे समझ नहीं आ रहा कि उसे कैसे समझाया जाए?

महात्रया रा

स्पष्ट करते हैं...

दरअसल, हो यह रहा है कि आपकी दो साल की बच्ची, दूसरों के मुख से निकली बातों को सुनने के योग्य हो गई है और वह उन्हें अपना जवाब देना चाहती है। परंतु वह अभी स्वयं को पूरी तरह से अभिव्यक्त नहीं कर पाती क्योंकि अभी उसके पास अपने मन की बात कहने के लिए पर्याप्त शब्द भंडार नहीं है। जब वह अपनी बात कहना चाहती है तो उसे लगता है कि सब उसकी ओर ध्यान दें। वह अपने इस अधूरेपन पर खीझती है और उसे गुस्सा आता है कि दूसरे लोग उसकी बात सुन क्यों नहीं पा रहे। उसके भीतर से बहुत सारी बातें बाहर आना चाहती हैं परंतु वह शब्दों के अभाव से जूझ रही है और वह अपनी भाव-भंगिमा या संकेतों के माध्यम से आपको बात समझाना चाहती है। उसके पास रोने या मुस्कराने के सिवा कोई उपाय ही नहीं है।

निस्संदेह, आप बहुत ही सख़्ती से पेश आने वाले माता-पिता हो सकते हैं और अपने बच्चे पर पूरा नियंत्रण रख सकते हैं। मुमकिन है कि आपकी फ़टकार से बच्चा भी शांत ही रहे परंतु तब आपको बच्चे की युवावस्था में उसके इस बर्ताव का सामना करना होगा और निश्चित रहें, जीवन के उस चरण में तो आपके लिए इसे सँभाल पाना और भी कठिन होगा।

अगली बार जब भी बिटिया का रोना सुनाई दे तो जान लें कि वह आपका ध्यान अपनी ओर खींचना चाहती है, आपसे कुछ कहना चाहती है। जब भी

आप उसका भावात्मक तमाशा देखें तो उसके प्रति करुणा भाव अपनाएँ। कोई आपका ध्यानाकर्षण चाहता है। हर व्यक्ति यही चाहता है कि कोई उसकी बात सुने और उसे समझे। इसका समाधान बहुत सरल है : उसे पूरा ध्यान देने की पहल करें, बेहतर होगा कि आप उसकी सकारात्मक विशेषताओं को उभारें। अपने भावों को प्रकट करने में कृपणता न बरतें। अपने मन की बात खुल कर कहें। उसे पता लगने दें कि आप उसे कितना चाहती हैं। उसके साथ समय का अच्छा निवेश करें।

आपकी बच्ची में जो चिड़चिड़ाहट है, वह उसके विकास की प्रक्रिया का एक अंग है। वह जल्दी ही इससे भी उबर जाएगी।

निस्संदेह, आप बहुत ही सख़्ती से पेश आने वाले माता-पिता हो सकते हैं और अपने बच्चे पर पूरा नियंत्रण रख सकते हैं। मुमकिन है कि आपकी फ़टकार से बच्चा भी शांत ही रहे परंतु तब आपको बच्चे की युवावस्था में उसके इस बर्ताव का सामना करना होगा और निश्चिंत रहें, जीवन के उस चरण में तो आपके लिए इसे सँभाल पाना और भी कठिन होगा।

मेरी किशोरी पुत्री तैयार होने में बहुत समय लेती है। यही बात हमारे बीच बैर का कारण बन गई है। क्या मुझे उसे उसके हाल पर छोड़ देना चाहिए?

महात्रया रा

स्पष्ट करते हैं...

आपकी किशोरी पुत्री इस समय भारी शारीरिक व भावात्मक बदलाव के दौर से गुज़र रही है। वह बार-बार दर्पण के सामने खड़े हो कर, अपने शरीर में आ रहे इन बदलावों को, हर कोण से देखना चाहती है। वह अपनी छवि को ले कर चिंतित है। वह अपने भावों के बारे में बात करना चाहती है। वह नई इच्छाओं को अनुभव कर रही है और इनके बारे में चर्चा करना चाहती है। वह नई तरह का साज़ो-सामान प्रयोग में ला रही है और इनके विषय में बहुत कौतूहल रखती है।

अब वह बड़ी हो रही है। अगर आपने घर में ही उसके इन भावों को आश्रय न दिया तो वह बाहरी दुनिया में किसी दूसरे से दोस्ती करेगी और यह भी हो सकता है कि कोई उसके इन भावों का लाभ उठाते हुए, उसका शोषण करे।

माता-पिता अपने बच्चों से लड़ते हुए बार-बार एक ही बात कहते हैं कि उन्हें वही कपड़े पहनने चाहिए जो माता-पिता को पसंद हों। वे अपने बच्चे को बाज़ार तो ले जाते हैं पर अपनी पसंद को उन पर थोपने की कोशिश करते हैं। केवल कपड़े ही नहीं, वे कपड़े के रंग के बारे में भी अपनी राय रखते हैं। वे उनके हेयर बैंड से ले कर कान की बाली और बेल्ट से ले कर चप्पल तक... हर चीज़ में दख़लंदाज़ी करते हैं।

हम अपने बच्चों को उनकी पसंद के कपड़े क्यों नहीं पहनने दे सकते?

आधुनिक वस्त्र किसी व्यक्ति को अश्लील नहीं बनाते और न ही पारंपरिक परिधान हमेशा एक गरिमायुक्त पवित्र व्यक्ति का आश्वासन देते हैं... जब बच्चे बड़े होते हैं तो वे अपने परिधानों के माध्यम से स्वयं को प्रकट करना चाहते हैं... बस, इससे अधिक कुछ नहीं।

एक फल पक कर गिरता है, यह एक अलग बात है। वह पक गया था इसलिए पेड़ पर नहीं टिक सका। उसने एक वनस्पति के रूप में अपना जीवनकाल पूरा किया, एक फल बना, बूढ़ा होने पर पका और फिर गिर गया। यह बड़े और बूढ़े होने की प्राकृतिक प्रक्रिया है। जब आप किसी पेड़ से फल को तोड़ लेते हैं, यह बात उससे पूरी तरह से अलग है। क्या आपने नहीं देखा कि उस समय पेड़ से दूध निकलता है? यह दूध का स्राव, केवल उस पेड़ का स्राव नहीं बल्कि पेड़ के माध्यम से प्रकट हो रहे जीवन का स्राव है।

हर पहलू का अपना जीवनकाल होता है और उस चरण के समय से पहले बुढ़ाने से उससे स्राव हो सकता है। क्या हम असमय प्रसव और असमय मृत्यु के बारे में नहीं जानते? यह केवल किसी बच्चे के असमय जन्म या किसी ऐसे व्यक्ति की मौत से ही नहीं जुड़ा होता, जिसने अल्पायु में ही दम तोड़ दिया हो...

जब भी आप किसी भी प्रकार के इन्फ़ेंटहुड, चाइल्डहुड, ब्वॉय/गर्लहुड, मैनहुड आदि को दबाते हैं... तो जान लें कि आप उसकी असमय हत्या कर रहे हैं... इस तरह अगला 'हुड' यानी जीवन का दूसरा चरण समय से पहले सामने आ जाएगा और किसी न किसी रूप में रक्त भी बहेगा।

ये दमित इच्छाएँ, आगे चल कर, जीवन के दूसरे चरणों में भी सिर उठा सकती हैं। अगर बच्चे को माँ का दूध जल्दी छुड़वा दिया जाए तो वह इस कमी को पूरा करने के लिए अपना अँगूठा चूसता है... अगर बच्चे को असमय ही अनुशासन में बाँध दिया जाता है, तो वह धृष्ट किशोरवय के रूप में सामने आता है। ...किशोरवय को असमय बाधित किया जाए तो वयस्कावस्था प्रभावित होती है यानी जीवन के जिस चरण को समय से पहले रोकने की चेष्टा की जाएगी... वह आगे चल कर दमित इच्छाओं के रूप में अवश्य प्रकट होगा।

एक कली को सहज व प्राकृतिक भाव फूल के रूप में खिलने दें और देखें कि फूल कितना सुंदर दिखता है। किसी कली की पँखुड़ियों को ज़बरदस्ती खोलते हुए, उसे फूल न बनाएँ... यदि ऐसा किया तो आपके हाथ एक भद्दा फूल ही आएगा। न केवल फूल की सुंदरता जाती रहेगी बल्कि आपको उसकी काव्यमयी सुगंध का भी पता नहीं चलेगा।

बच्चा जीवन के जिस चरण में हो, उसे उसी चरण के अनुसार उसकी

सहज खूबसूरती के साथ अभिव्यक्त होने दें। बीज से पौधा, पौधे से पेड़, पेड़ से फूल, फूल से वनस्पति, वनस्पति से फल, फल से फिर बीज... यही जीवन है। इसमें किसी भी तरह की छेड़छाड़ इसे बदसूरत बना देगी!

एक फल पक कर गिरता है, यह एक अलग बात है। वह पक गया था इसलिए पेड़ पर नहीं टिक सका। उसने एक वनस्पति के रूप में अपना जीवनकाल पूरा किया, एक फल बना, बूढ़ा होने पर पका और फिर गिर गया। यह बड़े और बूढ़े होने की प्राकृतिक प्रक्रिया है। जब आप किसी पेड़ से फल को तोड़ लेते हैं, यह बात उससे पूरी तरह से अलग है।

संगठनात्मक नेतृत्व

मैंने स्वयं ही अपना व्यवसाय खड़ा किया है और पहली पीढ़ी का उद्यमी हूँ। हालाँकि मेरा काम बहुत अच्छा चल रहा है परंतु कभी-कभी मुझे लगता है कि जैसे एक ठहराव सा आ गया है। बहुत सारे मसले, मेरे निजी केंद्रबिंदु को भटका रहे हैं। मैं अपने व्यवसाय को आगे कैसे ले जा सकता हूँ? कृपया मार्गदर्शन दें।

महात्रया रा

...स्पष्ट करते हैं

यहाँ आपके पास इस बुनियादी समझ का होना बहुत महत्त्व रखता है, "हो सकता है कि मैं अपने सभी व्यक्तियों से काम में बेहतर होऊँ, परंतु मैं हर स्थान पर नहीं हो सकता और सारे लोगों का काम नहीं कर सकता।" संगठन तथा संगठन में काम कर रहे व्यक्तियों का विकास तभी संभव हो सकता है, जब उन्हें काम की जवाबदेही सौंपी जाए। जब आप काम वितरित करते हैं, तो इससे उत्पादकता कई गुनी हो जाती है; इस तरह एक नेता को अपने दिन को गतिविधियों से भरने की बजाय उपलब्धियों से भरने में मदद मिलती है। सफल रूप से काम को सौंपने का अर्थ यही है कि आपको स्वतंत्रता देने तथा ज़िम्मेदारी संभालने के बीच उचित संतुलन बनाना चाहिए।

आप संगठनात्मक नेतृत्व में जितने ऊँचे होंगे, आपका पद उतना ही उत्तरदायी हो जाता है क्योंकि आपसे एक उच्चतर दर्शन व परिकल्पना के प्रदर्शन की अपेक्षा की जाती है। नेतृत्व का वास्तविक रूप तो यही है कि आप काम को दूसरों के बीच सौंपें परंतु उसकी ज़िम्मेदारी अपने पास ही रखें। जब भी आप काम सौंपते हैं तो उसका पूरा दायित्व तथा नियंत्रण आपके ही हाथ में होना चाहिए। वहीं दूसरी ओर, आपको दूसरे व्यक्ति को पूरी आज़ादी देना होगी ताकि

वह काम को अपने तरीक़े से करते हुए नतीजे सामने ला सके। लोगों को ऐसी स्थिति में काम करना बिलकुल अच्छा नहीं लगता और वे स्वयं को निरुत्साहित अनुभव करते हैं, जब प्रबंधक उन्हें काम करने के लिए उनके उपाय अपनाने को विवश कर देते हैं। आप प्रक्रिया को परिभाषित करने के स्थान पर केवल परिणाम को परिभाषित करना सीखें। आप जिस तरह काम करते हैं, कोई भी उस तरह से काम को कभी नहीं करेगा। जब भी कोई काम आपके मनचाहे तरीक़े से न हो रहा हो तो उसमें अपनी नाक घुसाने या हस्तक्षेप करने के लोभ पर क़ाबू पाना ही होगा। यदि आप नियमित रूप से इसी तरह टाँग अड़ाते रहे, तो काम करने वाला कुंठित होगा और अपने तरीक़े से उस काम का अनुभव भी नहीं ले सकेगा। अगर काम करने वालों का काम आपकी सलाह के बिना चल रहा हो तो अपनी सलाह को अपने तक ही सीमित रखें। यह आवश्यक नहीं कि उन्हें हर काम आपकी सलाह के अनुसार ही करना होगा। बार-बार उनके कार्य में हस्तक्षेप करते हुए, उनकी आज़ादी का गला न घोंटें। आपको उन्हें पर्याप्त स्थान और अवसर देना होगा ताकि वे अपनी विकास प्रक्रिया के साक्षी हो सकें।

हालाँकि किसी भी कार्य के सफल वितरण की बुनियाद यही होनी चाहिए कि आप उस काम को पहली बार में ही अपने कर्मचारी को स्पष्ट तरीक़े से बताने की योग्यता रखते हों। आपके पास उसके लिए एक स्पष्ट परिभाषा होनी चाहिए, जिसमें काम का लक्ष्य, उपलब्ध संसाधन, लैंडमार्क तथा परियोजना से जुड़ी सीमारेखा, वांछित कार्य विधि, कौशल तथा जवाबदेही से जुड़े कारक आदि शामिल होने चाहिए। जब आप उद्देश्यों व तथा अंतिम परिणामों के विषय में विमर्श करते हैं तो स्टाफ़ को काम को मिल कर करने की प्रेरणा मिलती है। उन्हें लगने लगता है कि वे स्कूली बच्चे हैं जो मिल कर किसी परियोजना को पूरा करने के लिए आपस में चर्चा कर रहे हैं।

अगर आपको लगे कि उनके पास किसी काम को करने के लिए सार्थक क्षमता नहीं है, तो उन्हें उस कार्य में प्रशिक्षण देना होगा ताकि आपके समय और संसाधनों की बचत हो सके और इस तरह आप उन्हें प्रतिदिन काम करने के तरीक़े समझाने की झंझट से भी बचेंगे। अच्छे प्रशिक्षण से लोगों की क्षमता में सुधार होता है और लोग स्वयं को प्रेरित पाते हैं क्योंकि आपने उनके भविष्य के लिए निवेश किया है।

अपने कर्मचारियों को प्रोत्साहित करें कि वे एक चेकलिस्ट तैयार करें और देखें कि किया जाने वाला कोई भी महत्त्वपूर्ण काम उनकी नज़र से न छूटे, वे सही समय पर, सीमा रेखाओं का पालन करते हुए, सारे काम पूरे कर सकें। उनकी चेकलिस्ट में किए जाने वाले कामों के साथ-साथ उन कामों की सूची भी

शामिल होनी चाहिए जिन्हें नहीं किया जाना है। एक रिपोर्टिंग योजना को भी शामिल करें। यह भी सुनिश्चित करें कि काम देने व करने वाले को सूची के कार्यों की पूरी समझ हो। यही चेकलिस्ट, दिए गए कार्य की प्रगति की जाँच के लिए भी मापदंड का काम करेगी।

ज़िम्मेदारी से जुड़ी आज़ादी हमेशा जवाबदेह आज़ादी होती है। अगर आप केवल आज़ादी देते हैं, तो जवाबदेही के अभाव में संगठन को हानि हो सकती है। जवाबदेही से प्रदर्शन में सुधार होगा। जवाबदेही होने पर प्रदर्शनकर्ता को पहचान और सम्मान मिलता है जबकि प्रदर्शन नहीं करने वाले को चुन कर, उसमें सुधार किया जाता है। जवाबदेही होने से संगठन कॉर्पोरेट भूलों से अपना सुधार कर सकेगा, प्रदर्शन नहीं करने वाले कर्मचारी की पहचान के साथ उसका उपचार होगा और जो वास्तव में कुछ कर रहा हो, उसे पुरस्कृत किया जा सकेगा। अगर जवाबदेही का अभाव होगा तो संगठन में काम करके दिखाने वाले लोगों के स्थान पर ऐसे लोगों की संख्या अधिक होगी जिन्हें केवल किए गए काम का श्रेय लेना ही आता है। इससे न केवल संगठन की ख्याति प्रभावित होगी बल्कि अनेक सक्षम मानवीय संसाधनों की हानि के साथ-साथ संगठन का ढाँचा भी गिरता चला जाएगा।

यह आवश्यक नहीं कि लंबे समय तक काम के घंटों के बीच रहने वाले व्यक्ति ही सबसे सक्षम होते हैं... कई बार वे संगठन को ज़्यादा भारी पड़ते हैं। जो लोग अपने नियत घंटों में काम करते हैं और अवकाश वाले दिन कार्यालय नहीं आते, वे भी अपने काम में पूरी तरह से व्यवस्थित और निपुण हो सकते हैं। आपको जवाबदेही का ऐसा तंत्र विकसित करना होगा जिसमें प्रदर्शन को मतों-पूर्वाग्रहों की बजाय तथ्यों व आँकड़ों में मापा जा सके। जिसे मापा नहीं जा सकता, उसका निरीक्षण नहीं हो सकता है। जहाँ निरीक्षण नहीं हो सकता, वहाँ जवाबदेही स्थापित नहीं की जा सकती।

जो लोग जवाबदेही के स्तरों पर बार-बार असफल होते हों, उनके लिए एक ही मंत्र है। "यदि उन्हें मिटा नहीं सकते, तो उन्हें सुधारो।" याद रखें, एक सड़ा टमाटर बाक़ी टमाटरों को भी गला सकता है। बीजों का आनंद लें और खरपतवार को निकाल दें। जो लोग किसी भी संगठन के जवाबदेही के स्तरों पर निरंतर खरे उतरते हैं, उन्हें ऊँचा उठाया जाना चाहिए और वे संगठन को ऊँचा उठाएँगे। याद रखें, जो व्यक्ति पूरी तत्परता के साथ नेता के साथ चलता है, वह जल्द ही एक नेता के रूप में विकसित होता हे।

हालाँकि नेतृत्व एक कला है, कला के किसी भी रूप की तरह, इसे भी वैज्ञानिक रूप से सीखा और विकसित किया जा सकता है।

नेतृत्व का वास्तविक रूप तो यही है कि आप काम को दूसरों के बीच सौंपें परंतु उसकी जिम्मेवारी अपने पास ही रखें। जब भी आप काम सौंपते हैं तो उसका पूरा दायित्व तथा नियंत्रण आपके ही हाथ में होना चाहिए। वहीं दूसरी ओर, आपको दूसरे व्यक्ति को पूरी आज़ादी देना होगी ताकि वह काम को अपने तरीक़े से करते हुए नतीजे सामने ला सके।

जब भी मुझे कोई निर्णय लेना होता है, तो मैं दुविधा में पड़ जाता हूँ - इसे लेना सही रहेगा या इसे छोड़ देने में ही भलाई है। क्या आप इस मामले में मेरी कोई सहायता कर सकते हैं?

महात्रया रा

स्पष्ट करते हैं...

जीवन के प्रत्येक क्षण में हमारे समक्ष असंख्य चुनाव आते हैं। हम प्रत्येक चुनाव के साथ एक परिणाम को भी निमंत्रण देते हैं। जहाँ हम अपने चुनावों को केवल नियंत्रित कर सकते हैं, वहीं अपने परिणामों के प्रति अपेक्षा रख सकते हैं। चुनाव भले ही कोई भी क्यों न हों, हमारे पास परिणामों के लिए केवल चार विकल्प ही उपस्थित होते हैं, वे हैं :

1. मैंने जो अपेक्षा की थी, मैं उससे अधिक पाता हूँ (>),
2. मैंने वही पाया, जिसकी मैंने अपेक्षा की थी (=),
3. मैंने जो अपेक्षा की थी, उससे कम पाया (<),
4. मैंने जो अपेक्षा की थी, उससे विपरीत पाया (x)।

भले ही मुझे जो भी परिणाम क्यों न मिले, मेरे पास पूरा चुनाव होता है कि मैं उसे चुनते हुए चुनाव-परिणाम-चुनाव के चक्र को जारी रखूँ।

मिसाल के लिए, आपको किसी भी मामले में, छोटा या बड़ा कोई भी निर्णय क्यों न लेना हो, तो अपने चुनाव के बाद जो भी परिणाम क्यों न मिले, आपके पास पूरा चुनाव होता है कि आप दूसरा चुनाव करते हुए आगे बढ़ सकें।

जब भी आपको कोई चुनाव करना हो, जीवन के किसी महत्त्वपूर्ण पक्ष पर निर्णय लेना हो, अपने मन में इन चार संभावनाओं पर विचार करें। बेहतर

परिदृश्य, बदतर परिदृश्य, उनके बीच की दो स्थितियाँ। इस तरह आपके पास किसी भी हालात का सामना करने के लिए पहले से मानसिक रवैया तैयार होगा। इस तरह आप अनिर्णय की स्थिति से उबरेंगे। अधिकतर लोग परिणामों की अनिश्चितता से घबरा कर, अपने जीवन के महत्त्वपूर्ण निर्णयों को टालते रहते हैं। आपको यह याद रखना होगा कि अनिश्चित परिस्थितियों के बीच भी केवल चार संभावनाओं के माध्यम से बहुत सारी निश्चितता पैदा की जा सकती है।

वैसे, मेरे पास अपने चुनाव के लिए चुनाव है परंतु मेरे पास अपने परिणाम के लिए कोई चुनाव नहीं है। मैं यह भी नहीं चुन सकता कि उन चार में से, मैं अपने लिए क्या चाहता हूँ। यह मेरे वश में नहीं है और हमारे पास कोई पाँचवाँ विकल्प भी नहीं है। जहाँ चुनाव एक कारण है, परिणाम प्रभाव हैं। परिपक्वता इसी में है कि हम कोई भी चुनाव न करते हुए, पूरी गरिमा के साथ परिणाम को स्वीकार करें और अगले चुनाव पर काम करने के लिए क़दम बढ़ा दें।

जो परिणाम पूरे समत्व के साथ अनुकूल न दिख रहे हों, उनसे निपटने के लिए अपनी बुद्धिमत्ता का उस अनंत बुद्धिमत्ता के समक्ष समर्पण कर दें। जहाँ चुनाव हमारी बुद्धिमत्ता से जन्म पाते हैं, वहीं परिणाम अनंत बुद्धिमत्ता का फ़ीडबैक मात्र हैं। चुनाव करते समय अपनी बुद्धिमत्ता का प्रयोग और परिणाम स्वीकार करने के लिए अपनी बुद्धिमत्ता का उस अनंत बुद्धिमत्ता के समक्ष समर्पण ही बुद्धिमत्तापूर्ण जीवन जीने का उपाय है।

ऐसी ऊँची क्षय दर के साथ हम एक स्थिर संगठन का निर्माण कैसे कर सकते हैं?

महात्रया रा

स्पष्ट करते हैं...

इस समय विकासशील संगठन जिन समस्याओं से जूझ रहे हैं, उनमें से उचित मानव श्रम की तलाश तथा उससे भी अधिक महत्त्वपूर्ण, उचित मानव श्रम को बनाए रखने की अयोग्यता ही है। हम इस बारे में क्या कर सकते हैं? सबसे पहले, हमें लोगों को उनकी शिक्षा के आधार पर नहीं बल्कि उनके मनोभावों के आधार पर चुनना होगा। उनके ज्ञान और कौशल की तुलना में, साक्षात्कार के दौरान व्यक्ति के मनोभावों तथा प्रवृत्तियों को जानें। ऐसा नहीं कि मैं ज्ञान, कौशल या हुनर की क़ीमत को कम आँकने के लिए कह रहा हूँ। यह निश्चित रूप से एक व्यावसायिक धार देते हैं।

अगर कोई व्यक्ति अपने कार्यस्थल पर संतुष्ट होना चाहता है तो वह निम्न चार पक्षों की पूर्ति करना चाहता है।

पहले पक्ष से तो हम सभी परिचित हैं, मुआवज़ा। नए आने वाले संगठनों के लिए सबसे बड़ी मुश्किल तो यही बनी हुई है कि वे लोग ऐसे लोगों को अपने यहाँ रखना चाहते हैं, जिन्हें बहुत कम पैसा देना पड़े और वे बेहतर कर्मचारी भी हों। अगर आप अपने यहाँ अच्छे लोग रखना चाहते हैं तो आपको उसके लिए अच्छे दाम भी चुकाने होंगे। आप सस्ते और अच्छे लोग, दोनों शर्तों को एक साथ पूरा नहीं कर सकते। इस समस्या का हल क्या हो? हम मान लेते हैं कि कर्मचारी का पारिश्रमिक 'X' है और उससे अपेक्षित उत्पादकता n(X) है।

वर्तमान परिदृश्य यह है कि आप 'ग' के बारे में कुछ अधिक नहीं कर सकते, क्योंकि इस पर बाज़ार का नियंत्रण है। अच्छे कर्मचारियों की किसी भी स्थान पर, किसी भी क़ीमत पर ज़रूरत होती है। हालाँकि n(X) में 'X' के मूल्य को सुधारना, पूरी तरह से आपके वश में है और प्रभावी प्रबंधन इससे ही तो संबंध रखता है।

दूसरा पक्ष यह है कि लोग चाहते हैं कि उन्हें नए संगठन में अपने नए कार्यकाल के दौरान आरंभ से ही कुछ सीखने का अवसर प्राप्त हो। उन्हें केवल अपनी जेब के विस्तार की नहीं, अपितु अपने मस्तिष्क के विस्तार की भी आवश्यकता है। यह ज्ञान का विस्तार, नए कौशलों का विकास, मनोभावों या प्रवृत्तियों में परिष्करण या केवल जानकारी पाने के लिहाज़ से नई सूचना का समावेश हो सकता है - परंतु जहाँ संगठन में लोगों के सीखने के वक्र में ठहराव आ जाता है, वे वहाँ रुकना नहीं चाहते। तो आपको "काम के दौरान" और "काम से परे", सीखने के लिए पर्याप्त अवसर पैदा करने होंगे।

तीसरे, उसे यह भी देखना होता है कि संगठन के साथ काम करते हुए, उसके भीतर का व्यवसायी विकसित हो रहा है या नहीं? जब कोई काम पहले किए जाने वाले समय की तुलना में, और कम समय में संपन्न होने लगे तो आप जान लेते हैं कि आपके भीतर का पेशेवर विकास कर रहा है। उचित तंत्र, नई तकनीकें, प्रभावी नेतृत्व, कामों व दायित्वों की स्पष्टता तथा काम को करने के बेहतर और चुने गए उपाय - जब इन तीनों क्षेत्रों में पर्याप्त विकास होता है, तो व्यक्ति को लगता है कि उसके भीतर का पेशेवर उभर रहा है। जब लोग किसी संगठन में काम करने जाते हैं, तो वे इस पहलू पर विशेष रूप से ध्यान देते हैं।

इन सब बातों के अतिरिक्त, वह संगठनात्मक ढाँचे पर भी नज़र रखता है। वह देखता है कि संगठन में उसके विकास के लिए कौन सी सीढ़ी है और क्या वह संगठन की सेवा करते हुए उच्चतम पदों तक जा सकता है? यही सभी आगामी संगठनों के लिए सबसे बड़ी चुनौती है। हमारे पास केवल यही ढाँचे हैं - संगठन का संस्थापक और बाक़ी सब उसके अधीन; कुछ मामलों में त्रि-स्तरीय ढाँचा, जैसे : संस्थापक - प्रबंधक तथा बाक़ी लोग - हमारे पास केवल यही है। उनमें से अधिकतर लोगों को यही लगता है कि वे लगभग एक साल बाद प्रबंधक तो बन सकते हैं परंतु कई साल बाद भी वे संगठन में काम करते हुए, एक प्रबंधक ही बने रहेंगे। इस तरह छोटे व मध्यम दर्जे के संगठनों में मानव श्रम के न टिकने की समस्या बनी रहती है। जो संगठन अपनी इस समस्या का समाधान कर सके, वे उल्लेखनीय संगठनों के रूप में सामने आए और जो नहीं कर सके, वे आज भी छोटे व मध्यम दर्जे के संगठन ही कहलाते हैं।

संगठनात्मक विकास एक विशाल तथा बेहद कठिन मानसिक खेल है। जो टाटा या बिड़ला के लिए संभव था, वह हम सबके लिए भी संभव हो सकता है। जो काम एक व्यक्ति कर सकता है - दूसरा व्यक्ति भी उसे कर सकता है - बस, हमें सारे खेल को सही तरीक़े से खेलना सीखना होगा।

नेतृत्व हमें लोगों को उनकी शिक्षा के आधार पर नहीं बल्कि उनके मनोभावों के आधार पर चुनना होगा। उनके ज्ञान और कौशल की तुलना में, साक्षात्कार के दौरान व्यक्ति के मनोभावों तथा प्रवृत्तियों को जानें।

तो आपको "काम के दौरान" और "काम से परे",
सीखने के लिए पर्याप्त अवसर पैदा करने होंगे।

महात्रया रा

मैं बहुत ही आत्मविश्वासी हूँ परंतु पिछले कुछ सप्ताह से मन बहुत उदास है। ऐसा लगने लगा है मानो कोई मेरी उपलब्धियों की परवाह नहीं करता। मैंने स्वयं का व्यवसाय खड़ा किया है और इसे काफ़ी ऊँचाई तक ले आया हूँ परंतु अब लगने लगा है कि यह सब काम बंद कर दूँ और वहीं वापस चला जाऊँ, जो मेरा जन्मस्थान है। कृपया मेरी मदद करें।

महात्रया रा

...स्पष्ट करते हैं

हम सभी अपनी जड़ों के लिए खिंचाव महसूस करते हैं। अपने घर के लिए आपके मन का विचलित होना एक सहज और स्वाभाविक प्रक्रिया है। भले ही आपका व्यवसाय स्थापित हो, आपके पास स्थायी आवास, नागरिकता या ग्रीन कार्ड ही क्यों न हो - भले ही आप अपनी नई मिट्टी में स्वयं को कितना भी सुरक्षित व स्थापित क्यों न अनुभव करते हों, जब आप अपनी मातृभूमि के बारे में सोचते हैं तो आपके भीतर से कुछ फूटता है। भले ही आपकी प्रगति से जुड़ा नगर या स्थान कितना भी सुंदर क्यों न हो, और भले ही आपकी जन्मभूमि कितनी भी पिछड़ी हुई क्यों न हो, फिर भी आप अपनी जन्मभूमि के लिए बहुत ही संवेदनशीलता और निजी भाव रखते हैं।

प्रारंभिक अवस्थाओं के बाद, धन भी एक बुरा प्रेरक हो जाता है। पर अगर आपके पास इस बात के लिए बहुत सशक्त उद्देश्य हो कि आप अपने कमाए हुए धन से क्या करना चाहते हैं, तो आप अपनी आर्थिक प्रगति के लिए प्रेरणा को कभी नहीं खोएँगे। अगर आप अपने पैसों से कुछ तैयार करेंगे, तो उसे विकसित होते देख, आपके मन को संतुष्टि मिलेगी। तब आपको इस बात की आवश्यकता नहीं रहेगी कि कोई आपकी उपलब्धि को मान्यता प्रदान करे। जिस स्थान से आपने सफलता की सीढ़ियों को चढ़ना आरंभ किया था, वहाँ जा कर उन लोगों की मदद करें, जो अभी आगे जाने के लिए किसी सहारे की तलाश में हैं।

अगर आप अपने पैसों से कुछ तैयार करेंगे, तो उसे विकसित होते देख, आपके मन को संतुष्टि मिलेगी। तब आपको इस बात की आवश्यकता नहीं रहेगी कि कोई आपकी उपलब्धि को मान्यता प्रदान करे।

महात्रया रा

वहन करने की क्षमता क्या है?

महात्रया रा
स्पष्ट करते हैं...

हम इच्छाओं पर दाम की चिप्पी नहीं लगा सकते। किसी एक व्यक्ति के लिए जो निरर्थक है, वही दूसरे के लिए सार्थक हो सकता है। वहन करने की क्षमता एक आर्थिक अवधारणा है। इसमें कुछ भी सुनिश्चित नहीं है। जिन मामलों में धन शामिल होता है, वे पूरी तरह से वैयक्तिक होते हैं। कई ऐसे व्यक्ति होंगे जो आपको सलाह देंगे कि आपको अपने साधनों से अधिक धन व्यय नहीं करना चाहिए। कुछ आपसे कहेंगे कि अगर आपने अपनी आर्थिक वचनबद्धताओं को नहीं बढ़ाया तो आप कभी मध्यमवर्गीय मानसिकता के ढाँचे से बाहर नहीं आ सकते। कुछ लोग ऐसे भी हैं जो भविष्य के लिए पैसा बचाने के नाम पर किसी भी हद तक जाने को तैयार होंगे। कुछ ऐसे भी हैं तो आपको इस विषय में तर्क देंगे, "अगर आपने आज का आनंद ही नहीं लिया तो आने वाले कल के लिए बचा कर रखने से क्या लाभ?"

आप थोड़े से धन के साथ भी स्वयं को अमीर मान सकते हैं और यह भी हो सकता है कि भरपूर होने पर भी आपको ऐसा लगे कि आपके पास कुछ नहीं है। धन तथा धन से जुड़े सभी मामले, कोई सुनिश्चित वास्तविकता नहीं बल्कि कथित वास्तविकता होते हैं।

वेतन - वे व्यय हैं अथवा निवेश? हो सकता है कि कोई एक कलाकृति को ख़रीदने में बहुत से पैसे लगा दे और दूसरों को ऐसा करने में कोई तुक

दिखाई न दे। कुछ लोग केवल ब्रांडेड वस्तुओं का ही प्रयोग करते हैं तो कुछ ऐसा सामान लेते हैं जिनसे उनके उत्पादों की पूरी क़ीमत वसूल हो सके। मैं ऐसे लोगों को जानता हूँ जो संपत्ति में तो निवेश कर सकते हैं पर वाहन चालन के आराम और विलासिता को देखते हुए, कभी महँगी कार नहीं लेना चाहेंगे। उन्हें ऐसा लगता है कि संपत्ति एक निवेश है जबकि वाहन ख़रीदना एक व्यय है। कई लोग विवाह पर होने वाले व्यय को सामाजिक प्रतिष्ठा से जोड़ते हुए, बहुत सा धन लगा दें परंतु अपने लिए बज़ट हनीमून ही चुनेंगे क्योंकि यह नितांत निजी है। माता-पिता, बेहिचक अपने बच्चों के लिए बचत तो करेंगे पर उन्हें गुणवत्ता वाली शिक्षा दिलाने के नाम पर बहाना बना देंगे कि वह बहुत महँगी है।

मैं ऐसे लोगों को भी जानता हूँ जिन्हें सौ रुपए में एक प्रबुद्ध करने वाली पत्रिका महँगी लगेगी पर वे किसी मल्टीप्लेक्स में जा कर टिकट व पॉपकॉर्न के लिए दो सौ रुपए ख़र्च करने में संकोच नहीं करेंगे। अगर बाईपास सर्जरी में पैसा लगा कर पिता के प्राण बचाने का प्रश्न हो तो क्या वहाँ भी हम चर्चा करेंगे कि हम यह ख़र्च उठा सकते हैं या नहीं? चाहे हम अपने पर ख़र्च न करना चाहें पर अपने बच्चों पर बेहिचक व्यय कर देंगे। यही कारण है कि हम अपने पर दमड़ी भी ख़र्चने में कोताही बरतते हैं पर बच्चों के मामले में अँधाधुँध लुटाने को तैयार हो जाते हैं।

एकाउंटिंग के नियम जो भी कहें, निवेश और व्यय हर व्यक्ति की अपनी सोच के अनुसार ही होते हैं। जब तक व्यक्ति इस विषय में सजग है कि उसकी आय कहाँ से और कब आनी चाहिए, वह इसे कैसे और किस पर व्यय करेगा और वह अपने वित्तीय निर्णयों के लिए स्वयं को पूरी तरह से ज़िम्मेदार मानता हो तो वह इतनी परिपक्व बुद्धि वाला होना चाहिए कि अपने सारे आर्थिक निर्णय स्वयं ले सके। उसे बस यह ध्यान रखना चाहिए कि वह ऐसा कुछ न करे, जिससे उसकी या दूसरों की रातों की नींद उड़ जाए। तब यह बात किसी काम की नहीं रहती। अन्यथा, यह पूरी तरह से कारगर है।

मैं एक शीर्षस्थ इंफ़्रास्ट्रक्चर कंपनी में वित्तीय निदेशक के पद पर हूँ। मैं कंपनी के साथ पिछले पंद्रह वर्षों से कार्य कर रहा हूँ। आजकल मेरा कार्यस्थल पर दम सा घुटने लगा है क्योंकि वहाँ पुराने कर्मचारियों के स्थान पर रंगरूटों को ज़्यादा महत्त्व दिया जाने लगा है। तो कृपया मेरा मार्गदर्शन करें।

महात्रया रा

स्पष्ट करते हैं...

सबसे पहले तो यह ध्यान दें कि यदि आप इस कंपनी में 15 वर्ष तक काम करते हुए वित्त निदेशक के पद तक आए हैं, तो जब भी आपको लगे कि संगठन में कुछ सही नहीं हो रहा तो आपके भीतर निजी रूप से ज़िम्मेदारी की भावना विकसित होनी चाहिए। आपका प्राथमिक केंद्र यह नहीं होना चाहिए, 'क्या हो रहा है?' आपको यह देखना होगा, 'क्या कर सकते हैं?' जो भी हो, इस संगठन ने पिछले पंद्रह वर्षों से आपके जीवन की हर बड़ी घटना में अपनी अहम भूमिका निभाई है। आप पिछले पंद्रह वर्षों में किए गए भोजन के हर कौर के लिए इस संगठन के आभारी हैं।

दूसरों पर दोषारोपण का खेल खेलने में कोई अक़्लमंदी नहीं है। कोई भी समाधान निकालने के लिए बुद्धिमत्ता की आवश्यकता होती है। दीर्घकाल में, अगर संगठन अपने निष्ठावान कर्मचारियों का अनुचित लाभ उठाता है, तो इससे उसका कोई भला नहीं होगा। सबसे पहले तो आपको अपने अधिकारियों के साथ आमने-सामने की बात करनी होगी, उनके साथ संप्रेषण करें, अपने मन में कोई पूर्वाग्रह रखे बिना, पूरी ईमानदारी के साथ अपनी बात कहें। उन्हें ताज़ा हालात पर मनन करने में सहयोग दें। एक क्लर्क संगठन *के ख़िलाफ़* बोल सकता है पर वित्तीय निदेशक को संगठन *के लिए* बोलना चाहिए। अपने पद की गरिमा के अनुसार चलें। वे लोग आपके पद को मान नहीं दे रहे, इसका अर्थ यह नहीं

कि आप भी अपने कर्तव्य से विमुख हो जाएँ।

हो सकता है कि आप उन्हें खुल कर समझाएँ तो उन्हें सब समझ आ जाए। हो सकता है कि आपकी बात से कोई अंतर न पड़े परंतु वह दूसरी बात है। अब आपको यह अपराधबोध नहीं रहेगा कि आप वह प्रयास नहीं कर सके, जो आपको करना चाहिए था। भले ही कोई अंतर न आए परंतु आपके लिए एक बड़ा निर्णय करने का समय हो गया है।

बेहतर होगा कि आप बेहतर पैसे देने वाली जगह के स्थान पर बेहतर नौकरी के लिए काम करें। हम जितने घंटे जागते हैं, उनमें से अधिकतर कार्यस्थल पर ही बीतते हैं। जो आदमी काम के दौरान घुटन महसूस करेगा, वह जीवन में संतोष कैसे पाएगा? यदि आपने छोड़ने का निर्णय लिया है, तो पूरी गरिमा के साथ यह कार्य करें। अगर अंत करना ही है, तो गरिमायुक्त भाव से करें। संगठन और उसके प्रचारकों के ख़िलाफ़ गंदी व कुटिल बातों का प्रचार न करें।

सादे शब्दों में, कहीं ऐसा न हो कि उन्हें नीचा दिखाते-दिखाते आप ही अपने निम्नतम स्तर पर आ जाएँ। विकल्प बहुत सरल हैं। या तो प्रसन्नता के साथ अलग हों या प्रसन्नता के साथ उनका साथ दें। ऐसा कोई विकल्प न चुनें, जो उनके व आपके लिए पीड़ा का कारण बन जाए। हम लोग अक्सर ऐसा ही करते हैं, दूसरों को कष्ट देने की सोच में अपने लिए भी कष्टों को न्यौता दे देते हैं। ऐसी मूर्खता न करें।

पहले तो उस संगठन के लिए अपनी ज़िम्मेदारी पूरी करें, जो आपको जीवन में यहाँ तक लाया। अगर आप उन लोगों से पटरी न बिठा सकें तो अपने प्रति दायित्व निभाने का सही समय आ गया है।

दूसरों पर दोषारोपण का खेल खेलने में कोई अक़्लमंदी नहीं है। कोई भी समाधान निकालने के लिए बुद्धिमत्ता की आवश्यकता होती है।

मैं अपने संगठन के लिए अच्छे और बेहतर ग्राहकों की संख्या कैसे सुनिश्चित कर सकता हूँ?

महात्रया रा

स्पष्ट करते हैं...

किसी भी संगठन का यही लक्ष्य होना चाहिए कि वह किसी ग्राहक को धीरे-धीरे अपने लिए एक खाते में बदल दे। आज के ग्राहक के पास चुनावों का अभाव नहीं है और न ही उसे सेवाएँ देने वालों का अभाव है। अब आप ग्राहक से यह नहीं पूछ सकते, "आपको कम क़ीमत, बेहतर सेवा या उच्च गुणवत्ता उत्पाद में से क्या चाहिए?" इसमें अंदाज़ा लगाने वाली कोई बात ही नहीं है। निश्चित रूप से उसका उत्तर होगा, "उसे तीनों ही चाहिए।"

आज के संगठनों को नए प्रकार के ग्राहकों का सामना करना पड़ रहा है, जो एक नए प्रकार के उपभोक्ता अहं के साथ सामने आए हैं - "मैं अपने ही तरीक़े से ख़रीदारी करना चाहता हूँ।" अभी अधिकतर संगठनों के लिए ऐसे ग्राहकों को वश में करना चुनौती बना हुआ है। ग्राहकों को लगता है कि वादे तो सभी करते हैं पर उन्हें निभाता कोई नहीं है। इसमें कोई आश्चर्य नहीं कि ऐसे ग्राहकों में निष्ठा का स्तर भी न के बराबर ही है।

निष्ठा का मतलब है कि एक ग्राहक हमेशा आपका ही उत्पाद लेगा। ग्राहक वही होता है जिसके लिए आपसे ख़रीदना ही आदत में शुमार हो जाए। अगर वह बार-बार आपका उत्पाद नहीं लेता तो वह आपका ग्राहक या उपभोक्ता नहीं है, ऐसे में उसे एक क्रेता ही माना जाएगा। जब कोई क्रेता निरंतर एक ही स्थान

से माल लेता है तो वह उनका ग्राहक बनता है। जब एक ग्राहक निरंतर माल लेता है और सारी प्रतियोगिता के बावजूद आपसे ही माल लेना जारी रखता है तो वह एक खाते में बदल जाता है। खाता बनने में समय लगता है। संगठन का लक्ष्य यही होना चाहिए कि वह अस्थायी बिक्री के स्थान पर खाता निर्माण पर केंद्रित रहे। आप क्रेताओं के साथ सौदा करते हैं, ग्राहकों से संबंध रखते हैं और अपने खातों को अपना साथी बना लेते हैं।

जब ग्राहक की निष्ठा बढ़ती है, तो संगठन की लागत में व्यापक कमी आती है, मार्केटिंग का व्यय घटता है क्योंकि मौजूदा ग्राहक को बार-बार ख़रीदने के लिए प्रेरित करने की तुलना में नए ग्राहक को जोड़ने में विज्ञापन आदि में बहुत व्यय होता है। ग्राहक की निष्ठा का अर्थ यह भी है कि आप ग्राहकों के टर्नओवर के व्यय घटाएँ और क्रॉस-सैलिंग आय को बढ़ाएँ।

जहाँ तक ग्राहक के बने रहने तथा खाता निर्माण की बात है, ये लाभांश दर पर सकारात्मक प्रभाव डालते हैं परंतु अगर प्रतियोगिता के कारण इन्हें खोते हैं तो ये नकारात्मक प्रभाव डालेंगे। एक दीर्घकालीन ग्राहक को खोने से आपकी बॉटम लाइन प्रभावित होती है क्योंकि वह उत्पाद के दामों के लिए आवश्यकता से अधिक संवेदनशील नहीं होता।

खाता निर्माण के लाभ इस प्रकार हैं : बिक्री बढ़ती है क्योंकि ग्राहक आपसे अधिक मात्रा में ख़रीद रहा है। जब ग्राहक आपके प्रतियोगी की बजाय आपसे माल लेता है तो बाज़ार में भी आपकी साख बनती है। आपको ग्राहकों को लुभाने के लिए धन व्यय नहीं करना पड़ता क्योंकि वे पहले से ही आपके पास हैं। मार्केटिंग पर होने वाले व्यय में कमी आती है। एक संतुष्ट ग्राहक अपने मित्रों को भी उत्पाद की जानकारी देता है, जिससे विज्ञापन पर होने वाले व्यय में भी कटौती होती है। आपको दामों के घटने-बढ़ने के संघर्ष में नहीं पड़ना होता क्योंकि आपका ग्राहक आसानी से दूसरों की छूट के लालच में नहीं आता। अंततः एक प्रसन्न ग्राहक आपके अन्य उत्पादों के लिए भी प्रचार करता है और ग्राहकों की संख्या में वृद्धि करता है। इस तरह कंपनी को नए ग्राहकों को अपने तक लाने के लिए कम व्यय करना पड़ता है, नतीजन यह कर्मचारियों को बेहतर भुगतान करती है। बेहतर भुगतान अपने साथ अपने लाभ लाता है। कंपनी में अच्छे कर्मचारी बने रहते हैं, कंपनी के भीतर तथा बाहर निष्ठा में वृद्धि होती है। कंपनी कर्मचारियों व ग्राहकों की निष्ठा का लाभ पाती है।

एक खाता कई अवस्थाओं में जा कर तैयार होता है।

पहला चरण : संदिग्ध! हम उन्हें संदिग्ध इसलिए कहते हैं क्योंकि हम नहीं जानते कि वे हमसे ही उत्पाद लेंगे या नहीं। हम पक्के तौर पर कुछ नहीं कह सकते। संदिग्ध या सस्पेक्ट ऐसा व्यक्ति है जिसने हाल ही में आपके उत्पाद की जानकारी प्राप्त की है।

दूसरा चरण : प्रॉस्पेक्ट। एक प्रॉस्पेक्ट ऐसा व्यक्ति होगा, जो मापदंडों पर ख़रा उतर सके : आपकी सेवा या उत्पाद की आवश्यकता और उसके द्वारा ख़रीदने का निर्णय लिए जाने की योग्यता। हालाँकि हम इस अवस्था में प्रॉस्पेक्ट को ख़ारिज़ कर देते हैं, जब हमें पता चलता है कि उसके पास ख़रीदारी से जुड़ा निर्णय लेने की योग्यता नहीं है। फिर भले ही उन्हें सेवा या उत्पाद की आवश्यकता ही क्यों न हो। आप ऐसे व्यक्ति को सूची से जितनी जल्दी निकाल देंगे, उतना ही बेहतर होगा। ऐसे व्यक्ति पर समय, धन तथा प्रयास का निवेश न करें, जो सेवा या उत्पाद को लेने के बारे में निर्णय ही नहीं ले सकता। आपका लक्ष्य यही है कि एक चुने गए प्रॉस्पेक्ट को पहली बार आने वाले ग्राहक में बदला जाए, इसके बाद वह बार-बार आने वाला ग्राहक और अंत में कंपनी के लिए एक खाता बन कर रहे।

तीसरा चरण : खाता बनाने का अर्थ है कि आप पहली बार क्रय करने वाले व्यक्ति के साथ सौदा कर रहे हैं। वह आपकी सेवा या उत्पाद पर प्रारंभिक निवेश करने जा रहा है। एक क्रेता आपसे माल लेगा और साथ ही आपके प्रतियोगी से भी माल लेगा। वह अब भी माल लेने के बाद सारा मूल्यांकन करेगा। यदि संगठन के लिहाज़ से देखा जाए तो केवल माल बेचना ही मार्केटिंग प्रक्रिया का लक्ष्य नहीं होता। यह ग्राहक के साथ आजीवन चलने वाले संबंध का आरंभ है। ऐसा दुर्लभ ही होता है कि ग्राहक को केवल एक ही बार माल बेचा जा सकता है।

पहली बार माल या सेवा लेने वाला, आपके माल या सेवा की परख करना चाहता है। अगर आपने उसके साथ निरंतर संबंध बनाए रखना है तो इसे पहली ख़रीद के साथ ही आरंभ करना होगा। अगर उसे पहली ही ख़रीद से संतुष्टि न हुई तो संभवतः वह दूसरी बार आपके पास नहीं आएगा। वह अपनी ख़रीदारी के अनुभव के साथ ही अपने मन में एक धारणा बनाता है। यदि आप उसकी अपेक्षाओं पर ख़रे उतरे तो निश्चित रूप से वह पुनः माल या सेवा लेने आएगा। इस तरह हम चौथे चरण में आते हैं, जहाँ एक क्रेता ग्राहक बन जाता है। वह बार-बार आपसे ही माल या सेवा लेता है।

पाँचवें चरण में आपको इस ग्राहक को एक खाते में बदलना है। हर भेंट को एक अवसर के रूप में देखना चाहिए। आपको उनसे अपना मेलजोल बनाए रखना चाहिए ताकि इस संबंध को गहरा बनाया जा सके। इस तरह वह आपको अपने बारे में और अधिक जानकारी देगा, आपके संगठन के लिए उसकी निष्ठा बढ़ेगी और वह आपको बिक्री के नए कीर्तिमानों की ओर ले जाने में सहायक होगा।

इस तरह वह आपके व्यवसाय को केवल एक पते या फ़ोन नंबर के रूप में नहीं बल्कि ऐसे लोगों के संगठन के रूप में देखेगा, जिनके साथ उसने अपने संबंध विकसित किए हैं। अब यह संबंध एक भरोसे में बदल गया है, अब आप उसके साथ थोड़ा खुल कर पेश आ सकते हैं। आपने सिद्ध कर दिया है कि आप जवाबदेह हैं और वह आप पर भरोसा कर सकता है। आपने उसका भरोसा पा लिया है इसलिए अब वह सेवाओं व विचारों के लिए आपकी राय जानना चाहता है। यहाँ आप मिल-जुल कर वेल्यू एडीशन के लिए काम करते हैं। वह दूसरों को भी प्रोत्साहित करने लगता है कि वे भी आपसे माल लें। वह आपके बारे में बात करता है और आपके लिए मार्केटिंग करता है। जब वह आपकी सेवाओं को प्रयोग में लाने के लिए थोड़ा हट कर चलता है, अधिक दाम देने को भी तैयार होता है, तो जान लें कि अब वह आपको एक साथी और दोस्त के रूप में देखता है। जब ये संबंध इतने विकसित हो जाते हैं, तो प्रतियोगी की एक नहीं चलती। वह उसे फुसलाने या बहलाने में कामयाब नहीं हो पाता। आपका यह सशक्त और लगातार चलने वाला यह संबंध, उसे किसी भी प्रतियोगी के चंगुल से बचाए रखता है।

विकास के हर चरण में लक्ष्य यही होना चाहिए कि संबंध को अगले चरण तक ले जाया जा सके। आपको प्रॉस्पेक्ट को पहली बार माल लेने वाले क्रेता, क्रेता को ग्राहक और ग्राहक को एक खाते में बदलना है। अगर आप पहली बार माल लेने वाले क्रेता को रोकने में असफल रहे तो कंपनी का एक खाता जाता रहता है और उसे हानि उठानी पड़ती है।

तो ऐसी किसी रणनीति पर विचार न करें, जो सारे ब्रह्माण्ड को तो भाए पर आपके किसी काम की न हो, इसकी बजाय व्यक्तिगत बिक्री, व्यक्तिगत ग्राहक आदि पर ध्यान देते हुए उन्हें खातों में बदलें - इससे आपकी बिक्री और खाते में मूल रूप से सुधार होगा।

मैं अगले खेल के लिए दस हज़ार टिकट कैसे बेच सकूँगा? बहुत आसान है, आप एक बार में एक टिकट बेचें और उन्हें एक अच्छा खेल दें। भविष्य में होने वाले खेल खुद को स्वतः ही सँभाल लेंगे। आप ग्राहक के भविष्य की देखरेख करें और वह आपकी देखरेख करेगा।

केवल माल बेचना ही मार्केटिंग प्रक्रिया का लक्ष्य नहीं होता।

यह ग्राहक के साथ आजीवन चलने वाले संबंध का आरंभ है।

महात्रया रा

क्या उच्च प्रबंधन के लिए अनिवार्य है कि वह ग्राहकों से प्रत्यक्ष संपर्क बनाए रखे?

महात्रया रा

स्पष्ट करते हैं...

आपके बेहतरीन ग्राहक प्रतियोगी के लिए बेहतरीन प्रॉस्पेक्ट हैं। आपको अपने ग्राहकों को प्रतियोगी के हमलों से बचाना है - अपने बेहतरीन ग्राहकों के साथ व्यक्तिगत रूप से आत्मीय संबंध विकसित करें। व्यक्तियों की प्रवृत्ति, कल्पना तथा धारणाओं से परे जाते हुए, ऐसे तंत्र विकसित करें, जो आपको उन लोगों से मेलजोल बनाए रखने के बेहतर अवसर दे सकें, जिनके साथ आप व्यवसाय कर रहे हैं। यहाँ कुछ सरल संदर्भ दिए जा रहे हैं :

सभी ग्राहकों में से एक तिहाई शिकायतें उन ग्राहकों की ओर से आती हैं, जिन्हें उत्पाद का प्रयोग ही नहीं करना आता। आपको ऐसा तंत्र विकसित करना है जो उन्हें उत्पाद का सही प्रयोग करना सिखा सके और उनके प्रयोग के लिए प्रेरित कर सके। अगर कोई आपका उत्पाद लेने के बाद भी उसे प्रयोग में नहीं लाता, तो इससे आपके प्रति उसकी निष्ठा में सुधार नहीं होगा। जिस तरह किसी को उत्पाद बेचना महत्त्व रखता है, उसी तरह उन्हें उत्पाद या सेवा का आदी बनाना भी उतना ही महत्त्वपूर्ण है। तो आपको एक ऐसे तंत्र के अनुसार चलना होगा, जिसका पालन करना अनिवार्य हो।

जब आप किसी बड़े संगठन को माल बेचते हैं, तो ख़रीदारी के अंतिम निर्णय से बहुत से व्यक्ति जुड़े हो सकते हैं। जब एक बार माल लेने का आरंभिक निर्णय ले लिया जाए, तो प्रायः लोग भारी भूल कर देते हैं। बिक्री व

सेवा अधिकारी व यहाँ तक कि वरिष्ठ प्रबंधन भी, उपभोक्ता के संगठन में, दिन-प्रतिदिन उत्पाद को प्रयोग में लाने वालों के साथ संपर्क स्थापित करते रहते हैं और उनसे भेंट नहीं करते, जिन्होंने ख़रीदारी के निर्णय को अंतिम रूप देना है। इस तरह वे भावी निर्णयों को भी प्रभावित नहीं कर पाते और इस बात की संभावना घट जाती है कि वे दोबारा आपके संगठन के साथ संबंध रखना चाहेंगे। निर्णय करने वालों के साथ अपने संप्रेषण को बनाए रखें।

इस सरल तंत्र का पालन करें। प्रतिदिन पाँच फ़ोन करें, प्रति सप्ताह पाँच निजी नोट लिखें और प्रति माह पाँच लोगों से भेंट करें।

मान लेते हैं कि आपके वर्ष में काम के दिन 250 हैं :

5 कॉल प्रतिदिन, 250 दिन तक - 1,250 संपर्क

5 नोट प्रति सप्ताह, 50 सप्ताह - 250 संपर्क

5 सभाएँ प्रति माह, 12 माह - 60 संपर्क

कुल संपर्क हुए 1,560 प्रतिवर्ष।

आप एक साल में छह बार, 260 व्यक्तियों तक पहुँच सकते हैं, चार बार 390 लोगों से संपर्क कर सकते हैं और दो बार 780 लोगों से संपर्क कर सकते हैं।

हमारा हर काम इसी लक्ष्य के साथ किया जाना चाहिए कि ग्राहक लौट कर हमारे पास ही आए। अगर आप बार-बार इसी बात को ध्यान में रख कर चलेंगे तो आपके लाभ की दर को आगे जाने में देर नहीं लगेगी। एक निष्ठावान ग्राहक किसी अनमोल वस्तु से कम नहीं होता। ध्यान रखें... आपका अपना ही नहीं, ग्राहकों का भी ध्यान रखें!

आपको अपने ग्राहकों को प्रतियोगी के हमलों से बचाना है - अपने बेहतरीन ग्राहकों के साथ व्यक्तिगत रूप से आत्मीय संबंध विकसित करें।

ग्राहकों के साथ दीर्घकालीन संबंधों को कैसे सुनिश्चित कर सकते हैं?

महात्रया रा

स्पष्ट करते हैं...

आपको काम करने की क्षमता बढ़ाते हुए, अपने ग्राहकों की आत्मीयता ग्रहण करनी होगी। आपको प्रतियोगी दामों पर, विश्वसनीय उत्पाद देने के अलावा यह भी देखना है कि ग्राहक को माल ख़रीदने में कम से कम असुविधा हो। यानी आपको उसे बेहतरीन उत्पाद देने के साथ-साथ बेहतरीन सेवा भी देनी है। आपको बाज़ार की माँग के अनुसार ही अपने द्वारा दी जाने वाली सेवाओं का ढाँचा तैयार करना होगा।

भले ही हम उपभोक्ता को राजा क्यों न कहें पर वास्तविकता तो इसके विपरीत ही है। इस विषय में दो स्वतंत्र सर्वेक्षण किए गए, जिनकी रिपोर्ट नीचे दी गई है। इनके आधार पर जान सकते हैं कि उपभोक्ता किसी संगठन से माल या सेवाएँ लेते-लेते अचानक अपनी निष्ठा किसी दूसरे संगठन से क्यों जोड़ लेता है :

पहला सर्वेक्षण :

- 14 प्रतिशत लोग इसलिए बदले क्योंकि उनकी शिकायतों पर ध्यान नहीं दिया गया था।
- 9 प्रतिशत लोग इसलिए बदले क्योंकि वे प्रतियोगियों के बहकावे में आ गए।

- 9 प्रतिशत लोग नए संगठन के निकट होने के कारण आपको छोड़ गए।
- 68 प्रतिशत लोग इसलिए बदले क्योंकि उन्हें लगने लगा था कि संगठन उन्हें उपेक्षित करने लगा था।

<u>दूसरा सर्वेक्षण :</u>

- 15 प्रतिशत लोगों ने गुणवत्ता संबंधी समस्याओं के कारण अपना मन बदला।
- 15 प्रतिशत लोगों को प्रतियोगियों ने बेहतर दाम दे दिए।
- 20 प्रतिशत लोग इसलिए बदले क्योंकि उन्होंने स्वयं को उपेक्षित पाया।
- 50 प्रतिशत लोग इसलिए बदले क्योंकि उन्हें मौजूदा संगठन के साथ अपने संबंधों की पहल पसंद नहीं आ रही थी।

आपको यह भी पता होना चाहिए कि एक तीसरे सर्वेक्षण से यह पता चला कि जिन ग्राहकों ने यह अनुभव किया कि उनकी शिकायतों को सुन कर समाधान किया गया था, उनके कारण दोबारा माल ख़रीदने की दर 54 प्रतिशत रही किंतु जिन ग्राहकों को ऐसा लगा कि उनकी शिकायत पर तत्काल समाधान प्रस्तुत किया गया, उनके द्वारा दोबारा माल ख़रीदने की दर 82 प्रतिशत तक गई। अधिकतर इलैक्ट्रॉनिक तथा ऑटो-मोबाइल कंपनियों ने अपने ग्राहकों के लिए नियमित निःशुल्क सेवा सप्ताहों का आयोजन आरंभ कर दिया है ताकि उनके ग्राहक सदा उनके ही बने रहें। अगर आपके पास अपने ग्राहक से कोई शिकायत नहीं आ रही तो जान लें कि कहीं न कहीं कोई गड़बड़ है। यह सोचने की मूर्खता न करें कि कभी कोई ग्राहक नाराज़ ही नहीं होता। आपको यह याद रखना चाहिए कि आपके ग्राहक को कभी भी प्रतियोगी अपने पास खींच ले जा सकता है।

ग्राहक के साथ आत्मीयता विकसित करने के कुछ उपाय निम्नलिखित हैं :

1. यदि आपने अपने ग्राहक को अपनी ओर से बेहतरीन सेवा और उत्पाद दे दिया है, तो कभी-कभी उसे (अप्रत्यक्ष तौर पर ही सही) याद अवश्य दिलाएँ कि आपने उसके लिए क्या किया है। अधिकतर ग्राहक अल्पकालीन स्मृति दोष से ग्रस्त होते हैं। आपको उन्हें समय-समय पर याद दिलाना होगा कि आप उनके लिए क्या करते आए हैं।
2. एक रास्ता यह भी है कि अपने बेहतरीन ग्राहकों को कार्यस्थल पर ला कर, उन्हें अपने कार्य की संस्कृति से परिचित करवाएँ। उनके साथ

अपने संगठन का दर्शन बाँटें; यह क़दम एक बड़ा बदलाव लाने में सहायक होगा।

3. उपभोक्ताओं को दी जाने वाली सुविधा तथा बिक्री में वृद्धि के ग्राफ़ तैयार करवाएँ और उन्हें दिखाएँ। उन्हें बताएँ कि वे एक ऐसे संगठन के साथ जुड़े हुए हैं, जो दिन-रात प्रगति के पथ पर अग्रसर है।

4. पंद्रह दिन बाद 'आभार प्रदर्शन' के लिए लंबा सा पत्र भेजने की बजाय, उनके जाने के तुरंत बाद भेजा गया धन्यवाद नोट कहीं अधिक कारगर होगा। ग्राहकों से संबंधित पत्राचार तथा संप्रेषण में तीव्रता लाएँ और इसे स्थगित न करें।

5. उपभोक्ता कोई सेवा या उत्पाद नहीं ख़रीदते। वे अपने लिए संतुष्टि ख़रीदते हैं। यह आपके साथ काम करने के भावात्मक पक्ष से संबंध रखता है। एक समानुभूति परक व्यक्तित्व विकसित करें और अपने ग्राहकों से संबंध विकसित करें। आपको ऐसे व्यवसायी के रूप में सामने नहीं आना है जो हमेशा अपने लाभ के बारे में सोचता हो, यहाँ आपका मानवीय पक्ष उद्घाटित होना चाहिए। यह मानवीय संस्पर्श आपके लक्षित समूहों तक अपनी पहुँच बना देगा।

संतुष्ट ग्राहक ही आपके लिए बेहतरीन सेल्समैन का काम करते हैं। अपने ग्राहकों के साथ आत्मीय संबंध स्थापित करें और वे आपके लिए बाज़ार स्थापित करने में सहायक होंगे। आप उनका ध्यान रखें और वे आपके व्यवसाय का ध्यान रखेंगे। प्रतियोगिता आपके द्वार पर दस्तक दे रही है। सावधान रहें!

अगर आपके पास अपने ग्राहक से कोई शिकायत नहीं आ रही तो जान लें कि कहीं न कहीं कोई गड़बड़ है।

उपभोक्ता कोई सेवा या उत्पाद
नहीं ख़रीदते। वे अपने लिए
संतुष्टि ख़रीदते हैं।

महात्रया रा

मैंने जिस पारिवारिक व्यवसाय को अपनाया है, उसमें अभी तक तकनीक का प्रयोग नहीं किया गया। क्या नई अर्थव्यवस्था के बीच व्यावसायिक विकास के लिए तकनीक इतना महत्त्व रखती है?

महात्रया रा

स्पष्ट करते हैं...

तकनीक ने सब कुछ बदल दिया है, अब सवाल यह नहीं रहा कि कौन बेहतर तरीक़े से सीखता है, अब सवाल यह है कि कौन तेज़ी से सीखता है।

दुर्लभ संसाधनों के वितरण अध्ययन को ही अर्थव्यवस्था कहा जाता है। अर्थव्यवस्था की परिभाषा ही आर्थिक वृद्धि में बाधा देती है। इससे सीमित धारणा उत्पन्न होती है। यह आपको यक़ीन दिलाती है कि हमारे पास संसाधनों का अभाव है। वास्तविकता में किसी भी वस्तु का अभाव कोई अर्थ नहीं रखता, हम पड़ताल करते हैं :

सौ साल पहले, तेल को व्यर्थ माना जाता था। आज की सिलीकॉन चिप, बीते कल के लिए रेत और धूल थी। केवल दो दशक पहले, अगर आपको कहा जाता कि जल्दी ही हर कार के अंदर एक कंप्यूटर होगा, तो शायद आप हँसते। आज, हर वाहन में लगा कंप्यूटर न केवल प्रदूषण की दर को घटा रहा है, परंतु इसने ईंधन की क्षमता को भी दो गुना कर दिया है।

पुराने ज़माने में शिकारी भूमि को संसाधन नहीं मानते थे। वे एक स्थान से भोजन पाने के बाद, दूसरे स्थान पर भोजन की तलाश में चले जाते। जब तक मनुष्य ने खेती करना नहीं सीखा था तब तक वह धरती को संसाधन नहीं मानता था। 1930 व 1990 के बीच, मनुष्य ने वह तकनीक विकसित कर ली,

जिसके बल पर वह धरती के 1/100वें हिस्से से उतनी ही उपज निकाल लेता था, जितनी तीस के दशक का मनुष्य सारी धरती से निकालता था। कुल मिला कर, उसने अपनी कृषि उत्पादकता को सौ प्रतिशत तक कर लिया था। अब इसे एक अलग रूप में देखते हैं : इसका मतलब होगा कि यह 100 प्रतिशत खेती करने योग्य भूमि की वृद्धि के बराबर है।

तकनीक ने सब बदल दिया है। तकनीक ही इतने बड़े बदलाव ला रही है। हम जिसे भी कुछ मूल्य दे सकते हैं, वही संसाधन बन जाता है। तकनीक ऐसी वस्तुओं को भी मोल दे रही है, जिनके बारे में हम कल्पना तक नहीं कर सकते थे। आप किसी संसाधन को किस तरह प्रयोग में लाते हैं, उसी से परिभाषित होता है कि आपके पास उस संसाधन की कितनी मात्रा है। अब तकनीक ही परिभाषित और पुनः परिभाषित कर रही है कि एक संसाधन किसे कहते हैं और हमारे पास कितने संसाधन हैं।

एक डिशवाशर ने तीन सफ़ाई करने वालों का स्थान ले लिया है। एक कपड़े धोने की मशीन ने दो धोबियों को नकारा कर दिया है। पहले एक सीमेंट की पक्की छत डालने के लिए सैकड़ों लोगों की आवश्यकता होती थी, आज वही काम करने के लिए एक कंक्रीट मिलाने वाली लॉरी ही बहुत होती है। इसी तकनीक का आभार मानना चाहिए कि आज एक नारायण मूर्ति ही इतना उत्पादन कर रहे हैं, जितना पहले करने के लिए कई हज़ार लोगों की आवश्यकता पड़ती थी। कुछ उद्योग मिल कर जो काम करते रहे होंगे, एक अंबानी ही उसे पूरा करने में सक्षम हैं।

तकनीक को लागू करने के कारण, कम संख्या में लोग अधिकतम परिणाम उत्पन्न कर रहे हैं। अब सारा फ़ोकस इसी बात पर है कि मनुष्य की उत्पादकता में वृद्धि की जाए। अब हर आदमी का एक स्तर है और उसे उसी स्तर को बनाए रखने के लिए जवाबदेह माना जाता है। नई कॉर्पोरेट माँग तो यही कहती है कि आपको निरंतर अपने लिए मूल्य में वृद्धि करनी चाहिए। आपको निरंतर अपने में सुधार लाना होगा।

बेरोज़गारी अच्छी अर्थव्यवस्था की विलासिता है। जब भी किसी मशीन के चलते कोई व्यक्ति अपनी नौकरी गँवाता है, तो समाज निर्धन नहीं होता बल्कि धनी हो जाता है। वह व्यक्ति निर्धन होता है। जब बेरोज़गार व्यक्ति स्वयं को एक संसाधन में बदल लेता है, फिर भले ही वह नया कौशल सीखे या कोई नया हुनर विकसित करे, इससे समाज में विस्तार होता है। यही नई अर्थव्यवस्था है। इस नई अर्थव्यवस्था में, जो न्यूनतम माना जाता है, वह निरंतर विस्तार पा रहा है।

विलासिताएँ अनिवार्य हो गई हैं। घर का आकार, बुनियादी जरूरतें, वेतन - हर चीज़ में न्यूनतम का विस्तार हो रहा है। तकनीक निरंतर, हमारे द्वारा उत्पन्न की गई वस्तुओं के दाम घटा रही है, परंतु हम निरंतर अपनी पसंद और स्वाद में सुधार ला रहे हैं। आज, हम भोजन, वस्त्र तथा आवास पर ही नब्बे प्रतिशत से अधिक व्यय कर देते हैं। यही नई अर्थव्यवस्था है - एक ऐसी अर्थव्यवस्था जिसे तकनीक ने नए सिरे से परिभाषित किया है।

अब बड़ा सवाल यह है कि आप इस नई अर्थव्यवस्था से प्रतियोगिता करने के लिए कितने सक्षम हैं। आजकल संगठन एक नई प्रकार की चुनौती का सामना कर रहे हैं, उसे कहते हैं, तकनीक अंतराल!

आप जो भी कर रहे हों, उसे बेहतर तरीक़े से करने को ही तकनीक कहा जाता है। आप जो काम कर रहे हैं और उसे करने का जो बेहतर तकनीक या तरीक़ा हो सकता है, उनके बीच का अंतर ही तकनीक अंतराल कहलाता है, जो तकनीक पहले से ही विकसित हो गई है और अभी आपके संगठन द्वारा प्रयोग में नहीं लाई जा रही। यदि आपके प्रतियोगियों ने उस तकनीक अंतराल को पाट दिया तो निश्चित रूप से तकनीक अंतराल के चलते आप पीछे छूट जाएँगे।

यदि आप उभरती तकनीक को लागू करने में आगे रहते हैं तो तकनीकी अंतराल को पाटना आपको अपने प्रतियोगियों से निश्चित रूप से आगे ले जाएगा।

दो बुनियादी परिवर्तनों की आवश्यकता है :

1. अब प्रश्न यह नहीं रहा, 'क्या मैं भी इसे कर सकता हूँ', प्रश्न है, "क्या मैं इसे और बेहतर तरीक़े से कर सकता हूँ?' यह सब कुछ इस विश्वास के साथ आरंभ होता है कि मैं जो भी कर रहा हूँ, उसे करने का कोई और बेहतर तरीक़ा भी है। यही कारण है कि लोगों को उनके अनुभव के लिए बल्कि विशेषज्ञता के लिए अधिक भुगतान दिया जाता है।
2. तकनीक इतनी तेज़ी से बदल रही है कि पहले जो साठ साल में बदला करता था, अब वह बदलाव छह साल में ही आ जाता है। आप जिस गति से कुछ सीखेंगे, उसी से आपकी सफलता की गति सुनिश्चित होगी। आप ऐसा नहीं कर सकते कि किताब से कुछ सीखें और उसे अगले महीने लागू करें, तब तक बहुत देर हो जाएगी। आज, अगले ही दिन बीते कल में बदल जाता है। आपके पास जो कौशल है, वह दस साल में अप्रचलित हो जाएगा। अब सवाल यह नहीं रहा कि कौन बेहतर तरीक़े से सीखता है, अब सवाल यह है कि कौन तेज़ी से सीखता है।

आप उस संसार में संतोष के साथ रहते हुए प्रतियोगिता नहीं कर सकते, जिसकी नींव ही लोभ पर टिकी है। आज पहले से कहीं अधिक संख्या में सफल व्यक्ति हैं परंतु ये वे लोग नहीं, जो कल सफल थे। इस नई नस्ल में वे लोग शामिल हैं, जिन्होंने तकनीकों को प्रयोग में लाते हुए, संसाधनों का बेहतर और अधिकतम उपयोग करना सीखा। गति के साथ निरंतरता, मूल्य में निरंतर वृद्धि, सीखने की गति ही तेज़ी से तकनीक अंतराल को भर सकते हैं। यही नई अर्थव्यवस्था के मंत्र हैं। क्या आप इसके लिए तैयार हैं?

आप किसी संसाधन को किस तरह प्रयोग में लाते हैं, उसी से परिभाषित होता है कि आपके पास उस संसाधन की कितनी मात्रा है।

मैं पिछले दस वर्षों से एक बिज़नेस हाउस चला रहा हूँ। आरंभिक वर्षों में वृद्धि की दर ज़बरदस्त थी। परंतु पिछले कुछ वर्षों से काम में एक ठहराव और रुकावट सी आ गई है। मैं इसमें सुधार कैसे ला सकता हूँ?

महात्रया रा

स्पष्ट करते हैं...

अधिकतर व्यवसायों में, काम का मालिक उसी काम को उसी तरीक़े से कर रहा है, जैसा वह दस साल पहले करता था। उन्हें ज़रा भी एहसास नहीं होता कि अगर वे वही काम करते रहेंगे तो उन्हें वही परिणाम मिलते रहेंगे। अनेक औद्योगिक घरानों में इसी तरह, पड़दादा से दादा और दादा से पोते तक, काम करने के पुराने तौर-तरीक़े ही हस्तांतरित होते रहते हैं। मैं ऐसे परिवारों को भी जानता हूँ जहाँ तीसरी पीढ़ी के लोग आज भी पुराने तरीक़ों से ही काम कर रहे हैं और फिर भी नए तरह के नतीजों की अपेक्षा रखते हैं। असीम संभावना और विशेषज्ञता होने के बावजूद, ये व्यवसाय, चाह कर भी संगठन में नहीं बदल पाते। क्या इससे कोई अंतर पड़ता है?

एक व्यक्ति एक व्यवसाय चलाता है। उन तंत्रों में व्यक्ति और तंत्र मिल कर संगठन को चलाते हैं। एक व्यवसाय का प्रबंधन होता है जबकि संगठन का नेतृत्व किया जाता है। व्यवसाय में व्यक्ति ही उसकी ताक़त और कमज़ोरी होता है। अगर यह संगठन हो तो उसकी कमियों को पूरा किया जा सकता है, तंत्र को प्रभावी बनाया जा सकता है और इससे भी महत्त्वपूर्ण बात यह है कि सक्षम और प्रभावी लोगों को संगठन में शामिल किया जा सकता है ताकि वे संगठन के साथ काम कर सकें।

व्यवसाय में व्यक्ति की सीमाओं के कारण बाधा आ सकती है जबकि तंत्र में ऐसी कोई व्यक्तिगत बाधा नहीं होती। एक आदमी के काम करने की सीमा है पर तंत्रों के विस्तार की कोई सीमा नहीं है।

हर व्यवसायी का प्रधान दायित्व यही बनता है कि वह अपने व्यवसाय को संगठन में बदलने का प्रयास करे। हो सकता है कि आपको पहले-पहल अपने काम के लिए भाग-दौड़ करनी पड़े पर आप सारी ज़िंदगी तो ऐसा नहीं कर सकते, कहीं न कहीं व्यवसाय को आपके बिना भी चलना सीखना होगा। आपको विभागों के बीच तंत्रों को विकसित करना होगा, जो उन स्थानों पर आपकी कमी पूरी कर सकें।

अधिकतर धर्म क्या हैं? वे सुव्यवस्थित संस्थाएँ ही तो हैं, जहाँ इन धर्मों के संस्थापकों ने लोगों द्वारा पालन करने के लिए किए और न किए जाने वाले तंत्र विकसित किए और जो लोग ऐसा करने में सफल रहे, वे उनके अनुयायी बन कर, उन तंत्रों को मार्गदर्शिकाओं के अनुसार चला रहे हैं। जिन धर्मों के पास एक तंत्र रहा, वे लंबे अरसे तक जीवित रहे और अपने प्रारंभ के सदियों बाद भी फले-फूले। जो धर्म, वर्तमान व्यवसायों की तरह किसी एक व्यक्ति पर निर्भर थे, वे जाने कब के धूल-धूसरित हो गए।

किसी के भी कार्यकारी जीवन के आरंभिक वर्षों में, सफलता को परिभाषित करते हुए, यही देखा जाता है कि उक्त व्यक्ति ने आठ घंटे तक काम करके आठ घंटे की उत्पादकता अर्जित की या नहीं। अब आपके पास ऐसे तंत्र आ गए हैं जिनके बल पर आप दस अलग-अलग लोगों से आठ घंटों की उत्पादकता निकलवा सकते हैं। अब इसे आठ सौ से आठ हज़ार की उत्पादकता और फिर आगे... जाना होगा।

एक प्रबंधक से नेता बनने तक की प्रक्रिया का यही सार है। इसी सार में एक व्यवसाय संगठन में विकसित होता है।

यदि हमें किसी संगठन का निर्माण करना हो, तो हमें उसके प्रमुख की प्रवृत्ति में वह बदलाव लाना होगा जो किसी भी संगठन के प्रमुख की प्रवृत्ति में होना चाहिए। लोग अपने संगठन और उसके पद के बारे में बहुत संवेदनशील होते हैं। वे नहीं चाहते कि कोई उस पद पर आए और इसी सोच में वे उसे छोड़ भी नहीं पाते। इस तरह यह एक जाल बन जाता है।

अगर आपको भय है कि दूसरे भी सफलता की सीढ़ियाँ चढ़ कर ऊपर तक आ जाएँगे तो आपको उन्हें रोकने के लिए निचले पायदान पर ही खड़े रहना होगा ताकि वे आगे न आ सकें। इससे दूसरों को अंतर नहीं पड़ेगा क्योंकि वे

तो तंग आ कर अपने लिए कोई और सीढ़ी तलाश लेंगे। आप उसी पायदान पर खड़े-खड़े सड़ जाएँगे।

इसके विपरीत, अगर आप लोगों को सफलता की सीढ़ी पर चढ़ने में अपना हाथ देंगे और वे ऊपर आएँगे तो आप भी स्वचालित भाव से अगले पायदान पर पहुँच जाएँगे। दरअसल, न केवल आप उन्हें ऊपर खींचेंगे, बल्कि वे भी आपको ऊपर की ओर धकेलेंगे।

जीवन का नियम बहुत सादा है। आप अपने जीवन में जिस भी वस्तु को उसकी श्रेष्ठता के साथ चाहते हों, आपको उसे खोने के लिए तैयार रहना चाहिए।

हम यहाँ स्पष्ट कर देना चाहते हैं कि किसी भी संगठन के निर्माण का अंतिम उद्‌देश्य यही होना चाहिए कि अधिकतम संभव उपायों से अधिकतम लोगों को अधिकतम विकास दिया जा सके। आप अपने काम करने के तरीक़ों से इतना सम्मोहित न हों कि आपको अपना विज़न ही दिखाई देना बंद हो जाए।

अपने ही विस्तार के लिए बाधा न बनें। आपके पास जो भव्य नज़रिया या दर्शन है, प्रत्येक को उसे पाने का अवसर नहीं मिलता। ऐसे बहुत से लोग हैं, जिन्हें केवल काम करना आता है, उन्हें अपने विज़न और तंत्रों के साथ काम करने दें।

क्या आप अपने एक अंश को अपने काम के लिए अनावश्यक बनाने को तैयार हैं? क्या आप तैयार हैं कि आपके लक्ष्य की पूर्ति के लिए काम में अधिक हाथों, पैरों और अधिक बुद्धिमत्ता को शामिल किया जाए? क्या आप तंत्रों को तैयार करने और स्वयं को उनके लिए जवाबदेह बनाने को तैयार हैं? क्या आप विस्तार के लिए प्रस्तुत हैं? क्या आप एक प्रबंधक से नेता बनने के लिए तैयार हैं? क्या आप अपने व्यवसाय को एक उन्नत संगठन में बदलना चाहते हैं? आने वाले संस्करणों में यह आपका स्तंभ होगा।

आज से क़रीब सौ बरस पहले एंड्र्यू कारनेगी के अधीन लखपति काम करते थे, उनके समाधि लेख में लिखा था : "यहाँ एक ऐसा व्यक्ति सोया है जो यह जानता था कि अपनी सेवा में अपने से बेहतर लोगों को कैसे रखा जाना चाहिए।"

यही नेतृत्व की बेहतरीन कला है। आपका समाधि लेख क्या होगा?

व्यवसाय में व्यक्ति की सीमाओं के कारण बाधा आ सकती है जबकि तंत्र में ऐसी कोई व्यक्तिगत बाधा नहीं होती। एक आदमी के काम करने की सीमा है पर तंत्रों के विस्तार की कोई सीमा नहीं है।

अब तक हम उच्चतम मूल्यों के उत्पादों पर केंद्रित रहे हैं और अब हमने पाया कि कम मूल्यों के उत्पादों के लिए बहुत बड़ा बाज़ार है। क्या हमें अपना रास्ता बदल देना चाहिए? आपसे इस मामले में थोड़ी स्पष्टता चाहते हैं।

महात्रया रा

स्पष्ट करते हैं...

ब्रांड के निर्माण के लिए, मार्केट की पोजीशन तैयार करना बहुत महत्त्व रखता है। आपको ब्रांडिंग के इन दो नियमों पर ध्यान देना होगा :

1. हर पोजीशन पर एक बाज़ार है।
2. हालाँकि, एक ब्रांड बाज़ार के दिमाग़ में दो अलग-अलग स्थान नहीं घेर सकता। ऐसा करने से आप दोनों पर ही अपना नियंत्रण खो देंगे।

मारुति और हुंडई दोनों ही कंपनियाँ प्रीमियम कार के अनुभाग में आने के लिए, बाज़ार में अपना हिस्सा पाने का संघर्ष कर रही हैं क्योंकि उन्होंने पिछले सालों में अपने ब्रांडों की जो छवि बनाई है, उसमें उन्हें 'पैसे का मोल' देने वाले वाहन कहा है। इस पोजीशन के साथ बाज़ार में उनका अच्छा नाम और पकड़ है। ठीक इसी प्रकार, मर्सीडीज़ और बी एम डब्ल्यू प्रीमियम कारों की गिनती में आती हैं, उन्हें 'वेल्यू फ़ॉर मनी' वाले अनुभाग में नहीं रखा जाता।

तो आपको यह तय करना होगा कि आप किसी पोजीशन से अपने काम को जारी रखना चाहते हैं परंतु आप दोनों पोजीशन एक साथ नहीं रख सकते। अगर ऐसा करेंगे तो आप दोनों ही पोजीशन गँवा देंगे। आप ऐसा भी कर सकते हैं कि दूसरे ब्रांड के साथ एक और कंपनी खोल सकते हैं और बाज़ार में दूसरी पोजीशन ले सकते हैं।